高等职业教育土建专业系列教材

实用建设与房地产法规

丛书主编　徐占发
本册主编　徐占发
参　　编　徐占发　姜海燕
　　　　　张建中　陈贵民
　　　　　李士民　徐广建
　　　　　隋凤芝

中国建材工业出版社

图书在版编目（CIP）数据

实用建设与房地产法规/徐占发主编．—北京：中国建材工业出版社，2003.7（2006.7）
（高等职业教育土建专业系列教材）
ISBN 7-80159-461-4

Ⅰ.实… Ⅱ.徐… Ⅲ.①建筑工程—法规—中国②房地产业—法规—中国 Ⅳ.①D922.297②D922.181

中国版本图书馆 CIP 数据核字(2003)第 043110 号

内容摘要

本书根据高等职业技术教育建设工程类专业和房地产管理专业的特点和要求编写而成。全书共 10 章，内容包括：建设法规概论、城市及村镇建设规划法规、工程建设程序与发包承包法规、工程勘察设计法规、工程建设监理法规、建设工程安全生产管理与质量管理法规、建设工程合同管理法规、市政建设法规、房地产法、建设项目环境保护法规、建设法律责任、案例分析等，并附有复习思考题及主要法律法规文献，以方便教学与使用。

本书除用作高职高专建设类与房地产管理专业的教材外，还可供各类院校土建专业师生及工程建设技术与管理人员作为日常工作或学习参考用书。

实用建设与房地产法规

主编　徐占发

出版发行：中国建材工业出版社
地　　址：北京市西城区车公庄大街 6 号
邮　　编：100044
经　　销：全国各地新华书店
印　　刷：北京市亨利印刷有限公司
开　　本：787mm×960mm　1/16
印　　张：21.25
字　　数：414 千字
版　　次：2003 年 7 月第 1 版
印　　次：2006 年 7 月第 2 次
定　　价：**31.00 元**

网上书店：www.ecool100.com
本书如出现印装质量问题，由我社发行部负责调换。联系电话：(010)88386906

《高等职业教育土建专业系列教材》编委会

序

大力发展高等职业教育，培养一大批具有必备的专业理论知识和较强的实践能力，适应生产、建设、管理、服务岗位等第一线急需的高等职业应用型专门人才，是实施科教兴国战略的重大决策。高等职业教育院校的专业设置、教学内容体系、课程设置和教学计划安排均应突出社会职业岗位的需要，实践能力的培养和应用型的教学特色。其中，教材建设是基础和关键。

高等职业教育土木建筑专业系列教材是根据最新颁布的国家和行业标准、规范，按照高等职业教育人才培养目标及教材建设的总体要求、课程的教学要求和大纲，由北京城市学院（原海淀走读大学）和中国建材工业出版社组织全国部分有多年高等职业教育教学体会与工程实践经验的教师编写而成。

本套教材是按照3年制（总学时1600～1800）、兼顾2年制（总学时1100～1200）的高职高专教学计划和经反复修订的各门课程大纲编写的。基础理论课程以应用为目的，以必需、够用为度，以讲清概念、强化应用为重点；专业课以最新颁布的国家和行业标准、规范为依据，反映国内外先进的工程技术和教学经验，加强实用性、针对性和可操作性，注意形象教学、实验教学和现代教学手段的应用，并加强典型工程实例分析。

本套教材适用范围广泛，努力做到一书多用。在内容的取舍上既可作为高职高专教材，又可作为电大、职大、业大和函大的教学用书，同时，也便于自学。本套教材在内容安排和体系上，各教材之间既是有机联系和相互关联的；每本教材又具有独立性和完整性。因此，各地区、各院校可根据本身的教学特点择优选用。

北京城市学院是办学较早、发展很快，高职高专办学经验丰富并受到社会好评的一所民办公助高等院校。其中，土建专业是最早设置且有较大社会影响的专业之一，有10多名教学和工程实践经验丰富的双师型教师，出版了一批受欢迎的专业教材。

可以相信，由北京城市学院组编、中国建材出版社出版发行的这套高等职业教育土建专业系列教材一定能成为受欢迎的、有特色的、高质量的系列教材。

本教材编委会

2003年2月

前　言

随着我国市场经济的发展，中国土木工程专业指导委员会建议将《建设法规》列入土木工程专业的必修课程，本教材正是为了适应这种需要而编写的。

本书介绍了建设与房地产法规的概念、体系、内容及各种主要法律、法规的基本知识和条款，并附有主要法规的案例分析，以使读者增强法制意识并获得基本的建设法律、法规知识，从而在建设市场的经济活动和业务实践中，学会运用法律武器，提高保护自己合法权益的能力。

本书以市场经济法律为基础，以《中华人民共和国城市规划法》、《中华人民共和国建筑法》、《中华人民共和国城市房地产管理法》为主线，介绍了建设法规、城市及村镇建设规划法规、建设监理法规、建设工程招标投标法规、建设合同法规、勘察设计法规、建筑施工企业管理法规、建筑质量管理法规、工程建设安全生产管理法规、市政建设管理法规及房地产管理法规、建设项目环境保护法规、建设法规责任等内容。本书力求简明扼要，浅显实用，并附有主要法律法规文献与案例，供读者借鉴与查用。

本书主要用于高职高专建设工程类各专业教学，也可用作高教自考、电大函授、专业培训教材和工程建设技术与管理人员的学习参考书。

本书在编写过程中，参考与引用了已公开发表的《建设法规》、《房地产法规》及有关文献、资料，并得到有关单位和专家的支持与帮助，在此，谨对文献的作者深表谢意。

由于编者水平有限，时间仓促，书中存在的缺点和不妥之处恳请读者批评指正。

编　者

2003 年 5 月

前　言

目　录

第1章　建设法规概论

1.1　建设法规的概念

1.1.1　建设法规的定义

建设法规是指国家立法机关或其授权的行政机关制定的在调整国家及其有关机构、企事业单位、社会团体、公民之间在建设活动中发生的各种社会关系的法律、法规的总称。它体现国家对城市建设、乡村建设、市政及社会公用事业等各项建设活动进行组织、管理、协调的方针、政策和基本原则。

建设法规所调整的范围是建设活动中发生的各种社会关系。它包括：

1. 建设活动中的建设管理关系

建设活动与国家经济发展、人们的生命财产安全、社会的文明进步息息相关，国家必须进行全面的严格管理。当国家建设行政管理机关在对建设活动进行管理时，必然要与建设单位（业主）、勘察设计单位、工程咨询单位、施工单位、建材和设备的生产供应等单位之间产生管理与被管理关系。这种管理关系的调整需要有相应的建设法规来规范。

2. 建设活动中的建设协作关系

建设活动是由许多行业、部门、单位和人员共同参与的复杂活动，必须相互协作才能完成。因此，在建设活动中存在着大量的寻求合作伙伴等各种协作关系，这些协作关系的调整需要建设法规来加以规范。

3. 建设活动中的建设民事关系

在建设活动中，经常会涉及到土地征用、房屋拆迁、财产赔偿等公民个人权利的问题。由此而产生的国家、单位和公民之间的民事权利与义务关系，也需要建设法规与民法等相关法律来规范。

1.1.2　建设法规的特征

1. 行政隶属性

这是建设法规区别于其他法律的主要特征。这一特征决定了建设法规必须要采用直接体现行政权力活动的调整方法，即以行政指令为主的方法调整建设活动的法律关系。调整方式包括：

(1) 授权。国家通过建设法规授予建设管理机关某种管理权限或具体的权利，对建设活动进行监督管理。

(2) 命令。国家通过建设法规赋予建设法律关系主体某种作为的义务。

(3) 禁止。国家通过建设法规赋予建设法律关系主体某种不作为的义务，即禁止主体某种行为。

(4) 许可。国家通过建设法规允许特别的主体在法律允许范围内有某种作为的权利。

(5) 免除。国家通过建设法规对主体依法应履行的义务在特定情况下予以免除。

(6) 确认。国家通过建设法规授权建设管理机关依法对有争议的法律事实和法律关系进行认定。

(7) 计划。国家通过建设法规对建设活动进行指令性计划或指导性计划的调节。指令性计划具有法律约束力，具有强制性。当事人必须严格执行，违反指令性计划的行为，将要承担法律责任。指导性计划一般不具有约束力，是可以变动的，但是在条件可能的情况下也是应该遵守的。

(8) 撤消。国家通过建设法规授予建设行政管理机关运用行政权力对某些权利能力或法律资格予以撤消或消灭。

2. 经济性

建设法规是经济法的重要组成部分，所以也必然带有经济性特征。建设活动与生产、分配、交换、消费紧密联系，直接为社会创造财富，为国家增加积累。如房地产开发、住宅商品化、建设工程勘察设计、施工安装等都是直接为社会创造财富的活动。随着建筑业的发展，其在国民经济中的地位日益突出，许多国家的建筑业已经成为国民经济的强大支柱之一。可见，建设法规的经济性特征是很强的。

3. 政策适时性

建设法规体现着国家的建设政策。它一方面是实现国家建设政策的工具，另一方面也把国家建设政策规范化。国家建设形势总是处于不断发展变化之中，建设法律也要随着建设形势的变化而变化，使其适应建设形势的客观需要。如国家经济实力较弱时，基建投资就要通过建设法规加以限制或压缩；国力储备充足时，基建规模就可以通过建设法规给予增加，甚至出台一些投资鼓励、扶持政策。可见建设法规具有较强的政策适时性。

4. 技术性

建设法规的技术性特征十分明显。由于建设产品的质量与人民的生命财产紧密相连，国家建设法规的制定必须考虑保证建设产品的质量和安全问题，如各种设计规范、施工规范、验收规范、产品质量监测规范等。有些非技术性的建设法规中也带有技术性的规定，如城市规划法就含有计量、质量、规划技术、规划编制内容等技术性条款。

1.2 建设法规体系及构成

1.2.1 建设法规体系

建设法规体系，是指把已经制定和需要制定的建设法律、建设行政法规、建设部门规章、地方性建设法规和规章衔接起来，形成一个相互联系、相互补充、相互协调的完整统一的法规框架。

建设法规体系是国家法律体系的组成部分。它必须与国家的宪法和相关法律保持一致，但又相对独立，自成体系，相互协调配套。不得产生与其他法规之间的重复、矛盾和抵触的现象，并能够覆盖建设活动的各个行业、各个领域，使建设活动的各个方面都有法可依。

建设法规体系是由很多不同层次的法规组成的，组成形式一般有宝塔形和梯形两种。宝塔形结构形式，是先制定一部基本法律，将领域内业务可能涉及的所有问题都在该法中做出规定，然后再分别制定不同层次的专项法律、行政法规、部门规章，对一些具体问题进行细化和补充。梯形结构则不设立基本法律，而以若干并列的专项法律组成法规体系的顶层，然后对每部专项法律再配置相应的不同层次的行政法规和部门规章作补充，形成若干相互联系而又相对独立的专项体系。

根据《中华人民共和国立法法》有关立法权限的规定，我国建设法规体系由五个层次组成，采用梯型组成形式。

1. 建设法律

指由全国人民代表大会及其常委会制定颁行的属于国务院建设行政主管部门主管业务范围的各项法律，是建设法规体系的核心和基础。如《中华人民共和国合同法》（以下简称《合同法》）、《中华人民共和国城市规划法》（以下简称《城市规划法》）、《中华人民共和国建筑法》（以下简称《建筑法》）等。

2. 建设行政法规

指由国务院制定颁行的属于建设行政主管部门主管业务范围的各项法规，其效力低于建设法律，在全国范围内有效。行政法规的名称常以"条例"、"办法"、"规定"、"规章"等名称出现。如《建设工程勘察设计合同条例》、《建设工程质量监督管理规定》等。

3. 建设部门规章

指由国务院建设行政主管部门或其与国务院其他相关部门联合制定颁行的法规。

4. 地方性建设法规

指由省、自治区、直辖市人民代表大会及其常委会结合本地区实际情况制定颁行的或经其批准颁行的由下级人大或其常委会制定的，只能在本区域有效的建设方面的法规。地方性建设法规促进了本地区建设业的发展，同时也为国家建设立法提供成功的经验。

5. 地方建设规章

指由省、自治区、直辖市人民政府制定颁行的或经其批准颁行的由其所在城市人民政府制定的建设方面的规章。

其中，建设法律的法律效力最高，层次越往下的法规法律效力越低。法律效力低的建设法规不得与比其法律效力高的建设法规相抵触，否则，其相应规定将被视为无效。

1.2.2 建设法规的构成

1. 建设行政法律

建设行政法律是国家制定或认可，国家强制性保证实施的，国家建设管理机关从宏观上、全局上管理建设业的法律规范，对促进国家建设业发展，维护宏观整体利益，克服消极因素，制裁行政违法行为，起着主导作用。建设行政法律具有以下特征：

(1) 强制命令性。建设行政法律调整的法律关系主体地位不平等，常常表现为禁止、命令形式，一方下达指令，另一方只能服从并予以执行，没有选择的余地。

(2) 非对等性。主体一方面作为国家建设主管机构或间接管理机构只享有权利，而另一方作为接受管理的企事业单位及公民只承担义务，权利与义务不对等。

(3) 灵活性。建设行政法律政策性强，立法程序简便，表现形式多样，可根据建设业的形势变化，随时制定、修改和废止。

2. 建设民事法律

建设民事法律是国家制定或认可的，国家强制性保证其实施的，体现人民意志的，调整平等主体之间（公民之间、法人之间、公民与法人之间）的建设关系行为准则的法律规范。建设民事法律对发展商品经济，利用价值规律调整经济关系，促进建设企业经营管理必不可少。建设民事法律具有以下特征：

(1) 平等有偿性。建设民事法律调整的法律关系主体的地位是平等的，主体间权利与义务对等，任何一方在取得利益的同时，还要承担相应的义务。

(2) 范围选择性。即有些建设民事法律赋予当事人在法律规定的范围内有选择的自由。

(3) 相对稳定性。建设民事法律是建设业生产与交换的一般行为准则，与政策性较强的建设行政法律相比，具有相对稳定性。

3. 建设技术法规

建设技术法规是国家制定或认可的，由国家强制力保证其实施的工程建设勘察、设计、规划、施工、安装、检测、验收等的技术规程、规则、规范、条例、办法、定额、指标等规范性文件。它以建筑科学技术和实践经验的综合成果为基础，经有关方面专家综合评价、科学论证而制定，分为国家、专业(部)、地方和企业四级。下级的规范、标准不得与上级的规范标准相抵触。在建设业活动中，设计、施工、验收直接关系到人民生命财产的安全。建设技术法规作为直接规范人们工程技术活动的依据尤为重要。建设技术法规具有以下特征：

(1) 科学性。建设技术法规的制定是依据大量的科学论证与工程实践，采用规范统一的术语、符号、代号、方法制定，等级标准严谨。

(2) 系统性。建设技术法规形成一个完整的体系，从项目论证到设计、施工、验收等各个环节的技术法规相互衔接、相互制约。

(3) 稳定性。建设技术法规作为法律，是人们认识自然、改造自然的科学总结，又是人们普遍接受和认可的统一规范，其稳定性的特征十分明显。

1.3 建设法规的实施

建设法规的实施是指国家机关、社会团体、公民实践建设法律规范的活动，包括建设法规的执法、司法和守法三个方面。建设法规的司法又包括行政司法和专门机关司法两方面。

1.3.1 建设行政执法

建设行政执法，指建设行政主管部门和被授权或被委托的单位，依法对各项建设活动和建设行为进行检查监督，并对违法行为执行行政处罚的行为，具体包括：

1. 建设行政决定

指执法者依法对相对人的权利和义务做出单方面的处理，包括行政许可、行政命令和行政奖励。

2. 建设行政检查

指建设行政执法者依法对相对人是否守法的事实进行单方面的强制性了解，主要包括实地检查和书面检查两种。

3. 建设行政处罚

指建设行政主管部门或其他权力机关对相对人实行惩戒或制裁的行为，主要包括财产处罚、行为处罚和申诫处罚三种。

4. 建设行政强制执行

指在相对人不履行行政机关所规定的义务时，特定的行政机关依法对其采取强制手段，迫使其履行义务。

1.3.2 建设行政司法

建设行政司法，指建设行政机关依据法定的权限和法定的程序进行行政调解、行政复议和行政仲裁，以解决相互争议的行政行为。建设行政司法包括：

1. 行政调解

指在行政机关的主持下，以法律为依据，通过说服、教育等方法，促使双方当事人通过协商达成协议。

2. 行政复议

指在相对人不服行政执法决定时，依法向指定的部门提出重新处理申请。

3. 行政仲裁

指国家行政机关以第三者身份对特定的民事、经济的争议居中调解，并做出判断和裁决。

1.3.3 专门司法机关

指国家司法机关，主要指人民法院依照诉讼程序对建设活动中的争议与违法行为做出的审理判决活动。

1.4 建设法规现状及规划

20 世纪 50 年代，我国建设立法基本是空白，为了适应经济建设和发展的需要，国务院及相关行政主管部门制定颁布了许多有关建设程序、设计、施工及成本管理等方面的规定，但未能形成完整的技术法规体系。改革开放以来，特别是中央确立经济体制由计划经济向市场经济转轨的重大决策以后，经济建设中的许多重大问题迫切需要建设法规进行规范和控制。1989 年，建设部组织了建设法规体系的研究、论证工作，并于 1991 年制定出《建设法律体系规划方案》，使我国建设立法工作走上了系统化、科学化的健康发展之路。

图 1-1 即为在该方案的基础上，适当加以调整后的建设法规体系示意图。从图中可以看出，我国建设法规体系是由城市规划法、市政公用事业法、村镇建设法、风景名胜区法、工程勘察设计法、建筑法、城市房地产管理法、住宅法共 8 部关于专项建设的法律构成我国建设法规体系的顶层，并由城市规划法实施条例等 38 部行政法规对这些法律加以细化和补充。根据具体问题和各地不同情况，建设行政主管部门和各省人大及人民政府还可制定颁行相应的建设规章及法规，从而形成一个完整的建设法规体系。当前，我国的建设立法正按这一规划方案加速进行，至 1999 年底，已制定颁行的建设法律已有 3 部（《中华人民共和国城市规划法》、《中华人民共和国建筑法》、《中华人民共和国城市房地产管理法》），行政法规 19 部，建设行政规章 68 部，地方性建设法规及地方建设规章则有几百部。《中华人民共和国勘察设计法》等建设法律及有关建设行政法规正在制定中，不久即可颁发执行。由此可见，我国的建设法规体系

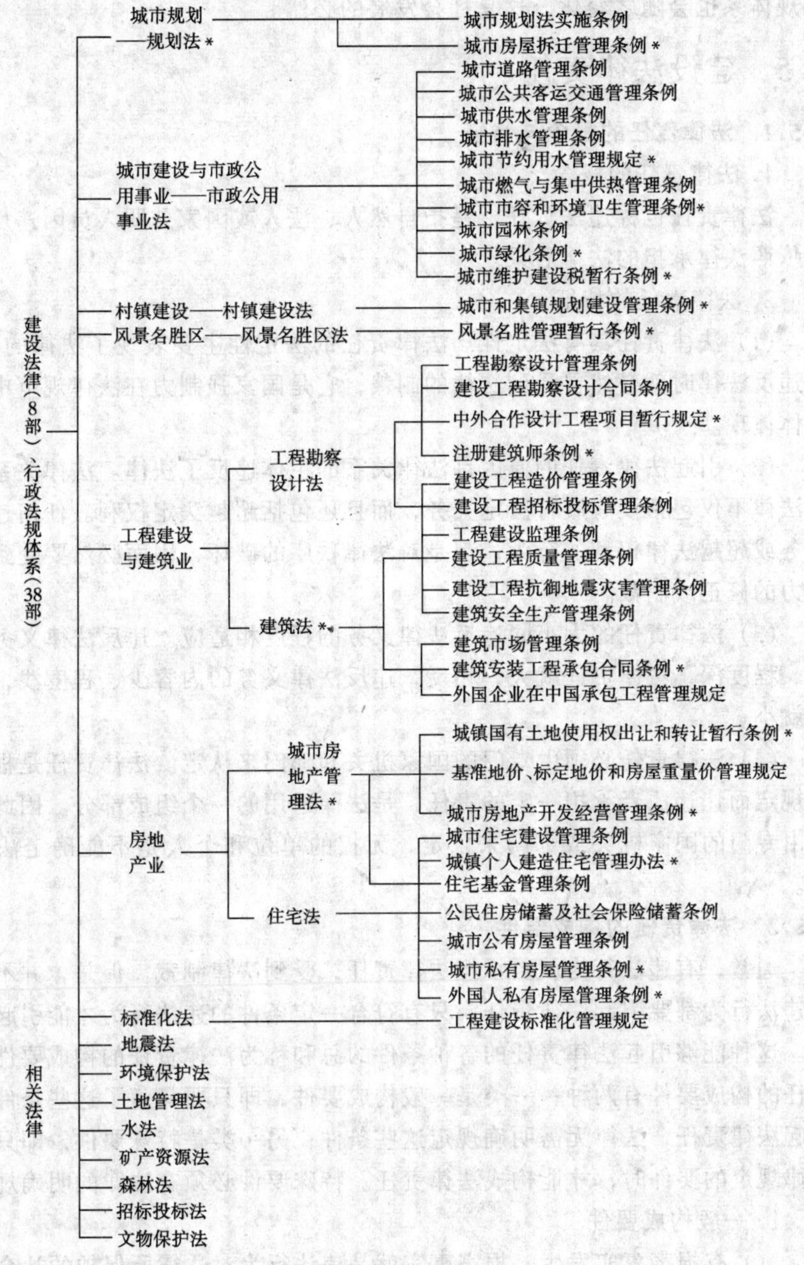

图 1-1 建设法规体系

注：加＊号者为已颁布的法律、行政法规

正在加速制定和完善。当然，随着社会发展和经济形势的变化，一些社会关系也会发生变化，由此也会产生对新的建设法律或行政法规的需求，我国的建设法规体系也会随之变化，这是社会发展的必然。

1.5 建设法律责任

1.5.1 法律责任的概念与特征

1. 法律责任的概念

法律责任也称违法责任，是指自然人、法人或国家公职人员因违反法律而应依照法律承担的法律后果。

2. 法律责任的特征

（1）法律责任具有法定性。法律责任的法定性主要表现了法律的强制性，即违反法律时就必然要受到法律的制裁，它是国家强制力在法律规范中的一个具体体现。

（2）引起法律责任的原因是法律关系的主体违反了法律。法律关系主体违反法律不仅包括没有履行法定义务，而且还包括超越法定权利。任何违反法定义务或超越法律权利的行为，都是对法律秩序的破坏，因而必然要受到国家强制力的修正或制裁。

（3）法律责任的大小同违反法律义务的程度相适应。违反法律义务的内容多、程度深，法律责任就大，相反，违反法律义务的内容少、程度浅，法律责任就小。

（4）法律责任必须由专门的国家机关和部门来认定。法律责任是根据法律的规定而让违法者承担一定的责任，是法律适用的一个组成部分。因此，它必须由专门的国家机关或部门来认定，无权的单位和个人是不能确定法律责任的。

1.5.2 法律责任的构成要件

通常，有违法行为就要承担法律责任，受到法律制裁。但是，并不是每一个违法行为都要引起法律责任，只有符合一定条件的违法行为才能引起法律责任。这种能够引起法律责任的各种条件的总和称为法律责任的构成要件。法律责任的构成要件有两种：一类是一般构成要件，即只要具备了这些条件就可以引起法律责任，法律无需明确规定这些条件；另一类是特殊要件，即只有具备法律规定的要件时，才能构成法律责任。特殊要件必须有法律的明确规定。

1. 一般构成要件

（1）有损害事实发生。损害事实就是违法行为对法律所保护的社会关系和社会秩序造成的侵害。这种损害事实首先具有客观性，即已经存在，没有存在损害事实，则不构成法律责任。其次，损害事实不同于损害结果。损害结果是违法行为对行为指向的对象所造成的实际损害。由此可见，有些违法行为尽管没有损害结果，但是已经侵犯了一定的社会关系或社会秩序，因而也要承担法律责任，如犯罪的预谋、未遂、中止等。

(2) 存在违法行为。如果没有违法行为，就无需承担法律责任，而且合法的行为还要受到法律的保护。所以，只要行为没有违法，尽管造成了一定的损害结果，也不承担法律责任。如正当防卫、紧急避险和执行公务的行为，就不应承担法律责任。

(3) 违法行为与损害事实之间有因果关系。就是说，一定损害事实是该违法行为所引起的必然结果，该违法行为正是引起损害事实的原因。

(4) 违法者主观上有过错。所谓过错，是指行为人对其行为及由此引起的损害事实所持的主观态度，包括故意和过失。如果行为在主观上既没有故意也没有过失，则行为人对损害结果不必承担法律责任。如企业在施工中遇到严重的暴风雨，造成停工，从而延误了工期，在这种情况下，停工行为和延误工期造成损失的结果并非出自施工者的故意和过失，而属于意外事件，因而不应承担法律责任。

以上四个构成要件是互相联系、互为因果的必然关系。

2. 特殊构成要件

特殊构成要件是指由法律特殊规定的法律责任的构成要件，它包括以下四个要素：

(1) 特殊主体。在一般构成要件中对违法者即承担责任的主体没有特殊规定，只要具备了相应的行为能力即可成为责任主体。而特殊主体则不同，它是指法律规定违法者必须具备一定的身份和职务时才能承担法律责任。主要指刑事责任中的职务犯罪，如贪污、受贿等。

(2) 特殊结果。在一般构成要件中，只要有损害事实的发生就要承担相应的法律责任，而在特殊结果中则要求后果严重、损失重大，否则不能构成法律责任。如质量监督人员对工程的质量监督工作粗心大意、不负责任，致使应当发现的隐患而没有发现，造成严重的质量事故，那么他就要承担玩忽职守的法律责任。

(3) 无过错责任。一般构成要件都要求违法者主观上必须有过错，但许多民事责任的构成要件则不要求行为者主观上是否有过错，只要有损害事实的发生，那么，受益人就要承担一定的法律责任，这种责任，主要反映了法律责任的补偿性，而不具有法律制裁意义。

(4) 转承责任。一般构成要件都是要求实施违法行为者承担法律责任，但在民法和行政法中，有些法律责任则要求与违法者有一定关系的第三人来承担。如未成年人将他人打伤的侵权赔偿责任，应由未成年人的监护人来承担。

以上四个特殊构成要件的要素不是有机地结合在一起的，而是同一般要件结合，构成法律责任。

1.5.3 法律责任的种类

依照行为违法的不同和违法者承担法律责任的方式的不同，法律责任可分为民事责任、行政责任、经济责任、刑事责任和违宪责任。

1. 民事责任

民事责任是指按照民法规定，民事主体违反民事义务时所应承担的法律责任。以产生责任的法律基础为标准，民事责任可分为违约责任和侵权责任。违约责任是指行为人不履行合同义务而承担的责任。侵权责任是指行为人侵犯国家、集体和公民的财产权利以及侵犯法人名称权和自然人的人身权时所应承担的责任。承担民事责任的方式有：停止侵害；排除妨碍；消除危险；返还财产；恢复原状；修理、更换、重作；赔偿损失；支付违约金；消除影响、恢复名誉；赔礼道歉。

2. 行政责任

行政责任是指因违反法律和法规而必须承担的法律责任。它包括两种情况：一是公民和法人因违反行政管理法律、法规的行为而应承担的行政责任；二是国家工作人员因违反政纪或在执行任务时违反行政法规的行为。与此相适应的行政责任的承担方式分为两类：一类是行政处罚，即由国家行政机关或授权的企事业单位、社会团体，对公民和法人违反行政管理法律和法规的行为所实施的制裁，主要有警告、罚款、拘留、没收、责令停业整顿、吊销营业执照等。另一类是行政处分，即由国家机关、企事业单位对其工作人员违反行政法规或政纪的行为所实施的制裁，主要有警告、记过、记大过、降职、降薪、撤职、留用察看、开除等。

3. 经济责任

经济责任是指经济法主体因违反经济法律和法规而应承担的法律责任。由于经济法律关系包含了行政、民事法律关系的内容，因此，其法律责任的承担方式主要是行政责任和民事责任的承担方式，如果违反经济法律关系的行为触犯了刑法，那么，必须承担刑事责任。

4. 刑事责任

刑事责任是指犯罪主体因违反刑法的规定，实施了犯罪行为时所应承担的法律责任。刑事责任是法律责任中最强烈的一种，其承担方式是刑事处罚。刑事处罚有以下几种：一种是主刑，包括管制、拘役、有期徒刑、无期徒刑、死缓和死刑。另一种是附加刑，包括罚金、没收财产和剥夺政治权利。有些刑事责任可以根据犯罪的具体情况而免除刑事处罚。对免除刑事处罚的罪犯，有关部门可以根据法律的规定使其承担其他种类的法律责任，如对贪污犯可以给予开除公职的行政处分等。

1.5.4 建设活动中的法律责任

1.5.4.1 违约责任

1. 延误工期

工期是指根据国家有关法规和合同规定完成一定质量的建筑产品的时间。造成延误工期的原因较多，可以按不同情况承担违约责任。

(1) 因勘察设计质量低劣或未按期交付勘察设计文件，拖延工期造成损失的，由勘察设计单位承担责任。主要有继续完善设计、减少或免收勘察设计费、支付违约金和赔偿经济损失。

(2) 施工单位因自身组织不当、管理不善而延误工期造成损失的，由施工单位承担责任。因施工单位的上级主管部门改变设计而造成的延误工期，由施工单位向发包方承担责任后，再要求上级主管部门给予解决。主要有赔偿损失和支付违约金。

(3) 发包方未按合同规定的时间和要求提供原材料、设备、场地、资金、技术资料的，工程中途要求停建、缓建的，应当对承包方由此造成的损失给予赔偿。发包方由于变更设计、提供资料不准或未按期提供必要的勘察、设计工作条件而造成勘察设计的返工、停工或修改设计的，要按承包方实际消耗的工作量增付费用；如果由此造成重大返工或重作设计的，应另行增付费用。发包方超过合同规定日期验收或付工程款的，应偿付违约金。

(4) 因意外事件延误工期造成损失的，按合同规定执行。合同没有规定的，由合同双方合理分担。

2. 产品质量不合格

建筑产品质量是指根据国家有关法规、质量标准以及合同规定，对建筑产品的适用性能、安全性能及其他特性的要求。产品质量不合格的法律责任有：

(1) 勘察设计质量低劣的，除按前面提到的方式承担责任外，在造成工程重大质量事故时，勘察设计单位不仅要免收受损失部分的勘察设计费，而且还应偿付与直接损失部分勘察设计费用相等的赔偿金。

(2) 工程承包方承包的工程质量不符合合同规定的，负责无偿修理或返工。由于修理或返工造成逾期交付的，应偿付逾期违约金。工程发包或工程质量监督机构发现承包方在施工中存在严重质量问题时，可通知银行停止向承包方拨款，直到问题得到纠正。承包方因工程质量低劣酿成重大事故时，对事故的损失承担全部赔偿责任。当然，如果是由于设计方面的原因，建筑材料、构配件和设备质量等不合格引起的质量缺陷，除由施工单位负责对工程维修外，其维修的经济责任由承包方承担。

(3) 工程未经验收，发包方提前使用或擅自动用的，由此而发生的质量或其他问题，由发包方承担责任。

3. 拖欠工程款的法律责任

施工单位在提交的竣工报告批准后，则应按国家有关规定和协议条款约定的时间、方式向建设单位代表提出结算报告，办理竣工结算。由于建设单位无正当理由在收到竣工报告后 30 天内不办理结算的，从第 31 天起按施工企业向银行计划外贷款的利率支付拖欠工程款的利息，并承担违约责任。

1.5.4.2 侵权责任

侵权责任是建筑勘察、设计单位和施工、安装单位在建筑勘察、设计和施工、安装过程中，侵犯国家、集体的财产权以及公民的财产权和人身权时所承担的法律责任。

1. 勘察设计中的侵权责任

这项侵权责任主要的表现是勘察、设计单位侵犯他人的专利权、发明权、版权和其他科技成果权，如超越合同规定范围使用他人专利的行为等。这类违法案件承担责任的方式是停止侵害和赔偿损失。

2. 施工中的侵权责任

(1) 施工中的侵权责任有以下两种：

1) 财产损失的赔偿责任。是指施工企业侵占或损坏国家、集体和他人财产时应承担的赔偿责任。承担方式是返还财产或恢复原状。无法返还或修复的，应当折价赔偿。如果由此给受害人造成其他重大损失的，也要承担赔偿责任。

2) 人身伤害的赔偿责任。是指施工企业侵害公民身体造成伤害时而应承担的赔偿责任。赔偿范围是：受害人的医疗费，因误工减少的收入，残废者的生活补助费；如果造成死亡的，还应支付丧葬费、死者生前扶养的人必要的生活费用等。

(2) 常见的侵权责任有以下三种：

1) 因产品质量不合格造成他人财产、人身损害的，应当赔偿损失。如商品房在交付使用后，墙体倒塌，致使住户被砸伤，家庭财产被损坏时，房屋建造者和销售者应当承担赔偿损失的责任。

2) 在公共场所、道旁或通道上挖坑、修缮、安装地下设施等，没有设置明显标志和采取安全措施造成他人损害的，施工单位应承担人身损害赔偿。如在道旁为铺设暖气、煤气、排水等管道而挖沟时，夜间未设置红灯安全标志，致使行人在穿越道路时掉进沟里摔伤，施工单位应对行为人的摔伤承担赔偿责任。

3) 建筑物或其他设施以及建筑物上的搁置物、悬挂物发生倒塌、脱落、坠落造成他人损害的，其所有人或管理人应当承担责任，但能够证明自己没有过错的除外。如在路旁施工时，工地围墙发生倒塌损伤路人时，施工单位应当对此承担责任。但是，如果该围墙的倒塌不是砌墙质量问题，而是第三人在路旁挖沟，致使墙基倾斜而倒塌，那么，赔偿责任就应由挖沟的第三人承担。

1.5.4.3 行政责任

违约责任和侵权责任主要发生在建筑企业经营过程中，而行政责任则更多发生在企业管理过程中。行政责任可分为如下几种：

1. 行政管理机关承担的责任

(1) 违反工商管理法规的责任，其表现形式如下：

1) 在企业登记过程中隐瞒真实情况、弄虚作假或未经核准登记注册擅自开业的。

2) 擅自改变主要登记事项或超出核准登记的经营范围从事经营活动的。

3) 不按规定办理注销登记或办理年检的。

4) 伪造、涂改、出租、转让、出卖或擅自复印营业执照及其副本的。

5) 抽逃、转移资金，隐匿财产逃避债务的。

6) 从事非法经营活动的。

对上述违法行为，工商行政管理机关可视不同情况给予警告、罚款、没收非法所得或吊销营业执照等行政处罚。

(2) 违反税收法规的责任，其具体内容可见《中华人民共和国税收管理法》。

(3) 违反其他行政管理法规的行为主要有：违反环境保护法规，损害周围环境的，如使用噪声大、排放有害气体多的机械设备给周围居民造成了一定损害等；违反城市建设法规，影响城市建设管理的，如施工现场超范围占道等；违反财政法规，截留、挪用、侵占、浪费国家资金等。对这些违法行为，有关环保、城建、审计等部门可对建筑企业给予警告、通报批评、罚款、限期改正、停业整顿等行政处罚。

2. 上级主管部门及内部管理中的行政责任

(1) 违反企业法的责任如下：

1) 领导干部滥用职权，侵犯职工合法权益，情节严重的，可由主管部门给予行政处分。

2) 领导干部因玩忽职守，如盲目引进技术设备，应当监督检查而未能监督检查而给国家造成较大损失的，可给予适当行政处分。

3) 企业职工和其他工作人员阻碍领导干部依法执行公务，或扰乱企业秩序，致使生产、工作不能正常进行的，由企业所在地公安机关依照《治安管理处罚条例》进行处罚。

(2) 违反技术法规的责任如下：

1) 违反质量技术法规的责任主要有：违反操作规程进行现场调查和勘察，

收集的资料不系统全面；违反科学规律进行设计，设计方案不周密，涉及问题不全面，未严格执行国家标准，没有设计证书或超越实施设计行为；不按设计图样进行施工，施工中不按有关标准使用建筑材料或不按有关技术要求进行施工操作。这些违法行为造成质量问题时，质量监督部门和上级主管部门可按不同情况给予停止施工、警告、通报批评、限期整顿、停产整顿、吊销营业执照和设计证书等行政处罚。

2）违反安全技术法规的责任主要有：未能提供安全施工环境和安全必备的劳动保护用品；违反施工现场的安全保护要求；脚手架的使用材料和铺设方法不符合标准；机电设备性能不良、安装不当；在土石方工程中或其他工程中违反操作规程或强令职工冒险作业等。对这类违法行为，有关安全监督部门和上级主管部门一经发现，应首先责令其停工改正，再视具体情况给予不同的行政处罚或处分。

（3）不正当竞争行为。不正当竞争行为是指在商品经济竞争中，采用不正当的或违法购买手段获得企业利益的行为。不正当竞争在建筑业中多发生在招标、投标过程中，具体表现为：

1）在招标、投标过程中采取行贿、盗窃的手段窃取标底和其他企业的秘密或高新技术。

2）通过行贿招标单位而“内部确定”承包单位或与本企业有利害关系的单位。

3）在工程转包过程中因受贿而泄露标底或直接转包给行贿单位的，或因玩忽职守而将有关工程情况泄露出去的。

4）作虚假广告宣传，采取欺骗手段，不顾本身的资质条件，超级承包建设工程的。

对上述行为，可由企业主管部门给予不同程度的行政处分。

复习思考题

1. 什么是建设法规？建设法规调整的社会关系有哪些？
2. 建设法规有哪些特征？
3. 何谓建设法规体系？我国建设法规体系是由哪些层次构成的？
4. 建设法规的实施包括哪几个方面？
5. 法律责任的概念与特征有哪些？
6. 法律责任的构成与种类有哪些？
7. 建设活动中的法律责任有哪些方面？

第2章　城市及村镇建设规划法规

2.1　城市规划的定义与种类

2.1.1　城市

城市规划法规中所指的城市，是指国家按行政建制设立的直辖市、市、镇。与社会上通常所说的“城市”相比，它的内涵中多了镇，也就是说，镇的建设发展也必须遵守城市规划法的要求。

城市规划法中依市区和近郊区非农业人口的数量将城市分为大、中、小三级。其中人口在50万以上的为大城市，20万以上的为中等城市，20万以下的为小城市。

2.1.2　城市规划

城市规划是指人民政府为了在一定时期内实现城市的社会综合发展目标，依法制定的用于确定城市的性质、规模和发展方向，城市土地及设施的合理利用，城市空间布局和城市设施的科学配置、综合部署和统一安排。它是城市建设和管理的基本依据。

2.1.3　城市规划法

城市规划法是指调整城市规划区内制定、实施和管理过程中各种社会关系的法律规范的总称。狭义的城市规划法是指1989年12月26日第七次全国人民代表大会常务委员会第一次会议通过的《中华人民共和国城市规划法》；广义的城市规划法除包括《城市规划法》外，还应包括与之配套的《建设项目选址管理办法》、《城市规划编制办法》、《中华人民共和国城市规划法实施条例》等法规和规章。

城市规划区是指城市市区、近郊区以及城市行政区域内因城市建设和发展需要实行规划控制的区域，并包括这个地域内的陆地、水面和空间。

2.1.4　城市规划的种类

1. 总体规划

(1) 总体规划的内容。总体规划是从宏观上控制城市土地和空间的利用布局，引导城市按照预定目标合理发展的总体部署。它包括：城市的性质、发展目标和发展规模；城市主要建设标准和定额指标；城市建设用地布局、功能分区布局、原则确定综合交通及河流、绿地；确定分步实施的目标、途径和发展进程。

（2）总体规划考虑的期限。城市总体规划时考虑的期限一般为20年，但对城市30～50年的远景发展过程和方向应做出轮廓性的规划安排。重点提出近期发展规划，其规划期限一般为5年，并要求与国民经济发展五年计划相协调。

（3）分区规划。《城市规划法》规定：大、中城市“为了进一步控制和确定不同地段的土地用途、范围和容量，协调各项基础设施和公共设施的建设，在总体规划基础上，可以编制分区规划”。分区规划实际上就是总体规划在分区范围内的进一步深化和补充。

2. 详细规划

详细规划是以城市总体规划或分区规划为依据，对城市近期建设区域内各项建设做出的具体规划。它包括：规划地段各项建设的具体用地范围、建筑密度和高度等控制指标、总平面布置、工程管线综合规划和竖向规划。详细规划可根据需要编制成控制性详细规划和修建性详细规划两种。

2.2 城市规划编制与审批

2.2.1 城市规划编制的方针与原则

1. 编制城市规划的方针

（1）城市规划必须坚持控制大城市规模、合理发展中等城市和小城市的方针。《城市规划法》第四条规定：“国家实行严格控制大城市规模，合理发展中等城市和小城市的方针”。这一方针对于促进我国城市化的进程，形成我国城市比较合理的发展格局有着重要的作用。现代化与城市化是紧密相连的，欧美发达国家的城市化水平已达60%～80%。世界城市化平均水平为40%。而我国目前城市化水平仅为31%，预计2010年将达40%。因此，在未来一段时间内，我国城市化进程将大大加快，城市数量与城市规模的发展将是空前的。国内外的经验都证实，在城市发展过程中，必须控制城市的规模，城市规模过大，会造成人口过分集中、居住十分拥挤、城市基础设施紧张、交通堵塞、环境日益恶化等一系列问题，从而成为社会经济发展的障碍和制约因素。为此，必须坚持“严格控制大城市规模，合理发展中等城市和小城市”的方针，以促进生产力和人口的合理布局，从而为国民经济建设和社会发展在资源合理配置方面打下良好基础。

（2）城市规划必须符合我国国情，正确处理近期建设和远景发展的关系。城市规划是百年大计，要使规划具有一定弹性，留有一定的余地，避免短期行为。

（3）城市规划区内的建设要坚持适用、经济的原则和勤俭建国的方针。各项建设的标准和定额指标应当与国家和地方生产力的发展水平相适应，防止脱离国情的高指标、高标准。

2. 编制城市规划的原则

(1) 国家控制城市规模的原则。严格控制大城市规模，主要是控制市区人口与用地规模。一般不要在大城市市区新建和扩建大中型项目，尤其是占地大、用水多、能耗大、污染环境的项目要严加控制。大城市市区应当主要依靠技术进步，优化产业结构，调整用地布局，加强城市基础设施建设，提高社会、经济、环境的综合效益。

(2) 城市规划与计划相结合的原则。这个原则是城市规划的有效保证，城市规划法从三个方面做出规定：

1) 城市的国民经济、社会发展要与城市规划互相衔接，互相协调。

2) 与城市有关的建设项目或建成后即将形成新城镇的项目，其立项、选址和布局必须符合城市规划要求。项目建议书、设计任务书的报批，必须附有城市规划部门的选址意见书。

3) 城市近期规划确定的建设项目，应当分期分批纳入城市年度建设计划，为促进规划与计划相结合，保证规划的实施，国家要采取有效措施。

(3) 勤俭建设的原则。城市规划的制定和实施必须从实际出发，确定城市规划各项建设标准、定额指标、建设规模、开发程序。首先应当考虑我们的财力、物力，考虑国家的经济承受能力，量力而行。城市规划的制定应当与国家和地方的经济技术发展水平以及人民生活水平相适应，在此基础上兼顾城市长远发展的需要。

(4) 环境保护的原则。城市规划的制定和实施必须注意改善城市生活环境，重视绿化建设，保护优秀历史文化遗产和自然风貌，防止环境污染，创造优美的城市景观。

(5) 方便市民生产、生活的原则。城市规划的制定和实施必须有利生产、方便生活，要满足城市防火、防洪、抗震、治安、交通管理和人防建设的要求，保证城市的卫生与安全。

(6) 合理利用土地的原则。城市规划的制定和实施必须珍惜、节约、合理利用城市的每一寸土地，应当尽量利用非耕种地，不占菜地、良田，防止城市规模的任意扩大。

2.2.2 城市规划编制与审批的权限

1. 城市规划编制的权限

编制城市规划是一项系统性、综合性、法制性很强的、复杂而重要的工作。在工作过程中需要向许多部门收集多方面的基础资料，进行多方面的发展预测，协调多方面的关系。因此，这项工作不是一个职能部门所能胜任的。《城市规划法》规定："城市人民政府负责组织编制本城市规划。县级人民政府所在地镇的城市规划，由县级人民政府负责组织编制。”这便确定了市、县级政府的职责和权限，要求其具体组织领导编制城市规划，并以城市规划行政主管部门为主，或委托具有相应规划设计资格的设计单位，会同其他有关部门共同完成。《城市规划编制办法》中规定：“城市分区规划、详细规划可以由城市人民政府授权其城市规划行政主管部门编制。”

2. 城市规划审批的权限

《城市规划法》第二十一条规定：“城市规划实行分级审批制度。”

（1）直辖市的城市总体规划，由直辖市人民政府报国务院审批。

（2）省和自治区人民政府所在地城市、城市人口在100万以上的城市及国务院指定的其他城市的总体规划，由省、自治区人民政府审查同意后，报国务院审批。

（3）其他设市城市的总体规划，报省、自治区人民政府审批；其人民政府所在地镇的总体规划，报市人民政府审批。

（4）其他建制镇的总体规划，报县级人民政府审批。

（5）城市分区规划经当地城市规划主管部门审核后，报城市人民政府审批。

（6）城市详细规划由城市人民政府审批，已编制并批准分区规划的城市的详细规划，除重要的详细规划由城市人民政府审批外，由城市人民政府授权城市规划行政主管部门审批。

（7）编制的国家级历史文化名城的保护规划，由国务院审批其总体规划的城市应当先经国务院规划行政主管部门审查后，报国务院审批。

（8）历史文化名城由省、自治区人民政府审批，报国务院城市规划行政主管部门和文物行政主管部门备案；省、自治区、直辖市级历史文化名城的保护规划，由省、自治区、直辖市人民政府审批；单独编制的其他专业规划，经城市规划行政主管部门综合后，报城市人民政府审批。

3. 城市总体规划的局部调整与重大修改规定

城市规划一经批准，即具有法律效力，必须严格执行，不得擅自改变。若因城市的发展必须进行局部调整，其决定由城市人民政府做出，报同级人民代表大会常务委员会和原批准机关备案；若对已批准总体规划的某些基本原则（如涉及城市性质、规模、发展方向和总体布局）和框架做出修改，则经同级人民代表大会常务委员会审查同意后，报原批准机关审批。

（1）城市总体规划的局部调整，是指城市人口和用地规模需要少量增长，或者根据城市建设和发展需要，对城市用地功能、道路系统、工程设施配置等进行局部变更。城市总体规划的局部调整由城市人民政府规划行政主管部门负责进行，报城市人民政府审批，并报同级人民代表大会常务委员会和原总体规划批准部门备案。

(2) 城市总体规划的重大修改，是指由于产业结构的调整造成城市性质的重大变化，城市机场、港口、铁路枢纽、大型工业项目等重要设施布局的调整，或者由于城市人口大幅度增长，造成城市空间发展方向和总体布局的重大变化，需要对已经批准的城市总体规划进行重大调整。城市总体规划的重大修改由城市人民政府组织进行，报同级人民代表大会常务委员会审查同意后，报送原总体规划批准机关审查批准后实施。

2.2.3 城市规划编制的内容

1. 城市体系规划的内容

城市规划编制是指在全国或一定地区内，确定城市的数量、性质、规模和布局的综合部署，是社会经济发展的空间表现形式，是政府对全国或者一定地区经济社会发展实行宏观调控和引导的重要手段。《城市体系规划编制审批办法》第十三条规定了城镇体系规划应当包括的内容：

(1) 综合评价区域与城市的发展和开发建设条件。

(2) 预测区域人口增长，确定城市化目标。

(3) 确定本区域的城镇发展战略，划分城市经济区。

(4) 提出城镇体系的功能结构和城镇分工。

(5) 确定城镇体系的等级和规模结构。

(6) 确定城镇体系的空间布局。

(7) 统筹安排区域基础设施、社会设施。

(8) 确定保护区或生态环境、自然和人文景观以及历史文化遗产的原则和措施。

(9) 确定各时期重点发展的城镇，提出近期重点发展城镇的规划建议。

(10) 提出实施规划的政策和措施。

2. 城市总体规划纲要的内容

城市总体规划纲要是研究总体规划的重大原则和城市地域发展的战略部署，《城市规划编制办法》第十二条规定了城市总体规划纲要应当包括的主要内容：

(1) 论证城市国民经济和社会发展的条件、原则，确定规划期内城市发展目标。

(2) 论证城市在区域发展中的地位、原则，确定市（县）城镇体系的结构和布局。

(3) 原则确定城市性质、规模、总体布局，选择城市发展用地，提出城市规划区范围的初步意见。

(4) 研究确定城市能源、交通、供水等城市基础设施开发建设的重大原则问题，以及实施城市规划的重要措施。

3. 城市总体规划的内容

城市总体规划是综合研究和确定城市的性质、规模和空间发展形态，统筹安排城市各项建设用地，合理配置城市各项基础设施，处理好远期和近期建设的关系，指导城市合理发展的依据。《城市规划法》第十九条规定："城市总体规划应当包括：城市的性质、发展目标和发展规模，城市主要建设标准和定额指标，城市建设用地布局、功能分区和各项建设的总体部署，城市综合交通体系和河湖、绿地系统，各项专业规划，近期建设规划。"《城市规划编制办法》第十六条具体规定了城市总体规划应当包括的内容。

4. 分区规划的内容

城市分区规划是根据总体规划的要求，对城市土地利用、人口分布和公共设施、基础设施的配置做出近一步的安排。《城市规划编制办法》第十九条规定了分区规划应当包括的内容：

(1) 原则规定分区内土地使用性质、居住人口分布、建筑及用地的容量控制指标。

(2) 确定市、区、居住区公共设施的分布及其用地范围。

(3) 确定城市主、次干道的红线位置、断面，控制点坐标和标高，确定支路的走向、宽度以及主要交叉口，广场、停车场位置和控制范围。

(4) 确定绿地系统、河湖水面、供电高压线走廊、对外交通设施、风景名胜的用地界限和文物古迹、传统街区的保护范围，提出空间形态的保护要求。

(5) 确定工程干管的位置、走向、管径、服务范围以及主要工程设施的位置和用地范围。

5. 详细规划的内容

详细规划是以总体规划或分区规划为依据，详细规定建设用地的各项控制指标和规划管理要求，或直接对建设项目做出具体的安排和规划设计。《城市规划法》第二十条规定："城市详细规划应当包括：规划地段各项建设的具体用地范围、建筑密度和高度等控制指标、总平面布置、工程管线综合规划和竖向规划。"《城市规划编制办法》第二十三条进一步规定了详细规划应当包括的内容。

2.3 城市规划的实施

2.3.1 城市规划实施的概念

城市规划的实施就是经过法律程序批准的城市规划设计方案的落实过程。在这一过程中，经法定程序批准生效后的城市规划，即具有了法律效力，需要及时向全社会公布，进行宣传。使广大人民群众了解城市规划建设的方针政策、目标内容和具体要求，自觉按照城市规划的要求进行建设活动，并对各类违背城市规划的违法行为进行控制、监督、处罚。在工程建设的不同阶段，建设单位必须向城市规划管理部门申领选址意见书、建设用地规划许可证、建设工程规划许可意见书等文件，方可制定有关建设活动的计划。城市规划管理部门对实施过程进行严格管理，以保证和促进城市按照规划付诸实施。

2.3.2 城市规划公布制度

1. 城市规划公布的概念

城市规划公布是指城市人民政府应当将批准的城市规划采用适当的方式向全社会公布。《城市规划法》第二十八条规定："城市规划经批准后，城市人民政府应当公布"。公布城市规划其目的有两个方面：一是使城市中的单位和个人了解城市规划，以便自觉遵守，并服从城市规划管理；二是有利于对擅自改变规划、违反规划行为的检举和控告。在公布规划过程中，涉及某些保密单位或地区，或者影响到对拆迁当事人的补偿、安排等问题时，可以通过采取相应的行政措施加以解决。

2. 城市规划公布的意义

(1) 便于群众了解和参与。将批准后的城市规划公布实行，城市中各行各业和广大群众就可以了解城市性质、发展规模和发展方向，城市用地的部署，阶段建设的具体安排等，有利于把城市整体的建设与其自身的发展结合起来，从而提高人们参与城市规划实施的积极性和主动性。使广大人民群众自觉配合城市规划行政主管部门，按照城市规划的要求进行建设活动，自觉维护城市规划的权威。

(2) 便于群众监督。实行城市规划公布制度，使群众在了解、参与城市规划建设活动的过程中，能够及时发现各种违法占地和违法建设行为，并对其进行举报，以便城市规划行政主管部门及时制止和处理，从而发挥了对城市规划建设行为的监督作用。

2.3.3 选址意见书制度

1. 选址意见书的概念

选址意见书是指建设项目（主要指新建大、中型工业与民用项目）在立项过程中，城市规划行政主管部门对提出的关于建设项目选建具体用地地址的批复意见等具有法律效力的文件。《城市规划法》第三十条规定："城市规划区内的建设工程的选址和布局必须符合城市规划。设计任务书报请批准时，必须附有城市规划行政主管部门的选址意见书"。国家对建设项目，特别是大、中型项目的宏观管理，在可行性研究阶段，主要是通过计划管理和规划管理来实现。规定选址意见书制度，是为了保证建设项目有计划、按规划的程序进行建设。

2. 选址意见书的内容

(1) 建设项目的基本情况。建设项目的基本情况主要指建设项目的名称、性质、建设规模、市场需求预测、水源及其他能源的需求量；原材料及产品的运输方式与运输量；生产配套设施，以及废水、废气、废渣的排放及处理方案。

(2) 建设项目选址的依据。建设项目选址的主要依据有：经批准的项目建议书；建设项目所在城市总体规划、分区规划；建设项目所在城市的交通、通信、能源、市政、防灾规划；建设项目所在城市生活居住及公共设施规划；建设项目所在城市的环境保护规划和风景名胜、文物古迹管理规划等。

(3) 建设项目选址意见书的核发权限。建设项目选址意见书的核发实行分级管理。县级人民政府规划行政主管部门审批的建设项目，由县人民政府城市规划行政主管部门核发选址意见书；地级、地级市人民政府规划行政主管部门审批的建设项目，由地级、地级市人民政府城市规划行政主管部门核发选址意见书；直辖市和计划单列市人民政府规划行政主管部门审批的建设项目，由直辖市、计划单列市人民政府城市规划行政主管部门核发选址意见书；省、自治区人民政府规划行政主管部门审批的建设项目，由项目所在地县、市人民政府城市规划行政主管部门提出审查意见，报省、自治区人民政府城市规划行政主管部门核发选址意见书；中央各部门、公司审批的小型和限额以下的建设项目，由项目所在地县、市人民政府城市规划行政主管部门核发选址意见书；国家审批的大中型和限额以上的建设项目，由项目所在地县、市人民政府城市规划行政主管部门提出审查意见，报省、自治区、直辖市、计划单列市人民政府城市规划行政主管部门核发选址意见书，并报国务院城市规划行政主管部门备案。

2.3.4 建设用地规划许可证制度

1. 建设用地规划许可证

建设用地规划许可证是由建设单位或个人提出建设用地申请，城市规划行政主管部门审查批准的建设用地位置、面积、界限的法律凭证。《城市规划法》第三十一条规定："在城市规划区内进行建设需要申请用地的，必须持国家批准的建设项目的有关文件，向城市规划行政主管部门申请定点，由城市规划行政主管部门核定其用地位置和界限，提供规划设计条件，核发建设用地规划许可证。建设单位或者个人在取得建设用地规划许可证后，方可向县级以上地方人民政府土地管理部门申请用地，经县级以上人民政府审查后，由土地管理部门划拨土地"。

2. 建设用地规划许可证制度的内容

(1) 建设用地的审批程序。

1) 现场踏勘。城市规划主管部门受理了建设单位用地申请后，应与建设单位会同有关部门到选址地点进行现场调查和踏勘。这是一项直观的感性的审查工作，可以及时发现问题，避免纸上谈兵可能带来的弊端。

2）征求意见。在城市规划区安排建设项目，占用土地会涉及许多单位和部门。城市规划主管部门在审批建设用地前，应征求占用土地单位和部门以及环境保护、消防安全、文物保护、土地管理等部门的意见。

3）提供设计条件。城市规划主管部门初审通过后，应向建设单位提供建设用地地址与范围的红线图，在红线图上应当标明现状和规划道路，并提出用地规划设计条件和要求。建设单位可以依据城市规划主管部门下达的红线图委托项目规划方案设计。

4）审查总平面图及用地面积。建设单位根据城市规划主管部门提供的设计条件完成项目规划设计后，应将总平面图及其相关文件报送城市规划主管部门进行审查批准，并根据城市规划设计用地定额指标和该地块具体情况，审核用地面积。

5）核发建设用地规划许可证。经审查合格后，城市规划行政主管部门即向建设单位或个人核发建设用地规划许可证。

建设用地规划许可证是建设单位在向土地管理主管部门申请征用、划拨前，经城市规划主管部门确认建设项目位置和范围的法律凭证。核发建设用地规划许可证的目的在于确保土地利用符合城市规划，维护建设单位按照规划使用土地的合法权益，同时也为土地管理部门在城市规划时行使权属管理职能提供必要的法律依据。土地管理部门在办理征用、划拨土地过程中，若确需改变建设用地规划许可证核定的位置和界限，必须与城市规划主管部门协商并取得一致意见，以保证修改后的位置和范围符合城市规划的要求。

（2）建设用地审批后的管理。建设用地批准后，城市规划行政主管部门应当加强监督、检查工作。监督、检查的内容包括：建设项目征用土地的复核和用地情况监督检查。

1）用地范围复核。主要是指城市规划行政主管部门对征用划拨的土地地界进行验核，杜绝违章占地情况的发生。

2）用地性质检查。主要是指城市规划行政主管部门根据城市规划的要求，对征用土地的用途进行监督检查，纠正随意改变征地用途等违法行为。

（3）临时用地许可证。临时用地许可证是指由于建设工程施工、堆料或者其他原因，需要临时使用土地的法律凭证。需要临时用地的建设单位必须持上级主管部门批准的申请临时用地文件，向城市规划行政主管部门提出申请。经审核批准后，发给临时建设用地许可证。《城市规划法》第三十三条规定：“禁止在批准临时使用的土地上建设永久性的建筑物、构筑物和其他设施。”临时用地的使用期限一般不得超过两年。

（4）建设用地调整。为了适应社会发展和城市建设的需要，城市人民政府可以根据城市规划的实施情况对建设用地进行调整，其调整的内容主要包括：

1）在土地所有权和使用权不变的情况下，调整土地的使用性质。

2）在土地所有权不变的情况下，调整土地使用权或者土地使用性质。

3）对早征晚用、多征少用、征而不用等土地使用不合理的问题，进行局部调整。

用地调整是城市人民政府从国民经济和城市发展的大局出发，保证城市规划实施所采取的必要措施。因此，《城市规划法》第三十四条规定："任何单位和个人必须服从城市人民政府根据规划做出的调整用地决定。"

2.3.5 建设工程规划许可证制度

1. 建设工程规划许可证的概念及作用

建设工程规划许可证是由城市规划行政主管部门核发，用于确认建设工程是否符合城市规划要求的法律凭证。《城市规划法》第三十二条规定："在城市规划区内新建、扩建和改建建筑物、构筑物、道路、管线和其他工程设施，必须持有关批准文件向城市规划行政主管部门提出申请，由城市规划行政主管部门根据城市规划提出的规划设计要求，核发建设工程规划许可证、建设单位或者个人在取得建设工程规划许可证件和其他有关批准文件后，方可申请办理开工手续。"建设工程规划许可证的作用主要表现在：

（1）确认建设单位和个人有关建设活动的合法地位。

（2）作为建设活动过程中接受监督检查时的法律依据。

（3）作为城市建设活动的重要历史资料和城市建设档案的重要内容。

2. 建设工程规划许可证制度的内容

（1）建设工程规划许可证的审批程序。

1）建设工程许可证申请。建设单位应当持设计任务书、建设用地规划许可证和土地使用证等有关批准文件向城市规划主管部门提出建设工程许可证核发申请。城市规划主管部门对申请进行审查，确定建设工程的性质、规模等是否符合城市规划的布局和发展要求；对于建设工程涉及相关主管部门的，则应根据实际情况和需要，征求有关行政主管部门的意见，进行综合协调。

2）初步审查。城市规划主管部门受理申请后，应对建设工程的性质、规模、建设地点等是否符合城市规划要求进行审查，并应征求环境保护、环境卫生、交通、通信等相关部门的意见，以便使规划更加合理完善。

3）核发规划设计要点意见书。城市规划主管部门根据对申请的审查结果和工程所在地段详细规划的要求，向建设单位或个人核发规划设计要点意见书，提出建设高度限制、城市规划红线的边界限制、与四周已有工程的关系限制等规划设计要求。建设单位按照规划设计要点意见书的要求，委托设计部门进行方案设计工作。

4）方案审查。建设单位或个人根据规划设计要点意见书完成方案设计后，应将设计方案（应不少于两个）的有关图纸、模型、文件报送城市规划行政主管部门。城市规划主管部门对各个方案的总平面布置、工程周围环境关系和个体设计体量、层次、造型等进行审查比较后，核发设计方案通知书，并提出规划修改意见。建设单位据此委托设计单位进行施工图设计。

5）核发建设工程规划许可证。建设单位或个人按照设计方案通知书的要求完成施工图设计后，将注明勘察设计证号的初步设计文件（总平面图、个体建筑设计的平面图、立面图、剖面图、基础图、地下室平面图及其剖面图等施工图及相关设计说明）报城市规划行政主管部门审查。经审查批准后，核发建设工程规划许可证。

(2) 建设工程审批后的管理。

1）验线。建设单位应当按照建设工程规划许可证的要求放线并经城市规划行政主管部门验线后方可施工。对临近城市规划红线的工程，应首先请城市规划勘测部门确定红线位置及定位坐标，然后再进行个体工程的放线。

2）现场检查。是指城市规划管理工作人员进入有关施工现场，了解建设工程的位置、施工等情况是否符合规划设计条件。工程定位、建筑面积、建筑功能及建筑外观是重要的检查内容。

3）竣工验收。竣工验收是工程项目建设程序中的最后一项。《城市规划法》第三十八条规定："城市规划行政主管部门可以参加城市现场内重点建设工程的竣工验收。"规划部门参加竣工验收，是对建设工程是否符合规划设计条件进行最后把关，以保证城市规划区内各项建设符合城市规划。本条的规定，赋予规划行政主管部门参加竣工验收的权利，可以参加，也可以不参加。

(3) 临时工程设施的管理。临时工程设施是指企事业单位或者个人因生产、生活的需要临时搭建的结构简易并在规定期限内必须拆除的建设工程或设施。临时工程设施应当办理临时建设工程许可证。临时工程设施期限由各地规划主管部门根据实际情况确定，一般不得超过两年。《城市规划法》第三十三条规定："在城市规划区内进行临时建设，必须在批准的使用期限内拆除。"

(4) 关于不得占用道路、绿地等进行建设的规定。《城市规划法》第三十五条规定："任何单位和个人不得占用道路、绿地、高压供电走廊和压占地下管线进行建设。"城市规划确定的城市道路、广场、园林绿地、高压供电走廊及各种地下管线是保持城市功能正常运转，为城市人民提供生产、生活环境必不可少的重要公共设施。高压供电线路和地下管线还有特殊的安全运行和正常维护要求，对于这些设施必须严加保护。

(5) 关于改变地形地貌的规定。《城市规划法》第三十六条规定："在城市规划区内进行挖取砂石、土方等活动，需经有关部门批准，不得破坏城市环境，影响城市规划的实施。”在城市建设中，一般建设工程需要进行大量的挖土、弃土工作，产生工程渣土，建材生产需要大量挖取砂石、土方，生产生活中还要产生各种工业废渣、生活垃圾等。在城市规划区内擅自改变地形、地貌的活动，有可能造成堵塞行洪河道，破坏园林绿化、文物古迹、市政工程设施、地下管线设施及人防设施等，影响城市环境和城市居民的生产、生活。因此，改变城市地形地貌的各类活动必须经过城市主管部门批准。

2.3.6 违反城市规划法规的法律责任

1. 违反城市规划法规的行为表现

(1) 在城市规划区内，未取得建设用地规划许可证而占用土地的。

(2) 在城市规划区内，未取得建设工程规划许可证或违反建设工程规划许可证的规定进行建设、严重影响城市规划的。

(3) 城市规划行政主管部门工作人员玩忽职守、滥用职权、徇私舞弊的。

2. 违反城市规划法规的责任

(1) 对未取得建设用地规划许可证而占用土地的，占用的土地由县级以上人民政府责令退回。

(2) 对未取得建设工程规划许可证或违反建设工程规划许可证的规定进行建设活动、严重影响城市规划的，由县级以上人民政府城市规划行政主管部门责令停止建设，限期拆除或没收违法建筑物、构筑物或其他设施；影响城市规划，但尚可采取改正措施的，由县级以上人民政府城市规划行政主管部门责令限期改正，并处以罚款。

(3) 对未取得建设工程规划许可证或违反建设工程规划许可证的规定进行建设活动的有关责任人员，可由其所在单位或上级主管机关给予行政处分。

(4) 城市规划行政主管部门工作人员玩忽职守、滥用职权、徇私舞弊的，由其上级主管机关给予行政处分；构成犯罪的，依法追究刑事责任。

2.4 风景名胜区、历史文化名城及村镇规划管理

除《城市规划法》以外，我国还颁布了《风景名胜区管理暂行条例》和《村庄和集镇规划建设管理条例》两部行政法规及相应的部门规章和地方性法规，对风景名胜区、历史文化名城和村镇建设进行严格管理。

2.4.1 风景名胜区的规划管理

1. 风景名胜区的概念

风景名胜区是指依法审定的具有观赏、文化或科学价值，自然景物、人文景物比较集中，环境优美，具有一定规模和范围，可供人们游览、休息或进行科学、文化活动的地区。我国的风景名胜区分为国家重点、省、市（县）三

级，分别由同级人民政府审定公布。

2. 风景名胜区规划的管理

风景名胜区的规划，在所属人民政府的领导下，由主管部门负责组织编制。风景名胜区内的一切景物和自然环境，必须严格保护，不得破坏和随意改变。在风景名胜区及其外围保护地带内的各项建设，都应当与景物相协调，不得因建设破坏景观，不得建有污染环境、妨碍游览的设施。在游人集中的游览区内，不得建设宾馆、招待所以及休养、疗养机构。风景名胜区及其外围保护地带内的林木，不分权属都应按照规划进行抚育管理，不得砍伐。确需进行更新、抚育性砍伐的，需经地方主管部门批准。

2.4.2 历史文化名城的规划管理

1. 历史文化名城和文物的概念

(1) 历史文化名城是指我国古代政治、经济、文化的中心或者近代革命运动和重大历史事件发生的重要城市。

(2) 文物是指遗存在社会上或埋藏在地下的历史文化遗物，它包括的内容很多，从建设规划角度理解，我们注重的文物主要是指革命遗址、纪念性建筑物、古文化遗址、古墓葬、古建筑、古窟寺、石刻等。

2. 历史文化名城的规划内容

历史文化名城反映了城市的特定性质，应当在城市规划中体现出来，使历史文化名城和文物的价值进一步得到开发和利用。历史文化名城和文物保护应当突出保护重点，即保护文物古迹、风景名胜及其环境；对于具有传统风貌的商业区、手工业区、居住区以及其他性质的街区，需要保护整体环境的文物古迹、革命纪念性建筑集中连片的地区，或在城市发展史上有历史、科学、艺术价值的近代建筑群等，要划定为“历史文化保护区”予以重点保护。特别要注意对面临破坏的历史实物遗存的抢救和保护，使其不再继续遭到破坏。

编制历史文化名城保护规划应包括下列内容：

(1) 城市历史演变、建制沿革、城址兴废变迁。

(2) 城市现存地上和地下文物古迹、历史街区、风景名胜、古树名木、革命纪念地、近代代表性建筑，以及有历史价值的水系、地貌遗迹等。

(3) 城市特有的传统文化、手工艺、传统产业及民族精华等。

(4) 现存历史文化遗产及其环境遭受破坏威胁的状况。

(5) 历史文化名城保护规划的审批。

1) 单独编制的国家级历史文化名城保护规划，其中的总体规划是由国务院审批的，先由国务院城市规划主管部门审查通过后，再报国务院审批；其他的则由其所在地的省、自治区人民政府审批，并报国务院城市规划主管部门和文化保护行政主管部门备案。

2）省级历史文化名城的保护规划，由其所在地的省、自治区、直辖市人民政府审批。

2.4.3 村镇建设的规划管理

1. 村庄、集镇的概念

村庄是指农村村民居住和从事各种生产的聚居点。集镇是指乡、民族乡人民政府所在地和经县级人民政府确认由集市发展而成的作为农村一定区域经济、文化和生活服务中心的非建制镇。村庄、集镇的建成区和因村庄、集镇建设及发展需要实行规划控制的区域，即为村庄、集镇的规划区。

2. 村庄、集镇规划的管理

村庄、集镇规划分为村庄、集镇总体规划和村庄、集镇建设规划两类，皆由乡级人民政府负责组织编制，报县级人民政府批准。报批前，村庄建设规划需经村民会议讨论同意，而村庄总体规划和两类集镇规划，都需经乡级人民代表大会审查同意。村庄、集镇规划期限，由省、自治区、直辖市人民政府根据本地区实际情况确定。

复习思考题

1. 何谓城市、城市规划？

2. 城市规划分为哪两类？它们之间是什么关系？

3. 我国城市规划的方针是什么？

4. 在我国，编制城市规划时应遵循哪些原则？

5. 城市规划编制的内容是什么？它们的编制权限和审批权限是如何规定的？

6. 何谓城市规划的实施？保证其实施的方法有哪些？

7. 什么是选址意见书？选址意见书的核发权限是怎样规定的？

8. 何谓建设用地规划许可证？取得建设用地规划许可证要经过哪些程序？

9. 何谓建设工程规划许可证？取得建设工程规划许可证要经过哪些程序？

10. 违反城市规划法将承担哪些具体责任？

11. 何谓风景名胜区、村庄及集镇？它们的规划都是由谁负责组织编制的？

12. 历史文化名城保护规划包括哪些内容？

第3章 工程建设程序与发包承包法规

3.1 工程建设程序法规

3.1.1 工程建设项目

1. 工程建设项目建设程序的概念

工程建设项目是指在一个总体设计或初步设计范围内，由一个或若干个有内在联系的单项工程所组成，经济上实行统一核算，行政上有独立的组织形式，实行统一管理的建设工程总体。工程建设项目有时也被称作投资项目、建设项目、工程项目等等。它是用一定量的投资，经过预测、决策、实施（设计、施工等）的一系列程序，在一定的约束条件下以形成固定资产为明确目标的一次性工程。

工程建设项目的建设程序是在建设项目生命周期的全过程中，先后必须经历的步骤。一个建设项目从开始酝酿到投入使用（或生产），必须经过评估、决策、准备、设计、施工、验收、使用各阶段。各个阶段是相互联系、相互制约的，不可以颠倒顺序。这是因为建设过程的发展，既受技术规律的制约，又受经济规律的制约，还要按国家的建设管理要求进行工作，并需要处理好各种相关关系。所以按建设程序办事，有利于保证工作质量，节约时间，降低资源消耗，提高经济效益。

2. 工程建设项目建设程序的基本特征

(1) 在建设程序中，必须有一个前期准备工作时期，以便进行详细的调查和技术论证。

(2) 工程建设项目涉及面广，协作配合、同步建设、综合平衡等问题比较复杂。

(3) 建设过程要有连续性。项目建设过程中各个阶段的工作应一环紧扣一环，循序进行，有条不紊。

(4) 建设程序必须符合市场运作规则的要求。在每个阶段应有明确的目标，只有实现目标，这个阶段才结束。阶段目标有技术性的，也有经济上的，还有法规要求的。只有实现每个阶段目标，建设项目的总目标才能实现。

(5) 建设程序是一种综合程序，不能单纯看作技术程序，也不能看作单独的经济程序，更不能单纯看成管理程序。只有综合考虑，建设程序才能正确反映客观规律，产生好的效果。

(6) 建设项目有新建和扩建的，两种情况各有自身的技术经济特点和管理要求，因此其建设程序不完全相同，应区别对待。

3.1.2 工程建设程序阶段的划分及其内容

目前，我国工程建设程序的主要阶段包括项目建议书阶段、可行性研究阶段、勘察设计工作阶段、建设准备阶段、项目实施阶段、竣工验收和项目后评价阶段等，如图 3-1 所示。

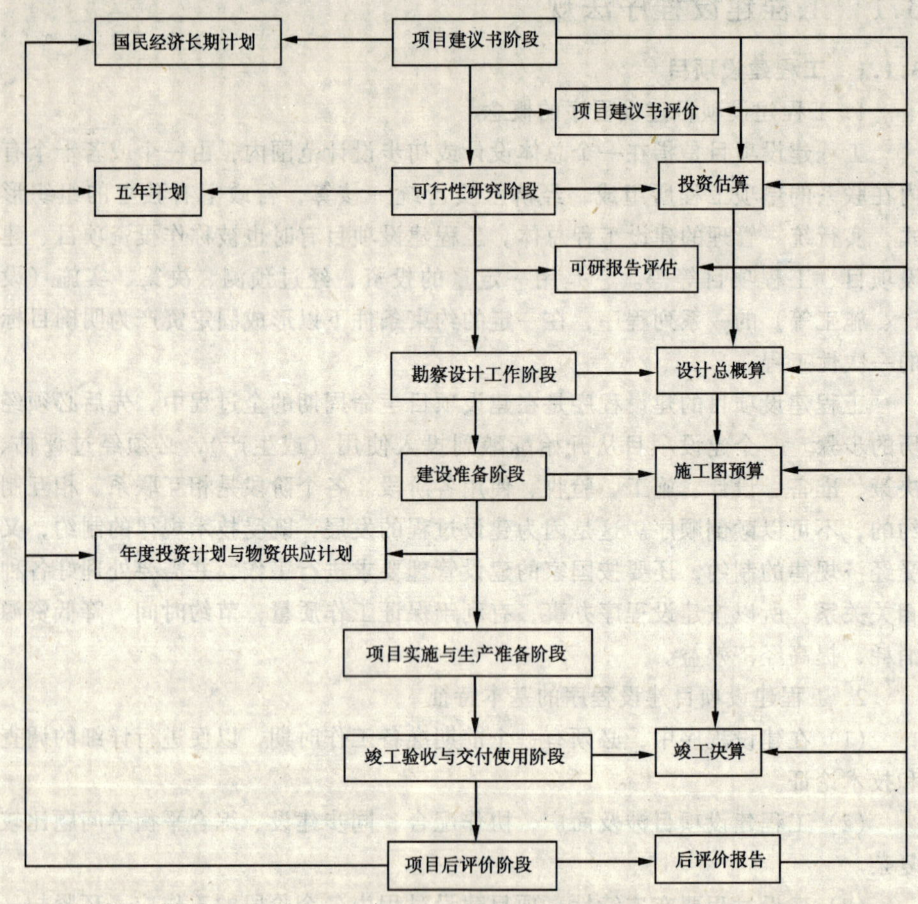

图 3-1 土木工程基本建设程序图

1. 工程建设前期准备阶段及内容

(1) 项目建议书阶段。项目建议书是业主单位向国家提出的要求建设某一项目的建议文件，是对工程建设项目的设想，从拟建项目的必要性、可能性、经济性加以考虑。在客观上，建设项目要符合国民经济长远规划，符合国家、部门、行业和地区发展规划的要求。

(2) 可行性研究阶段。项目建议书批准后，应进行可行性研究，为项目决策提供依据。可行性研究应对项目所涉及的社会、经济、技术问题进行深入的调查研究，对各种建设方案和技术方案进行发掘并加以比较、优化，对项目建成后的经济效益、社会效益进行科学的预测及评价，提出该项目建设是否可行的结论性意见。在可行性研究的基础上，编制可行性研究报告。可行性研究的具体内容和所应达到的深度，有关法规都有明确的规定。

可行性研究报告经批准后，该项目即被批准立项。被批准的可行性研究报告不得随意修改变更。如果在建设规模、产品方案、建设地区、主要协作关系等方面有变动以及突破投资控制时，应经原批准机关同意。按照现行规定，大中型和限额以上项目可行性研究报告经批准之后，项目可根据实际需要组建项目法人。

(3) 拆迁、征地获得土地使用权。在城区进行工程建设时，新项目实施前都要对建设用地上的原有房屋和附属物进行拆迁。国务院颁发的《城市房屋拆迁管理条例》规定：任何单位和个人需要拆迁房屋的，都必须持国家规定的批准文件、拆迁计划和拆迁方案，向县级以上人民政府房屋拆迁主管部门提出申请，经批准后，方可拆迁。拆迁人和被拆迁人应签订书面协议，被拆迁人必须服从城市建设的需要，在规定的搬迁期限内完成搬迁，拆迁人对被拆迁人（被拆房屋及附属物的所有人、代管人及国家授权的管理人）依法给予补偿，并对被拆迁房屋的使用人进行安置。但对违章建筑、超过批准期限的临时建筑的被拆迁人和使用人，则不予补偿和安置。

我国《土地管理法》规定：农村和城市郊区的土地（除法律规定属国家所有外）属于农民集体所有，其余的土地都归国家所有。工程建设用地都必须通过国家对土地使用权的出让或划拨而取得，需在农民集体所有的土地上进行工程建设的，也必须先由国家征用农民土地，然后再将土地使用权出让或划拨给建设单位或个人。

通过国家出让而取得土地使用权的，应向国家支付出让金，并与市、县人民政府土地管理部门签订书面出让合同，然后按合同规定的年限与要求进行工程建设。

由国家划拨取得土地使用权的，虽不向国家支付出让金，但在城市要承担拆迁费用，在农村和郊区要承担土地原使用者的补偿费和安置补助费，其标准由各省、直辖市、自治区规定。

出让或征用耕地 666666.7m^2（1000 亩）以上，其他土地 1333333.4m^2 (2000 亩）以上的由国务院批准；出让或征用省、自治区行政区域内的土地，由省、自治区人民政府批准；出让或征用耕地 2000.1m^2（3 亩）以下，其他土地 6666.7m^2（10 亩）以下的，由县人民政府批准；省辖市、自治州人民政府及直辖市的区、县人民政府对出让土地使用权的批准权限，由省、自治区或直辖市人大常委会决定；征用直辖市行政区域内的土地，由直辖市人民政府批准。

（4）规划、勘察、设计阶段。在规划区内的工程建设项目，必须符合城市规划或村庄、集镇规划的要求。其工程选址和布局，必须取得城市规划行政主管部门或村、镇规划主管部门的同意、批准。在城市规划区内进行工程建设的，要依法先后领取城市规划行政主管部门核发的“选址意见书”、“建设用地规划许可证”、“建设工程规划许可证”，方能获取土地使用权，进行设计、施工等相关建设活动。

设计是工程项目建设的重要环节，设计文件是制定建设计划、组织工程施工和控制建设投资的依据。它对实现投资者的意愿起关键作用。一般项目进行两阶段设计，即初步设计和施工图设计。比较复杂而又缺乏设计经验的项目，在初步设计阶段后增加技术设计阶段。

设计必须在工程勘察取得足够的地质、水文等基础资料之后才能进行。另外，根据项目的具体要求，在工程选址、可行性研究、工程施工等各阶段，也需要进行勘察。

（5）建设场地准备。建设场地准备的主要工作内容包括：拆迁后的场地平整；施工用水、用电、通讯条件、运输道路等工程准备。

2.工程建设实施阶段的内容

（1）新开工程建设实施的具体时间，是指建设项目设计文件中规定的任何一项永久性工程第一次破土开始施工的日期。不需要开槽的，正式开始打桩日期就是开工日期。铁道、公路、水库等需要进行大量土、石方工程的，以开始进行土、石方工程日期作为正式开工日期。分期建设的项目，分别按各期工程开工的日期计算。

（2）工程实施前应按照《建筑法》的有关规定办理施工许可证，并在规定的时间内进行施工。

（3）工程施工应在保证质量、工期、成本计划等前提下进行。施工单位应按建筑安装承包合同规定的权利、义务进行。施工安装必须严格按照施工图进行，如需变动，应取得设计单位同意。施工安装单位应按照施工安装顺序合理组织施工安装，施工安装过程中要严格遵守设计要求和施工安装验收规范及操作标准，保证工程质量。对不符合质量要求的，要及时采取措施，不留隐患。施工单位的各级管理机构均应配备专职管理人员，建立和健全各级管理机构。

施工过程中应建立职工身体健康与安全、机械设备使用的安全及物资的安全等保障制度和措施。根据《建设工程施工现场管理规定》，施工单位必须执行国家有关安全生产和劳动保护的法规，建立安全生产责任制，加强规范化管理，进行安全交底、安全教育和安全宣传，严格执行安全技术方案，定期检修、维修各种安全设施，做好施工现场的安全保卫工作，建立和执行防火管理制度，切实保障工程施工的安全。

施工单位应推行现代管理方法，科学组织施工，保证施工整洁、有序、合理地进行。施工单位必须遵守国家有关环境保护的法律、法规，采取措施控制各种粉尘、废气、噪声等对环境的污染和危害。

(4) 实施阶段还要进行生产准备。生产准备是项目投产前由建设单位进行的一项重要工作。它是衔接建设和生产的桥梁，是为保证建设项目能及时投产使用所进行的准备活动。如招收和培训必要的生产人员，组织人员参加设备安装调试和工程验收，组建生产管理机构，制定规章制度，收集生产技术资料和样品，落实原材料、外协产品、燃料、水、电的来源及其他配合条件等。建设单位要根据建设项目或主要单项工程的生产技术特点，及时组成专门班子或机构，有计划地做好这一工作。

3. 工程竣工验收与保修阶段的内容

(1) 工程竣工验收。国家计委颁发的《建设项目（工程）竣工验收办法》规定：凡新建、扩建、改建的基本建设项目（工程）和技术改造项目，按批准的设计文件所规定的内容建成，符合验收标准的必须及时组织验收，办理固定资产移交手续。根据《建筑法》及国务院《建设工程质量管理条例》等相关法规规定，交付竣工验收的工程，必须具备下列条件：

1）完成建设工程设计和合同约定的各项内容。

2）有完整的技术档案和施工管理资料。

3）有工程使用的主要建筑材料、建筑构配件和设备的进场试验报告。

4）有勘察、设计、施工、工程监理等单位分别签署的质量合格文件。

5）有施工单位签署的工程保证书。

竣工验收是工程项目建设程序的最后环节。它是全面考核工程项目建设成果，检验设计和施工质量的重要环节。所有建设项目按批准的设计文件建成后，都必须组织竣工验收。生产性项目经投料试车或带负荷试运转合格，形成生产能力，并能正常生产合格产品的；非生产性项目符合设计要求，能正常使用的，都应立即组织验收，办理移交固定资产手续。对于具备分期建设、分期受益条件的建设项目，分期工程建成后，只要具备生产合格产品的条件，就应分期组织验收，交付生产，同时移交固定资产，不必等到整个项目全部建成后集中一次办理。建设项目验收前，建设单位应组织设计、施工等单位进行初验，提出竣工验收报告，整理技术资料，以便在验收工作中使用，为投产后检修和将来改、扩建创造条件。竣工验收应由国家规定的机构负责。大型建设项目由国家计委组织验收，中、小型建设项目按隶属关系分别由主管部、委以及省、自治区、直辖市人民政府负责组成验收委员会进行验收。一般的单项工程的竣工验收工作，由建设单位组织设计单位、施工单位、监理公司、劳动部门以及其他专业检测、验收部门进行验收。验收合格后，签署工程竣工验收书。竣工验收过程中，如发现工程内容或工程质量不符合设计规定时，施工单位应负责限期补修、返工或重建，由此所需的各种费用和材料消耗，由施工单位负责。凡是符合验收和移交固定资产手续，不及时办理手续的，其一切费用不准从工程项目建设投资中支付，并由银行冻结工程项目建设拨款和停止贷款。不经验收就用于生产使用的，施工单位不再承担工程质量的责任。

(2) 交付使用。交付使用是工程建设项目实现建设目的的过程。工程项目竣工验收后，即交付使用，工程项目未经验收，不得提前使用。建设单位与施工单位办理工程交接文字手续后，即可行使对工程的管理权及使用权。

(3) 工程保修。根据《建筑法》及相关法规的规定，工程竣工验收应签订工程保修合同，交付使用后，即进入工程保修期，原施工单位要对工程使用中出现的质量缺陷承担保修与赔偿责任。

4. 工程建设项目后评价

工程建设项目后评价是工程竣工投产、生产运营一段时间后，对项目的立项决策、设计施工、竣工投产、生产运营等全过程进行系统评价的一种技术经济活动。它是工程建设管理的一项重要内容，也是工程建设程序的最后一个环节。它可使投资主体达到总结经验、吸取教训、改进工作、不断提高项目决策水平和投资效益的目的。目前我国的工程建设项目后评价分建设单位的自我评价、项目所属行业（地区）主管部门的评价及各级计划部门（或主要投资主体）的评价这三个层次。

3.2 建设工程许可

3.2.1 建设工程许可制度的一般规定

1. 建设工程许可的规定

建设单位必须在建筑工程（含新建、扩建、改建的工程）发包前，向建设行政主管部门或授权的部门办理报建登记。未办理报建登记手续的工程不得发包。建设单位必须在开工前向建设行政主管部门或其授权的部门申请领取建设工程施工许可证。未领取施工许可证的，不得开工。已经开工的，必须立即停止。否则由此引起的经济损失由建设单位承担，并依违法情节，对建设单位做出相应处罚。

《建筑法》第七条规定："建筑工程开工前，建设单位应当按照国家有关规定向工程所在地县级以上人民政府建设行政主管部门申请领取施工许可证；但是，国务院建设行政主管部门确定的限额以下的小型工程除外。

2. 申请建设工程许可证的条件及法律责任

(1) 申请建设工程许可证的条件。《建筑法》第八条规定申请领取施工许可证应具备下列条件：

1）已经办理该建筑工程用地批准手续。

2）在城市规划区的建筑工程，已经取得规划许可证。

3）需要拆迁的，其拆迁进度符合施工要求。

4）已经确定建筑施工企业。

5）有满足施工需要的施工图纸及技术资料。

6）有保证工程质量和安全的具体措施。

7）建设资金已经落实。

8）法律、行政法规规定的其他条件。

(2) 领取建筑工程许可证的法律责任。

1）建设单位应当自领取施工许可证之日起 3 个月内开工。因故不能按期开工的，应当向发证机关申请延期；延期以两次为限，每次不超过 3 个月。既不开工又不申请延期或者超过延期时限的，施工许可证自行废止。

2）在建的建筑工程因故终止施工的，建设单位应当自中止施工之日起 1 个月内，向发证机关报告，并按照规定做好建筑工程的维护管理工作。建筑工程恢复施工时，应当向发证机关报告；中止施工满 1 年的工程恢复施工前，建设单位应当报发证机关核验施工许可证。

3）按照国务院有关规定批准开工报告的建筑工程，因故不能按期开工或者中止施工的，应当及时向批准机关报告情况；因故不能按期开工超过 6 个月的，应当重新办理开工报告的批准手续。

3.2.2 施工许可证的申领时间与范围

1. 施工许可证的申领时间

建筑工程的新建、改建、扩建应当按立项批准、勘察设计、施工安装、竣工验收、交付使用的程序进行。施工安装阶段又可分为施工准备和组织施工两个阶段。建筑工程施工许可证应当在施工准备工作基本就绪后，组织施工之前申请领取。

2. 施工许可证的申领范围

根据《建筑法》第七条的规定，除国务院建设行政主管部门确定的限额以下的小型工程，以及按照国务院规定的权限和程序批准开工报告的建筑工程外，均应申请领取施工许可证；未领取施工许可证的，不得开工。从以上规定可以看出，并不是所有的建筑工程都必须申领施工许可证，而只是对投资额较大、结构复杂的工程才领取施工许可证。目前，国务院建设行政部门对限额以下的小型工程尚未确定，国务院对开工报告亦未做出明确规定，这些需要在将来制定《建筑法》的配套法规时加以具体规定。

限定领取施工许可证的建筑工程范围，一是考虑到我国国情，突出管理重点；二是避免与开工报告重复审查、重复审批。

3. 施工许可证的申领程序

对需要领取施工许可证的建筑工程，由建设单位填写有关表格，提供规定的材料，按规定的方式向有审批权的建设行政主管部门提出申请。

建设单位（又称业主或项目法人）是指建设项目的投资者。建设项目由政府投资的，建设单位为该建设项目的管理或使用单位。建设单位既可以是法人，也可以是自然人。做好各项施工准备工作，是建设单位应尽的义务。因此，施工许可证的申领，应当由建设单位来承担，而不应是施工单位或其他单位。

施工许可证的具体申领程序，目前国家尚无统一的明确规定，各地的做法也不尽相同。为了加强施工许可证的管理，国务院或国务院建设行政主管部门将对此做出统一规定。

4. 施工许可证的审批权限

施工许可证制度是工程建设管理的一项基本制度。各级建设行政主管部门是工程建设与建筑业的主管部门。因此，施工许可证的核发和管理是建设行政主管部门的一项重要职责。

按照国家有关规定，县级以上人民政府建设行政主管部门（包括国务院建设行政主管部门、省级人民政府的建设行政主管部门、地市级人民政府的建设行政主管部门和县级人民政府的建设行政主管部门）对所辖地区内工程项目施工许可证的审批权限如下：

（1）投资额在 2 亿元以上的项目，需由国家建设行政主管部门审批。

（2）投资额在 50 亿元以上的项目，需由国务院建设行政主管部门批准。

（3）建设总投资 3000 万元以上的项目，及隶属中央各部委，各省、自治区、直辖市和计划单列市领导机关的建设项目（含与其他单位联合建设的项目和以其下属单位名义建设的项目），报国家计委审批，其中某些项目，由国家计委提出审查意见报国务院审批。

（4）上述以外的建设项目，按隶属关系分别由主管部门或者省、自治区、直辖市和计划单列市人民政府审批。

3.2.3 施工许可证的申领条件

《建筑法》第八条规定，申请领取施工许可证，应当具备下列条件：

1. 已经办理该建筑工程用地批准手续

根据《城市房地产管理法》、《土地管理法》的规定，建设单位取得建筑工程用地土地使用权，可以通过出让和划拨两种方式。土地使用权出让是指国家将国有土地使用权在一定年限内出让给土地使用者，由土地使用者向国家支付土地使用权出让金的行为。土地使用权划拨是指县级以上人民政府依法批准，在土地使用者缴纳补偿、安置等费用后将该幅土地交付其使用，或者将土地使用权无偿交付给土地使用者使用的行为。建设单位依法以出让或划拨方式取得土地使用权，应当向县级以上地方人民政府土地管理部门申请登记，经县级以上地方人民政府土地管理部门核实，由同级人民政府颁发土地使用权证书。建设单位取得土地使用权证书表明已经办理了该建筑工程用地批准手续。

2. 在城市规划区的建筑工程，已经取得规划许可证

《城市规划法》规定，规划许可证包括建设用地规划许可证和建设工程规划许可证。

建设用地规划许可证是由建设单位和个人提出建设用地申请，城市规划行政主管部门根据规划和建设项目的用地需要，确定建设用地位置、面积、界限的法定凭证。建设单位必须在建筑工程用地土地使用权取得之前申请领取建设用地规划许可证。

建设工程规划许可证是由城市规划行政主管部门核发的，用于确认建设工程是否符合城市规划要求的法律凭证。建设单位持注明勘察设计证号的总平面图，建筑设计的平面图、立面图、剖面图、基础图、地下室平面及其剖面图等施工图纸，交城市规划行政主管部门进行审查，经审查批准后，发给建设工程规划许可证。建设工程规划许可证的取得是申请领取施工许可证的必要条件之一。

3. 需要拆迁的，其拆迁进度符合施工要求

这里的拆迁一般是指房屋拆迁。房屋拆迁是指根据城市规划和国家专项工程的迁建计划以及当地政府的用地文件，拆除和迁移建设用地范围内的房屋及其附属物，并由拆迁人对原房屋及其附属物的所有人或使用人进行补偿和安置的行为。对在城市旧区进行建筑工程的新建、改建、扩建，拆迁是施工准备的一项重要任务。对成片土地进行综合开发的，应根据建筑工程建设计划，在满足施工要求的前提下，分期分批进行拆迁。拆迁必须按计划和施工进度要求进行，过早过迟都会造成损失和浪费。

4. 已经确定建筑施工企业

建筑工程的施工必须由具备相应资质的建筑施工企业来承担。建设单位确定建筑施工企业可以通过招标发包或直接发包两种方式。招标发包又可分为公开招标、邀请招标、议标三种形式。建设单位通过以上方式确定建筑施工企业后，双方应当签订建筑安装工程承包合同，明确双方的责任、权利和义务。

5. 有满足施工需要的施工图纸及技术资料

施工图纸是实现建筑工程的最根本的技术文件，是施工的依据，这就要求设计单位按工程的施工顺序和施工进度，安排好施工图纸的配套交付计划，保证满足施工的需要。

施工图设计图纸一般包括施工总平面图、房屋建筑施工平面图和剖面图、

安装施工详图、各种专门工程的施工图、非标准设备加工详图以及设备和各类材料明细表等。施工图设计的深度应能满足设备材料的安排和非标准设备的制作、施工图预算的编制、施工等要求。在建筑工程开工前，建筑施工企业要认真做好施工图纸的自审和会审工作，要领会设计意图，掌握技术要求，以便精心施工。

技术资料是建筑工程施工的重要前提条件。掌握客观、准确、全面的技术资料，是建筑工程质量和安全的重要保证，因此，在建筑工程开工前，必须要有满足施工需要的技术资料。技术资料包括地形、地质、水文、气象等自然条件资料和主要原材料、燃料来源，水电供应和运输条件等技术经济条件资料。技术资料可以通过勘察、调查等方式取得。

6. 有保证工程质量和安全的具体措施

保证工程质量和安全的具体措施是施工组织设计的一项重要内容。施工组织设计的编制是施工准备工作的中心环节，其编制的好坏直接影响建筑工程质量和建筑安全生产，影响组织施工顺利进行。因此，施工组织设计必须在建筑工程开工前编制完毕。施工组织设计主要内容包括工程任务情况；施工总方案、主要施工方法、工程施工进度计划、主要单位工程综合进度计划和施工力量、机具及部署；施工组织技术措施，包括工程质量、安全防护以及环境污染防护等各种措施；施工总平面布置图；总包和分包的分工范围及交叉施工部署等。施工组织设计由建筑施工企业负责编制，按照其隶属关系及工程的性质、规模、技术繁简程度实行分级审批。

7. 建设资金已经落实

建设资金的落实是建筑工程开工后顺利实施的关键。近年来，一些建设单位无视国家固定资产投资的宏观调控和自身的经济实力，违反工程建设程序，在建设资金不落实或资金不足的情况下，盲目上新建设项目，强行要求建筑施工企业带资承包工程和垫款施工，转嫁投资风险，造成拖欠工程款数额急剧增加，这不仅干扰了国家对固定资产投资的宏观调控和工程建设的正常进行，严重影响了投资效益的提高，也加重了建筑施工企业生产经营的困难。因此，在建筑工程开工前，建设资金必须足额落实。按照国家有关规定应当纳入投资计划的，资金额度应列入年度计划。计划、财政、审计等部门应严格审查建设项目开工前和年度计划中的资金来源，据实出具资金证明。对建设资金不落实或资金不足的建筑工程，建设行政主管部门不予颁发施工许可证。

8. 法律、行政法规规定的其他条件

由于建筑工程施工的复杂性，申请领取施工许可证的条件有诸多不同的特点。随着对建筑活动管理的不断完善，施工许可证的申领条件也会发生变化。法律、行政法规可以根据实践的需要，完善施工许可证的申领条件。为了保证施工许可证的申领的统一性和权威性，本项规定只有由全国人大及其常委会制定的法律和国务院制定的行政法规，才可以增加申领施工许可证的其他条件，其他法规如部门规章、地方性法规、规章均不得规定增加施工许可证的申领条件。国务院规定实行强制监理的建筑工程，申请领取施工许可证，应增加的条件是：已经确定建筑工程监理单位。

上述八个方面的条件，是建设单位申领施工许可证所必须具备的必要条件。这八个条件必须同时具备，缺一不可。

《建筑法》对建设行政主管部门审查施工许可证的申请期限做出了规定：建设行政主管部门应当自收到申请之日起 15 日内，对符合条件的申请颁发施工许可证。

对建设行政主管部门不批准施工许可证申请，或长期无故拖延不做决定的，建设单位可以根据《行政复议条例》的规定，向复议机关申请行政复议，对复议决定不服的，可以根据《行政诉讼法》的规定，向人民法院起诉；建设单位也可以根据《行政诉讼法》的规定，直接向人民法院起诉。

3.2.4 施工许可证的时间效力

施工许可证的时间效力，是指施工许可证在一定的时间范围内有效，超过这一期限即丧失效力。根据《建筑法》第九条规定，施工许可证的有效期限和延期的限制包括以下几个方面：

1. 建设单位应当自领取施工许可证之日起 3 个月内开工

所谓领取施工许可证之日，是指建设行政主管部门将施工许可证交给建设单位之日。建设单位应当履行这项义务，其目的是保证施工许可证的有效性，有利于发证机关的监督。

2. 建设单位因客观原因可以延期，但不得无故拖延开工

这里的客观原因一般是指“三通一平”（通水、通电、通道路、场地平整）没有完成，材料、构件、必要的施工设备等没有按计划进场。

3. 延期最多是两次，每次期限均为 3 个月

延期必须有合理的原因，比如法律上规定的不可抗力的原因就是合理的原因。建设单位申请延期是其权利，但是延期的申请是否能够获得批准，这是由建设行政主管部门审查认定后，根据情况做出决定，建设行政主管部门认为合理、合法，就可以批准延期；不合理、不合法，就不批准延期。延期最多为两次，每次为 3 个月，延期最长为 6 个月。再加上领取施工许可证之日起 3 个月内开工时间，建设单位开工期限最长时间为 9 个月。超过 9 个月，该许可证即自行废止。

4. 施工许可证自行废止的两种情况

(1) 3 个月内不开工，又不向发证机关申请延期。

（2）超过延期期限。

建筑工程自颁发施工许可证之日起，不论何种原因，均需在9个月内开工，否则施工许可证自行废止。施工许可证废止后，建设单位需按规定重新领取施工许可证，方可开工。明确规定施工许可证的有效期限，可以督促建设单位及时开工，保证组织施工的顺利进行，有利于加强对建筑施工活动的监督管理，保护参与施工活动各方的合法权益，提高投资效益，维护施工许可证的严肃性。

3.2.5 中止施工和恢复施工

1．中止施工

中止施工是指建筑工程开工后，在施工过程中，因特殊情况的发生而中途停止施工的一种行为。中止施工的时间一般都较长，恢复施工的日期难以在中止时确定。

中止施工的原因一般比较复杂。在建筑施工过程中，造成中止施工的特殊情况主要有地震、洪水等不可抗力；宏观调控，压缩基建规模，停建缓建建筑工程等。

中止施工后，建设单位应做好两方面的工作：

（1）向有关建设行政主管部门报告中止施工的原因、施工现状等。该报告应当在中止施工之日起1个月内完成。

（2）按照规定做好建筑工程的维护管理工作。

1）对于中止施工工程，建设单位与施工单位应确定合理的停工部位。未完成合理停工部位之前，建设单位应要求施工单位完成好确定的停工部位。

2）建设单位与施工单位应提出善后处理的具体方案。方案要明确双方的职责，确定各自的义务，提出明确的中止施工日期。

3）建设单位要与施工单位共同做好中止施工建筑工程的现场安全、防火、防盗等项目工作，并保管好工程技术档案资料。

2．恢复施工

恢复施工是指建筑工程中止施工后，造成中断施工的情况消除而继续进行施工的一种行为。恢复施工时，中止施工不满1年的，建设单位应当向该建筑工程颁发施工许可证的建设行政主管部门报告恢复施工的有关情况；中止施工满1年的，建筑工程恢复施工前，建设单位应当报发证机关检验施工许可证。建设行政主管部门对中止施工满1年的建筑工程应进行审查，视其是否仍具备施工条件。符合条件的，应允许恢复施工，施工许可证继续有效；对不符合条件的，不许恢复施工，施工许可证收回，待具备条件后，建设单位重新申领施工许可证。

对中止施工、恢复施工做出明确规定，有利于建设行政主管部门掌握在建工程的基本情况，有利于加强对建筑施工的监督管理，有利于保证建筑工程的质量和搞好建筑安全生产。

3.3 建设工程从业资格制度

3.3.1 建设工程从业资格制度的一般规定

1. 国家对建设工程从业者实行资格管理

从事建设工程活动的企业或单位，应当向工商行政管理部门申请设立登记，并由建设行政主管部门审查后，颁发资格证书。从事建筑工程活动的人员，要通过国家任职资格考试、考核，由建设行政主管部门注册并颁发资格证书。

2. 国家规范的建设工程从业者

(1) 建设工程从业的经济组织。建筑工程的经济组织包括：建设工程总承包企业；建筑工程勘察、设计单位；建筑施工企业；建设工程监理单位；法律、法规规定的其他企业。以上组织应具备下列条件：

1）有符合国家规定的注册资本。

2）有与其从事的建筑活动相适应的具有法定职业资格的专业技术人员。

3）有从事相关建筑活动所应有的技术装备。

4）法律、行政法规规定的其他条件。

(2) 建筑工程的从业人员。建设工程的从业人员包括：建筑师、营造师、结构工程师、监理工程师、造价工程师及法律、法规规定的其他人员。

(3) 建筑工程从业者资格证件的管理。建筑工程从业者资格证件，严禁出卖、转让、出借、涂改、伪造。违反上述规定的，将视具体情节，追究法律责任。建筑工程从业者资格的具体管理办法，由国务院及建设行政主管部门另行规定。

3.3.2 从业单位资质管理

1. 资质审查的含义

资质审查是指从事建筑活动的建筑施工企业、勘察单位、设计单位和工程监理单位，均需经过建设行政主管部门对其拥有的注册资本、专业技术人员、技术装置和已完成的建筑工程业绩、管理水平等进行审查，以确定其承担任务的范围，发给相应的资质证书，并在其资质等级许可的范围内从事建筑活动。

2. 建筑业企业资质审查

建筑业企业是指从事土木工程、建筑工程、线路管道设备安装工程、装修工程等新建、扩建、改建活动的企业。建筑业企业资质分为施工总承包、专业承包和劳务分包三个序列。获得施工总承包资质的企业，可以对工程实行施工总承包或者对主体工程实行施工承包。承担施工总承包的企业可以对所承接的工程全部自行施工，也可以将非主体工程或者劳务作业分包给具有相应专业承包资质或者劳务分包资质的其他建筑企业。

获得专业承包资质的企业，可以承接施工总承包企业分包的专业工程或者建设单位按照规定发包的专业工程。专业承包企业可以对所承接的工程全部自行施工，也可以将劳务作业分包给具有相应劳务分包资质的劳务分包企业。

获得劳务分包资质的企业，可以承接施工总承包企业或者专业承包企业分包的劳务作业。

施工总承包资质、专业承包资质、劳务分包资质序列按照工程性质和技术特点分别划分为若干资质类别，各资质类别按照规定的条件划分为若干等级。建筑业企业资质等级标准由国务院建设行政主管部门会同国务院有关部门制定。现以房屋建筑工程施工总承包企业资质等级标准为例作一简介。

房屋建筑工程施工总承包企业资质分为特级、一级、二级、三级，分别为：

（1）特级资质标准：

1）企业注册资本金3亿元以上。

2）企业净资产3.6亿元以上。

3）企业近3年年平均工程结算收入15亿元以上。

4）企业其他条件均达到一级资质标准。

（2）一级资质标准：

1）企业近5年承担过下列6项中的4项以上工程的施工总承包或主体工程承包，工程质量合格。

①25层以上的房屋建筑工程；

②高度100m以上的构筑物或建筑物；

③单体建筑面积3万m^2以上的房屋建筑工程；

④单跨跨度30m以上的房屋建筑工程；

⑤建筑面积10万m^2以上的住宅小区或建筑群体；

⑥单项建安合同额1亿元以上的房屋建筑工程。

2）企业经理具有10年以上从事工程管理工作经历或具有高级职称；总工程师具有10年以上从事建筑施工技术管理工作经历并具有本专业高级职称；总会计师具有高级会计职称；总经济师具有高级职称。企业有职称的工程技术和经济管理人员不少于300人，其中工程技术人员不少于200人；工程技术人员中，具有高级职称的人员不少于10人，具有中级职称的人员不少于60人。企业具有的一级资质项目经理不少于12人。

3）企业注册资本金5000万元以上，企业净资产6000万元以上。

4）企业近3年最高年工程结算收入2亿元以上。

5）企业具有与承包工程范围相适应的施工机械和质量检测设备。

（3）二级资质标准：

1）企业近5年承担过下列6项中的4项以上工程的施工总承包或主体工程承包，工程质量合格。

①12层以上的房屋建筑工程；

②高度50m以上的构筑物或建筑物；

③单体建筑面积1万m^2以上的房屋建筑工程；

④单跨跨度21m以上的房屋建筑工程；

⑤建筑面积5万m^2以上的住宅小区或建筑群体；

⑥单项建安合同额3000万元以上的房屋建筑工程。

2）企业经理具有8年以上从事工程管理工作经历或具有中级以上职称；技术负责人具有8年以上从事建筑施工技术管理工作经历并具有本专业高级职称；财务负责人具有中级以上会计职称。企业有职称的工程技术和经济管理人员不少于150人，其中工程技术人员不少于100人；工程技术人员中，具有高级职称的人员不少于2人，具有中级职称的人员不少于20人。企业具有的二级资质以上项目经理不少于12人。

3）企业注册资本金2000万元以上，企业净资产2500万元以上。

4）企业近3年最高年工程结算收入8000万元以上。

5）企业具有与承包工程范围相适应的施工机械和质量检测设备。

（4）三级资质标准：

1）企业近5年承担过下列5项中的3项以上工程的施工总承包或主体工程承包，工程质量合格。

①6层以上的房屋建筑工程；

②高度25m以上的构筑物或建筑物；

③单体建筑面积5000m^2以上的房屋建筑工程；

④单跨跨度15m以上的房屋建筑工程；

⑤单项建安合同额500万元以上的房屋建筑工程。

2）企业经理具有5年以上从事工程管理工作经历；技术负责人具有5年以上从事建筑施工技术管理工作经历并具有本专业中级以上职称；财务负责人具有初级以上会计职称。企业有职称的工程技术和经济管理人员不少于50人，其中工程技术人员不少于30人；工程技术人员中，具有中级以上职称的人员不少于10人。企业具有的三级资质以上项目经理不少于10人。

3）企业注册资本金600万元以上，企业净资产700万元以上。

4）企业近3年最高年工程结算收入2400万元以上。

5）企业具有与承包工程范围相适应的施工机械和质量检测设备。

3. 建筑业企业的资质管理

(1) 建筑业企业资质申请与审批

建筑业企业应当向企业注册所在地县级以上地方人民政府建设行政主管部门申请资质。

中央管理的企业直接向国务院建设行政主管部门申请资质，其所属企业申请施工总承包特级、一级和专业承包一级资质的，由中央管理的企业向国务院建设行政主管部门申请，同时，向企业注册所在地省级建设行政主管部门备案。

申请施工总承包资质的建筑业企业应当在总承包序列内选择一类资质作为本企业的立项资质，并可以在总承包序列内再申请其他类不高于企业主项资质级别的资质，也可以申请不高于企业主项资质级别的专业承包资质。施工总承包企业承担总承包项目范围内的专业工程可以不再申请相应专业承包资质。专业承包企业、劳务分包企业可以在本资质序列内申请类别相近的资质。

施工总承包序列特级和一级企业、专业承包序列一级企业资质经省级建设行政主管部门审核同意后，由国务院建设行政主管部门审批；其中铁道、交通、水利、信息产业、民航等方面的建筑业企业资质，由省级建设行政主管部门征得同级有关部门审核同意后，报国务院建设行政主管部门，经国务院有关部门初审同意后，由国务院建设行政主管部门审批。审核部门应当对建筑业企业的资质条件和申请资质提供的资料审查核实。

施工总承包序列和专业承包序列二级及二级以下企业资质，由企业注册所在地省、自治区、直辖市人民政府建设行政主管部门审批；其中交通、水利、通信等方面的建筑业企业资质，由省、自治区、直辖市人民政府建设行政主管部门征得同级有关部门初审同意后审批。劳务分包序列企业资质由企业所在地省、自治区、直辖市人民政府建设行政主管部门审批。

(2) 建筑业企业资质管理

经审查合格的建筑业企业，由资质审批部门颁发相应资质等级的《建筑业企业资质等级证书》。新设立的建筑业企业，其资质等级按照最低等级核定，并设 1 年的暂定期。

建设行政主管部门对建筑业企业资质实行年检制度。建筑业企业资质年检的内容是检查企业资质条件是否符合资质等级标准，是否存在质量、安全、市场行为等方面的违法违规行为。年检结论分为合格、基本合格、不合格三种。

建筑业企业资质年检不合格或者连续两年基本合格的，建设行政主管部门应当重新核定其资质等级。新核定的资质等级应当低于原资质等级，达不到最低资质等级标准的，取消资质。

建筑业企业连续三年年检合格，方可申请晋升上一个资质等级。建筑业企业资质升级，由企业在资质年检结束后两个月内提出申请，分批集中办理；建筑业企业资质其他变更事项，应当随时办理。

4. 工程勘察和工程设计单位资质审查

勘察设计单位是指依照国家规定经批准成立，持有规定部门颁发的工程勘察、工程设计资格证书，从事勘察设计活动的单位。

为了加强工程勘察设计单位的资格管理，保障国家和人民生命财产安全，促进技术进步，提高工程效益，建设部先后发布了《工程勘察和工程设计单位资格管理办法》、《关于工程勘察设计单位资格管理的补充规定》和《集体和个人设计单位管理暂行办法》等，国家工商行政管理局还发布了《工程勘察设计单位登记管理暂行办法》等。这些法规对规范勘察设计单位的管理起了重要作用。

(1) 勘察设计单位资格等级

工程设计按照归口部门分为建筑工程、市政工程、建材、电力、煤炭、水利、农业、林业等 28 类行业；工程勘察分为工程地质勘察、水文地质勘察、岩土工程及工程测量等四个专业。勘察设计资格分为甲、乙、丙、丁四级。其资格标准分别是：

1) 甲级。技术力量雄厚，专业配套齐全，有同时承担两项复杂地质条件工程项目勘察任务或两项大型项目设计任务的技术骨干；具有本行业的专业技术和计算机软件开发的能力；独立承担过本行业两项以上大型复杂地质条件工程项目的勘察或者两项大型项目的设计任务，并已建成投产，取得了好的效果；在近 5 年内有两项以上的工程获得过全国或省、部级优秀工程勘察、优秀工程设计奖；参加过国家和部门、地方工程建设标准规范的编制工作；建立了一套有效的全面质量管理体系；有比较先进、齐全的技术装备和固定的工作场所；社会信誉好。

2) 乙级。技术力量强，专业配套齐全，有同时承担两项比较复杂地质条件工程项目勘察任务或者两项中型项目设计任务的技术骨干；有相应的技术特长，能够利用国内外本行业的软件，做出比较先进的勘察、设计成果；独立承担过本行业两项以上中型较复杂地质条件工程项目的勘察或者两项中型项目的设计任务，并已建成投产，取得了好的效果；近 5 年内有一项以上的工程获得过省、部级优秀工程勘察、优秀工程设计奖；建立了一套有效的全面质量管理体系；有相应配套的技术装备和固定的工作场所。

3) 丙级。有一定的技术力量，专业齐全，有同时承担两项小型工程项目勘察或设计任务的技术骨干；独立承担过本行业两项以上小型工程项目的勘察或者设计任务，并已建成投产，效果良好；有比较健全的管理制度；有必需的技术装备和固定的工作场所。

4）丁级。有一定的技术力量，专业基本齐全，人员配备基本合理，主要专业应当配备有工程师以上职称，并有从事过工程勘察、工程设计的技术人员；独立承担过小型或者零星工程项目的勘察或者设计任务，并已建成投产，效果良好；有比较健全的管理制度；有必需的技术装备和固定的工作场所。

（2）各级工程勘察证书、工程设计证书的适用范围

建设部 1991 年发布的《工程勘察和工程设计单位资格管理办法》规定：

1）甲级单位可以在全国范围内承担证书规定行业大、中、小型工程建设项目的工程勘察或者工程设计任务。

2）乙级单位可以在本省、自治区、直辖市范围内承担证书规定行业中、小型工程建设项目的工程勘察或者工程设计任务。跨省、自治区、直辖市承担任务的，需经项目所在地省、自治区、直辖市勘察设计主管部门批准。

3）丙级单位可以在本省、自治区、直辖市范围内承担证书规定行业小型工程建设项目的工程勘察或者工程设计任务。铁道行业持有丙级设计证书的单位，可以在本路局范围内承担本专业相应的工程勘察设计任务。其他行业丙级单位需要跨省、自治区、直辖市承担任务的，应当持项目主管部门出具的证明，经项目所在地的省、自治区、直辖市勘察设计主管部门批准。

4）丁级单位只能在单位所在地的市或县范围内承担证书规定行业小型工程建设项目及零星工程建设项目的工程勘察或者工程设计任务。

建设部（1993）678 号文件《关于进一步开放和完善工程勘察设计市场的通知》规定：持有国家统一印制、有发证权的部门颁发的工程勘察、设计证书的单位，无论何种级别，均可以到全国各地参与竞争，承担与证书等级、范围相适应的勘察设计任务。承接到任务后，应及时到项目所在地省或计划单列市主管勘察设计的综合部门办理验证登记手续，各地在办理备案手续时不允许乱收费。各地区、各部门不得再对其他地区、其他部门的勘察设计单位重新进行资格审查，或利用验证登记备案来封锁、分割勘察设计市场。

持有甲级、乙级证书的勘察设计单位可以将部分勘察设计任务分包给其他持有相应行业、级别工程勘察设计证书的单位承担，但双方应签订分包合同；也允许其非持证单位的工程技术人员从事勘察设计工作，由发包或用人单位对整个勘察设计的技术、质量、经济负责。持丙级、丁级证书的单位不得发包勘察设计，可以与高级别的单位联合进行勘察设计，但必须签订技术经济合同，并由持有承担项目相应资格证书的单位与建设单位签订勘察设计合同、盖章出图和负技术责任。

（3）工程勘察设计单位资格申请、审批与管理

1）工程勘察设计单位资格申请

勘察设计单位应当具备下列基本条件：

①有符合国家规定、依照法定程序批准设立机构的文件；

②有明确的名称、组织机构和固定工作场所；

③具备所申请的工程勘察或工程设计的等级标准。

集体所有制的工程勘察、工程设计单位还必须具有与其承担任务相适应的注册资金（甲级100万元、乙级50万元、丙级30万元、丁级20万元）及章程。

承担过大、中型工程建设项目设计任务的单位，可以根据本单位的专业力量和技术水平，申请相关的其他行业的设计资格。其中，只承担过中型工程建设项目设计任务的单位，除其主行业外，申请相关行业的设计资格原则上不得超过两个行业。只承担过小型工程建设项目设计任务的单位，原则上不能申请其他行业的设计资格。

2）勘察设计单位资格的审批

勘察设计单位的资格，实行国家和地方两级审批制度。甲、乙级单位的资格，由全国工程勘察设计资格审定委员会审批，其办事机构设在建设部；丙、丁级单位的资格，由各省、自治区、直辖市工程勘察设计资格审定委员会审批，其办事机构设在各省、自治区、直辖市人民政府授权的综合管理勘察设计工作的行政主管部门。申请甲、乙级证书的单位，按隶属关系报国务院主管部门或者省、自治区、直辖市主管勘察设计工作的部门初审，然后由初审部门送归口管理的国务院主管部门，经行业主管部门组织专家审查，并签署意见后，报送工程勘察设计资格审查委员会审定。对于审定合格的单位，由建设部颁发资格证书。

申请丙、丁级证书的单位，统一送单位所在地的市一级政府建设行政主管部门，经审查后上报省、自治区、直辖市工程勘察设计资格审定委员会审定。对于审定合格的单位，由省、自治区、直辖市主管勘察设计工作的部门颁发资格证书，并将取得证书单位的名单抄送建设部和国务院有关行业主管部门备案。

工程勘察设计单位在资格审定三年后，方可提出升级申请。对于在工程勘察设计中做出突出成绩、资质条件有明显提高的单位，其申请升级的年限可适当放宽。

3）工程勘察设计单位资格的管理

持工程勘察设计资格证书和工程勘察设计收费资格证书的单位，必须到工商行政管理部门办理工商登记，经工商登记后，才能进入勘察设计市场。仅持有工程勘察设计资格证书，没有工程勘察设计收费资格证书的单位，只能承担本单位内部的勘察设计任务，不予办理工商登记，更不得进入工程勘察设计市场。

工程勘察设计资格证书只限于持证单位使用，不得转让，不得为其他单位或个人提供图章、图签，不得私拉外单位人员为其搞勘察设计，未经批准，不得越权或超越证书规定范围承担任务。

各部委、各地勘察设计主管部门对持证单位的资格至少每三年进行一次检查或复审。对于其中确实具备升级条件的单位，可按规定办理升级手续，对不具备所持证书等级条件的由原发证单位降低其资格等级或收回其证书。

5．工程建设监理单位资质审查

建设工程监理是指工程监理单位受建设单位委托，对建设工程进行监督和管理的活动。工程监理单位，是指取得监理资质证书，具有法人资格的监理公司、监理事务所和兼承监理业务的工程设计、科学研究及工程建设咨询单位。建设部于1992年发布的《工程建设监理单位资质管理试行办法》，对工程监理单位的资质等级与标准、申请与审批、业务范围等做出了明确规定。

（1）工程监理单位资质等级

1）甲级

①由取得监理工程师资格证书的在职高级工程师、高级建筑师或者高级经济师作单位负责人，或者由取得监理工程师资格证书的在职高级工程师、高级建筑师作技术负责人；

②取得监理工程师资格证书的工程技术人员与管理人员不少于50人，且专业配套，其中高级工程师和高级建筑师不少于10人，高级经济师不少于3人；

③注册资金不少于100万元；

④一般应当监理过5个一等一般工业与民用建筑项目或者两个一等工业、交通建设项目。

2）乙级

①由取得监理工程师资格证书的在职高级工程师、高级建筑师或者高级经济师作单位负责人，或者由取得监理工程师资格证书的在职高级工程师、高级建筑师作技术负责人；

②取得监理工程师资格证书的工程技术人员与管理人员不少于30人，且专业配套，其中高级工程师和高级建筑师不少于5人，高级经济师不少于2人；

③注册资金不少于50万元；

④一般应当监理过5个二等一般工业与民用建筑项目或者2个二等工业、交通建设项目。

3）丙级

①由取得监理工程师资格证书的在职高级工程师、高级建筑师或者高级经济师

济师作单位负责人，或者由取得监理工程师资格证书的在职高级工程师、高级建筑师作技术负责人；

②取得监理工程师资格证书的工程技术人员与管理人员不少于 10 人，且专业配套，其中高级工程师和高级建筑师不少于 2 人，高级经济师不少于 1 人；

③注册资金不少于 10 万元；

④一般应当监理过 5 个三等一般工业与民用建筑项目或者 2 个三等工业、交通建设项目。

(2) 工程监理单位的资质管理

1）资质申请与审批

资质申请内容包括单位名称和地址；法定代表人或组建负责人的基本简历；拟担任监理工程师的人员情况表，单位所有制性质及章程；上级主管部门名称；注册资金数量；业务范围等。

对于符合资质标准的，由资质管理部门核定其临时的资质等级，并发给监理申请批准书。取得监理申请批准书的单位，需向工商行政管理机关申请注册登记；经核准登记后，方可从事监理活动。

新设立的单位自领取营业执照之日起满两年后，应向监理资质管理部门核定资质等级证书，并提供核定资质等级的必要材料。包括：定级申请书；监理批准申请书和营业执照副本；法定代表人与技术负责人的有关证件；监理业务手册和其他有关证明文件。

资质管理部门根据申请材料进行综合评定，经审核符合等级标准的，发给相应的资质登记证书。

2）业务范围

甲级监理单位可以跨地区、跨部门监理一、二、三等的工程；乙级监理单位只能监理本地区、本部门二、三等的工程；丙级监理单位只能监理本地区、本部门三等的工程。

3）资质管理与监督

①监理单位资质等级的核查。监理单位的资质等级三年核定一次。对于不符合原定资质等级标准的单位，由原资质管理部门予以降级。

资质管理部门对资质升级申请材料进行审查核定，经审查符合升级标准的，发给相应的《资质等级证书》，同时收回原《资质等级证书》。

监理单位必须在核定的监理范围内从事监理活动，不得擅自越级承接建设监理业务。

已定级的监理单位在定级后不满 3 年的期限内，其实际资质已达到上一资质等级标准的，可以申请承担上一资质等级规定的监理业务，但必须由具有相应权限的资质管理部门根据其资质条件、实际业绩和监理需要予以审批。

②监理单位的证书管理。监理单位承担工程监理业务时，应当持《监理申请批准书》或者《监理许可证书》、《资质等级证书》以及《监理业务手册》，向监理工程所在地的省、自治区、直辖市人民政府建设行政主管部门备案。

3.3.3 专业技术人员执业资格

从事建筑活动的专业技术人员，应当依法取得相应的执业资格证书，并在执业资格证书许可的范围内从事建筑活动。

1. 执业资格制度的含义

执业资格制度是指对具备一定专业学历、资历的从事建筑活动的专业技术人员，通过考试和注册确定其执业的技术资格，获得相应建筑工程文件签字权的一种制度。

当前，对从事建筑活动的专业技术人员实行执业资格制的必要性，主要体现在以下几方面：

(1) 是推进深化我国建筑工程管理体制改革的需要。

(2) 是促使我国工程建设领域与国际惯例接轨，适应对外开放的需要。

(3) 是加速人才培养，提高专业技术人员业务水平和队伍素质的需要。

2. 注册建筑师

1995 年 9 月国务院发布的《中华人民共和国注册建筑师条例》和 1996 年建设部发布的《中华人民共和国注册建筑师条例实施细则》，对注册建筑师执业资格做了具体规定。

(1) 注册建筑师的概念

注册建筑师是指依法取得注册建筑师证书并从事房屋建筑设计及相关业务的人员。我国注册建筑师分为两级，即一级注册建筑师和二级注册建筑师。

(2) 注册建筑师的考试

注册建筑师考试分为一级注册建筑师考试和二级注册建筑师考试两级。两种考试在标准、内容、参加考试的条件等方面均有所不同。

注册建筑师考试一般每年举行一次，在特别情况下，也可以每半年或每两年举行一次。注册建筑师的考试实行全国统一考试制度，由全国注册建筑师管理委员会统一组织、统一命题，在同一时间内在全国进行。

一级注册建筑师考试合格者，由全国注册建筑师管理委员会核发《一级注册建筑师考试合格证书》。二级注册建筑师考试合格者，由省、自治区、直辖市注册建筑师管理委员会核发《二级注册建筑师考试合格证书》。《注册建筑师考试合格证书》式样由国务院建设行政主管部门统一制定。

(3) 注册建筑师的注册

1) 注册的条件

经注册建筑师考试合格，取得注册建筑师资格，除《注册建筑师条例》第十三条规定的不予注册的情形外，均可注册。不予注册的情况有：

①不具有完全民事行为能力的；

②因受刑事处罚，自刑罚执行完毕之日起至申请注册之日止不满5年的；

③因在建筑设计或者相关业务中犯有错误受行政处罚或者撤职以上行政处分，自处罚、处分决定之日起至申请注册之日止不满两年的；

④受吊销注册建筑师证书的行政处罚，自处罚决定之日起至申请注册之日止不满5年的；

⑤有国务院规定不予注册的其他情形的。

2）注册的申请程序与机构

注册建筑师的申请注册采取个人注册与单位统一办理手续相结合的程序。即申请注册建筑师注册，由申请注册者向注册建筑师管理委员会提出申请，由聘用的设计单位统一办理注册手续。申请者能否注册决定于其是否具备注册的条件，设计单位无权决定。经注册建筑师管理委员会审查合格后，予以注册，并发给相应等级的注册建筑师注册证明。

一级注册建筑师的注册机构是全国注册建筑师管理委员会。二级注册建筑师的注册机构是省、自治区、直辖市注册建筑师管理委员会。

（4）注册建筑师的执业

1）注册建筑师的执业范围

注册建筑师的执业范围包括建筑设计、建筑设计技术咨询、建筑物调查与鉴定、对本人主持设计的项目进行施工指导和监督，国务院建设行政主管部门规定的其他业务。

一级注册建筑师的业务范围与二级注册建筑师的业务范围有所不同。一级注册建筑师业务范围不受建筑规模和工程复杂程度的限制，二级注册建筑师的业务范围限定在国家规定的建筑规模和工程复杂程度范围内。

2）执业的机构、业务的承担及收费

注册建筑师执行业务，应当加人建筑设计单位。注册建筑师执行业务应由设计单位统一接受委托并指派。注册建筑师不得私自承接业务。注册建筑师执行业务，应当由设计单位统一收费。注册建筑师不得私自收费。

3）注册建筑师的权利和义务

①注册建筑师的权利

a.专有名称权。注册建筑师有权以注册建筑师的名义执行注册建筑师业务。非注册建筑师不得以注册建筑师的名义执行注册建筑师业务。二级注册建筑师不得以一级注册建筑师的名义执行业务，也不得超越国家规定的二级注册建筑师的执业范围执行业务。

b. 设计文件签字权。国家规定的一定跨度和高度以上的房屋建筑，应当由注册建筑师主持设计并在设计文件上签字。

c. 独立设计权。任何单位和个人修改注册建筑师的设计图纸，应当征得该注册建筑师同意；但是，因特殊情况不能征得该注册建筑师同意的除外。

②注册建筑师的义务

遵守法律、法规和职业道德，维护社会公共利益；保证建筑设计的质量，并在其负责的设计图纸上签字；保守在执业中知悉的单位和个人的秘密；不得同时受聘于两个以上建筑设计单位执行业务；不能准许他人以本人名义执行业务。

4）注册建筑师的责任

因设计质量造成的经济损失，首先由设计单位承担赔偿责任再由设计单位对签字的注册建筑师根据其责任大小进行追偿。

3. 注册结构工程师

1997 年 9 月 1 日，建设部、人事部联合发布的《注册结构工程师执业资格制度暂行规定》，对注册结构工程师的执业资格做出了规定。

(1) 注册结构工程师的概念

注册结构工程师是指取得中华人民共和国注册结构工程师执行资格证书和注册证书，从事房屋结构、桥梁结构及塔架结构等工程设计及相关业务的专业技术人员。注册结构工程师分为一级注册结构工程师和二级注册结构工程师。

(2) 注册结构工程师考试

注册结构工程师考试实行全国统一大纲、统一命题、统一组织的办法，原则上每年举行一次。

一级注册结构工程师资格考试由基础考试和专业考试两部分组成。通过基础考试的人员，从事结构工程设计或相关业务满规定年限，方可申请参加专业考试。

注册结构工程师资格考试合格者，颁发注册结构工程师执业资格证书。

(3) 注册结构工程师注册

有下列情形之一的，不予注册：

1）不具备完全民事行为能力的。

2）因受刑事处罚，自处罚完毕之日起至申请注册之日止不满 5 年的。

3）因在结构工程设计或相关业务中犯有错误受到行政处罚或者撤职以上行政处分，自处罚、处分决定之日起至申请注册之日止不满两年的。

4）受吊销注册结构工程师注册证书处罚，自处罚决定之日起至申请注册之日止不满 5 年的。

5）建设部和国务院有关部门规定不予注册的其他情形的。

对准予注册的申请人，分别由全国注册结构工程师管理委员会和省、自治区、直辖市注册结构工程师管理委员会核发注册结构工程师注册证书。

(4) 注册结构工程师的执业

1) 注册结构工程师的执业范围

注册结构工程师的执业范围包括：结构工程设计；结构工程设计技术咨询；建筑物、构筑物、工程设施等调查和鉴定；对本人主持设计的项目进行施工指导和监督；建设部和国务院有关部门规定的其他业务。

一级注册结构工程师的执业范围不受工程规模及工程复杂程度的限制；二级注册结构工程师执业范围另行规定。

2) 执业的机构、业务的承担及收费

注册结构工程师执行业务，应当加入一个勘察设计单位，由勘察设计单位统一接受业务并统一收费。

3) 注册结构工程师的权利和义务

①注册结构工程师的权利

a. 名称专有权。注册结构工程师有权以注册结构工程师的名义执行注册结构工程师业务。非注册结构工程师不得以注册结构工程师的名义执行注册结构工程师业务。

b. 结构工程设计主持权。国家规定的一定跨度、高度等以上的结构工程设计，应当由注册结构工程师主持设计。

c. 独立设计权。任何单位和个人修改注册结构工程师的设计图纸，应当征得该注册结构工程师同意；但是因特殊情况不能征得该注册结构工程师同意的除外。

②注册结构工程师的义务

a. 遵守法律、法规和职业道德，维护社会公众利益；

b. 保证工程设计的质量，并在其负责的设计图纸上签字盖章；

c. 保守在执业中知悉的单位和个人的秘密；

d. 不得同时受聘于两个以上勘察设计单位执行业务；

e. 不得准许他人以本人名义执行业务；

f. 按规定接受必要的继续教育，定期进行业务和法规培训。

4) 注册结构工程师的责任

因结构设计质量造成的经济损失，由勘察设计单位承担赔偿责任；勘察设计单位有权向签字的注册结构工程师追偿。

4. 注册监理工程师

1996 年 6 月，建设部第 18 号令发布了《监理工程师资格考试和注册试行办法》，对监理工程师的执业资格做出了规定。

（1）监理工程师的概念

监理工程师系岗位职务，是指经全国统一考试合格并经注册取得《监理工程师岗位证书》的工程建设监理人员。经全国统一考试合格只是成为监理工程师的一个前提条件；同时，还应在建设监理岗位上工作，才能申请注册；经过注册，取得《监理工程师岗位证书》，就成为监理工程师。

监理工程师按专业设置岗位，一般设置建筑、土建结构、工程测量、工程地质、给水排水、采暖通风、电气、通讯、城市燃气、工程机械及设备安装、焊接工艺、建筑经济等岗位。目前，我国还没有设计监理工程师。国际上很多发达国家已建立设计监理工程师。

监理工程师一经政府注册确认，即意味着具有相应于岗位责任的签字权，监理单位任命的工程项目总监理工程师具有对外签字权。

（2）监理工程师资格考试

监理工程师资格考试，在全国监理工程师资格考试委员会的统一组织指导下进行，原则上每两年进行一次。

参加监理工程师资格考试者，由所在单位向本地区或本部门监理工程师资格考试委员会提出书面申情，经审查批准后，方可参加考试。

经监理工程师资格考试合格者，由监理工程师注册机关核发《监理工程师资格证书》。《监理工程师资格证书》的持有者，自领取证书之日起，5 年内未经注册，其证书失效。

（3）监理工程师注册

监理工程师注册，是取得《监理工程师资格证书》的人员以监理工程师的名义从事工程建设监理业务的必要程序。取得《监理工程师资格证书》，并同时具备以下三个条件的人员，可以由拟聘用申请者的工程建设监理单位统一向本地区或本部门的监理工程师注册机关提出申请：

1）热爱中华人民共和国，拥护社会主义制度，遵纪守法，遵守监理工程师职业道德。

2）身体健康，能胜任工程建设的现场监理工作。

3）不是国家行政机关的现职人员。

监理工程师注册机关收到申请后，对符合条件的，再根据全国监理注册管理机关批准的计划，择优予以注册，颁发《监理工程师岗位证书》，并报全国监理工程师注册管理机关备案。监理工程师注册机关每 5 年要对《监理工程师岗位证书》持有者复查一次。对不符合条件的，注销注册，收回《监理工程师岗位证书》。

已经取得《监理工程师资格证书》但未经注册的人员，不得以监理工程师的名义从事工程建设监理业务。已经注册的监理工程师，不得以个人名义私自承接工程建设监理业务。国家行政机关现职工作人员，不得申请监理工程师注册。

5. 注册造价工程师

(1) 造价工程师的概念

造价工程师是指经全国统一考试合格，取得造价工程师执业资格证书，并经注册从事建设工程造价业务活动的专业技术人员。

凡从事工程建设活动的建设、设计、施工、工程造价咨询、工程造价管理等单位和部门，必须在计价、评估、审查（核）、控制及管理等岗位配备有造价工程师执业资格的专业技术人员。

(2) 造价工程师的考试

造价工程师执业资格考试实行全国统一大纲、统一命题、统一组织的办法，原则上每年举行一次。

(3) 造价工程师的注册

1）注册管理机关

建设部及各省、自治区、直辖市建设行政主管部门和国务院有关部门为造价工程师的注册管理机构。

2）注册的条件

申请注册的人员必须同时具备下列条件：遵纪守法，恪守造价工程师职业道德；取得造价工程师执业资格证书；身体健康，能坚持在造价工程师岗位工作；所在单位考核同意。

再次注册者，应经单位考核合格并有继续教育、参加业务培训的证明。

3）注册程序

考试合格人员在取得证书三个月内到当地省级或部级造价工程师注册管理机构办理注册登记手续。注册机关经审查符合注册条件的，批准注册，由其单位所在省、自治区、直辖市或国务院有关部门造价工程师注册管理机构核发建设部印制的造价工程师注册证，并在执业资格证书的注册登记栏内加盖注册专用印章。各注册管理机构应将注册汇总名单报建设部备案。

4）注册有效期

造价工程师注册有效期为3年，有效期满前3个月，持证者应当到原注册机构重新办理注册手续。对不符合注册条件的，不予重新注册。

(4) 造价工程师的权利与义务

1）造价工程师的权利

①有独立依法执行造价工程师岗位业务并参与工程项目经济管理的权利；

②有在所经办的工程造价成果文件上签字的权利；凡经造价工程师签字的工程造价文件需修改时应经本人同意；

③有使用造价工程师名称的权利；

④有依法申请开办工程造价咨询单位的权利；

⑤造价工程师对违反国家有关法律法规的意见和决定有权提出劝告，拒绝执行并有向上级或有关部门报告的权利。

2）造价工程师的义务

①必须熟悉并严格执行国家有关工程造价的法律法规和规定；

②恪守职业道德和行为规范，遵纪守法，秉公办事，对经办的工程造价文件质量负有经济和法律的责任；

③及时掌握国内外新技术、新材料、新工艺的发展应用，为工程造价管理部门制订、修订工程定额提供依据；

④自觉接受继续教育，更新知识，积极参加职业培训，不断提高业务技术水平；

⑤不得参与与经办工程有关的其他单位事关本项工程的经营活动；

⑥严格保守执业中得知的技术和经济秘密。

3.3.4 施工管理人员从业资格

1. 施工企业项目经理

（1）施工企业项目经理与项目经理责任制

施工企业项目经理（简称项目经理），是指受企业法人代表委托，对工程项目施工过程全面负责的项目管理者，是施工企业法定代表人在工程项目上的代表人。为适应市场经济的需要，我国已正式实行项目经理责任制，即项目经理在工程项目施工中处于中心地位，对工程项目施工负有全面管理的责任。建设部 1995 年 1 月 7 日发布了《建筑施工企业项目经理资质管理办法》，使项目经理的培养和管理走上法制化轨道。

（2）项目经理的资质等级

1）一级项目经理。担任过一个一级建筑施工企业资质标准要求的工程项目，或两个二级建筑施工企业资质标准要求的工程项目施工管理的主要负责人，并已取得国家认可的高级或者中级专业技术职称。

2）二级项目经理。担任过两个工程项目，其中，至少担任过一个二级建筑施工企业资质标准要求的工程项目施工管理的主要负责人，并已取得国家认可的中级或者初级专业技术职称。

3）三级项目经理。担任过两个工程项目，其中，至少担任过一个为三级建筑施工企业资质标准要求的工程项目施工管理的主要负责人，并已取得国家认可的中级或者初级专业技术职称。

4）四级项目经理。担任过两个工程项目，其中，至少担任过一个为四级建筑施工企业资质标准要求的工程项目施工管理的主要负责人，并已取得国家认可的初级专业技术职称。

(3) 项目经理资质注册

项目经理的资质必须经过培训、考核、注册等环节取得。

1）培训。从事工程项目施工管理的项目经理，必须参加经建设部确认的由各省、自治区、直辖市建设行政主管部门或国务院有关部门组织的培训机构的培训，经考试合格，获得全国建筑施工企业项目经理合格证书。

2）考核。取得项目经理培训合格证书，并经过项目经理岗位工作实践后，达到项目经理资质申请条件的由本人提出申请，经企业法定代表人签署意见，参加相应级别的项目经理资质考核。项目经理的资质考核由项目经理资质考核委员会负责。

3）注册。项目经理资质考核完成后，由各省、自治区、直辖市建设行政主管部门和国务院有关部门认定注册，发给相应等级的项目经理资质证书。其中一级项目经理需报建设部核准后才能发给资质证书。

建筑施工企业项目经理资质证书正本一本、副本一本，由建设部统一印制，全国通用。

(4) 项目经理的管理

项目经理是岗位职务，在承担工程建设时，必须具有国家授予的项目经理资质，其承担工程规模应符合相应的项目经理资质等级。

项目经理原则上只承担一个工程项目施工的管理工作。特殊情况允许一级、二级项目经理同时承担两个工程项目施工的管理工作。

项目经理在承担工程项目施工管理过程中，应履行以下职责：

1）贯彻执行国家和工程所在地政府的有关法律、法规和政策，执行企业的各项管理制度。

2）严格财经制度。加强财经管理，正确处理国家、企业与个人的利益关系。

3）执行项目承包合同中由项目经理负责履行的各项条款。

4）对工程项目施工进行有效控制，执行有关技术规范和标准，积极推广应用新技术，确保工程质量和工期，实行安全文明生产，努力提高经济效益。

项目经理在承担工程项目施工管理过程中，应当接受企业领导和上级有关部门的工作检查和职工民主管理机构的监督。

项目经理在承担工程项目管理过程中，应当按照建筑施工企业与建设单位签订的工程合同，与本企业法定代表人签订项目承包合同，并在企业法定代表人授权范围内，行使以下管理权力：

①组织项目管理班子；

②以企业法定代表人的身份处理与所承担的工程项目有关的外部关系，受委托签署有关合同；

③指挥工程建设的生产经营活动，调配与管理进人工程项目的人力、资金、物资、机械设备等生产要素；

④选择施工作业队伍；

⑤进行合理的经济分配；

⑥企业法定代表人授予的其他管理权力。

项目经理资质管理部门每两年对建筑工程施工企业项目经理资质证书持有者复查一次，复查结论分为合格、不合格、不在岗（项目经理在工程项目施工管理中未担任项目经理岗位职务的，为“不在岗”）。

连续两次复查结论为“不合格”者，降低资质等级一级，连续两次复查结论为“不在岗”者，需重新注册认定后方可担任项目经理职务。项目经理达到上一个资质等级条件的，可随时提出升级申请。升级的考核与注册按考核注册程序进行。

2. 关键岗位从业人员

（1）关键岗位与关键岗位持证上岗制度

建设企事业单位关键岗位，是指建设业、房地产业、市政公用事业等企事业单位中关系着工程质量、产品质量、服务质量、经济效益、安全生产和人民生命财产安全的重要岗位。如施工项目经理、施工机械操作人员、企业内部质量管理人员、安全管理人员、房地产估价员等。

为了保证建设企事业单位关键岗位人员的素质，我国实行了建设企事业单位关键岗位持证上岗制度，建设部、国家计委 1991 年 7 月 29 日发布了《建设企事业单位关键岗位持证上岗管理规定》。规定指出：凡在关键岗位上工作的人员，必须要有相应的岗位合格证书，未取得岗位合格证书的人员，一律不得在关键岗位上岗。这对确保工程建设质量和人民生命财产安全，起到了重要的作用。

（2）岗位合格证书办理程序

关键岗位在岗人员、新进岗人员，年龄在 45 岁以下，未经过对应岗位规范要求的系统专业知识学习的，均应进行专业知识、职业道德和岗位实务知识培训并经过考试合格。

办理岗位合格证书，由申请人向本单位提出申请，再由其所在单位将有关资料统一报送所对应的发证机关审查。经发证机关审查合格者，颁发岗位合格证书。

关键岗位在岗人员年龄超过 45 岁的，连续从事本岗位 7 年以上，或已取得本岗位系列中级以上职称后，连续从事本岗位工作两年以上，按申请办理程序，由省级建设行政主管部门考核认定，发给岗位合格证书。

专业对口或相近的大中专毕业生和取得对口专业高、中等专业证书的人员，经职业道德、岗位实务知识培训合格，有两年本岗位实习经历，按照相应程序，经考核认定，发给岗位合格证书。

(3) 岗位合格证书的复检

发证机关定期对持证人员岗位合格证书进行复检，复检工作随企业资质晋升、审查一并进行。

(4) 岗位合格证书的管理

岗位合格证书由国务院建设行政主管部门统一印制。岗位合格证书是关键岗位上岗的资格证书，也是关键岗位聘任职务的主要依据，它在全国同行业、同专业、同类型的建设企事业单位有效。

任何单位和个人都不得伪造、涂改、出租、出借、出卖、转让岗位合格证书。对于违犯上述规定和使用未经过复检的岗位合格证书的没收其岗位合格证书，并追究相关人员的责任。

岗位合格证书遗失的，需由本人登报声明作废后，方可依照有关规定申请补发新证。

3.4 工程发包与承包

3.4.1 工程发包与承包的含义

工程发包与承包是指发包方通过合同委托承包方为其完成某一工程的全部或其中一部分工程的交易行为。工程发包方一般为建设单位或工程总承包单位；工程承包方一般为工程勘察设计单位、施工单位、工程设备供应及设备安装制造单位等。发包方与承包方的权利、义务均由双方签订的承包合同来加以规定。

3.4.2 建设工程发包与承包的方式

依据《建筑法》的规定，建设工程发包与承包有两种方式，即招标发包和直接发包。

1. 建设工程招标发包，是指发包方根据招标法的规定事先制定招标文件，明确其承包工程的性质、内容、工期、质量等情况和要求，由愿意承包的单位递送标书，再由发包方从中择优选择工程承包方的交易方式。

2. 建设工程直接发包，是指发包方与承包方直接进行协商，以约定工程建设的价格、工期和其他条件的交易方式。

显而易见，建设工程招标发包较之直接发包要更有利于公平竞争，更符合市场经济规律的要求。所以，我国相关法规都提倡招标发包方式，对直接发包则加以限制。《招标投标法》规定：只有涉及国家安全、国家秘密、抢险救灾或者属于利用扶贫资金实行以工代赈、需要使用农民工等特殊情况及规模太小的工程，才可不进行招标投标而采用直接发包的方式。而对使用国际组织或者外国政府贷款、援助资金的项目，全部或部分使用国有资金投资或国家融资的项目；以及所有大型基础设施、公用事业等关系社会公共利益、公众安全的项目，则实行强制招标投标制，这些项目必须采用招标投标方式来发包工程，否则将不批准其开工建设，对违反上述规定的有关单位和直接责任人还将受到法律的惩罚。

3.4.3 建设工程发包与承包的一般规定

1. 建设工程发包与承包合同必须采用书面形式

根据我国法律规定，经济合同既可采用书面合同的形式，也可采用口头合同的形式，但法律另有规定或双方当事人另有约定的除外。建设工程承发包合同一般都有涉及的金额大、合同履行期长、社会影响面广、合同的成果十分重要的特点。从促使当事人慎重行事和避免对社会产生不良后果的主旨出发，《建筑法》及其他有关法规规定：建设工程承发包合同必须采用书面形式。也就是说，以口头约定方式所订立的建设工程承发包合同，在法律上不仅是无效的，而且是违法的。

2. 建设工程承发包中，禁止行贿受贿

通过行贿以获取工程承包权是扰乱建设市场的正常秩序，违背公平竞争原则的一种不正当竞争手段，是危害社会的犯罪行为。《建筑法》规定："发包单位及其工作人员在建筑工程发包中不得收受贿赂、回扣或者索取其他好处。承包单位及其工作人员不得利用向发包单位及其工作人员行贿、提供回扣或者给予其他好处等不正当手段承揽工程。"值得注意的是，以单位名义行贿受贿，表面上看不是某一个人获得非法利益，没有犯罪主体；但其实质是集体共同犯罪，已构成单位犯罪。我国1997年修订颁布的新《刑法》对此已有明确规定，对单位犯罪采取双罚制，即除对单位判处罚金外，还要对直接负责的主管人员和其他直接责任人员判处相应的刑罚。

3. 承包单位必须具有相应资格

建设活动是一种专业技术要求高、对社会影响大的经济活动。因此，世界上大多数国家对工程建设活动都实行执业资格制度，我国也已实行这一制度，即承包工程的勘察、设计、施工、监理等单位都必须是持有营业执照和相应资质等级证书的单位；而建筑构配件和非标准设备的加工、生产单位，也必须是具有生产许可证或是经有关主管部门依法批准生产的单位。

4. 提倡总承包，禁止肢解分包

我国当前的建设工程承包，一般有以下几种方式：

(1) 全过程承包。即从项目可行性研究开始，到勘察、设计、施工、验收、交付使用为止的建设项目全过程承包。这样的工程俗称"交钥匙工程"。

(2) 设计、施工总承包。即从勘察、设计到竣工验收为止的总承包。

(3) 施工总承包。即对工程施工全过程进行总承包。

国际上还有由承包商先行垫资承包工程，建成后再转让给业主的承包方式。我国目前对此处于试验阶段，尚未正式施行。随着改革开放的深入，建设工程承发包方式也将逐步与国际接轨。因此，我国现行的建设法规对工程承发包方式未做强制性规定，而是采用“提倡总承包”、“可以实行总承包”等鼓励性和选择性条款来加以规定。将一个工程的各个部位发包给不同的施工（或设计）单位，由各个单位分别完成工程的不同部分，即我们所称的“肢解发包”。由于我国当前建设行为很不规范，市场竞争机制也不完善，肢解发包往往造成相互扯皮，严重影响建设工程的质量和进度，还给贪污犯罪提供了方便。因此，我国现行的建设法规做出了禁止将建设工程肢解发包的明确规定。

3.5 建设工程招标与投标法规

3.5.1 建筑工程招标投标概述

1. 建设工程招标投标意义

(1) 规范招标投标活动。招标投标活动有着严密、科学、规范的程序，它是规范招标人投标人行为的准则。招标人应按招标办法的规定组织招标活动；投标人必须在招标法规的约束下，进行投标竞争。《招标投标法》不但使市场竞争规范化，而且为其规范化的实施提供了经济和法律的保护手段，从机制上抑制了不正当竞争。

(2) 保护国家和当事人的合法权益。推行招标投标制，是管理体制的一项重大改革。这一改革要求建筑业的计划管理体制、价格体制、物资供应体制、分配体制和金融管理体制等做相应的改革，才能适应招标投标发展的需要。推行招投标制从管理体制上，就是要打破过去那种集中过多、统得过死的管理方式，开放建筑市场，提高建筑产品的商品化程度，发展社会主义市场经济。

(3) 提高工程投资效益。推行招标投标制，首先给企业带来外部和内部压力，使企业以前所未有的紧迫感投入到企业内部的经营管理，注重技术进步，努力使企业降低成本，从而提高经济效益；其次，重要设备、材料等的采购，采用招标投标办法，可以节约大量资金。

(4) 保证工程质量。实行招标投标制，在一定程度上保证了建设项目按程序办事，使建设工程循序渐进，稳妥顺利地进行，从而杜绝了过去存在的建设程序混乱，工程质量得不到保障的问题。

2. 招标投标法的空间运用范围

《招标投标法》第二条规定，在中华人民共和国境内进行招标投标活动，适用本法。实际上就是《招标投标法》的空间效力问题。“境内”应理解为我国疆界以内的全部区域，具体包括：

（1）领疆，即国境线以内的陆地，包括地下层。

（2）领水，即内水（内河、内湖、内海以及同外国之间界水的一部分，这一部分通常以河流中心线划界，如果是可通航的河道，则以主航道中心线为界）和领海（我国政府于1958年9月4日发表声明，宣布我国的领海宽度为12海里）及其地下层。

（3）领空，即领陆和领水的上空。

3. 强制性招标投标的工程范围

（1）强制性招标投标的国际趋势

招标投标作为现代市场经济条件下一种较为成熟的、高级的、规范化的交易方式，其所反映的公平、公正、透明性和科学的组织性、决策的民主性、竞争的充分性、行为的规范性是经实践证明科学有效的。为此，对一些特定项目实行强制性招标。西方发达国家利用招标投标方式进行政府采购，约束政府和国有企业行为已经有百余年的历史，所形成的一系列规范程序和做法，无不建立在强制性招标制度之上。国际经验表明，强制性招标是发展国民经济和振兴国有企业的一项重要制度保证。

世界贸易组织（WTO）在原来的《政府采购协议》的基础上，已经将地方政府以及某些特定的公共部门和企业与中央政府部门一起纳入招标采购的主体范围之内。世界贸易组织要求各成员国必须遵守《政府采购协议》，各成员国无条件地签字接受该协议后，都将本国的投标法规进行了相应的修改，即政府采购金额在13万美元以上特别提款权的采购合同，必须进行国际竞争性招标。此外，国际金融组织对贷款项目有明确的招标规定。世界银行及其附属机构国际开发协会规定，一般项目采购均需进行国际招标。情况特殊时，需经其同意批准。国际农业发展基金组织要求贷款项目均使用国际招标形式采购。亚洲开发银行规定，使用贷款采购设备、材料和货物，金额在30万美元以上的，土建工程在50万美元以上的，均需采用国际招标方式进行。一般来说，外国政府贷款的借贷程序也都要求，借款国应采用国际竞争性招标，在合格资源国的厂商中采购。

（2）强制性招标投标的工程范围

1）《招标投标法》第三条第一款明确规定，在中华人民共和国境内进行下列工程建设项目以及与工程建设有关的重要设备、材料等的采购，必须进行招标。

①大型基础设施、公用事业等关系社会公共利益、公众安全的项目；

②全部或者部分使用国有资金投资或者国家融资的项目；

③使用国际组织或者外国政府贷款、援助资金的项目。

2）上列项目并非不分具体情况均必须进行招标，而是有着具体范围和规模标准的限制。一般来说，限制招标适用范围的因素主要包括：

①采购金额的限制。当采购物资的金额比较小时，由于招标本身也需要消耗人力、物力、时间等，采用招标方式就不一定适宜。

②采购品种的限制。有些货物不适宜用公开招标的方式采购。一种情况是，买方所需的物资品种、型号或有关条件比较特殊；另一种情况是，采购的物资是保密和军用项目，采用招标对买主不利，因此，这类商品一般也不用招标买进。

③采购时间的限制。组织招标必须通过一系列的筹划、安排，按严格的程序分阶段进行，往往需要较长的时间。最简单的货物采购招标活动一般也需20天以上，工程承包的招标时间则更长。然而，有些急需的货物、工程，如抢险救灾等紧急工程也就不适合进行招标。

3）目前，我国对招标项目的范围和规模没有制定统一标准，但各地通行的必须进行招标的为：

①合同估价50万元人民币以上的货物和服务；

②建筑面积在1000m^2以上或者投资额100万元人民币以上的工程；

③法律法规规定的必须实行招标的货物、工程和服务。

(3) 不得规避招标

《招标投标法》明确规定国家实行强制性招标的项目范围，凡是在该范围以内的项目必须进行招标采购；并在第四条明确规定，任何单位和个人不得将必须招标的项目化整为零或者以其他任何方式规避招标。规避招标的表现形式如下：

1）将工程化整为零规避招标。

2）利用其他方式规避招标。

对于规避招标的行为，明确规定了惩罚办法。除责令限期改正，还可处以项目合同额5‰以上、10‰以下的罚款；对全部或者部分使用国有资金的项目，可以暂停项目执行或者暂停资金拨付；对单位负直接责任的主管人员和其他直接责任人员依法给予行政处分或者法律处分。

4. 建设工程招投标的原则

建设工程招投标的原则即：公开、公平、公正和诚实信用。

所谓“公开”，就是必须具有极高的透明度，招标信息、招标程序、开标过程、评标办法、中标结果都必须公开，使每一个投标人获得同等的信息。

所谓“公平”，就是要求给予所有投标人以平等机会，使他们享有的权利和履行的义务都是同等的，不得以任何理由排斥或歧视任何一方。

所谓“公正”，就是要求按事先公布的标准进行评标，严格遵守法定的评标规则和统一的衡量标准，一视同仁地对待每一个投标人。保证各投标人在平等的基础上充分竞争，保护招标投标活动当事人的合法权益。

所谓“诚实信用”，是所有民事活动都应遵循的基本原则之一。它要求当事人以诚实、守信的态度行使权利、履行义务，保证彼此都能得到自己应得的利益，同时不得损害第三方和社会的利益。不得规避招标、串通投标、泄露标底、骗取中标等。要求在招标投标活动中的招标人、招标代理机构、投标人等均应以诚实的态度参与招标投标活动，坚持良好的信用，不得以欺骗手段进行虚假招标或投标，牟取不正当利益，并应恪守诺言，严格履行义务。

中标通知书发出后，招标人不得改变中标结果，中标人不得放弃中标项目，否则应承担法律责任。中标人应当按照合同约定履行义务，完成中标项目，不得向他人转让中标项目，也不得将中标项目肢解后分别向他人转让。中标人还应就分包项目向招标人负责。

工程招标投标活动所应遵循的公开、公平、公正和诚实信用原则的另一方面是遵守“依法必须进行招标的项目，其招标投标活动不受地区或者部门的限制。任何单位和个人不得违法限制或者排斥本地区、本系统以外的法人或者其他组织参加投标，不得以任何方式非法干涉招标投标活动。”本条规定是针对招标投标活动中的地区保护主义和部门保护主义制定的。保证每个符合招标项目资格条件，具备承担招标项目能力的法人或者其他组织都有公平地参与投标活动的机会，是招标投标活动的基本要求之一。要做到这一点，就要求招标人应当通过国家指定的报刊、信息网络或者其他媒介发布招标公告，招标公告及招标文件的内容应当及时、全面、准确地为所有的潜在投标人所知悉和获取；招标人不得以不合理的条件限制或者排斥潜在投标人，不得对潜在投标人实行歧视待遇；招标人不得向他人、主要是本地区或部门的投标人透露已获取招标文件的潜在投标人的名称、数量以及可能影响公平竞争的有关招标投标的其他情况，如标底等；招标人不得与本地区、本部门的投标人串通投标，排挤本地区、本部门以外的投标人，损害其他投标人的合法权益；招标人不得以各种借口排斥或阻碍外地区、外部门的投标人参与竞标；招标人应当采取措施，保证评标在公正和严格保密的情况下进行；不得歧视或者排斥外地区、外部门的投标人；如果外地区、外部门的投标人中标，招标人应当在中标通知书发出后30日内与中标人按照招标文件和中标人的投标文件订立书面合同，不得在招标文件之外提出无理要求；招标人与外地区、外部门的投标人签订合同后，应当积极协作，配合投标人完成投标项目，任何单位和个人不得无理干预、阻碍投标人的工作等等。任何单位违反《招标投标法》的有关规定，限制或者排斥本地区、本系统以外的法人或者其他组织参加投标，非法干预招标投标活动的，责令改正，对单位直接负责的法人追究刑事责任。个人利用职权进行上述违法行为的，依照上述规定追究其责任。

5. 建设工程招标的种类

(1) 全过程招标。即对建设工程从项目建议书开始，直到竣工验收、交付使用为止的建设全过程实行招标。

(2) 勘察设计招标。即对工程的勘察设计进行招标。

(3) 材料、设备供应招标。即对工程建设中所需的材料、构配件和设备进行招标。

(4) 工程施工招标。即对工程施工全过程进行招标。它是我国目前最主要的招标方式。

6. 建设工程招投标的监督

对招投标活动的监督包括舆论监督、社会监督、行政监督、司法监督和其他有关机关的监督等。舆论监督是指加大招标宣传的力度，使社会各界从理论上和实践上加深对招标的认识和理解，扩大支持者和积极参与者的群体。对弄虚作假、哄抬标价、串通投标等违法投标行为要通过新闻媒体在社会上曝光。社会监督包括对政府推动招标的监督、对招标机构的监督、对招标活动的监督等方面，其实质也是对招标的一种有效的支持。行政监督是指行政主体依法对管理相对方的行为是否符合国家法律规定进行调查了解并进行检查的行为。司法监督主要是对招投标活动中的违法案件进行法律程序的处理监督。通常情况下讲的监督主要指行政监督，为更好地贯彻法律法规的实施，行政主管机关加强对法律法规的贯彻执行情况的监督检查是非常必要的。

依照《反不正当竞争法》及其他可以援引的法律法规的规定，行政主管监督检查部门在监督检查不正当竞争行为时，有权行使下列职权：

(1) 询问权。为了查明不正当竞争行为的事实，执行公务的工商行政管理人员可以对涉嫌的不正当竞争行为的经营主体和其他知情人、证明人进行询问。被询问者必须如实陈述并提供相应的材料。询问调查要遵循客观、公正、真实的原则，不能带有偏见，不能先入为主，对材料要如实记录，不可凭主观好恶随意取舍，更不能诱导迎合。要充分保障被调查人的陈述权和申辩权。询问要制作笔录，字迹要清楚，记录要准确，并在全部询问完毕后交被调查人审阅有无与其陈述出入之处，然后签名。询问者也要签名并记载询问时间、地点，询问笔录方可作为证据使用。

(2) 调取证据权。在检查中凡涉及到可以证明不正当竞争事件或有利于查明事件真相的证据材料，行政执法人员有权调取证据。包括有关协议、账册、单据、文件、记录、函电等等，必要时可以查询和复制，作为案件材料和处理的依据。调取证据必须有合法手续，注意方式方法，对涉及营业秘密、技术秘密的材料，必须为被查对象保密。证据要妥善保存，不仅为了本程序的处理事事有据，同时也是为了在当事人提起行政复议、向法院提起行政诉讼时，可以将一并处罚证据向上级机关和人民法院递交，因为行政诉讼法规定举证责任在行政机关。现在有的工商机关在复议和诉讼中将主要证据丢失，导致被动补证，值得注意。

（3）监督检查权。执法公务人员，对不正当竞争行为和涉嫌进行不正当竞争行为的人有权进行监督检查，包括查验证件、证明、物资、制品、钱财，并提出责令改正的措施。监督检查是行政执法的主要手段之一，也是最常用的一种管理方式。通过监督检查发现问题，有可能引起行政处罚程序的发生。监督检查是做出行政处罚决定的前提和基础，只有当检查发现不正当竞争行为情节严重或当事人对抗监督检查拒不改正时，才会考虑进一步的行政处罚。

（4）调查权。调查就是监督检查机关办案人员依照法律法规和政策的规定，了解情况，搜集证据，查明真相。调查贯穿反不正当竞争过程。没有深入细致的调查研究，就不可能做出正确的判断。调查与检查不同，检查只针对特定的不正当竞争嫌疑人，而调查则可以围绕查明真相这个中心，对一切知情人、证人进行。调查同样也要实事求是、客观、公正、全面。调查形成的材料，要进行综合分析，辨别真伪和可信程度，然后做出正确的判断。

行政执法人员在进行监督检查时，必须依法进行，严守法定规则。监督检查部门工作人员在执法时应当出示检查证件。询问时，办案人员不得少于两人，一个案件如有两个以上当事人，在询问时要分开进行，防止串通及相互影响，造成证言失真。在调取证据需要查扣物证时，要有当事人或其家属、单位人员在场，并当面清点造册，当场签字鉴证无误。检查时要以理服人，态度和蔼，防止简单粗暴。对无理取闹的，则可以根据不同情节进行处理或采取行政强制措施。

3.5.2 建设工程招标

1. 招标人的概念及招标工作组织

（1）招标人的概念。“招标人”就是依照《招标投标法》的有关规定，提出要进行招标的项目，公布招标内容，并面向社会进行招标的法人或者其他组织。“法人或者其他组织”是对招标人组织特征的限定。根据这一规定，招标人既可以是依法已取得法人资格的组织（如具备法人资格的国有公司、企业、股份公司、有限责任公司等）；也可以是未取得法人资格的公司、企业、事业单位、机关、团体等。是否具备法人资格不是认定招标人资格的必备条件，但任何欲进行工程建设的个人不得进行招标。

（2）招标工作组织。在整个投标招标制度中，招标方始终处于主导地位，其掌握着选择投标方与投资决策的大权。因此。招标方不仅需要做好前期有关招标项目的具体规划、落实资金、勘察设计等系列准备工作，对工程的具体招投标组织工作也应充分重视。

招标人在进行招标工作中负责有关招标的全部工作，需要建立具体负责招标事务的组织如：招标领导小组，这种组织一般应包括以下人员：

1）任命的决策人或单位负责人的授权代表。

2）工程师、建筑师、估算师等专业技术人员。

3）负责档案、材料、计算等助理人员。

(3) 具体负责招标事务的组织如招标领导小组成员,应该能够通晓国家招标投标法规,熟悉招标投标工作程序,有能力决定招标工作中的如下重大事项：

1）工程项目的发包范围。即是全过程统包还是分阶段发包，或单项工程发包、专业工程发包。

2）承包方式与承包内容。采用单价合同或总价合同，全部或部分内容。

3）招标方式。即决定采用公开招标、选择性招标、两段招标还是方案竞赛或比价方式。

4）招标文件、标底的编制。自行编制或委托编制。

5）招标工作的组织。即开标、评标、报批等相关组织工作。

6）决标并签订合同或协议。

这种具体的招标领导机构是招标人角色与职权的体现与细化。反映了招标投标工作过程中招标人的主导地位。

2. 建设单位自行招标所应具备的条件

(1) 具有法人资格或是依法成立的其他组织。

(2) 有与招标工程相适应的经济、技术管理人员。

(3) 有组织编制招标文件的能力。

(4) 有审查投标单位资质的能力。

(5) 有组织开标、评标、定标的能力。

具备上述条件的建设单位，可组织相应的招标机构负责招标事宜，《招标投标法》还规定：“任何单位和个人不得强制其委托招标代理机构办理招标事宜。”不具备上述条件的建设单位和个人，就必须委托招标代理机构来进行招标。

3. 招标代理机构

(1) 招标代理机构的概念。招标代理机构是指依法设立，从事招标代理业务并提供相关服务的社会中介组织。招标代理是招标人对招标代理机构的授权行为，因此，招标人委托招标代理机构进行招标必须办理授权委托手续。我国是从 1983 年开始进行招标投标活动的，相应的招标代理机构也才开始出现，成立于 1984 年的中国技术进出口总公司国际招标公司（后改为中技国际招标公司）是我国第一家招标代理机构。目前，全国专门从事招标代理业务的机构已有数百家。

（2）招标代理机构的类型。鉴于工程建设项目招标的特殊性，从事工程建设项目的招标代理机构还需由国务院（国家建设部）、自治区、省、直辖市（建设厅、局）的建设行政主管部门进行资格认定。招标代理机构，既不同于政府职能部门，又不同于一般企业。从我国的目前情况看，招标代理机构主要有如下两种类型：

1）专职招标机构。即经国家授权，具有招标资格，不以盈利为目的，接受政府、金融机构或企业委托，专门从事招标业务的机构。这类机构在接受委托后，介入项目并组织项目招标的全过程，直至结束，并享有此过程中的决策权。

2）项目招标代理机构。针对具体的物资采购或项目建设，由项目单位的主管部门或业主负责单位，自行组织的项目招标代理机构。这种机构为临时机构。项目招标结束，机构便自行解体。这类机构一般适用于工程项目招标，特别是业主负责制的工程项目，物资采购招标较少采用。

从招标投标过程本身来看，招标代理机构应当纳入国家严格管理的范围之内。如果因为招标代理机构自身的素质问题，造成假招标、串标、泄露标底、评标混乱等不公正、不公平的现象，这样不仅会使招标活动起不到应有的效果，也会损害招标投标方的利益。

（3）根据《招标投标法》，招标代理机构必须具备如下条件：

1）有从事招标代理业务的营业场所和相应资金。营业场所是提供代理服务的固定地点。根据我国现行公司法的规定，招标代理机构属咨询服务性公司，其注册资金不得少于10万元。

2）具有编制招标文件和组织评标的专业力量。招标文件是联系沟通招标投标双方的桥梁，招标文件是否完整严谨将直接影响招标质量，也是招标成败的关键。组织评标水平的高低，将直接影响招标的效果，也将决定招标是否公正。

3）有符合法律规定，可以作为评标委员会成员人选的技术、经济等方面的专家库。为保证评标的公正性和权威性，《招标投标法》规定，评标委员会必须有技术、经济、法律等方面的专家参加，且其人数不少于评标委员会总人数的2/3，参加评标的专家采取随机抽取的方式从专家库中产生。

（4）招标代理机构的从业资格。为保证招标代理机构的业务素质和专业水平，《招标投标法》规定，招标代理机构还必须具备相应的从业资格，对其实行设立条件和从业资格双重限定。从事建设工程招标代理业务的从业资格由国务院或省、自治区、直辖市人民政府的建设行政主管部门认定。

为保证招标活动的客观公正，招标代理机构必须独立于政府和有关当事人之外，《招标投标法》明确规定：“招标代理机构与行政机关和其他国家机关不得存在隶属关系或者其他利益关系。”“招标人有权自行选择招标代理机构，委托其办理招标事宜。任何单位和个人不得以任何方式为招标人指定招标代理机构。”

4. 工程勘察设计招标项目应具备的条件

在勘察设计招标中，根据国家计委、建设部颁发的计发（1985）-926号文件的规定，实行招标的建设项目必须具备以下条件：

（1）具有经过审批单位批准的设计任务书。

（2）具有开展设计必需的可靠基础资料。

（3）成立了专门的招标小组或办公室，并有指定的负责人。

有部分省、自治区、直辖市对招标文件还有更为具体的规定，如规定招标工程必须是已向当地招标管理部门办理了项目登记手续，标底已经编制完毕等。

5. 工程建设施工招标项目应具备的条件

（1）概算已经批准。

（2）建设项目已正式列入国家、部门或地方的年度固定资产投资计划。

（3）建设用地的征用工作已完成。

（4）有能够满足施工需要的图纸及技术资料。

（5）建设资金和主要建筑材料、设备的来源已经落实。

（6）建设项目所在地规划部门已经批准，施工现场的“三通一平”已经完成或一并列入施工招标范围。

6. 工程建设施工招标项目的审批

按照建设部1992年第23号令《工程建设施工招标投标管理办法》的有关规定，建设单位在进行招标工作之前，需向招标投标办事机构提出招标申请，其主要内容有：

（1）招标工程具备的条件。

（2）建设单位具备的资质。

（3）拟采用的招标方式。

（4）对投标企业的资质要求或拟选择的投标企业。

（5）经招标投标办事机构审查批准后，进行招标登记，领取有关招标投标用表。

招标项目履行审批手续，体现了政府对于招标投标的行政管理。政府的招标管理机构，其本身虽不作为招标投标的主体直接参与招标投标的具体运作，但其职责主要体现为对招标投标的监督与管理，监督招标投标项目，监督招标投标主体的行为，维护招标投标工作的正常秩序。

7. 工程建设招标的公证

《招标投标公证程序细则》对申请公证的招标活动明确规定：招标人需要申请进行公证的，申请人应填写公证申请表，并提交下列材料：

（1）法人资格证明和法定代表人身份证明及本人身份证件，代为申请的，应提交授权委托书及本人的身份证件。

（2）受委托招标的，应提交委托书和具有承办招标事项资格的证明。

（3）有关主管部门对招标项目、招标活动的批准文件。

（4）招标组织机构及组成人员名单。

（5）招标通知（公告）或招标邀请函。

（6）招标文件（主要包括：招标说明书、投标人须知、招标项目技术要求、投标书格式、投标保证文件、合同条件等）。

（7）对投标人资格预审文件。

（8）评标组织机构及组成人员名单。

（9）公证人员认为应当提交的其他有关材料。

3.5.3 招标方式

1. 招标的两种方式

《招标投标法》明确规定招标只分为公开招标和邀请招标两种。

（1）公开招标。即招标人以招标公告的方式邀请不特定的法人或其他经济组织来进行投标，它是面向全社会的招标。

（2）邀请招标。即招标人以投标邀请书的方式邀请一些特定的法人或其他经济组织来进行投标。

2. 公开招标和邀请招标的主要区别

（1）发布信息的方式不同。公开招标是面向社会发布公告，邀请招标是向某一特定条件范围中的承包人发送投标邀请书。

（2）选择承包人的范围不同。公开招标是面向全社会的，一切潜在的对招标项目感兴趣的承包人都可参加投标竞争，事先不能掌握投标人的数量，其竞争性体现得最为充分，招标人拥有最大的选择余地。邀请招标所针对的对象是事先已了解的承包人，投标人的数目有限，其竞争性是不完全、不充分的，招标人的选择范围相对较小，有可能选择不到在技术上或报价上更有竞争力的承包商或供应商。

（3）公开的程度不同。公开招标中，所有的活动都必须严格按照预先指定并为大家所知的程序及标准公开进行，其作弊的可能性大大减小；而邀请招标的公开程度较低，相应会存在一些弊端。

（4）时间和费用不同。由于公开招标程序复杂，投标人的数量较多，所花费的时间和费用都相对较多。而邀请招标只在有限的投标人中进行，其花费的时间和费用也必然有所减少。

3. 建设工程招标的要求

(1) 招标方式上的限制。为加强重点建设项目的管理，保证重点建设项目的工程质量、竣工周期和投资效益，《招标投标法》规定，国家重点建设项目和地方重点建设项目都必须进行公开招标。只有在某些特定情况下，如项目技术复杂或有特殊要求；涉及专利权保护；受自然资源或环境条件所限等原因，使可供选择的具备资格的投标单位数量有限，实行公开招标不适宜或不可行时，方可采用邀请招标方式，但事先需经国务院发展计划部门或省、自治区、直辖市人民政府批准。

(2) 信息发布的要求。

1) 采用公开招标方式的应当发布招标公告，其内容应包括招标人的名称和地址，招标项目的性质、数量、实施地点和时间以及获取招标文件的办法等事项。依法必须招标的项目，其招标公告必须通过国家指定的报刊、信息网络或其他媒介发布，其他项目招标公告的发布渠道，则由招标人自由选择。

2) 采用邀请招标方式的，应当发出投标邀请书，其内容与上述招标公告的要求一样。受到邀请的投标人不得少于三个。且都应具备承担招标项目的能力，资信良好。

(3) 禁止实行歧视待遇。《招标投标法》规定，招标人不得以不合理的条件限制或排斥潜在投标人，不得对潜在投标人实行歧视待遇。招标文件不得要求或者标明特定的生产供应者以及含有倾向或者排斥潜在投标人的其他内容。

(4) 保证合理的时间。为保证投标人编制标书的合理时间，《招标投标法》规定，招标人规定的投标截止日期距招标文件开始发出之日，不得少于 20 天。而招标人要对已发出的招标文件进行必要的修改与澄清，最晚也必须在投标截止日期前，以书面形式通知所有投标文件的收受人。

3.6 建设工程投标

3.6.1 投标人

1. 投标及投标人的概念

(1) 投标又称报价，是指作为承包方的投标人根据招标人的招标文件，向招标人提交其依照招标文件的要求所编制的投标文件，即提出报价，以承包到该招标项目的行为。

(2) 投标人是符合招标文件的规定或国家有关规定所要求的条件的，具有相应的人力、物力、财力、资质、业绩工作经验的法人或其他组织。就是说，投标人应当具备履行合同的能力与条件。同时，《招标投标法》还规定，除依法允许个人参加投标的科研项目外，其他项目的投标人必须是法人或其他经济组织，自然人不能成为建设工程的投标人。

2. 投标人应具备的条件

为保证建设工程的顺利完成，《招标投标法》规定："国家有关规定对投标人资格条件或者招标文件对投标人资格条件有规定的，投标人应当具备规定的资格条件。"如国家计委于 1997 年 8 月 18 日发布的《国家基本建设大中型项目实行招标投标的暂行规定》第十三条规定，参加建设项目主体工程的设计、建筑安装和监理以及主要设备、材料供应等投标的单位，必须具备下列条件：

（1）具有招标文件要求的资质证书，并为独立的法人实体。

（2）承担过类似建设项目的相关工作，并有良好的工作业绩和履约记录。

（3）财务状况良好，没有处于财产被接管、破产或其他关、停、并、转状态。

（4）最近 3 年内没有与骗取合同有关以及其他经济方面的严重违法行为。

（5）近几年有较好的安全记录。投标当年内没有发生重大质量和特大安全事故。

投标人如果不具备国家有关规定或招标文件所要求的投标资格条件，但具备承担该招标项目的某一部分的资格条件与相应能力，可以考虑与其他法人或有关组织组成联合体共同投标。但在任何情况下都不得擅自以他人名义投标，或者以其他方式弄虚作假，骗取中标。

3. 投标联合体

大型建设工程项目，往往不是一个投标人所能完成的。所以，法律允许几个投标人组成一个联合体，共同参与投标，并对联合体投标的相关问题做出了明确规定。

（1）联合体的法律地位。联合体是由多个法人或经济组织组成，但它在投标时是作为一个独立的投标人出现的，具有独立的民事权利能力和民事行为能力。

（2）联合体的资格。《招标投标法》规定，组成联合体各方均应具备相应的投标资格；由同一专业的单位组成的联合体，按照资质等级较低的单位确定资质等级。这是为了促使资质优秀的投标人组成联合体，防止以高等级资质获取招标项目，而由资质等级低的投标人来完成的行为。

（3）联合体各方的责任。联合体各方应签订共同投标协议，明确约定各方在拟承包的工程中所承担的义务和责任。

（4）投标人的意志自主。投标时，投标人是否与他人组成联合体，与谁组成联合体，都由投标人自行决定，任何人都不得干涉。《招标投标法》规定，招标人不得强制投标人组成联合体共同投标，不得限制投标人之间的竞争。

3.6.2 投标要求

1. 投标文件内容

《招标投标法》规定："投标文件应当对招标文件提出的实质性要求和条件作出响应。"投标文件的响应，即是指对招标项目的价格、项目工期、工程质量等级、主要材料消耗量、降低工程成本措施、合同的主要条款等做出明确响应，并不得遗漏、回避。更不能对招标文件进行修改或提出任何附带条件。对于建设工程施工招标，投标文件还应包括拟派出的项目负责人与主要工程技术人员的简历、业绩和拟用于完成工程项目的机械设备等内容。投标人拟在中标后将中标项目的部分非主体、非关键性工作进行分包的应在投标文件中载明。

凡是准备对招标文件提出的实质性要求和条件做出响应、参与投标竞争的投标人，应按照招标公告或邀请招标书的规定及时购买招标文件，并对招标文件做认真研究，以确定自己方面是否符合招标人资格、条件的要求，分析一旦中标后的利弊关系。一般情况下需要认真研究以下几个方面的因素：

(1) 考虑本企业是否有足够的资源承接该招标项目。

(2) 应考查招标人可靠程度及项目资金来源的真实性。

(3) 考查招标文件中的风险因素及承担该项目可能承担的风险大小。

(4) 确定由自己单独投标还是与其他企业合作投标。

(5) 估算完成该招标项目的成本，制定实施项目的方案及核算项目的工程量等。

(6) 研究招标文件中的招标项目综合说明及招标人列举的投标注意事项。

认真研究招标文件十分重要。因为这关系到投标人编制的投标文件是否符合招标方的要求。投标人通过研究招标文件，以便对招标项目有概括性的了解，对招标项目发包范围、承发包方式，主要材料的供应办法、价款结算方式、计划开工竣工时间及一些具体规定有较全面的认识，从而力求做到有的放矢，提高编制的投标文件的质量。

2. 投标人的权利和义务

(1) 投标人享有的权利

1) 与其他投标竞争者平等地获得有关该招标项目的信息权。

2) 要求招标人就其在招标文件阐述不清或存在矛盾的问题予以说明的权利。

3) 投标人根据自己的经营状况和掌握的市场信息，有自己确定投标报价的权利。

4) 投标人根据自己的经营状况有权参与投标竞争或拒绝参与投标竞争的权利。

5) 投标人有权对要求优良的工程实行优质优价。

6）依法检举、控告招标过程中出现的违法行为的权利。

（2）投标人承担的义务

1）保证向招标人提交的投标文件的真实性。

2）对招标人或招标代理机构就投标文件提出的问题予以说明。

3）在法律法规规定或招标人要求的情况下提供投标保证金或其他形式的担保。

4）中标后与招标人签订并履行合同，非经招标人同意不得转让或分包合同。

因此，投标单位对招标人在招标文件中没有交待清楚，或招标文件中相互矛盾之处，有权在招标人召开的答疑会上提出，要求招标人进一步解释或说明。投标人可将此种解释或说明作为编制投标文件的依据。在招标人没有做出明确解释或说明的情况下，投标人仍应按照招标文件的原有内容要求编制标书，但可以在标书内加以必要的说明。例如，招标文件有“因材料供应不及时工期不顺延”的条款，投标人可要求招标人说明“若是由招标人负责供应的材料供应不及时，其工期是否可以延长？”招标人出于自己的考虑或为了对投标人提出的问题进行澄清，也可以对招标文件用补充的方式进行修正，但修正的通知必须在投标截止日之前的合理期间书面通知所有投标人。

投标人编制的投标文件是日后招标人进行评标、决标的依据，也是中标后投标招标双方签订实施招标项目合同的依据。它既决定着投标人能否在竞争中中标，又决定着投标人能否通过其后的合同履行获取预期的经济效益。因此，投标人必须针对招标文件中的实质性要求和条件，认真研究策略，结合自身条件争取提出合理的、易于为招投标双方接受的报价及具有吸引力的优惠条件，以期击败其他投标竞争对手，最终承接该招标项目。

3．投标时间的要求

《招标投标法》规定，投标文件应在招标文件中规定的截止时间前送达投标地点，在截止时间后送达的投标文件，招标人应拒收。因此，以邮寄方式送交投标文件的，投标人应留出足够的邮寄时间，以保证投标文件在截止时间前送达。另外，如发生地点方面的错送、误送，其后果皆由投标人自行承担。投标人对投标文件的补充、修改、撤回通知，也必须在招标文件所规定的截止时间前送达规定地点。

4．投标行为的要求

（1）保密要求。由于投标是一次性的竞争行为，为保证其公正性，就必须对当事人各方提出严格的保密要求。投标文件及其修改、补充的内容都必须以密封的形式送达，招标人签收后必须原样保存，不得开启。对于标底和潜在投标人的名称、数量以及可能影响公平竞争的其他有关招标投标的情况，招标人都必须保密，不得向他人透露。

（2）报价要求。《招标投标法》规定："投标人不得以低于成本的价格报价，竞标"。投标人以低于成本的价格报价，是一种不正当的竞争行为，他一旦中标，必然会采取偷工减料、以次充好等非法手段来避免亏损，以求得生存。这将严重破坏社会主义市场经济秩序。给社会带来隐患，必须予以禁止。但投标人从长远利益出发，放弃近期利益，不要利润，仅以成本价投标，这是合法的竞争手段、法律是予以保护的。这里所说的成本，是以社会平均成本和企业个别成本来计算的，并要综合考虑各种价格差别因素。

（3）诚实信用。《招标投标法》规定：投标人不得相互串通投标；不得与招标人串通投标，损害国家利益、社会公共利益和他人合法利益；不得向招标人或评标委员会成员行贿以谋取中标；也不得以他人名义投标或以其他方式弄虚作假、骗取中标。

5. 投标人数量的要求

《招标投标法》规定："投标人少于三个的，招标人应当依照本法重新招标。"当投标人少于三个时，就会缺乏有效竞争，投标人可能会提高承包条件，损害招标人利益，从而与招标目的相违背，所以必须重新组织招标，这也是国际上的通行做法。在国外，这种情况称之为"流标"。

3.7 开标、评标与中标

3.7.1 开标

1. 开标的方式、时间和地点的规定

（1）开标的方式。开标是招标人按照招标文件规定的时间、地点，当众开启所有投标人的投标文件，宣读投标人名称、投标价格和投标文件的其他主要内容的过程。开标有公开开标和秘密开标两种形式。公开开标，即招标人在有投标人参加的情况下当众进行。秘密开标，即主要由招标单位和有关专家在不通知投标人参加的情况下秘密进行，招标人可根据需要邀请政府代表或有关人员参加。

我国招标投标法为了贯彻公开、公平、公正的原则，规定开标应当公开进行。因此，在我国境内进行招标投标活动的，必须进行公开开标。公开开标的规定是强行性规定，当事人不得违反或变更。公开开标也是目前国际招标与投标中的主要开标方式，这种方式已被人们普遍接受和采用。

（2）开标的时间。公开开标的时间，应当在招标文件确定的提交投标文件截止时同一时间进行。招标文件截止时间即是开标时间，一般都精确至某年某月某日某时某分。这种规定，主要是为了防止有人利用投标截止后至开标前的时间对已提交的投标文件作弊，同时也是顺应国际上的通行做法。开标时间在法律上决定着开标程序的起始，它必须事先在招标公告或者投标邀请函中做出规定，而不能事后由招标人随意确定或变更。除依法规定必须重新招标的情况外，招标人应按期举行开标会。为了保证开标工作的公正，防止作弊现象，招投标法规定的开标时间即为招标文件事先确定的提交投标文件的截止时间。

(3) 开标的地点。公开开标的地点，应当是招标文件中预先确定的地点。此种规定是强制性法律规范，不允许当事人任意变更。招标投标活动必须保证招标投标活动的严肃性和合法性，保证招标投标活动的公平竞争。因此，招标人必须在招标文件中事先确定开标地点，确保招标活动的公信和公示，使投标人能事先了解开标地点，以便做好参加开标的充分准备。

2. 开标程序

(1) 招标项目主持人宣布开标开始，宣布参加开标人员名单，包括招标方代表、投标方代表、公证员、法律顾问、拆封人、唱标人、监标人以及记录人员等名单；主持人宣布评标、决标的原则和纪律性要求。

(2) 验证。在公证员的监督下，对招标方、投标方代表的真实身份进行验证（包括法人委托书、个人身份证等）。按照各投标单位送达投标书的先后顺序，依次检查自已投标文件的完整性、密封性，确认无误后，由双方在登记表上签字。也可以由招标人委托的公证机构检查并验证。如发现投标文件的密封情况有问题时，应及时提出意见。主持人必须立即宣布停止开标。

(3) 按投标顺序，依次开封，如是涉外招标投标的，要分别用中英文读出，公开投标人名称、投标价格和投标文件的其他主要内容，并在事先备好的唱标记录上登记。

(4) 唱标结束后，记录表由投标人、唱标人、公证人签名，保管存档。

(5) 宣布开标后日程安排。

在开标过程中，一般不允许投标人提问或作任何解释，但允许记录或录音。投标人或其代表应在会议签到簿上签名，以证明其在场。

招标人开标时应对所有在规定时间前收到的投标文件当众拆封、宣读。如果招标人故意或过失没有拆封部分投标文件时，其投标人可以提出异议或向有关行政监督机关投诉。由此引起纠纷可以向法院起诉。公开所有投标文件是招标投标法的“三公”原则的要求。开标主持人在开标时，要高声朗读每个投标人的名称和每项投标的总价，在需要的情况下，还可以宣读投标书中其他重要条件。如果在开标中，恰巧宣读出两个或两个以上相等的报价，开标人可以让他们以密封的形式重新报价。如果第二次报价仍然相等，则把报价结果一同呈报招标机构，待评标后决断。

开标过程应当记录并存档备查，开标结束后，应由开标组织者编写一份开标会议纪要。其内容包括：开标日期、时间、地点、开标会议主持者；出席开标会议的全体工作人员名单，到场的投标商代表和各有关部门代表名单；截止时间前收到的标书，收到日期和时间及其报价一览表；迟到标书的处理等等。开标会议记录应送有关方面，包括：业主、工程师、项目主管部门、政府有关部门，如果是世界银行贷款项目，还应送交世界银行。

3. 有关开标的相关规定

(1) 参加人。《招标投标法》规定："开标由招标人主持，邀请所有投标人参加。"邀请所有投标人参加，是为了保证招标投标的公正，使他们了解开标的过程和其他投标人的投标情况，从而对评标结果是否合理做出判断。这对招标人可起到一定的监督作用。开标时，还可邀请招标主管部门、评标委员会、监察部门的有关人员参加，也可委托公证部门对整个开标过程依法进行公证。

(2) 标书密封的现场认定。开标时，由投标人或其推选的代表检查投标文件的密封情况，也可由招标人委托的公证机构检查并公证，经确认无误方可当众拆封，宣读投标文件的内容。如投标文件没有密封，或有被开启的痕迹，应被认定为投标无效，其内容不予宣读。

4. 主持开标应注意的问题

开标前，招标人应对开标过程中可能出现的问题做出预料，预先准备好处理办法。如：开标时到达会场的投标人不足三家怎么办；投标人的报价全部都高于（或低于）标底许多怎么办；当众宣读的投标文件正本与副本个别文字表达的意思不一致怎么办等等。了解和掌握开标会中经常发生的问题，及时应对各种情况对组织好开标是非常重要的。

3.7.2 评标

评标就是依据招标文件的规定和要求，对投标文件进行的审查、评审和比较。评标由招标人组建的评标委员会负责。

1. 评标委员会

(1) 评标委员会的组成。评标既是保证招标成功的重要环节，又是一项涉及多种专业知识的复杂的技术活动。为保证评标的公正性和权威性，《招标投标法》规定，依法必须进行招标的项目，其评标委员会由招标人的代表和有关技术、经济、法律等方面的专家组成，人数应在 5 人以上并为单数，其中技术、经济、法律等方面的专家不得少于成员总数的 2/3。

(2) 评标委员会中专家的资格。为保证评标的质量，参加评标的专家必须是具有较高的专业水平，并有丰富的实际工作经验，对相关业务相当熟悉的专业技术人员。为此，《招标投标法》规定，参加评标委员会的专家应当满足从事相关领域工作满 8 年并具有高级职称或具有同等专业水平的条件。

(3) 评标委员会专家人选的确定。为防止招标人选定评标专家的主观随意性，《招标投标法》规定：评标专家由招标人从国务院或省、自治区、直辖市人民政府有关部门提供的专家名册或招标代理机构的专家库中确定。一般招标项目可采取随机抽取方式，特殊招标项目因有特殊要求或技术特别复杂，只有少数专家能够胜任，可由招标人直接确定。与投标人有利害关系的人不得进入评标委员会，已经进入的也应更换。

2. 评标的相关规定

(1) 评标标准。评标时应严格按照招标文件确定的评标标准和方法，对投标文件进行评审和比较；设有标底的，应参考标底。任何未在招标文件中列明的标准和方法，均不得采用；对招标文件中已列明的标准和方法，不得有任何改变。这是保证评标公正、公平的关键，也是国际通行做法。

(2) 独立评审。评标是招标人和评标委员会的独立活动，不应受外界的干预和影响，以免影响评标的公正。《招标投标法》特别规定："任何单位和个人不得非法干预、影响评标的过程和结果"。同时，还规定了相应的惩处措施。这对我国建设工程的招标投标具有十分重大的现实意义。当然，法律也规定：招标人应采取必要的措施，保证评标在严格保密的情况下进行；评标委员会成员和参与评标的有关工作人员不得透露对投标文件的评审比较情况、评标结果及其他与评标有关的情况。

(3) 投标文件的澄清。评标时，若发现投标文件的内容有含义不明确、不一致、明显的文字错误或纯属计算上的错误等情形，评标委员会可通知投标人做出必要的澄清和说明；以确认其正确的内容。但投标人的澄清与说明，只能是对上述问题的解释和补正，它不能补充新的内容或更改投标文件中的报价、技术方案、工期、主要合同条款等实质性内容。澄清的要求及答复均应采取书面形式。投标人的答复必须有法定代表人或其授权代理人的签字，并作为投标文件的组成部分。

(4) 评标人的责任。《招标投标法》规定：评标委员会成员不得私下接触投标人，不得收受投标人的财物或其他好处；应客观、公正地履行职务，遵守职业道德，对所提出的评审意见承担个人责任。

3. 评标结果

评标结束后，评标委员会应向招标人提交书面评标报告，并就中标人提出意见，根据不同情况，可有三种不同意见。

(1) 推荐中标候选人。评标委员会可在评标报告中推荐1～3个中标候选人，由招标人确定。

(2) 直接确定中标人。在得到招标人授权的情况下，评标委员会可在评标报告中直接确定中标人。

(3) 否决所有投标人。经评审，评标委员会认为所有投标都不符合招标文件要求，有权否决所有投标。这时，强制招标的项目应重新进行招标。

3.7.3 中标

1. 中标通知书

中标通知书即是招标人向中标人发出的告知其中标的书面通知文件。《招标投标法》规定：中标人确定后，招标人应向中标人发出中标通知书，并同时将中标结果通知所有未中标的投标人。中标通知书发出后，即对招标人和中标人产生法律效力。

招投标过程就是订立合同的过程，投标是投标人发出的要约，中标通知书则是招标人做出的承诺。一般情况下，承诺送达要约人时生效，合同也随之成立。在中标通知书发出后，招标人改变中标结果，或是中标人放弃中标项目的，都要承担相应的法律责任。

2. 签订承包合同

《招标投标法》规定，招标人和中标人应当自中标通知书发出之日起30日内，按照招标文件和中标人的投标文件订立书面合同。招标人和中标人不得再行订立背离合同实质性内容的其他协议，如签订了这样的协议，其在法律上也将是无效的。

3. 提交招标投标报告

《招标投标法》规定，强制招标的项目，招标人应自确定中标人之日起15日内，向有关行政监督部门提交招标投标报告。这是国家对招投标活动进行的监督活动之一，它对保护国家利益、社会公共利益及公众安全是很有必要的。

3.8 建设工程招投标的管理与监督

3.8.1 管理机构及其职责

建设工程的招标投标，由县以上各级人民政府建设行政主管部门或其授权机构负责管理与监督。

1. 建设部的主要职责

(1) 贯彻执行国家有关建设工程招标投标的法律、法规和方针、政策，制定招标投标的规定和办法。

(2) 指导、检查各地区、各部门的招标投标工作。

(3) 总结交流招标投标工作的经验，提供相应服务。

(4) 维护国家利益，监督重大工程的招标投标活动。

(5) 审批全国范围内建设工程招投标的代理机构。

2. 省、自治区、直辖市的建设行政主管部门的主要职责

(1) 贯彻国家有关建设工程招标投标的法规和方针、政策，制定建设工程招标投标实施办法。

(2) 监督、检查本行政区域内的有关招标投标活动，总结交流工作经验。

(3) 审批咨询、监理等单位代理建设工程招标投标业务的资格。

(4) 调解招标投标纠纷。

(5) 否决违反招标投标规定的定标结果。

省、自治区、直辖市的建设行政主管部门可以根据需要，报请同级人民政府批准，确定相应的招标投标管理机构的设置及经费来源；在同级人民政府建设行政主管部门的授权范围内，具体负责本行政区域内有关招标投标的管理工作。

国务院工业、交通等部门要会同地方建设行政主管部门，做好本部门直接投资和相关投资公司投资的大型建设项目的招标投标管理工作。

3.8.2 涉外工程招标投标的管理与监督

涉外工程即中外合资、合营、合作建设项目或外商独资、世界银行或地区开发银行贷款建设项目。

涉外工程如需邀请外国企业参加投标，建设单位应按项目隶属关系提出申请，经国务院有关部门或省、自治区、直辖市、计划单列市审批后，报建设部备案，然后方可发出招标公告或邀请函。

涉外工程的国际招标，由投资者和建设单位会同国家有关部门组成相应的组织，负责监督与管理，建设单位或其代理单位负责办理招标的具体工作。

外国企业参加投标需持有外国企业承包工程许可证，如果中标，应按《中华人民共和国合同法》的要求参照国际惯例，与招标单位签订承包合同。合同副本应按分级管理的权限报主管部门备案。外国企业如与中国企业合伙投标，双方应签订合作合同，明确各自的权利和义务。

香港、澳门及台湾地区的企业参加内地工程投标，可参照涉外工程招标管理与监督的办法。

3.9 《建筑法》的法律责任

3.9.1 民事法律责任

1. 连带责任

(1)《建筑法》第六十六条规定：“建筑施工企业转让、出借资质证书或者以其他方式允许他人以本企业的名义承揽工程的”，“对因该项承揽工程不符合规定的质量标准造成的损失，建筑施工企业与使用本企业名义的单位或者个人承担连带赔偿责任”。

(2)《建筑法》第六十七条规定：“承包单位转包工程或者违法分包，造成工程不符合工程质量标准的损失，由承包单位与接受转包和分包的单位承担连带赔偿责任”。

(3)《建筑法》第六十九条规定：“工程监理单位与建设单位或施工企业串通，弄虚作假，降低工程质量造成损失，由工程监理单位、建设单位或施工企业承担连带赔偿责任”。

2. 损害赔偿责任

(1)《建筑法》第七十条规定：“涉及立体或承重结构变动的装修工程擅自施工的，给他人造成损失的，应当承担补偿损失的责任”。

(2)《建筑法》第七十三条规定：“建筑设计单位不按照建筑工程质量、安全标准进行设计，造成损失的，承担赔偿责任”。

(3)《建筑法》第七十四条规定：“建筑企业在施工中偷工减料的，使用不合格建筑材料、建筑构配件和设备的，或者不按工程设计图样或施工技术标准施工的行为，造成工程质量不符合规定的质量标准的，负责返工、修理，如果造成损失的，还应当赔偿因此造成的损失”。

3. 质量责任

(1)《建筑法》第八十条规定：“在建筑物的合理使用寿命内，因建筑质量不合格受到损害，受害方有权依据实际情况向施工单位、设计单位、建设单位、监理单位请求赔偿”。

(2) 在建设工程保修期内出现屋顶、墙面渗漏、开裂等质量问题，有关方面应当承担返修和赔偿责任。但因意外事件而出现的问题，有关方面不承担责任。

4. 因相邻关系引起的民事责任

(1) 施工现场对毗邻建筑物、构筑物和特殊向上环境可能造成损害的，建筑施工企业应当采取安全防护措施。否则，对方有权要求排除危险；由此造成损失的，建筑施工单位应当赔偿。

(2) 建筑施工企业应当保护施工现场的地下管线，否则有关方面有权要求停止侵害；造成损失的，建筑施工单位应当赔偿。

(3) 施工现场因噪声、震动等妨碍周围人生产、生活的，他人有权要求建筑施工单位采取控制措施。对由此造成损害的，建筑施工单位应当赔偿。

5. 职务侵权责任

《建筑法》第七十九条规定：“负责颁发建筑工程施工许可证的部门及其工作人员，对不符合施工条件的建筑工程颁发许可证的，负责工程质量监督检查或竣工验收部门及其工作人员，对不合格的建筑工程出具合格文件或按合格工程验收的，如造成损失，由该部门承担相应的赔偿责任”。

3.9.2 行政法律责任

1. 未取得施工许可证或者开工报告、未经批准擅自施工的，责令改正，对不符合开工条件的责令停止施工，可以处以罚款。

2. 发包单位将工程发包给不具有相应资质条件的承包单位的，或者违反规定将建筑工程肢解分包的，责令改正，处以罚款。

超越本单位资质等级承揽工程的，责令停止违法行为，处以罚款，可以责令停业整顿，降低资质等级；情节严重的，吊销资质证书；有违法所得的，予以没收。未取得资质证书的，予以取缔，并处罚款；有违法所得的，予以没收。以欺骗手段取得资质证书的，吊销资质证书，处以罚款。

3. 建筑施工企业转让、出借资质证书或者以其他方式允许他人以本企业的名义承揽工程的，责令改正，没收违法所得，并处罚款，可以停业整顿，降低资质等级；情节严重的，吊销资质证书。

4. 承包单位将承包的工程转包的，或者违反法律规定进行分包的，责令改正，没收违法所得，并处罚款，可以责令停业整顿，降低资质等级；情节严重的，吊销资质证书。

5. 在工程发包与承包中索贿、受贿、行贿不构成犯罪的，分别处以罚款，没收贿赂的财物，对直接负责的主管人员和其他直接责任人员给予处分。

对行贿的单位除依照上述的规定处罚外，可以责令停业整顿、降低资质等级或者吊销资质证书。

6. 工程监理单位与建设单位或者建筑施工企业串通，弄虚作假、降低工程质量的，责令改正，处以罚款，降低资质等级或者吊销资质证书；有违法所得的，予以没收。

工程监理单位转让监理业务的，责令改正，没收违法所得，可以责令停业整顿，降低资质等级；情节严重的，吊销资质证书。

7. 违反法律规定，涉及建筑主体或者承重结构变动的装修工程擅自施工的，责令改正，处以罚款。

8. 建筑施工企业违反规定，对建筑安全事故隐患不采取措施予以消除的，责令改正，处以罚款；情节严重的，责令停业整顿，降低资质等级或者吊销资质证书。

9. 建设单位违反规定，要求建筑设计单位或者建筑施工企业违反建筑工程质量、安全标准；降低工程质量的，责令改正，可以处以罚款。

10. 建筑设计单位不按照建筑工程质量、安全标准进行设计的，责令改正，处以罚款；造成工程质量事故的，责令停业整顿、降低资质等级或者吊销资质证书，没收违法所得，并处罚款。

建筑施工企业在施工中偷工减料的，使用不合格的建筑材料、建筑构配件和设备的，或者有其他不按照工程设计图样或者施工技术标准施工的行为的，责令改正，处以罚款；情节严重的，责令停业整顿，降低资质等级或者吊销资质证书。

11. 建筑施工企业违反规定，不履行保修义务或者拖延履行保修义务的，责令改正，可以处以罚款。

3.9.3 刑事责任

1. 建筑施工企业的管理人员违章指挥、强令职工冒险作业而发生重大伤亡事故或者其他严重后果的，追究其重大责任事故者的刑事责任，依《刑法》第一百三十四条的规定，处3年以下有期徒刑或者拘役；情节特别恶劣的，处3年以上7年以下有期徒刑。

2. 建筑施工企业对安全事故隐患不采取措施予以消除，因而发生重大伤亡事故或其他严重后果的，追究其重大劳动安全事故者的刑事责任，依据《刑法》第一百三十五条的规定，对直接责任人员处3年以下有期徒刑或者拘役；情节特别恶劣的，处3年以上7年以下有期徒刑。

3. 工程监理单位与建设单位、施工单位串通，弄虚作假、降低工程质量的，建设单位要求建筑设计单位或施工企业违反建筑工程质量、安全标准，降低工程质量，建筑设计单位不按照建筑质量、安全标准进行设计的，建筑施工企业在施工中偷工减料，使用不合格的建筑材料、建筑构配件和设备的，或者其他不按工程设计图样或者施工技术标准施工的；涉及建筑主体或承重结构变动的装修工程擅自施工的，以欺骗手段取得资质证书的，发生重大质量、安全事故的，追究其建筑工程安全事故者的刑事责任，依照《刑法》第一百三十七条的规定，对直接责任人员处5年以下有期徒刑或者拘役，并处罚金；后果特别严重的，处5年以上10年以下有期徒刑，并处罚金。

4. 在工程发包与承包中索贿、受贿、行贿的，情节严重的，分别依照《刑法》第一百六十三条、第一百六十四条、第三百八十五条、第三百八十六条和第三百九十条的规定追究受贿罪和行贿罪的刑事责任，可以判处5年以下有期徒刑或者拘役；数额巨大或特别巨大的，可以处5年以上有期徒刑直至死刑，并可以没收财产。

5. 对不具备相应资质等级条件的单位颁布该等级资质证书的，对不符合施工条件的建筑工程颁发施工许可证的，对不合格的建筑工程出具质量合格文件或者按合格工程验收的；政府及其所属部门的工作人员指定发包单位，将招标发包的工程发包给指定的承包单位的，依照《刑法》第三百九十七条追究其滥用职权罪、玩忽职守罪或者徇私舞弊罪的刑事责任。其中，滥用职权或者玩忽职守致使公共财产、国家和人民利益遭受重大损失的，处三年以下有期徒刑或者拘役，情节特别严重的，处3年以上7年以下有期徒刑。徇私舞弊致使公共财产、国家和人民利益遭受重大损失的，处5年以上10年以下有期徒刑。

复习思考题

1. 什么叫工程建设程序？我国工程建设程序分为几个阶段？

2. 工程建设准备阶段分为几个环节？哪些环节是必须经过的？

3. 工程建设实施阶段的主要内容是什么？

4. 什么是建设工程的发包与承包？它有哪些方式？

5. 招标方式有哪几种？它们之间的主要区别是什么？

6. 招标人必须具备的条件有哪些？投标人应具备什么条件？

7. 我国实行强制招标投标的建设工程项目有哪些？

8. 什么叫做投标联合体？对联合体的资格和责任都有哪些规定？

9. 《招标投标法》对投标时间、地点、投标人数方面都做了哪些规定？

10. 什么叫做开标？开标过程都有哪些规定？

11. 什么叫做评标？评标委员会的组成有哪些规定？哪些人可参加评标？

12. 确定中标人后，招标人应进行哪些活动？

13. 中标通知书在法律上的性质是什么？它何时生效？

14. 我国现有的建设工程招标投标管理机构有哪些？其职责是什么？

15. 违反《建筑法》应承担的法律责任是什么？你了解哪些案例，请予以说明。

第4章 工程勘察设计法规

4.1 概述

4.1.1 工程勘察设计的概念

工程勘察是指为满足工程建设的规划、设计、施工、运营及综合治理等方面的需要，对地形、地质及水文等状况进行测绘、勘探测试，并提供相应成果和资料的活动，岩土工程中的勘测、设计、处理、监测活动也属工程勘察范畴。

工程设计是指运用工程技术理论及技术经济方法，按照现行技术标准，对新建、扩建、改建项目的工艺、土建、公用设施、环境保护等进行综合性设计及技术经济分析，并提供作为建设依据的设计文件和图纸的活动。

在工程建设的各个环节中，勘察是基础，而设计是整个工程建设的灵魂，它们对工程的质量和效益都起着至关重要的作用。

为缩短设计和建设周期、节约材料和减少能耗、提高工程质量和综合经济效益，国家积极提倡和推广标准设计。

4.1.2 工程勘察设计法规立法概况

工程勘察设计法规是指调整工程勘察设计活动中所产生的各种社会关系的法律规范的总称。

目前，我国工程勘察设计方面的立法层次还较低，主要由建设部及相关部委的规章和规范性文件组成。现行的主要法规有：1978年国家建委颁发的《设计文件的编制和审批办法》，1983年国家计委颁发的《基本建设设计工作管理暂行办法》和《基本建设勘察工作管理暂行办法》，1986年国家计委和对外经济贸易部联合颁发的《中外合作设计工程项目暂行规定》，1986年国家计委颁发的《优秀工程设计奖评选办法》和《优秀工程勘察奖评选办法》，1992年建设部和对外经济贸易部联合颁发的《成立中外合营工程设计机构审批管理的规定》。工程设计标准管理和标准设计方面主要的法规有：1980年国家建委颁发的《工程建设标准规范管理办法》，1981年国家建委颁发的《全国工程建设标准设计管理办法》，1992年建设部颁发的《工程建设国家标准管理办法》和《工程建设行业标准管理办法》等。这些法规对规范工程勘察设计活动，加强勘察设计管理起到了重要的作用。为适应市场经济的需要，进一步加强对工程勘察设计行为的规范和管理，2000年颁发了《建设工程勘察设计管理条例》，国家正在积极制定《中华人民共和国工程勘察设计法》，届时它将成为我国第一部工程勘察设计方面的法律，对工程勘察设计的法制建设将有极大的推进作用。

4.2 工程勘察设计标准

4.2.1 工程建设标准

1. 工程建设标准的概念

标准是指对重复性事物和概念所做的统一性规定。它以科学技术和实践经验的综合成果为基础，经有关方面协调统一，由主管机构批准，以特定形式发布，作为共同遵守的准则和依据。

工程建设标准是指对基本建设中各类工程的勘察、规划、设计、施工、安装、验收等需要协调统一的事项所制定的标准。制定和实施各项工程建设标准，并逐步使其各系统的标准形成相辅相成、共同作用的完整体系，即实现工程建设标准化。这是实现现代化建设的重要手段，也是现阶段我国建设领域一项重要的经济、技术政策。它可保证工程建设的质量及安全生产，全面提高工程建设的经济效益、社会效益和环境效益。

2. 工程建设标准的种类

（1）按标准的内容分，工程建设标准可分为技术标准、经济标准和管理标准。

（2）按适用范围分，工程建设标准可分为国家标准、行业标准、地方标准和企业标准。

1）工程建设国家标准是指在全国范围内统一的技术要求。如通用的质量标准；术语、符号、代号、建筑模数等。

2）工程建设行业标准是指在工程建设活动中，在全国某个行业范围内统一的技术要求。如行业专用的质量标准；专用的术语、符号、代号；专用的实验、检验、评定方法等。

3）工程建设地方标准是指工程建设活动中，根据当地的气候、地质、资源、环境等条件，在省、自治区、直辖市范围内统一的技术要求。它不得低于相应的国家标准或行业标准。

4）工程建设企业标准是指工程建设活动中企业内部统一的技术要求，它不得低于国家标准、行业标准和地方标准。

（3）按执行效力分，工程建设标准可分为强制性标准和推荐性标准。

1）强制性标准是指必须执行的标准，如工程建设勘察、规划、设计、施工及验收等通用的综合标准和质量标准等。

2）推荐性标准是指当事人自愿采用的标准。凡是强制性标准以外的标准皆为推荐性标准。

3. 工程勘察设计标准

《基本建设设计工作管理暂行办法》、《基本建设勘察工作管理暂行办法》规定：工程勘察设计标准包括工程建设勘察设计规范和标准设计两种。

(1) 工程建设勘察设计规范。它是强制性勘察设计标准，“一经颁发，就是技术法规，在一切工程勘察、设计工作中都必须执行”。勘察设计规范分为国家、部、省（自治区、直辖市）、设计单位四级。

(2) 标准设计。它是推荐性设计标准，“一经颁发，建设单位和设计单位要因地制宜地积极采用，凡无特殊理由的不得另行设计”。标准设计分为国家、部、省（自治区、直辖市）三级。

4.2.2 工程建设标准的制定与实施

1. 工程建设标准的制定原则

(1) 遵守国家的有关法律、法规及相关方针、政策，密切结合自然条件，合理利用资源，充分考虑使用和维修的要求，做到安全适用、技术先进、经济合理。

(2) 积极开展科学实验或测试验证。有关项目应纳入主管部门的科研计划，认真组织实施，写出成果上报。

(3) 积极采用新技术、新工艺、新设备、新材料。经有关主管部门或受托单位鉴定，有完整的技术文件，且经实践检验的新技术、新工艺等应纳入标准。

(4) 积极采用国际标准和国外先进标准。凡经认真分析论证或测试验证，并符合我国国情的国际和国外先进标准，应纳入标准。

(5) 条文规定严谨明确，文字简练，不得模棱两可。术语、符号、计量单位等应前后一致，不得矛盾。

(6) 注意与先行标准的协调。要遵守先行的工程建设标准，确有更改需要的，必须经过审批。工程建设标准中，不得规定产品标准的内容。

(7) 发扬民主，充分讨论。对有关政策问题应认真研究、统一认识；对有争论的技术性问题，应在调查研究、实验验证或专题讨论的基础上充分协商，再做结论。

2. 工程建设标准的审批

颁行工程建设国家标准由国务院建设行政主管部门审查批准，国务院标准化行政主管部门和建设行政主管部门联合颁行。工程建设行业标准由国务院有关行政主管部门审批、颁行，并报国务院建设行政主管部门备案。工程建设地方标准的制定、审批、发布方法，由省、自治区、直辖市人民政府规定。但标准发布后应报国务院建设行政主管部门和标准化行政主管部门备案。工程建设企业标准由企业组织制定，并按国务院有关行政主管部门或省、自治区、直辖市人民政府的规定报送备案。

3. 工程建设标准的实施

工程建设标准的实施不仅关系到建设工程的经济效益、社会效益和环境效益，而且直接关系到工程建设者、工程所有者和使用者的人身安全及国家、集体和公民的财产安全。因此，必须严格执行，认真监督。相关法规规定如下：

(1) 各级行政主管部门在制定有关工程建设的规定时，不得擅自更改国家及行业的强制性标准；从事工程建设活动的部门、单位和个人，都必须执行强制性标准；对于不符合强制性标准的工程勘察成果报告和规划、设计文件，不得批准使用；不按标准施工，质量达不到合格标准的工程，不得验收。

(2) 工程质量监督机构和安全监督机构应根据现行的强制性标准，对工程建设的质量和安全进行监督，当监督机构与被监督单位对适用的强制性标准发生争议时，由该标准的批准部门进行裁决。

(3) 各级行政主管部门应对勘察、设计、规划、施工单位及建设单位执行强制性标准的情况进行监督检查。国家机关、社会团体、企业、事业单位及全体公民均有权检举、揭发违反强制性标准的行为。

(4) 对于工程建设推荐性标准，国家鼓励自愿采用。采用何种推荐性标准，由当事人在工程合同中予以确认。

4.3 工程设计文件的编制要求

4.3.1 工程设计的原则和依据

1. 工程设计的原则

(1) 贯彻经济、社会发展规划和产业政策、城乡规划。经济、社会发展规划及产业政策，是国家某一时期的建设目标和指导方针，工程设计必须贯彻其精神；城市规划、村庄和集镇规划一经批准公布，即成为工程建设必须遵守的规定，工程设计活动也必须符合其要求。

(2) 综合利用资源，满足环保要求。工程设计中，要充分考虑矿产、水和农、林、牧、渔等资源的综合利用。要因地制宜，提高土地利用率，尽量利用荒地、劣地，不占或少占耕地。工业项目中要选用耗能少的生产工艺和设备；民用项目中，要采取节约能源的措施，提倡区域集中供热，重视余热利用。城市的新建、扩建和改建项目，应配套建设节约用水设施。在工程设计时，还应积极改进工艺，采取行之有效的技术措施，防止粉尘、毒物、废水、废气、废渣、噪声、放射性物质及其他有害因素对环境的污染，要进行综合治理和利用，使设计符合国家环保标准。

(3) 遵守工程建设技术标准。工程建设中有关安全、卫生和环境保护等方面的标准都是强制性标准，工程设计时必须严格遵守。

(4) 采用新技术、新工艺、新材料、新设备。工程设计应当广泛吸收国内外先进的科研和技术成果，结合我国的国情和工程实际情况，积极采用新技术、新工艺、新材料、新设备，以保证建设工程的先进性和可靠性。

(5) 重视技术和经济效益的结合。采用先进的技术，可提高生产效率，增加产量，降低成本，但往往会增加建设成本和延长建设工期。因此，要注重技术和经济效益的结合，从总体上全面考虑工程的经济效益、社会效益和环境效益。

(6) 公共建筑和住宅要注意美观、适用和协调。建筑既要有实用功能，又要能美化城市，给人们提供精神享受。公共建筑和住宅设计应巧于构思，使其造型新颖、独具特色，但又与周围环境相协调，保护自然景观。同时还要满足功能适用、结构合理的要求。

2. 工程设计的依据

项目建议书是进行工程设计、编制设计文件的主要依据。如有可能，设计单位应积极参加项目建议书的编制、建设地址的选择、建设规划的制定及试验研究等设计的前期工作。对大型水利枢纽、水电站、大型矿山、大型工厂等重点项目，在项目建议书批准前，可根据长远规划的要求进行必要的资源调查、工程地质和水文勘察、经济调查和多种方案的技术经济比较等方面的工作，从中了解和掌握有关情况，收集必要的设计基础资料，为编制设计文件做好准备。

4.3.2 工程设计阶段和内容

1. 根据《基本建设设计工作管理暂行办法》的规定，不同复杂程度的建设项目，其设计阶段也不同

(1) 一般建设项目。可按初步设计和施工图设计两个阶段进行。

(2) 技术复杂的建设项目。可增加技术设计阶段，即按初步设计、技术设计、施工图设计三个阶段进行。

(3) 存在总体部署问题的建设项目。一些牵涉面广的项目，如大型矿区、油田、林区、垦区、联合企业等，存在总体开发部署等重大问题。在进行一般设计前还要进行总体规划设计或总体设计。

2. 各设计阶段的内容与深度

(1) 总体设计。总体设计一般由文字说明和图纸两部分组成。其内容包括：建设规模、产品方案、原料来源、工艺流程概况、主要设备配备、主要建筑物及构筑物、公用和辅助工程、“三废”治理及环境保护方案、占地面积估计、总图布置及运输方案、生活区规划、生产组织和劳动定员估计、工程进度和配合要求、投资估算等。总体设计的深度应满足开展下述工作的要求：初步设计，主要大型设备、材料的预先安排，土地征用谈判。

（2）初步设计。初步设计一般应包括以下文字说明和图纸：设计依据、设计指导思想、产品方案、各类资源的用量和来源、工艺流程、主要设备选型及配置、总图运输、主要建筑物和构筑物、公用及辅助设施、新技术采用情况、主要材料用量、外部协作条件、占地面积和土地利用情况、综合利用和“三废”治理、生活区建设、抗震和人防措施、生产组织和劳动定员、各项技术经济指标、建设顺序和期限、总概算等。初步设计的深度应满足以下要求：设计方案的比较选择和确定、主要设备和材料的定货、土地征用、基建投资的控制、施工图设计的编制、施工组织设计的编制、施工准备和生产准备等。

（3）技术设计。技术设计的内容，由有关部门根据工程的特点和需要自行制定。其深度应能满足确定设计方案中重大技术问题和有关实验、设备制造等方面的要求。

（4）施工图设计。施工图设计应根据已批准的初步设计进行。其深度应能满足以下要求：设备、材料的安排和非标准设备的制作、施工图预算的编制、施工要求等。

4.3.3 工程抗震设防

1．抗震设防范围

地震烈度为 6 度及 6 度以上地区和今后有可能发生破坏性地震地区的所有新建、改建、扩建工程都必须进行抗震设防。抗震设防地区村镇建设中的公共建筑、统建的住宅及乡镇企业的生产、办公用房，必须进行抗震设防。其他建设工程应根据当地经济发展水平，按因地制宜、就地取材的原则，采取抗震措施，提高村镇房屋的抗震能力。

2．抗震设防设计

工程勘察设计单位应按规定的业务范围承担工程项目的抗震设计，严格遵守现行抗震设计和规范的有关规定。工程项目的设计文件应有抗震设防的内容，包括设防的依据、设防标准、方案论证等。新建工程采用新技术、新材料和新结构体系，均应通过相应级别的抗震性能鉴定，符合抗震要求，方可采用。工程项目抗震设计质量由建设行政主管部门会同有关部门进行审查、监督。

4.3.4 工程设计文件的审批与修改

1．设计文件的审批

在我国，建设项目设计文件的审批实行分级管理、分级审批的原则。《基本建设设计工作管理暂行办法》对设计文件具体审批权限规定如下：

（1）大中型建设项目的初步设计和总概算及技术设计，按隶属关系，由国务院主管部门或省、直辖市、自治区审批。

（2）小型建设项目初步设计的审批权限，由主管部门或省、市、自治区自行规定。

(3) 总体规划设计（或总体设计）的审批权限与初步设计的审批权限相同。

(4) 各部直接代管的下放项目的初步设计，以国务院主管部门为主，会同有关省、市、自治区审查或批准。

(5) 施工图设计除主管部门规定要审查者外，一般不再审批，设计单位要对施工图的质量负责，并向生产、施工单位进行技术交底，听取意见。

2. 设计文件的修改

设计文件是工程建设的主要依据，经批准后，就具有一定的严肃性，不得任意修改和变更，如必须修改，则需经有关部门批准，其批准权限，视修改的内容所涉及的范围而定。根据《基本建设设计工作暂行办法》，修改设计文件应遵守以下规定：

(1) 设计文件是工程建设的主要依据，经批准后不得任意修改。

(2) 凡涉及计划任务书的主要内容，如建设规模、产品方案、建设地点、主要协作关系等方面的修改，需经原计划任务书审批机关批准。

(3) 凡涉及初步设计的主要内容，如总平面布置、主要工艺流程、主要设备、建筑面积、建筑标准、总定员、总概算等方面的修改，需经原设计审批机关批推。修改工作需由原设计单位负责进行。

(4) 施工图的修改，需经原设计单位同意。

随着我国经济体制改革的深化和社会主义市场经济体制的建立，政府职能开始转化，投资主体趋向多元化，我国设计文件的审批和修改必将进一步改革。政府对设计文件的审批将侧重于规划、安全和职业卫生、环境保护等内容（属国家投资的项目，审批内容中应有投资规模)，其他内容将由建设单位自行审查。

4.4 中外合作设计

自改革开放以来，中外合作设计项目越来越多。而加入世贸组织后，我国工程建设领域将更加开放。加强外国设计机构在我国的勘察设计活动及中外合作设计活动的管理，已成为我国面临的重要问题之一，这方面的主要法规仅有1986年国家计委、对外经济贸易部联合颁发的《中外合作设计工程项目暂行规定》。2002年，建设部、对外经济贸易部联合颁发的《外商投资建设工程设计企业管理规定暨2003年的补充规定》。

4.4.1 中外合作设计工程项目的范围

中国投资或中外合资、外国贷款工程项目的设计，需要委托外国设计机构承担时，应有中国设计机构参加，进行合作设作。

中国投资的工程项目，中国设计机构能够设计的，不得委托外国设计机构承担设计，但可以引进与工程有关的部分设计技术或向外国设计机构进行技术经济咨询。

外国在中国境内投资的工程项目，原则上也应由中国设计机构承担设计；如果投资方要求由外国设计机构承担设计，应有中国设计机构参加，进行合作设计。

4.4.2 中外合作设计工程项目的审批

需要进行合作设计的工程项目（包括合作设计所需的外汇），按照项目管理权限，由主管部门或建设单位在上报项目建议书或设计任务书的同时提出申请，经批准后方可对外开展工作。小型项目，按隶属关系由主管部门或省、自治区、直辖市计划委员会批准。大中型项目，按隶属关系由主管部门或省、自治区、直辖市提出审查意见，报国家计委审批；其中特大型项目，由国家计委组织初审，提出审核意见，报国务院批准。

项目的主管部门或建设单位在择优选定外国设计机构的同时，应选定中国的合作设计机构。

4.4.3 外国设计机构资格审查

外国设计机构的设计资格经审查合格者，方可承担中国工程项目的设计任务。外国设计机构的资格是否合格，由项目的主管部门进行审查。

审查设计资格是否合格的主要内容包括：

1. 外国设计机构所在国家或地区出具的设计资格注册证书。

2. 技术水平、技术力量和技术装备状况。

3. 承担工程设计的资历和经营管理状况。

4. 社会信誉。

4.4.4 中外合作设计的合同管理

1. 合作设计双方必须签订合作设计合同，明确双方的权利和义务。合作设计合同应包括以下内容：

（1）合作设计双方的名称、国籍、主营业场所和法定代表人的姓名、职务、国籍、住所。

（2）合作的目的、范围和期限。

（3）合作的形式，对设计内容、深度、质量和工作进度的要求。

（4）合作设计双方对设计收费的货币构成、分配方法和分配比例。

（5）合作设计双方工作联系的方法。

（6）违反合同的责任。

（7）对合同发生争议的解决方法。

（8）合同生效的条件。

（9）合同签订的日期、地点。

在签订合作合同时，被选定为合作设计的主设计方应与项目委托方签订设计承包合同。

2.合作设计可以包括从工程项目的勘察到工程设计的全过程，也可以选择其中一阶段进行合作；合作设计应采用先进的、适用的标准规范，合作设计双方应互相提供拟采用的范本；合作设计双方要进行设计文件会审，并对设计质量负责；合作设计双方按合同完成设计后，送项目委托方审查认可。

3.在合作设计中，外国设计机构需要的地形、地质、水文、气象、环境调查等基础资料，由项目委托方按类别向各主管部门办理审批手续，实行有偿提供。使用资料者，不得向第三方转让。

4.在合作设计的过程中，合作设计双方应按合同要求严格履行自己的义务，如未达到合同要求，应按合同规定承担责任。

5.合作设计双方设计所得收入，应按中国有关税法规定纳税。

复习思考题

1.什么是工程勘察？什么是工程设计？

2.我国现行的工程勘察设计法规主要有哪些？

3.何谓工程建设标准？它是如何分类的？

4.工程建设标准制定的原则有哪些？

5.工程建设标准由什么部门审批发布？

6.工程设计的原则是什么？

7.工程设计分几个阶段进行？对其内容和深度都有什么要求？

8.哪些工程必须进行抗震设防？

9.哪些项目可以进行中外合作设计？各方所承担的责任有哪些？

第5章　工程建设监理法规

5.1　概述

5.1.1　工程建设监理的概念

工程建设监理是指监理单位受项目法人的委托，依据国家批准的工程项目建设文件，有关工程建设的法律、法规和工程建设监理合同及其他工程建设合同对工程建设实施的监督管理。

工程建设监理中，监理的对象不是工程本身，而是建设活动中有关单位的行为及其权利、义务的履行状况。工程建设监理只能由已依法取得监理资质证书，具有法人资格的监理公司、监理事务所或兼承监理业务的工程设计、科学研究及工程建设咨询等专业化监理单位实施，没有依法取得相应监理资格的单位是无权实施监理的。

为维护国家利益及社会公共利益，建设行政主管部门及其授权机构，对工程施工质量、验收、维修及建设活动主体资质认定审查、成果质量检测和验证等整个过程和各个环节进行全面的监督管理。这些监督管理是以法律法规的形式予以规定的。它是政府的行政管理行为，不以建设活动主体自己的意志为转移。因此，此种监督管理的当事人不是平等的。他们的关系是执行规定与服从规定的关系，属于纵向管理的范畴，不属工程建设监理的范围。

5.1.2　工程建设监理的原则

1. 工程建设监理的原则

(1) 依法监理的原则。

(2) 科学、公正的原则。建设监理单位应具有健全的组织机构，完善而科学的技术、经济方法和严格规范的工作程序，由具有丰富的专业技能和实践经验的监理人员履行其监理职责。

(3) 参照国际惯例原则。西方发达国家的建设监理有悠久的历史，而今已趋于成熟和完善，形成相对稳定的体系，具有严密的法规、完善的组织机构以及规范化的方法、手段和实施程序等。国际咨询工程师联合会（FIDIC）制定的土木工程合同条款（即FIDIC条款），被国际建筑界普遍认可和采用，这些条款总结了世界土木工程建设百余年的经验，把工程技术、管理、经济、法律各方面内容有机地、科学地结合在一起，突出监理工程师的负责制，为建设监理制的规范化和国际化起到了重要作用。因此，建立我国建设监理制，要充分研究和借鉴国际间通行的做法和经验，吸取其有益之处，为我所用。

2. 监理是基于业主的委托才可实施的建设活动，所以，对建设工程实施监理应建立在业主自愿的基础上。但在国家投资的工程中，国家有权以业主的身份要求工程建设项目法人实施工程监理，对于外资投资建设工程及一些与社会公共利益关系重大的工程，为确保工程质量和社会公众的生命财产安全，国家也可要求其业主必须实施工程监理。即对这些工程建设活动强制实行监理。我国《建筑法》规定：实行强制监理的建筑工程的范围由国务院规定。国务院于 2000 年 1 月 30 日颁发的《建设工程质量管理条例》中规定，现阶段我国必须实行工程建设监理的工程项目范围是：

(1) 国家重点建设工程。

(2) 大中型公共事业工程。

(3) 成片开发建设的住宅小区工程。

(4) 利用外国政府或者国际组织贷款、援助资金的工程。

(5) 国家规定必须实行监理的其他工程。

5.2 工程建设监理工作的程序及内容

5.2.1 工程建设监理工作的程序

为了加强对工程项目的监理工作，监理工作需有序进行。监理程序要逐步规范化和标准化，以保证工程监理的工作质量，提高监理工作水平。工程建设监理工作应遵循下列程序：

1. 编制工程建设监理规划。

2. 按照工程建设进度，分专业编制工程建设监理细则。

3. 按照建设监理细则进行建设监理。

4. 参与工程竣工预验收，签署建设监理意见。

5. 建设监理业务完成后，向项目法人（业主）提交工程建设监理档案资料。

为了更好地理解监理程序，今以框图形式介绍《北京市工程项目监理工作管理规定》中对监理程序的规定。它将监理程序划分为签订监理合同阶段、招标投标阶段、工程实施阶段、工程保修阶段、结束监理合同阶段。与签订监理合同阶段、招标投标阶段相对应的程序框图如图 5-1 和图 5-2。

5.2.2 工程建设监理工作的内容

工程建设监理的总的工作内容是控制工程建设的投资、建设工期和工程质量；进行工程建设合同管理，协调有关单位的工作关系。各阶段具体工作内容如下：

1. 设计阶段监理工作内容

建设单位选择监理单位
建设单位提供工程的有关资料
监理单位与建设单位拟订合同细则
监理单位编制工程监理规则大纲
正式签订监理委托合同
或先签订监理委托协议

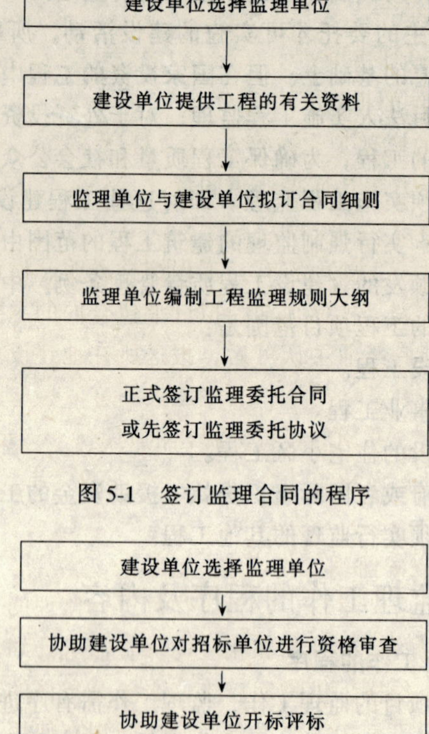

图 5-1　签订监理合同的程序

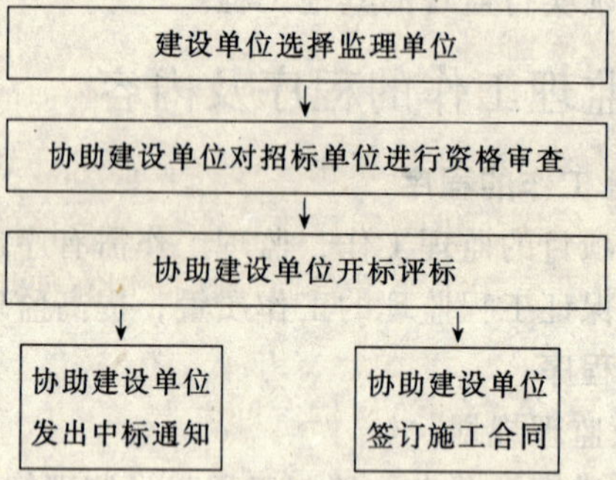

建设单位选择监理单位
协助建设单位对招标单位进行资格审查
协助建设单位开标评标
协助建设单位
发出中标通知
协助建设单位
签订施工合同

图 5-2　招标投标阶段的监理咨询程序

（1）结合项目特点，收集设计所需技术经济资料。

（2）编写设计大纲。

（3）组织方案竞赛或设计委托合同。

（4）拟订和商谈设计委托合同。

（5）向设计单位提供设计所需基础资料。

（6）配合设计单位开展技术经济分析，搞好设计方案的评选，优化设计。

（7）配合设计进度，组织设计与有关部门，如消防、环保、地震、人防、防汛、园林，以及供水、供电、供气、电信等的协调工作。

（8）组织各设计单位之间的协调工作。

（9）参与主要设备、材料的选型。

（10）组织对设计方案的评审或咨询。

（11）审核工程估算、概算。

（12）审核主要设备、材料清单。

（13）审核施工图纸。

（14）检查和控制设计进度。

（15）组织设计文件的报批。

2. 施工招标阶段的监理工作内容

（1）拟订项目招标方案并征得业主同意。

（2）办理招标申请。

（3）编写招标文件，主要内容有：工程综合说明、设计图纸及技术说明文件、工程量清单和单价表、投标须知、拟订承包合同的主要条款。

（4）编制标底，标底经业主认可后，报送所在地建设主管部门审核。

（5）组织投标。

（6）组织现场勘察，并回答投标人提出的问题。

（7）组织开标、评标及决算工作。

（8）与中标单位商谈签订承包合同。

3. 材料等物资供应的监理工作内容

对于由业主负责供应的材料、设备等物资进行监理的主要工作内容有：

（1）制定材料等物资供应计划和相应的资金需求计划。

（2）通过对质量、价格、供货期、维修服务等条件的分析和比较，确定材料、设备等物资的供应厂家。重要设备尚应访问现有使用用户，并考察生产厂家的质量保证系统。

（3）拟订并商谈材料、设备的订货合同。

4. 施工阶段监理的工作内容

（1）施工阶段质量控制。从控制过程来看，它是从对投入原材料的质量控制开始，直到完成工程质量检验的全过程的系统控制。从控制因素来看，它包括影响工程质量的五个主要方面，即对参与施工人员素质的质量控制；对工程原材料的质量控制；对所用的施工机械的质量控制；对采用的施工方法的质量控制；对生产技术、劳动和管理环境的质量控制。

（2）施工阶段进度控制。它是为确保工程项目在达到所需要的质量标准和质量等级条件下按期完成所进行的控制工作。

（3）施工阶段投资控制。

5. 合同管理

（1）拟定本项目合同体系及合同管理制度，包括合同草案的拟定、会签、协商、修改、审批、签署、保管等工作制度及流程。

（2）协助业主拟定项目的各类合同条款，并参与各类合同的商谈。

（3）合同执行情况的分析和跟踪管理。

(4) 协助业主处理与项目有关的索赔争议及合同纠纷事宜。

6. 其他委托服务接受业主委托，承担以下技术服务

(1) 协助业主办理项目报建手续。

(2) 协助业主办理项目申请供水、供电、供气、电信线路等协议或批文。

(3) 协助业主制定商品房营销方案等。

工程建设监理活动中最主要的当事人有业主、监理单位及承包商三方。他们的权利义务是通过业主与监理单位及业主与承包商之间所签订的合同来约定的。业主通过合同将自己对承包商建设活动的监督管理权委托授予了监理单位，所以，承包商与监理单位之间虽无直接关系，也未签合同，但它必须接受监理单位的监督与管理。为使各方的权利与义务基本平等，并有利于工程建设的顺利进行，国际咨询工程师联合会编制了 FIDIC 合同文本。建设部、国家工商局等部门也编制了《建设工程施工合同》示范文本和《工程建设监理合同》示范文本，供各有关当事人参照执行。这些合同文件对业主、监理单位及承包商之间的工作关系做了明确的规定。

5.3 工程建设监理各方的关系

5.3.1 业主与承包商的关系

业主与承包商实质上是雇佣与被雇佣的关系，他们是合同条件中的两个主体。我国习惯将业主与承包商的关系称之为承、发包的合同关系。业主采用招标投标手段选择承包商，业主与承包商签订的施工合同构成了合同双方相互关系的法律依据。

承包商按照合同条件的规定，对合同范围内的工程进行施工直至竣工，并修补其任何缺陷。同样，业主也要按照合同文件履行自己的职责。应当指出的是，在施工过程中，如业主已委托监理单位进行监理，业主就不能再直接指挥承包商的施工活动，在合同条件中，没有任何条款说明承包商应接受业主的指令，业主直接向承包商下达指令应属违反合同的行为。因此，承包商有权拒绝执行业主下达的这一类指令，而承包商执行业主的指令同样也是违反合同的行为，监理工程师有权拒绝。业主直接指挥承包商和承包商接受业主指挥的行为实际上是干预监理工程师对合同条件的执行，这种做法与合同条件相违背，由此可能导致合同实施的困难。

5.3.2 业主与监理单位的关系

按照工程合同条件实施一项工程，业主一方面通过招标手段选择承包商，另一方面要委托具有监理资格的单位进行监理。因此，业主和监理单位及其监理工程师的关系是委托和被委托的关系。这种关系通过以下两个文件予以明确。

1. 业主与承包商签订的合同文件

该文件详细规定了被委托的监理工程师的权力和职责，其中包括监理工程师对业主的约束权力和监理工程师独立公正地执行合同条件的权力。这就奠定了监理工程师与业主的工作关系的基础。

2. 业主与监理单位签订的监理合同文件

这份文件主要对监理人员的数量、素质、服务范围、服务时间、服务费用以及其他有关监理人员生活方面的安排进行了详细的规定。同时，在监理服务协议中对监理工程师的权力也需予以明确。在监理协议中明确监理工程师的权力时，应注意到协议中明确的权力要与施工合同中所赋予监理工程师的权力保持一致。在监理合同中一般还要明确，业主有权向监理单位提出更换不称职的监理人员或解除监理合同。这是业主对监理人员的制约。但是这种制约不应影响监理工程师按照合同条件独立、公正地行使监理的权力，包括监理工程师的决定对业主有约束力的权力。业主不能认为监理工程师是他所委托的雇员而去干预监理工程师的正常工作。这是业主在处理与监理工程师的关系时应该掌握的根本原则。

5.3.3 监理工程师与承包商的关系

监理工程师与承包商都受聘于业主，他们之间既没有任何合同，也没有任何协议。他们之间的关系在业主与承包商签订的合同条件中可以明确地体现出来。

按照合同规定，监理工程师与承包商之间是监理和被监理的关系，承包商的一切工程活动都必须得到监理工程师的批准。在涉及或关系到工程的任何事项上，无论这些事项在合同中写明与否，承包商都要严格遵守与执行监理工程师的指示，并且承包商也只能从监理工程师处取得指示。承包商完成的任何工作都必须达到监理工程师满意的程度。承包商必须接受监理工程师的监督和管理。但是，监理工程师对承包商的任何监督和管理都必须符合法律（包括合同文件）和实际情况。如果承包商认为监理工程师的决定不能接受，他有权提出仲裁，通过法律手段进行解决。这是法律上对承包商的保护。

监理工程师在处理与承包商的关系上另外一个值得注意的问题是监理工程师不能与承包商有任何经济关系，包括监理单位不能与承包单位及提供设备制造和材料供应的单位发生隶属关系，也不得是这些单位的合伙经营者。监理单位和监理工程师均不能经营承包施工或材料销售业务，也不得在施工单位、设备制造和材料供应的单位任职，监理工程师更不能接受承包商的礼物。这是监理工作的一个原则性的问题。

综上所述，一项工程的实施，是由各自相对独立而又相互制约的三方（业主、监理工程师、承包商）共同完成的。正确处理业主、监理工程师、承包商三者的关系，是保证工程按合同条件进行的关键。

5.4 业主的权利、义务与责任

5.4.1 业主的权利

1. 工程合同条件的规定

(1) 授予监理工程师职责的权力。监理工程师属于业主的雇员，他在合同管理中的各项权力由业主授予。监理工程师的权力和职责，业主需要也必须通过合同文件赋予，这是因为只有通过业主与承包商签订的合同文件，授予监理工程师的权力和职责才能被承包商所接受。

如果业主认为固定合同条件中的某些权力或职责需要进行修改，则应在补充合同条件中加以规定。

业主在与被聘任的监理工程师签订的监理协议中，不应当对合同条件赋予监理工程师的权力和职责进行增减，如减少了合同条件中规定的监理工程师的权力，将使合同无法执行。

(2) 批准合同转让和终止合同的权力。

1) 批准合同转让的权力。合同条件规定：没有得到业主的事先同意，承包商不得将合同或合同的任何部分，或合同中、或合同名义下的任何好处或利益进行转让。这是因为业主在招标时是通过资格预审，并根据投标人的投标书进行评标之后才选定承包商的。显然，承包商将合同转让给其他承包商不符合业主选择承包商的程序和目的。

2) 终止合同的权力。终止合同也意味着重新选择承包商的问题。因此，决定合同终止的权力在业主，而不属于监理工程师。

(3) 完善或补充合同实施的权力。尽管工程的实施属于承包商的责任，但是如果出现承包商不认真履行某些合同条款，或者不遵守监理工程师指示的情况，为了避免或减少对工程的影响，为完善和保证合同实施，业主享有下列权力：

1) 如果承包商未按合同要求进行投保并保持其有效，则业主可自行代替承包商办理投保，其一切费用由承包商承担。

2) 承包商未能按照监理工程师指令在指定时间内将有缺陷的材料、工程设备及拆除的工程运出现场，则业主有权雇用他人执行监理工程师的指示，其全部费用由承包商承担。

3) 承包商未能按照监理工程师的要求在合理的时间内，对应当由承包商自费修补的工程进行修补时，则业主有权雇用他人从事该项工作，其一切费用由承包商承担。

4) 对于与合同中所列暂定金额有关的任何工程的实施或任何货物、材料、工程设备或其他方面的服务，业主（或监理工程师）有权指定或批准分包商承担上述工作，但不指定或批准承包商反对的分包商。

(4) 提出仲裁的权力。合同条件规定，业主和承包商之间由于或起因于合同或工程施工所产生的任何争端，包括对监理工程师的任何意见、指示、决定、证书或估价方面的任何争端，如果承包商未能遵从监理工程师的决定，则业主有权提出仲裁，这是业主采用法律手段保障合同实施的措施。

仲裁可在竣工前或竣工后的任何时间提出。按照国际惯例，在合同中应当明确仲裁地点。如果合同中没有规定仲裁地点，则根据国际商会（ICC）仲裁规则，仲裁的地点将由 ICC 仲裁法庭选择。

2. 我国法规的规定

我国《工程建设监理合同》及《建设工程施工合同》等示范文本规定，业主还享有以下权利：

(1) 业主有选定工程总设计单位、总承包单位、监理单位以及与其订立合同的决定权。

(2) 业主有对工程规模、设计标准、规划设计、生产工艺设计和设计使用功能要求的认定权以及对工程设计变更的审批权。

(3) 监理单位调换总监理工程师需经业主同意。

(4) 业主有权要求监理机构提交监理工作月度报告及监理业务范围内的专项报告。

(5) 业主有权要求监理单位更换不称职的监理人员，直到终止合同。

5.4.2 业主的义务

1. 工程合同条件的规定

(1) 在合理的时间内提供施工场地。合同条件规定，向承包商提供施工场地是业主的职责。合同条件同时规定，业主向承包商提供施工场地可以在合理的时间内分期提供。所谓合理的时间内是以不影响承包商按监理工程师批准的进度计划进行施工为原则。

(2) 在合理的时间内提供施工图纸。合同条件规定，监理工程师应根据承包商的经批准的施工进度计划，在合理的时间内向承包商提供图纸。这里所说的监理工程师提供图纸，通常是由业主准备或委托有关设计单位承担设计，然后由监理工程师向承包商提供。

(3) 按合同规定的时间向承包商付款。按照合同规定，业主在收到监理工程师的中期付款证书后，应在 28 天内向承包商支付工程款项。在收到监理工程师的最终支付证书后，业主应在 56 天内向承包商支付工程款项。

(4) 业主在缺陷责任期内负责照管现场。合同条件规定，从工程开工日期起至颁发移交证书日期止，对工程的照管由承包商负责。但是移交证书颁发以后，对工程的照管则由业主负责。

(5) 协助承包商的义务。业主除了上述职责之外，还具有按照合同规定，协助承包商完成下列各项工作的义务：

1）在承包商提交标书前，有义务向承包商提供有关辅助材料，并应协助承包商进行勘察现场工作。

2）业主有协助承包商办理设备进口的海关手续的义务。

3）业主有义务协助承包商获得政府对承包商的设备再出口的许可。

2. 我国法规的规定

根据我国《工程建设监理合同》示范文本的规定，业主对监理单位有如下义务：

（1）按合同约定，按时支付监理酬金。

（2）负责工程建设的所有外部关系的协调，为监理工作提供外部条件。

（3）在双方约定的时间内免费向监理机构提供与工程有关的为监理机构所需要的工程资料。

（4）在约定的时间内就监理单位书面提出要求做出决定的一切事宜做出书面决定。

（5）应当授权一名熟悉本工程情况、能迅速做出决定的常驻代表，负责与监理单位联系。

（6）应当将授予监理单位的监理权利，以及监理机构主要成员的职能分工，及时书面通知已选定的第三方，并在与第三方签订的合同中予以明确。

（7）业主应为监理机构提供协助。

1）获取本工程使用的原材料、机械设备等生产厂家名录。

2）提供与本工程有关的协作单位、配合单位的名录。

（8）免费向监理机构提供合同专用条件约定的设施，对监理单位自备的设施给予合理的经济补偿。

（9）双方约定。由业主免费向监理机构提供职员和服务人员，应在监理合同专用条件中增加与此相应的条款。

（10）未经监理单位书面同意，业主不得转让该合同约定的权利和义务。

5.4.3 业主的责任

根据《工程建设监理合同》示范文本的规定，业主应对监理单位承担以下责任：

1. 业主应当履行监理合同约定的义务，如有违反则应当承担违约责任，赔偿给监理单位造成的经济损失。

2. 由于业主或第三方的原因使监理工作受到阻碍或延误，以致增加了工作量或持续时间，则监理单位应当将此情况与可能产生的影响及时通知业主。由此增加的工作量视为附加工作，完成监理业务的时间应当相应延长，并得到额外的酬金。

3. 业主如果要求监理单位全部或部分暂停执行监理业务或终止监理合同，则应当在 56 天前通知监理单位。

4. 监理单位在应当获得监理酬金之日起 30 天内仍未收到支付单据，而业主又未对监理单位提出任何书面意见时；如果终止监理合同的通知发出后 14 天内未得到业主答复，可进一步发出终止合同的通知，如果第二次通知发出后 42 天内仍未得到业主答复，可终止合同，自行暂停或继续暂停全部或部分监理业务。

5. 监理单位由于非自己的原因而暂停或终止执行监理业务，其善后工作以及恢复执行监理业务的工作，应当视为额外工作，有权得到额外的时间和酬金。

6. 如果业主在规定的支付期限内未支付监理酬金，自规定支付之日起，应当向监理单位补偿应支付的酬金利息。利息额按规定支付期限最后一日银行贷款利息率乘以拖欠酬金的时间计算。

5.5 监理单位的权利、义务与责任

5.5.1 监理单位的权利

1.FIDIC 合同条件的规定

在采用 FIDIC 合同条件时，监理单位除享有其与业主所签委托监理合同中所享有的权利外，还享有业主与承包商之间按 FIDIC 合同条件所签协议中所赋予监理工程师的权力。而 FIDIC 合同条件一个突出的特点，就是在合同条件中赋予了监理工程师在工程管理方面的充分权力，同时还明确监理工程师可以行使合同中规定的或者合同中隐含的权力。按照 FIDIC 合同条件的规定，不仅承包商要严格遵守与执行监理工程师的指令，而且监理工程师的决定对业主也有约束力。

监理工程师的权力主要有：

(1) 质量管理方面

1）对现场材料及设备有检查和控制的权力。对于工程需要的各种材料和设备，运到现场后监理工程师有随时检查的权力，同时对于材料及设备的制造过程也有权进行检查。经过检查后不合格的材料及设备，监理工程师不仅有权拒收，同时还有权指令承包商将这些材料、设备运出现场。对于合格的材料和设备，监理工程师有权监督承包商的存放条件，并且没有监理工程师的批准，承包商不得将其运出现场。

2）对承包商施工的监督权力。监理工程师有权对承包商的施工过程进行监督，一旦发现承包商的施工有不符合规范之处，监理工程师有权指令承包商进行改正或停工。

3）对已完的工程有确认或拒收的权力。任何已完成的工程，监理工程师要根据合同标准进行验收，对于已达到标准的已完工程，监理工程师予以确认，对于未达到标准的已完工程，监理工程师有权拒收。被监理工程师拒收的工程，承包商应按照监理工程师的指示进行修补或返工，直到监理工程师认为已达标准为止。

4）对工程采取紧急补救的权力。无论在工程施工期间，还是在缺陷责任期内，如果工程或其任何部分本身，或在工程中或在工程的任何部分发生与之有关的任何事故、故障或其他事件，如果监理工程师认为进行相应补救或其他工作是工程安全的紧急需要，则监理工程师有权采取紧急措施。如承包商无能力或不愿立即进行这类工作时，则业主有权在监理工程师认为必要时雇用他人从事该项工作。如果监理工程师认为根据合同，承包商应自费完成此项工作，则此项费用应由承包商支付。

5）有要求解雇承包商雇员的权力。对于承包商的任何人员，包括承包商的代表，如果监理工程师认为其在履行职责中不能胜任或出现玩忽职守的行为，则监理工程师有权要求承包商予以解雇或撤换。

6）批准分包商的权力。如果承包商要把工程的一部分分包出去，他必须向监理工程师提出申请报告，未经监理工程师批准的分包商不能进入工地进行施工。

（2）进度管理方面

1）审批承包商的进度计划。承包商的施工进度计划必须经过监理工程师的批准。监理工程师除了有审批承包商进度计划的权力之外，当监理工程师认为工程的实际进度与由他批准的计划进度不符时，有权要求承包商修订进度计划。

2）发布停工、复工令的权力。不管是由于业主的原因，或者由于恶劣的气候，或者由于承包商自身的过失导致需要停工时，监理工程师有权发布停工令。没有监理工程师的停工指令，无论什么原因，承包商都不能随便停工。当监理工程师认为施工条件已达到合同要求时，可以发出复工令。对于已被停工的工程，没有监理工程师的复工指令，承包商不能自行复工。

3）控制施工进度的权力。在承包商没有任何理由要求延长工期的情况下，如果监理工程师认为工程或其任何区段在任何时候的施工进度不符合竣工期限（包括已批准的延期时间）的要求，则有权要求承包商采取必要的步骤，加快工程进度，承包商无权要求为采取这些步骤支付附加费用。

（3）财务管理方面

1）确定变更价格的权力。对任何因为工作性质、工程数量、施工时间的变更而发出的变更指令，监理工程师有权根据合同条件和实际情况确定工程变更中的费率或价格。

2）批准使用暂定金额和计日工的权力。监理工程师认为必要时，可以发出指示，规定在计日工的基础上实施任何变更工作，暂定金额也需按监理工程师的指示才能全部或部分地使用。未经监理工程师的同意，承包商不得进行暂定金额项目的工作和使用计日工。

3）批准向承包商的付款。对承包商完成的项目和合同中规定的其他款项，如动用预付款、费用索赔款、迟付款利息等，均需由监理工程师签发证书，业主据此向承包商付款。

(4) 合同管理方面

1）颁发移交证书与缺陷责任证书。当工程全部或部分区段竣工检验后，由监理工程师颁发移交证书。当全部工程缺陷维护期满，承包商也已按照合同条件修补了缺陷工程和完成了合同中规定的全部义务时，则由监理工程师颁发缺陷责任证书。

2）批准工程延期和费用索赔。如果由于承包商自身以外的原因导致工期的延长和不属于承包商应当承担的风险和责任而造成承包商费用的增加，监理工程师可批准工程延期和由此而增加的实际费用。

3）发布工程变更令。合同中任何部分或项目的变更，包括其性质、数量、时间的变更，必须经监理工程师批准，由监理工程师发出变更指令。没有监理工程师发出的变更指令，承包商不能对合同中任何部分进行任何修改。

4）解释合同中有关文件。构成合同的文件应被认为是互动说明的，当文件中出现歧义或含糊时，则由监理工程师对此作出解释或校正，并向承包商发布有关解释或校正的指示。

2. 我国法规的规定

根据我国《工程建设监理合同》示范文本的规定，监理单位享有如下权利：

(1) 在业主委托的工程范围内，监理单位应有以下监理权：

1）选择工程总设计单位和施工总承包单位的建议权。

2）选择工程分包设计单位和施工分包单位的确定权与否定权。

3）对工程建设有关事项，包括工程规模、设计标准、规划设计、生产工艺设计和使用功能要求，向业主提出建议的建议权。

4）对工程结构设计和其他专业设计中的技术问题，按照安全和优化的原则，自主向设计单位提出建议，并向业主提出书面报告；如果由于拟提出的建议会提高工程造价，或延长工期，应当事先取得业主的同意。发现工程设计不符合建筑工程质量标准或者合同约定的质量要求的，有权报告建设单位，由其要求设计单位改正。

5）对工程施工组织设计和技术方案，按照保质量、保工期和降低成本的原则，自主向承包商提出建议，并向业主提出书面报告；如果由于拟提出的建议会提高工程造价，或延长工期，应当事先取得业主的同意。

6）对与工程建设有关的协作单位进行组织协调的主持权，重要协调事项应当事先向业主报告。

7）报经业主同意后，发布开工令、停工令、复工令。

8）工程上使用的材料和施工质量的检验权。对于不符合设计要求及国家质量标准的材料、设备，有权通知承包商停止使用；不符合规范和质量标准的工序、分项分部工程和不安全的施工作业，有权通知承包商停工整改、返工。承包商取得监理机构复工令后才能复工。发布停、复工令应当事先向业主报告，如在紧急情况下未能事先报告时，则应在24小时内向业主做出书面报告。

9）工程施工进度的检查、监督权，以及工程实际竣工日期提前或超过工程承包合同规定的竣工期限的签认权。

10）在工程承包合同约定的工程价格范围内工程款支付的审核和签认权，以及结算工程款的复核确认权与否定权。未经监理机构签字确认，业主不支付工程款。

（2）在业主授权下，可对合同规定的第三方的义务提出变更。如果由此严重影响了工程费用或质量、进度，则这种变更需经业主事先批准。在紧急情况下未能事先报业主批准时，监理机构所做的变更也应尽快通知业主。在监理过程中如发现承包商工作不力，监理机构可提出调换有关人员的建议。

（3）在委托工程范围内的调解与作证权。在委托的工程范围内，业主或第三方对对方的任何意见和要求（包括索赔要求），均必须首先向监理机构提出，由监理机构研究处置意见，再同双方协商确定。

当业主和第三方发生争议时，监理机构应根据自己的职能，以独立的身份判断，公正地进行调解。当其双方的争议由政府建设行政主管部门或仲裁机关进行调解和仲裁时，监理单位有提供事实材料的作证权。

3. 收取工程建设监理费用的权利

建设监理是有偿的技术服务。根据委托监理的业务范围、深度和工程的性质、规模、难易程度等情况计费。国家物价局、建设部1992年以价费字第479号文件发布了《关于发布工程建设监理费有关规定的通知》。建设单位与监理单位签订的监理合同中，可参照以下方法商定监理取费计收办法。

（1）按照监理工程概（预）算的百分比计收，如表5-1所示。

（2）按照参与监理工作的年度平均人数计算：3.5万～5万元/（人·年）。

（3）不宜按上述方法计收的，由建设单位和监理单位按协商的其他方法计收。

表 5-1　工程建设监理收费标准

序号	工程概（预）算 M /万元	设计阶段（含设计招标）监理取费 a（%）	施工（含施工招标）及保修阶段监理取费 b（%）
1	$M<500$	$a>0.20$	$b>2.50$
2	$500\leqslant M<1000$	$0.15<a\leqslant 0.20$	$2.00<b\leqslant 2.50$
3	$1000\leqslant M<5000$	$0.10<a\leqslant 0.15$	$1.40<b\leqslant 2.00$
4	$5000\leqslant M<10000$	$0.08<a\leqslant 0.10$	$1.20<b\leqslant 1.40$
5	$10000\leqslant M<50000$	$0.05<a\leqslant 0.08$	$0.80<b\leqslant 1.20$
6	$50000\leqslant M<100000$	$0.03<a\leqslant 0.05$	$0.60<b\leqslant 0.80$
7	$M\geqslant 100000$	$a\leqslant 0.03$	$b\leqslant 0.60$

上述（1）、（2）两项监理收费标准为指导性价格，具体标准由建设单位和监理单位在规定的幅度内协商确定。中外合资、合作及外商独资的建设工程，其建设监理费由双方参照国际标准协商确定。

5.5.2　监理单位的义务

1. 根据 FIDIC 合同条款，监理工程师在工程监理中应承担的义务

（1）认真执行合同文件，遵守法律规定的义务。监理工程师认真执行合同文件是其根本职责，根据 FIDIC 合同条件的规定，监理工程师的决定对业主和承包商双方均有约束力。但是监理工程师的任何指示、决定都必须符合法律（包括合同条件）的要求。监理工程师的任何决定，既受法律的保护，又受法律的约束。

（2）协调施工有关事宜、秉公办事的义务。监理工程师是工程项目管理的核心，他有随时协调施工有关事宜的职责，包括合同方面的管理，工程质量及技术问题的处理，工程款项的管理等。对于业主，监理工程师应当经常及时地把工程情况以及监理工程师的一些决定进行通报，重大问题在决策前应当征得业主的同意，争取业主的支持。对于承包商，监理工程师应当予以充分的尊重，不得干预理应由承包商项目经理处理的事项。另外，无论是对待业主还是承包商，监理工程师都应秉公办事，要公开自己做出决定、指令的原因。

（3）回避义务。监理工程师应当保持廉洁，不得接受业主所支付酬金以外的报酬以及任何回报、提成、津贴或其他间接报酬，更不得与承包商有任何经济往来，包括接受承包商的礼物，经营或参与经营施工设备及材料采购等活动，也不得在施工单位或设备材料供应单位任职或兼职。

2. 根据《工程建设监理合同》示范文本，监理单位应承担的义务

（1）向业主报送委派的总监理工程师及其监理机构主要成员名单、监理规划，完成监理合同专用条件中约定的工程监理范围内的监理业务。

(2) 监理机构在履行本合同的义务期间，应运用合理的技能，为业主提供与其监理机构水平相适应的咨询意见，认真、勤奋地工作，帮助业主实现合同预定的目标，公正地维护各方的合法权益。

(3) 监理机构使用的业主提供的设施和物品属于业主的财产，在监理工作完成或中止时，应将此类设施和剩余的物品库存清单提交给业主，并按合同约定的时间和方式移交此类设施和物品。

(4) 在本合同期内或合同终止后，未征得有关方同意，不得泄露与本工程、本合同业务活动有关的保密资料。

(5) 监理单位不得转让该合同约定的权利和义务。

(6) 除业主书面同意外，监理单位及职员不应接受监理合同约定以外的与监理工程项目有关的报酬。监理单位不能参与可能与合同规定的和业主的利益相冲突的任何活动。

(7) 工程监理单位应当在其资质等级许可的监理范围内，承担工程监理业务。

(8) 工程监理单位与被监理的工程承包单位以及建筑材料、建筑构配件和设备供应单位不得有隶属关系或者其他利害关系。

5.5.3 监理单位的责任

根据我国《工程建设监理合同》示范文本，监理单位的责任如下：

(1) 监理单位在责任期内，应当履行监理合同中约定的义务。如果因监理单位过失而造成了经济损失，监理单位应当承担相应的赔偿责任。工程监理单位与承包商串通，为承包单位谋取非法利益，给建设单位造成损失的，应当与承包单位承担连带赔偿责任。

(2) 监理单位如需另聘专家咨询或协助，在监理业务范围内其费用由监理单位承担（监理业务范围以外，其费用由业主承担）。

监理单位对第三方违反合同规定的质量要求和完工（交图、交货）时限，不承担责任。

因不可抗力导致监理合同不能全部或部分履行，监理单位不承担责任。

复习思考题

1. 什么是工程建设监理？它与政府对工程建设的监督管理有何不同？
2. 工程建设监理的原则是什么？
3. 工程建设监理工作应遵循什么程序？
4. 工程建设监理总的工作内容是什么？
5. 在施工招标阶段监理工作的内容有哪些？
6. 在实行监理的工作中，业主、承包商、监理单位之间的关系如何认定？

7. 根据《工程建设监理合同》示范文本，监理单位在什么情况下可终止合同？

8. 根据 FIDIC 合同条件，业主应承担哪些义务？监理工程师具有哪些权利和义务？

9. 根据《工程建设监理合同》示范文本，监理单位享有哪些权利？它应承担哪些义务？

第6章　工程建设安全生产管理与质量管理法规

6.1　工程建设安全生产管理法规

6.1.1　概述

1. 工程建设安全生产概念

工程建设安全生产是指建筑生产过程中要避免人员、财产的损失及对周围环境的破坏。它包括建筑生产过程中施工现场的人身安全，财产设备安全，施工现场及附近的道路、管线和房屋的安全，施工现场和周围环境的保护及工程建成后的使用安全等方面的内容。生产与安全是既相互促进，又相互制约的统一体。保证安全会增加生产成本，加大生产难度，但安全得到保证以后又会促进生产，增长效益。

建筑生产的特点是产品固定、人员流动，而且多为露天作业、高处作业，施工条件较差，不安全因素较多，这些因素还随工程的进展而不断变化，因而生产规律性差、事故隐患多。所以在世界各国，建筑业都是事故多发行业之一。据统计，我国建筑业每年因工死亡率大体为万分之三，仅次于采矿业而居全国各行业的第二位，安全生产形势十分严峻。

根据调查分析，生产过程中人的不安全行为是造成安全事故最主要的原因，也是最直接的原因。因此，建立完善的安全生产制度，加强对建筑生产活动的监督管理，是避免建筑生产事故，保护人身财产安全的最基本保证。

2. 工程建设安全生产的立法现状

工程建设的安全生产是工程建设管理的一项重要内容。“管建设必须管安全”是工程建设管理的重要原则。国务院及有关主管部门多次发出通知，强调要大力加强工程建设中的安全管理。国务院建设行政主管部门制定了一系列的工程建设安全生产法规和规范性文件。主要有：1980年国家建工总局颁发的《建筑安装工人安全技术操作规程》；城乡建设环境保护部1982年8月颁发的《关于加强集体所有制建筑企业安全生产的暂行规定》；1983年5月颁发的《国营建筑企业安全生产工作条例》；1989年9月建设部颁发的《工程建设重大事故报告和调查程序规定》；1991年7月，建设部颁发的《建筑安全生产监督管理规定》；1996年，建设部《建筑安全生产管理条例》；工程建设安全生产在《安全法》、《建筑法》及国际劳工组织167号公约中也有专门规定。

3. 工程建设安全生产的管理机构与职责

(1) 国务院建设行政主管部门主管全国工程建设安全生产的行业监督管理工作。其主要职责是：

1) 贯彻执行国家有关安全生产的法规和方针、政策，起草或制定建筑安全生产管理法规、标准。

2) 统一监督管理全国工程建设方面的安全生产工作，完善建筑安全生产的组织保证体系。

3) 制定建筑安全生产管理的中、长期规划和近期目标，组织建筑安全生产技术的开发与推广应用。

4) 指导和监督检查省、自治区、直辖市人民政府建设行政主管部门开展建筑安全生产的行业监督管理工作。

5) 统计全国建筑职工因工伤亡人数，掌握并发布全国建筑安全生产动态。

6) 负责对申报资质等级一级企业和国家一、二级企业以及国家和部级先进建筑企业进行安全资格审查或审批，行使安全生产否决权。

7) 组织全国建筑安全生产检查，总结交流建筑安全生产管理经验，表彰先进。

8) 督促工程建设重大事故的调查处理，组织或者参与工程建设特别重大事故的调查。

(2) 县级以上地方人民政府建设行政主管部门负责本行政区域建筑安全生产的行业监督管理工作。其主要职责是：

1) 贯彻执行国家和地方有关安全生产的法规、标准和方针、政策，起草或制定本行政区域建筑安全生产管理的实施细则或者实施办法。

2) 制定本行政区域建设安全生产管理中、长期规划和近期目标，组织建筑安全生产技术的开发与推广应用。

3) 建立建筑安全生产的监督管理体系，制定本行政区域建筑安全生产监督管理工作制度。

4) 组织落实各级领导分工负责的建筑安全生产责任制。

5) 负责本行政区域建筑职工因工伤亡的统计和上报工作，掌握和发布本行政区域建筑安全生产动态。

6) 负责对申报晋升企业资质等级、企业升级和报评先进的企业的安全资格进行审查或者审批，行使安全生产否决权。

7) 组织或参与本行政区域工程建设中人身伤亡事故的调查处理工作，并依照规定上报重大伤亡事故。

8) 组织开展本行政区域建筑安全生产检查，总结交流建筑安全生产管理经验，表彰先进，监督检查施工现场、构配件生产车间等的安全管理和防护措施，纠正违章指挥和违章作业。

9）组织开展本行政区域建筑企业的生产管理人员、作业人员的安全生产教育、培训、考核及发证工作，监督检查建筑企业对安全技术措施费的提取和使用。

10）领导和管理建筑安全生产监督机构的工作。

(3) 国务院有关部门对于其所属建筑企业建筑安全生产的管理职责，由国务院有关主管部门自行规定。

6.1.2 工程建设安全生产管理的相关制度

1. 工程建设安全的责任制度

(1) 建筑企业要加强安全生产的领导，尊重科学，严格管理，应当逐级建立安全责任制度。

1）企业经理（厂长）和主管生产的副经理（副厂长）对本企业的劳动保护和安全生产负总的责任。其责任是：认真贯彻执行劳动保护与安全生产政策、法规和规章制度；定期向企业职代会报告企业安全生产情况和措施；制定企业各级干部的安全责任制等制度；定期研究解决安全生产中的问题；组织审批安全技术措施计划并贯彻实施；定期组织安全检查和开展安全竞赛等活动；对职工进行安全和遵章守纪教育；督促各级领导干部和各职能部门的职工做好本职范围内的安全工作；总结与推广安全生产先进经验；主持重大伤亡事故的调查分析，提出处理意见和改进措施，并督促实施。

2）企业总工程师（技术负责人）对本企业劳动保护和安全生产的技术工作负总的责任。项目经理、施工队长、车间主任应对本单位劳动保护和安全生产工作负具体领导责任。工长、施工员对所管工程的安全生产负直接责任。企业中的生产、技术、材料供应等各职能机构，都应在各自业务范围内对实现安全生产的要求负责。

(2) 专职人员责任制度。企业应根据实际情况，建立安全机构，并按照职工总数配备相应的专职人员（一般为0.2%～0.5%），负责安全管理工作和安全监督检查工作。其主要的职责是：

1）贯彻执行有关安全技术劳动保护法规。

2）做好安全生产的宣传教育和管理工作，总结交流推广先进经验。

3）经常深入基层，指导下级安全技术人员的工作，掌握安全生产情况，调查研究生产中的不安全隐患，提出改进意见和措施。

4）组织安全活动和定期安全检查。

5）参加审查施工组织设计（施工方案）和编制安全技术措施计划，并对贯彻执行情况进行督促检查。

6）与有关部门共同做好新工人、特殊工种工人的安全技术训练、考核、发证工作。

7）进行工伤事故统计、分析和报告，参加工伤事故的调查和处理。

8）禁止违章指挥和违章作业，遇有严重险情，有权暂停生产，并报告领导处理。

2．工程建设安全的教育制度

要广泛开展安全的宣传教育，使各级领导和广大职工群众真正认识到安全生产的重要性、必要性，懂得安全生产、文明生产的科学知识，牢固树立安全第一的思想，自发地遵守各项安全生产法规和规章制度。企业要建立经常性的安全教育和培训考核制度，具体包括：

（1）新工人（包括合同工、临时工、学徒工、实习和代培人员）必须进行入厂（公司）安全教育。教育内容包括安全技术知识、设备性能、操作规程、安全制度和严禁事项，并经考试合格后，方可进入操作岗位。

（2）电工、焊工、架子工、司炉工、爆破工及塔式起重机、打桩机和各种机动车辆司机等特殊工种工人，除进行一般安全教育外，还要经过本工种的安全技术教育，经考核合格发证后，方可获准独立操作，每年还要进行一次复查。

（3）采用新技术、新工艺、新设备施工和调换工作岗位时，要对操作人员进行新技术操作和新岗位的安全教育，未经教育不得上岗操作。

（4）定期轮训企业各级领导干部和安全干部，使其提高政策水平与思想水平，熟悉安全技术、劳动卫生业务知识，做好安全工作。

3．工程建设安全的检查、监督制度

企业除应经常进行安全生产检查外，还要组织定期检查、监督。企业每季、工区每月、施工队每半月组织一次检查。检查要发动群众，要有领导干部、技术干部和工人参加，边检查，边整改。每次检查要有重点、有标准，要评比记分，列人本单位考核内容。检查以自查为主，互查为辅。以查思想、查制度、查纪律、查领导、查隐患为主要内容。要结合季节特点，开展防洪、防雷电、防坍塌、防高处坠落、防煤气中毒等“五防”检查。对查出的隐患不能立即整改的，要建立登记、整改、检查、销项制度。要制定整改计划，定人、定措施、定经费、定完成日期。在隐患没有消除前，必须采取可靠的防护措施，如有危及人身安全的紧急险情，应立即停止作业。安全生产监督机构根据同级人民政府建设行政主管部门的委托，依据有关的法规、标准，对本行政区域内安全生产实施监督管理。

4．工程建设安全的劳动保护制度

（1）工程建设的劳动保护，必须切实加强管理，保证职工在生产过程中的安全和健康，促进生产的发展。企业要努力改善劳动条件，注意劳逸结合，制定以防止工伤事故、职工中毒和职业病为内容的安全技术措施长远规划和年度计划，并组织实施。要加强季节性劳动保护工作。夏季要防暑降温；冬季要防寒防冻，防止煤气中毒；雨季和台风来临之前，应对临时设施和电气设备进行检修，沿河流域的工地要做好防洪抢险准备；雨雪过后要采取防滑措施。

建筑施工企业在施工过程中，应遵守有关安全生产的法律、法规和建筑行业安全规章、规程。企业法定代表人、项目经理、生产管理人员和工程技术人员不得违章指挥，强令作业人员违章作业，如因违章指挥、强令职工冒险作业而发生重大伤亡事故或造成其他严重后果的，要依法追究其刑事责任。作业人员有权对影响人身健康的作业程序和作业条件提出改进意见，有权获得安全生产所需的防护用品。作业人员有权对危及生命安全和人身健康的行为提出批评、检举和控告。《建筑法》规定："建筑施工企业必须为从事危险作业的职工办理意外伤害保险，支付保险费"。这就是说，只要是从事危险作业的人员，不论是固定工，还是合同工；不论是正式工，还是农民工，其所在的建筑施工企业都必须为其办理意外伤害保险，并支付保险费。这种保险是强制的，它从法律上保障了职工的意外伤害经济补偿权利。

(2) 女职工和未成年工的特殊保护。根据女职工的不同生理特点和未成年工的身体发育情况，有必要对其进行特殊保护。禁止安排女职工从事矿山井下、国家规定的第四级体力劳动强度的劳动和其他禁忌从事的劳动。不得安排女职工在经期从事高处、低温、冷水作业和国家规定的第三级体力劳动强度的劳动。不得安排女职工在怀孕期间从事国家规定的第三级体力劳动强度的劳动和孕期禁忌从事的劳动。对怀孕 7 个月以上的女职工，不得安排其延长工作时间和夜班劳动。女职工生育享受不少于 90 天的产假。不得安排女职工在哺乳未满一周岁的婴儿期间从事国家规定的第三级体力劳动强度的劳动和哺乳期间禁忌从事的其他劳动，不得安排其延长工作时间和夜班劳动。

我国法律严禁雇用未满 16 周岁的童工，对于已满 16 周岁但尚未成年的职工，不得安排其从事矿山井下、有毒有害、国家规定的第四级体力劳动强度的劳动和其他禁忌从事的劳动。用人单位应当对未成年工定期进行健康检查。

6.1.3 工程安全保障制度及重大事故调查处理制度

1. 工程安全及施工现场安全保障制度

(1) 工程安全保障制度。

《建筑法》规定："建筑工程设计应当符合按照国家规定制定的建筑安全规程和技术规范，保证工程的安全性能"。如因未按安全标准进行设计，依情节轻重，将受到没收非法所得、罚款、停业整顿、降低资质等级、吊销资质证书、经济赔偿等处罚，构成犯罪的，将依法追究刑事责任。《建筑法》还规定："涉及建筑主体和承重结构变动的装修工程，建设单位应当在施工前委托原设计单位或者具有相应资质的设计单位提出设计方案，没有设计方案的，不得施工”。否则将被罚款，并承担经济赔偿责任甚至刑事责任。随着经济发展和人们生活水平的提高，对原有房屋的重新装修已成为非常普遍的事情。但装修不仅要美观、舒适，更应保证建筑的安全，决不能野蛮装修，盲目装修。至于房屋拆除，也需要一定的技术和安全保障条件，否则也会发生重大安全事故。为此，必须由具备保证安全条件的建设施工单位承担，并由其负责人对安全负责。

(2) 工程施工现场的安全保障制度。

1) 施工现场的安全管理。施工现场的不安全因素极多，因此，施工现场的安全管理也是建筑安全生产中最为重要的环节。《建筑法》规定："建筑施工企业在编制施工组织设计时，应当根据建筑工程的特点制定相应的安全技术措施；对专业性较强的工程项目，应当编制专项安全施工组织设计，并采取安全技术措施"，"建筑施工企业应当在施工现场采取维护安全、防范危险、预防火灾等措施；有条件的，应当对施工现场实行封闭管理"。

2) 施工现场周边环境的安全管理。建筑施工多为露天作业、高处作业，常常需进行深基开挖，因此对周围环境，特别是毗邻的建筑物、构筑物及地下管线的安全可能造成损害。建设单位与建筑施工企业有义务，也有责任采取相应的安全防护措施，以保证周边环境的安全。《建筑法》规定："建设单位应当向建筑施工企业提供与施工现场相关的地下管线资料，建筑施工企业应当采取措施加以保护"，"施工现场对毗邻的建筑物、构筑物和特殊作业环境可能造成损害的，建筑施工企业应当采取安全防卫措施"。当可能损坏道路、管线、电力、邮电通信等公共设施时，建设单位必须按有关规定事先办理申请批准手续。"建筑施工企业应当遵守有关环境保护和安全生产方面的法律、法规的规定，采取控制和处理施工现场的各种粉尘、废气、废水、固体废物以及噪声、振动对环境的污染和危害的措施"。当工程施工需要临时停水、停电、中断道路交通及需要进行爆破作业的，必须先行申请，经有关部门批准后方可实行，以保障人民的正常生活及生命财产的安全。

2. 工程建设重大事故的调查处理制度

(1) 工程建设重大事故的概念。工程建设重大事故是指在工程建设过程中由于责任过失，造成工程倒塌或报废、机械设备毁坏；由于安全设施失当，造成人身伤亡或者重大经济损失的事故，重大事故分为四个等级。

1) 具备下列条件之一者为一级重大事故：死亡 30 人以上；或直接经济损失 300 万元以上。

2) 具备下列条件之一者为二级重大事故：死亡 10 人以上 29 人以下；或直接经济损失 100 万元以上，不满 300 万元。

3) 具备下列条件之一者为三级重大事故：死亡 3 人以上，9 人以下；或重伤 20 人以上；或直接经济损失 30 万元以上，不满 100 万元。

4）具备下列条件之一者为四级重大事故：死亡 2 人以下；或重伤 3 人以上，19 人以下；或直接经济损失 10 万元以上，不满 30 万元。

（2）工程建设重大事故的处理。建设部管理全国工程建设重大事故的处理；省、自治区、直辖市建设行政主管部门管理本辖区内的工程建设重大事故的处理；国务院各有关主管部门管理所属单位的工程建设重大事故的处理。

重大事故发生后，事故发生单位必须以最快方式，将事故的简要情况向上级主管部门和事故发生地的市、县级建设行政主管部门及监察、劳动（如有人身伤亡）部门报告；事故发生单位属于国务院部委的，应同时向国务院有关主管部门报告。市、县级建设行政主管部门接到报告后，应当立即向人民政府和省、自治区、直辖市建设行政主管部门报告；省、自治区、直辖市建设行政主管部门接到报告后，应当立即向人民政府和建设部报告。重大事故发生后，事故发生单位应当在 24 小时内写出书面报告，按上述程序逐级上报。同时，事故发生单位和事故发生地的建设行政主管部门，应当严格保护事故现场，采取有效措施抢救人员和财产，防止事故扩大。

重大事故的调查由事故发生地的市、县级以上建设行政主管部门或国务院有关主管部门组成调查组负责进行。调查组由建设行政主管部门、事故发生单位的主管部门和劳动保护等有关部门的人员组成，并应邀请人民检察机关人员，工会也应派人参加。必要时，调查组可以聘请有关方面的专家协助进行技术鉴定、事故分析和财产损失的评估工作。重大事故调查组的职责是：

①组织技术鉴定。

②查明事故发生的原因、过程、人员伤亡及财产损失情况。

③查明事故的性质、责任单位和主要责任者。

④提出事故处理意见及防止类似事故再次发生所应采取措施的建议。

⑤提出对事故责任者的处理建议。

⑥写出事故调查报告。

调查组在调查工作结束后 10 日内，应当将调查报告报送批准组成调查组的人民政府和建设行政主管部门以及调查组其他成员所属部门。经组织调查部门的同意，调查工作即告结束。重大事故处理完毕后，事故发生单位应当尽快写出详细的事故处理报告，并逐级上报。此外，工程建设重大事故中属于特别重大事故者，其报告和调查程序应按国务院发布的《特别重大事故调查程序暂行规定》及有关规定执行。

6.2 建设工程质量管理法规

6.2.1 概述

1. 建设工程质量的概念

(1) 狭义上的建设工程质量仅指工程实体质量，即指在国家现行的有关法律、法规、技术标准、设计文件和合同中，对工程的安全、适用、经济、美观等特性的综合要求。工程实体质量的好坏是决策、计划、勘察、设计、施工等单位各方面、各环节工作质量的综合反映。

(2) 广义上的建设工程质量还包括工程建设参与者的服务质量和工作质量。它反映在他们的服务中是否及时、主动，态度是否诚恳、守信，管理水平是否先进，工作效率是否很高等方面。它又可分为政治思想工作质量、管理工作质量、技术工作质量和后勤工作质量等。现在，国内外都趋向于从广义上来理解建设工程质量，但本书中的建设工程质量主要还是指工程本身的质量，即狭义上的建设工程质量。

工程项目全过程中质量形成的各阶段及其质量内涵如表 6-1 所示。

表 6-1　工程建设各阶段的质量内涵

工程项目质量形成的各阶段	工程项目质量在各阶段的内涵	合同环境下满足需要的主要规定
决策阶段	1. 可行性研究 2. 工程项目投资决策	国家的发展规划或业主的需求
设计阶段	1. 功能、使用价值的满足程度 2. 工程设计的安全、可靠性 3. 自然及社会环境的适应性 4. 工程概（预）算的经济性 5. 设计进度的时间性	工程建设勘察、设计合同及有关法律、法规
施工阶段	1. 功能、使用价值的实现程度 2. 工程的安全、可靠性 3. 自然及社会环境的适应性 4. 工程造价的控制状况 5. 施工进度的时间性	工程建设施工合同及有关法律、法规
保修阶段	保持或恢复原使用功能的能力	工程建设施工合同及有关法律、法规

(3) 影响建设工程质量的因素。如决策、设计、材料、机械、地形、地质、水文、气象、施工工艺、操作方法、技术措施、人员素质、管理制度等等，但归纳起来，可分为五大方面，即通常所说的 4M1E：人（Man)、机械 (Machine)、材料（Material)、方法（Method）和环境（Environment)。在工程建设全过程中严格控制好这五大因素，是保证建设工程质量的关键。

2. 建设工程质量的管理体系

建设工程质量的优劣直接关系到国民经济的发展和人民生命安全。因此，加强建设工程质量的管理，是一个十分重要的问题。根据有关法规规定，我国建立起对建设工程质量进行管理的体系，它包括纵向管理和横向管理两个方面。

(1) 纵向管理是国家对建设工程质量所进行的监督管理，它具体由建设行政主管部门及其授权机构实施，这种管理贯穿在工程建设的全过程和各个环节之中。它既对工程建设从计划、规划、土地管理、环保、消防等方面进行监督管理，又对工程建设的主体从资质认定和审查、成果质量检测、验证和奖惩等方面进行监督管理，还对工程建设中各种活动，如工程建设招标、投标、工程施工、验收、维修等方面进行监督管理。

（2）横向管理包括两个方面，一是工程承包单位，如勘察单位、设计单位、施工单位自己对所承担工作的质量管理。它们要按要求建立专门质检机构，配备相应的质检人员，建立相应的质量保证制度，如审核校对制、培训上岗制、质量抽检制、各级质量责任制和部门领导质量责任制等等。二是建设单位对所建工程的管理。它可成立相应的机构和人员，对所建工程的质量进行监督管理，也可委托社会监理单位对工程建设的质量进行监理。

3. 建设工程质量法规立法现状

工程建设质量管理一直是国家工程建设管理的重要内容，有关工程建设质量的立法工作也一直是工程建设法规的立法重点。现行的主要法律有《建筑法》，其中第六章即为“建设工程质量管理”。2000 年 3 月 30 日国务院发布施行的《建设工程质量管理条例》是《建筑法》的配套法规之一，它对建设行为主体的有关责任和义务做出了十分明确的规定。除此以外，还有国务院建设行政主管部门及相关部门颁发的建设行政规章及一般规范性文件。其中重要的有:《建筑工程质量监督条例（试行)》(1983 年)、《建筑工程质量监督站工作暂行规定》(1985 年)、《建筑工程质量检验工作规定》(1985 年)、《关于确保工程质量的几项措施》(1986 年)、《建设工程质量监督管理规定》(1990 年)、《关于提高住宅工程质量的规定》(1992 年)、《建设工程质量管理办法》(1993 年)、《关于建筑企业加强质量管理工作的意见》(1995 年）等。

6.2.2 质量体系认证制度

从事建筑活动的单位根据自愿原则可以向国务院产品质量监督管理部门或其授权部门认可的认证机构申请企业质量体系认证。经认证合格的，由认证机构向该企业颁发企业质量体系认证书。

1. 质量保证体系认证的标准

1987 年 3 月，国际标准化组织（ISO）正式发布 ISO9000《质量管理和质量保证》系列标准，受到世界各国欢迎，已为各国广泛采用。1992 年，我国也发布了等同采用国际标准的 GB/T19000—ISO9000《质量管理和质量保证》系列标准。这些标准既可作为生产企业质量保证工作的依据，也是企业申请质量体系认证的认证标准。如双方同意，它也可作为供需双方对产品质量的认证标准。

我国等同采用 ISO9000 系列标准制定的 GB/T19000 系列标准由五个标准

组成：

（1）GB/T19000—ISO9000《质量管理和质量保证——选择和使用指南》。

（2）GB/T19001—ISO9001《质量体系——设计、开发、生产、安装和服务的质量保证模式》。

（3）GB/T19002—ISO9002《质量体系——生产和安装的质量保证模式》。

（4）GB/T19003—ISO9003《质量体系——最终检验和试验的质量保证模式》。

（5）GB/T19004—ISO9004《质量管理和质量体系要素——指南》。

GB/T19000—ISO9000《质量管理和质量保证》系列标准是在总结国际成功经验的基础上，从质量管理的共性出发，阐述了质量管理工作的基本原则、基本规律和质量体系要素的基本构成，它适用于不同体制，不同行业的生产、服务企业开展质量管理工作，同样它也适用于建筑业企事业单位的质量管理工作。

以往的设计、施工、服务等技术规范都是明确产品和服务的质量标准，是对最终质量的认定。而《质量管理和质量保证》系列标准明确了企业质量管理工作的体系和工作程序，用于控制产品形成过程，从而保证产品质量稳定。因此，这一系列标准是技术规范的补充，是保证技术规范全面稳定且得以实现的另一标准。认真贯彻这一标准可以帮助企业建立和完善质量体系，提高质量意识和质量保证能力，从而提高企业管理在市场经济中的竞争能力。为此，建设部要求各建筑业企业从建立现代企业制度和促进企业发展的高度做好这一系列标准的工作，积极申请质量体系认证，并将贯标工作纳入企业质量目标管理考核指标之内，使企业的质量体系逐步进入国际标准化的轨道。

GB/T19000系列标准只是一套推荐性标准。编号中“T’就是“推荐”一词的汉语拼音首写字母。一旦它被法规或合同确定采用后就是“强制性标准”。如果供需双方或第三方选择某一质量保证模式作为产品认证标准，那么，该质量保证模式在合同约定范围内就具有法律效力。

2. 质量保证体系系列标准内容

（1）GB/T19000—ISO9000《质量管理和质量保证——选择和使用指南》。此标准阐明了质量方针、质量管理、质量体系、质量控制和质量保证五个重要质量术语的含义及其相互关系；阐述了企业应力求达到的质量目标及质量体系环境特点和质量体系标准的类型；规定了标准的应用范围、标准的应用程序；规定了证实文件应包括的内容以及供需双方签订合同前应做的准备。

（2）GB/T19001～GB/T19003（质量保证模式）。质量保证模式是为了满足供需双方考虑产品特性、保证能力等多种因素的需求后选择的用以签订合同的质量保证要求。这些要求不是企业质量体系的全部要素和内容，只是针对某项产品生产过程质量管理的要求，通过实施这些工作，用户（需方）相信生产企业可以持续稳定地生产质量满足合同的规定。质量保证模式有不同水平的三个标准可供选择。

1）GB/T1993—ISO9003《质量体系——最终检验和试验的质量保证模式》。该标准适用于相对简单或比较成熟的产品。它明确了产品形成过程检验工作、成品检验和试验的质量体系要求，强调检验工作与有效的检验系统对检验人员、检验程序和设备，都要进行严格的控制。该标准明确规定此范围的12项质量体系要素构成其主要内容，是三个模式标准中质量体系要素内容和数量相对较少的模式标准。

2）GB/T190002—ISO9002《质量体系——生产和安装的质量保证模式》。该标准适用于设计已定型、生产过程复杂或产品价值昂贵的生产条件，阐述了从原材料采购至产品交付使用全过程的质量体系要求，是三个模式中应用率较高的模式标准。它要求生产企业质量体系提供能严格控制生产过程质量的证据，保证生产和安装阶段各环节符合规定的要求，及时解决生产过程中发现的问题，防止、避免不合格情况的发生和重复出现。该标准强调预防控制与检验相结合，并以此范围规定了18项质量体系要素的内容和工作程序。

3）GB/T1991—ISO9001《质量体系——设计、开发、生产、安装和服务的质量保证模式》。该标准是三个质量保证模式中质量水平最高、覆盖环节（过程）最多，而且质量体系要素最多的质量保证标准，阐述了从产品设计、产品生产到售后服务全过程的质量体系要素的要求。遵照标准，企业产品质量体系提供对合同评审、设计、生产和安装过程（服务）各个阶段、各个环节的严格控制，防止发生不合格的情况，该标准较其他两个标准增加了对设计质量控制条款和售后服务条款的质量体系要素。

（3）GB/T19004—ISO9004《质量管理和质量体系要素——指南》。企业要发展，要提高，需要建立一个比较完整的、用以控制企业内部各项工作（环节）的质量体系，使企业质量管理最佳化，也可以使各项产品质量控制能力达到或接近产品质量要求。GB/T19004—ISO9004标准是指导企业建立质量体系的指导标准。该标准在总结了不同行业、不同企业的基本要求后，提出了企业建立质量体系一般应包括的基本要素。该标准对基本质量要素的含义、要素的目标、要素间的关系以及各项工作的内容、要求、方法、人员和所要求文件、记录都有明确的要求。该标准从建立质量体系的组织结构、责任、程序、过程和资源五个方面对人、技术、管理诸要素提出要求，明确企业质量体系的基本出发点是：应设计出有效的质量体系，以满足顾客的需要和期望，并保护公司的利益。完善的质量体系应在考虑风险、成本和利益的基础上使质量最佳化，并具有对质量加以控制的重要管理手段。

3. 质量保证体系标准的选择

不同生产企业质量工作的规律、原理、原则基本相同，但市场条件、产品状况、企业素质、管理机制、消费者需要等各方面条件却千变万化。企业要针对环境特点和主观因素影响，对照标准开展质量工作，对标准规定的要素及采用要素的程度进行研究，确定企业自身质量体系的构成，建立和完善质量体系。企业可以通过选择要素，组合出既符合质量管理原理，又适用于本企业条件的最佳状态的质量体系。

我国建筑业所涉及的设计、科研、房地产开发、市政、施工、试验、质量监督、建设监理等企事业单位，在建立企业内部质量管理体系时，毫无疑问应该选择 GB/T19004—ISO9004 标准，但由于不同单位又有各自的特点，因此，各自建立的质量体系又是不相同的，这主要是质量形成的过程不同而造成的。企事业单位在按照 GB/T19004—ISO9004 标准建立质量体系的基础上，可以根据用户的要求和企业产品的特点，选择 GB/T1991—ISO9001 或 GB/T19002—ISO9002 或 GB/T19003—ISO9003 标准。具体地说，设计、科研、房地产开发、总承包（集团）公司等单位可以选择 GB/T19001—ISO9001 标准；市政、施工（土建、安装机械化施工、装饰、防腐、防水）等企业可以选择 GB/T1992—ISO9002 标准。当然，各个单位对标准的选用，也可灵活掌握，上面说的只是一般情况。因为 GB/T19001—ISO9001 标准中包括了设计，因此对设计院、研究院和房地产开发公司等单位适用；而 GB/T19002—ISO9002 标准中只包括生产和安装，因此只对施工企业适用；GB/T19003—ISO9003 标准涉及到试验和检验，所以适用于试验室、质检站和监理公司等单位。对一些单位，如施工企业下设试验室，可以选择 GB/T19002—ISO9002 和 GB/T19003—ISO9003 用于外部的质量保证。

6.2.3 政府对建设工程质量的监督管理

1. 建设工程主体的监督管理制度

建设工程主体是指建设工程的参与者，它包括建设单位、勘察设计单位、监理单位、构配件生产单位、施工单位等及其相关人员。政府对建设工程主体的监督管理主要是：

(1) 对建设单位的能力进行审查。审查其是否具备与发包工程项目相适应的技术、经济管理能力，编制招标文件及组织开标、评标、定标的能力。如其不具备上述能力，则要求它委托招标代理机构代为办理招标事宜。

(2) 对勘察设计单位、施工、监理、构配件生产、房地产开发单位实行资格（质）等级认证、生产许可证和业务范围的监督管理。上述单位必须按规定申请并取得相应资格证书后，方能从事其资格（质）等级允许范围内的业务活动。各级建设行政主管部门将严格监督各单位在其资格（质）等级允许的业务范围内从事活动。

(3) 实行执业工程师的注册制。目前，我国规定从事建筑设计、结构设计、工程监理的工程技术人员，需经过考试取得资格证书并经注册后方能获得相应执业资格。各级建设行政主管部门将负责考试、注册及执业活动的监督管理。

2. 建设工程质量监督制度

根据建设部发布的《建设工程质量监督管理规定》，凡新建、扩建、改建的工业、交通和民用、市政公用工程（含实施监理的工程）及构配件生产，均应接受建设工程质量监督机构的监督。

(1) 建设工程质量监督机构。建设工程质量监督工作的主管部门为建设部及各级人民政府的建设主管部门。国务院铁路、交通、水利等有关部门负责有关专业建设工程项目的质量监督管理工作。国务院发展计划部门按国务院规定的职责，组织稽查特派员，对国家出资的重大建设项目实施监督检查。国务院经济贸易主管部门按国务院规定的职责，对国家重大技术改造项目实施监督检查。市、县建设工程质量监督站和国务院各工业、交通部门所设的专业建设工程质量监督站（简称为监督站）为建设工程质量监督的实施机构。监督站的主要职责是：检查受监工程的勘察、设计、施工单位和建筑构件厂是否严格执行技术标准，检查其工程（产品）质量；检查工程的质量等级和建筑构件质量，参与评定本地区、本部门的优质工程；参与重大工程质量事故的处理；总结质量监督工作经验，掌握工程质量状况，定期向主管部门汇报。

(2) 建设工程质量监督的工作程序。建设单位在开工前一个月，应到监督站办理监督手续，提交勘察设计资料等有关文件。监督站在接到文件、资料后两周内，应确定该工程的监督员，并通知建设、勘察、设计、施工单位，同时应提出监督计划。

工程开工前，监督员应对受监工程的勘察、设计和施工单位的资质等级及营业范围进行核查，凡不符合规定要求的不许开工；监督员还要对施工图中的建筑结构、安全、防火和卫生等方面进行审查，使之符合相应标准的要求。

工程施工中，监督员将按监督计划对工程质量进行抽查。房屋建筑和构筑物工程的抽查重点是地基基础、主体结构和决定使用功能、安全性能的重要部位；其他工程的监督重点视工程性质决定。

工程完工后，监督站在施工单位验收的基础上对工程质量等级进行核验。建筑构件质量的监督，重点是核查生产单位的生产许可证、检测手段和构件质量。

(3) 监督站的权限与责任。监督站的权限有：

1) 对不按技术标准和有关文件要求设计和施工的单位，可给予警告或通报批评。

2）对发生严重工程质量问题的单位可令其及时妥善处理，对情节严重的，可按有关规定进行罚款，如为在施工程，则应令其停工整顿。

3）对于核验不合格的工程，可做出返修加固的决定，直至达到合格方准交付使用。

4）对造成重大质量事故的单位，可参加有关部门组成的调查组，提出调查处理意见。

5）对工程质量优良的单位，可提请当地建设主管部门给予奖励。

因监督人员失误、失职、渎职而使建设工程出现重大质量事故或在核验中弄虚作假的，主管部门将视情节轻重，对其给予批评、警告、记过直至撤职的处分，触及刑律的将由司法机关追究刑事责任。随着我国建设法规的不断完善，质量监督站将逐步退出直接管理工程质量的职能。

3. 建设工程质量的检测制度

(1) 建设工程质量检测机构的性质。建设工程质量检测工作是对建设工程质量进行监督管理的重要手段之一。建设工程质量检测机构，需经省级以上人民政府建设行政主管部门、国务院工业、交通行政主管部门或其授权的机构考核合格后，方可承担建筑工程质量的检测任务。它是对建设工程和建筑构件、制品及建筑材料和设备的质量进行检测的法定单位。它所出具的检测报告具有法定效力。国家级检测机构出具的检测报告，在国内为最终裁定；在国外代表国家的裁定。

(2) 各级建设工程质量检测机构与任务。建设工程质量检测机构分为国家、省、市（地区）、县四级。建设工程质量国家检测中心是国家级的建设工程质量检测机构，其主要任务有：

1）承担重大建设工程质量的检测和试验任务。

2）负责建设工程所用的构件、制品及有关材料、设备的质量认证和仲裁检测工作。

3）负责对结构安全、建设功能的鉴定，参加重大工程质量事故的处理和仲裁检测工作等。

各省、自治区、直辖市的建设工程质量检测中心和市（地区）、县级的建设工程质量检测站则主要是承担本地区建设工程和建筑构件、制品以及建筑现场所用材料质量的检测工作和参加本地区工程质量事故的处理和仲裁检测工作。此外，还可参与本地区建筑新结构、新技术、新产品的科技成果鉴定等工作。

(3) 建设工程质量检测机构的权限。国家级检测机构受国务院建设行政主管部门的委托，有权对指定的国家重点工程进行检测复核，并向国务院建设行政主管部门提出检测复核报告和建议。各地检测机构有权对本地区正在施工的建设工程所用的建筑材料、混凝土、砂浆和建筑构件等进行随机抽样检测，并向本地建设工程质量主管部门和质量监督部门提出抽检报告和建议。受国家建设主管部门和国家标准部门委托，国家级检测机构有权对建筑构件、制品及有关的材料、设备等产品进行抽样检验。省、市（地区）、县级检测机构，受上级建设主管部门和标准部门委托，有权对本省、市、县的建筑构件、制品进行抽样检测。对违反技术标准、失去质量控制的产品，检测单位有权提出请主管部门做出责令停止生产、不合格产品不准出厂、已出厂的不得使用的决定。

4. 建设工程质量的验评及奖励制度

（1）建设工程质量验评制度。建设工程质量应按现行的国家标准、行业标准进行验评。现行的建设工程质量分为优良、合格，先由施工单位自行检验、评定等级，再由监督站进行核验。国家还实行建设工程竣工验收制度，交付验收的建设工程，应当符合下列要求：

1）完成建设工程设计和合同中约定的各项内容，具备国家规定的竣工条件。

2）工程质量经有关质量监督机构核定符合要求。

3）具有完整的工程技术经济资料。

4）工程所用的主要建筑材料、建筑构配件和设备具有出厂检验合格证明和技术标准规定的必要的进场试验报告。

5）已签署工程保证书。

建设工程竣工经验收合格后，方可交付使用。根据有关规定，工程的竣工验收，依工程规模大小和复杂程度，分别由国家计委或工程项目主管部门，或地方政府部门组织验收委员会或验收组进行。验收委员会或验收组由银行、物资、环保、劳动、统计、消防及其他有关部门组成，建设单位、接管（物业管理）单位、施工单位、勘察设计单位参加验收工作。验收时，除听取各有关单位工作报告外，还要审阅工程档案资料并实地查验建筑工程和设备安装情况，并对工程设计、施工和设备质量等方面做出全面的评价。不合格的工程不予验收；对遗留问题提出具体解决意见，限期落实解决。

（2）建设工程质量奖励制度。我国实行的优秀工程奖励制度，分别设立了国家优质工程奖、优秀工程设计奖、优秀工程勘察奖，还定期进行工程设计计算机优秀软件、工程建设优秀标准设计的评选。另外，中国建筑业协会还设立了建筑工程鲁班奖。

1）国家优质工程奖。凡在中华人民共和国土地上建设具有独立的生产和使用功能的下列工程项目，都可申报参评。

①新建的大中型工业、交通、农林、水利、民用和国防军工等建设项目；

②10 万 m^2 以上设施配套的住宅小区；

③投资在 2000 万元以上的城市道路、桥梁、给排水、煤气、供气等工程；

④具有显著经济效益和社会效益的大中型改建、扩建和技术改造工程；

⑤对发展国民经济具有重大意义的其他工程。

参加评选的工程项目，必须满足下述条件：

①必须按规定通过了竣工验收，并经过一年的考验期，但自竣工验收至申报评选的期限，大型建设项目不得超过五年，中型建设项目不得超过三年，其他工程项目不得超过两年；

②必须是已经获得省、自治区、直辖市和国务院有关部门认定的优质工程；

③未按建设程序建设或在建设过程中发生过三级及三级以上重大工程建设事故的工程，不得参与评选。

国家优质工程每年评审一次，由国家优质工程审定委员会组织进行，日常工作则由其下设的办公室（设在建设部）负责。国家优质工程奖是国家级工程质量奖，每年数目控制在 50 项左右。

2）优秀工程勘察奖。凡在工程竣工验收后经 1 年以上时间检验的新建、扩建、改建及技术改造的工业与民用建设项目的勘察；经 1 年以上时间检验的工程地质与岩土工程项目；投产后的工程测量与城市测量项目；经过开采性抽水检验，抽水能力大于设计水量的 50％或低于设计水平，但有 1 年以上长期观测资料，或经国家储量委员会认可的水资源评估与钻井工程项目，均可申报参加评选。

优秀工程勘察奖按地区、部门评选和全国评选两步进行。所有参评项目都必须先参加省、部级优秀工程勘察奖的评选，再由省、部有关部门从获奖项目中选择成效突出者，按获奖名次推荐上报，参加全国优秀工程勘察奖的评选。全国优秀工程勘察奖的评选由“全国优秀工程勘察设计评选委员会”负责，有关的具体事务和协调工作，则由中国工程勘察协会负责。如无特殊原因，每两年评选一次。

3）优秀工程设计奖。凡已竣工投产、验收并经 1 年以上时间检验的完整的工业与民用工程建设项目或单项工程的设计，均可申报参加评选。单体构筑物、设备、技术、规程、规范、计算机应用程序等，不参加评选。申报评选的项目，原则上是近两年内竣工投产的工程建设项目，有特殊原因的，可放宽至 5 年内。

优秀工程设计奖按地区、部门评选和全国评选两步进行。所有参评项目都必须先参加省、部级优秀工程设计奖的评选，再由各省、部从获奖项目中选出名列前茅者排好名次后，向建设部推荐参加全国评选。全国优秀工程设计奖的评选，由建设部邀请有关专家组成的评审委员会负责，有关具体事务，委托中国勘察设计协会办理。全国优秀工程设计奖设金质奖、银质奖、铜质奖三种，每两年评选一次。如遇特殊情况则可提前或推后进行。

4）建设工程鲁班奖。凡已列入国家或省、自治区、直辖市、计划单列市及国务院各部门建设计划，达到一定规模，并已形成生产能力和使用功能的新建的大型公共建筑和市政工程，大中型工业交通建设项目中的主要建筑工程或设备安装工程均可申请参加评选；个别工程规模较小达不到规模要求，但建筑风格独特，工程质量特别优良，且具有代表性，各界反映都好的工程，也可申报参评，但应从严掌握。

参评工程应按照建筑企业的隶属关系向各地建筑业协会申报，没有成立建筑业协会的向建设行政主管部门申报，经初审合格后上报中国建筑业协会，中国建筑业协会要组织复查小组，并会同有关地区或部门的相关人员共同进行复查，然后交评审委员会进行审议，并以无记名投票方式确定获奖工程。建设工程鲁班奖是我国建筑行业在工程质量方面的最高荣誉鼓励，获奖工程质量应达到国内一流水平。建设工程鲁班奖每年评选一次，每次奖励的数额不超过30个。

5. 企业质量体系和产品质量认证制度

建设部发布的《建设工程质量管理办法》规定，建筑业也和其他行业一样，按国家规定推行企业质量体系认证制度和产品质量认证制度。有关企业根据自愿原则可以向国务院建设行政主管部门或其授权的认证机构申请企业质量体系认证。经认证合格的，由认证机构向该企业颁发企业质量体系认证书。对重要的建筑材料和设备，推行产品质量认证制度。经认证合格的，由认证机构颁发质量认证证书，准许企业在产品或其包装上使用质量认证标志。使用单位经检验发现认证的产品质量不合格的，有权向产品质量认证机构投诉。

6. 建材行业许可制度

为保证建设工程中使用的建筑材料性能符合规定标准，从而确保建设工程质量，我国实行了建材使用许可制。这一制度包括建材生产许可证制、建材产品质量认证制、建材产品推荐使用制及建材进场检验制等制度。

(1) 建材生产许可证制。国家规定，对于一些十分重要的建材产品，如钢材、水泥等，实行生产许可证制。生产这些建材产品的生产企业必须具备相应的生产条件、技术装备、技术人员和质量保证体系，经有关部门审核批准取得相应资质等级并获得生产许可证后，才能进行这些建材产品的生产。其生产销售的建材产品或产品包装上除应标有产品质量检验合格证明外，还应标明生产许可证的编号、批准日期和有效日期。未获生产许可证的任何其他企业，都不得生产这类建材产品。

(2) 建材产品质量认证制。国家有关部门规定，对重要的建筑材料和设备，推行产品质量认证制度。经认证合格的，由认证机构颁发质量认证证书，准许企业在产品或其包装上使用质量认证标志。使用单位经检验发现认证的产品质量不合格的，有权向产品质量认证机构投诉。同时规定，销售已经过质量认证的建材产品时，在产品或其包装上除了标有产品质量检验合格证明外，还应标明质量认证的编号、批准日期和有效期限。

(3) 建筑材料进场检验制。为保证建筑的结构安全及其质量，建设部还规定，建筑施工企业必须加强对进场的建筑材料、构配件及设备的质量检查、检测。对各类建筑材料、构配件等，都必须按规定进行检查或复试。凡影响结构安全的主要建筑材料、构配件及设备的采购与使用必须经同级技术负责人同意。质量不合格的建筑材料、构配件及设备，不得在工程上使用。建设部还进一步规定，对进入施工现场的屋面防水材料，不仅要有出厂合格证，还必须要有进场实验报告，确保其符合标准和设计要求。未经检验而直接使用了质量不合乎要求的建筑材料、设备及构配件的施工企业将承担相应责任。

6.2.4 建设行为主体的质量责任与义务

1. 建设单位的质量责任与义务

国务院于2000年1月30日颁发的《建设工程质量管理条例》特别对建设单位的质量责任和义务做出了明确规定，它们主要是：

(1) 依法发包工程的责任。通过工程发包，选取具有技术和经济实力，享有良好信誉的承包商来承包工程建设，是确保工程质量的重要环节。但不少建设单位不遵守有关法律及规定，将工程发包变成了谋取团体利益和私人利益的手段。为此，《建设工程质量管理条例》规定："建设单位应当将工程发包给具有相应资质等级的单位"，"建设单位不得将工程肢解发包。"同时，还进一步规定，对于应当招标的工程项目，建设单位应依法招标。发包单位及其工作人员在建设工程发包中不得收受贿赂、回扣或索取其他好处。

(2) 委托监理的责任。建设单位对工程建设应进行必要的监督、管理，对于国家规定强制实行监理的工程，建设单位应委托具有相应资质等级的工程监理单位进行监理，也可以委托具有工程监理相应资质等级并与被监理工程的施工承包单位没有隶属关系或其他利害关系的该工程的设计单位进行监理。

(3) 依法报批、接受政府监督的责任。建设单位在工程设计完成后，应将施工图设计文件报县级以上人民政府建设行政主管部门或其他有关部门审查，未经审查批准的施工图设计文件，不得使用。建设单位在领取施工许可证或进行开工报告前，应按国家有关规定办理工程质量监督手续。

(4) 遵守国家规定及技术标准的责任。建立工程建设的技术标准及相关规定，是保证建设工程质量的重要措施，任何单位和个人都必须严格遵守这些标准和规定，不得随意更改和破坏。建设单位在工程发包时不得迫使承包方以低于成本的价格竞标，不得任意压缩合理工期。工程建设过程中，建设单位不得明示和暗示设计单位或施工单位违反工程建设强制性标准，降低工程质量。建设单位也不得明示和暗示施工单位使用不合格的建筑材料、建筑构配件和设备。按合同约定由建设单位自己提供的建筑材料、建筑构配件和设备，也必须保证其符合设计文件和合同的要求。在进行涉及建筑主体和承重结构变动的装修时，应委托原设计单位或具有相应资质等级的设计单位进行设计，没有设计方案的，不得强行施工。

（5）提供资料、组织验收的责任。在工程建设的各个阶段，建设单位都负有向有关的勘察、设计、施工、工程监理等单位提供与工程有关的原始资料，并保证其真实、准确、齐全。在收到工程竣工报告后，建设单位应负责组织设计、施工、工程监理等有关单位对工程进行验收，并应按照国家有关档案管理的规定，及时收集、整理建设项目各环节的文件资料，在工程验收后，负责及时向建设行政主管部门或其他有关部门移交建设项目档案。如建设单位未尽到上述责任，将分别受到限期改正、责令停工、处以罚款等处罚；构成犯罪的，还将追究单位、直接责任人及直接负责的主管人员的刑事责任。

建设单位如是房屋建设开发公司，除承担一般建设单位的有关责任、义务外，还应建立健全质量保证体系，加强对开发工程的质量管理；其开发经营的工程质量应符合国家现行的有关法律、法规、技术标准和设计文件的要求；其出售的房屋，应符合使用要求，并应提供有关使用、保养和维护的说明，如发生质量问题，应在保修期内负责保修。房屋建设开发公司如违反上述规定，将视其情节轻重，予以降低资质等级、吊销资质证书和罚款的处罚。

2. 工程勘察设计单位的质量责任与义务

（1）遵守执业资质等级制度的责任。勘察设计单位必须在其资质等级允许范围内承揽工程勘察设计任务，不得擅自超越资质等级或以其他勘察、设计单位的名义承揽工程，不得允许其他单位或个人以本单位的名义承揽工程，也不得转包或违法分包自己所承揽的工程。

（2）建立质量保证体系的责任。勘察设计单位应建立健全质量保证体系，加强设计过程的质量控制，健全设计文件的审核会签制度。注册建筑师、注册结构工程师等执业人员应在设计文件上签字，对设计文件的质量负责。

（3）遵守国家工程建设强制性标准及有关规定的责任。勘察设计单位必须按照工程建设强制性标准及有关规定进行勘察设计。工程勘察文件要反映工程地质、地形地貌、水文地质状况，其勘察成果必须真实准确，评价应准确可靠。设计单位要根据勘察成果文件进行设计，设计文件的深度应符合国家规定，满足相应设计阶段的技术要求，并注明工程合理使用年限；所完成的施工图应该配套，细部节点应交代清楚，标注说明应清晰、完整。凡设计所选用的建筑材料、建筑构配件和设备，应注明规格、型号、性能等技术指标，其质量必须符合国家规定的标准；除有特殊要求的建筑材料、专用设备、工艺生产线等外，设计单位不得指定生产厂家或供应商。

(4) 技术交底和事故处理责任。设计单位应就审查合格的施工图设计意图向施工单位做出详细说明，做好设计文件的技术交底工作，对大中型建设工程、超高层建筑以及采用新技术、新结构的工程，设计单位还应向施工现场派驻设计代表。当其所设计的工程发生质量事故时，设计单位应参与质量事故分析，并对因设计造成的质量事故提出相应的技术处理方案。

勘察设计单位应对本单位编制的勘察设计文件的质量负责。当其违反国家的法律、法规及相关规定，没有尽到上述质量责任时，根据情节轻重，将会受到责令改正、没收违法所得、罚款、责令停业整顿、降低资质等级、吊销资质证书等处罚；造成损失的，依法承担赔偿责任。注册建筑师、注册结构工程师等注册执业人员，因过错造成质量事故的，责令停止执业 1 年；造成重大事故的，吊销执业资格证书，5 年内不予注册；情节特别恶劣的，终身不予注册。勘察、设计单位违反国家规定，降低工程质量标准，造成重大安全事故，构成犯罪的，要依法追究直接责任人员的刑事责任。

3. 施工单位的质量责任与义务

(1) 遵守执业资质等级制度的责任。施工单位必须在其资质等级许可的范围内承揽工程施工任务，不得超越本单位资质等级许可的业务范围或以其他施工单位的名义承揽工程。禁止施工单位允许其他单位或个人以本单位的名义承揽工程。施工单位也不得将自己承包的工程再进行转包或非法分包。

(2) 建立质量保证体系的责任。施工单位应当建立健全质量保证体系，要明确确定工程项目的项目经理、技术负责人和管理负责人。施工单位必须建立健全并落实质量责任制度，严格工序管理，做好隐蔽工程的质量检查和记录。隐蔽工程在掩埋前，应通知建设单位和建设工程质量监督机构进行检验。施工单位还应当建立健全质量教育培训制度，加强对职工的质量教育培训，未经教育培训或考核不合格的人员，不得上岗作业。施工单位还应加强计量、检测等基础工作。

(3) 遵守技术标准、严格按图施工的责任。施工单位必须按照工程设计图样和施工技术标准施工，不得擅自修改工程设计，不得偷工减料。施工过程中如发现设计文件和图样的差错，应及时向设计单位提出意见和建议，不得擅自处理。施工单位必须按照工程设计要求、施工技术标准和合同约定，对建筑材料、建筑构配件、设备及商品混凝土进行检验，并做好书面记录，由专人签字，未经检验或检验不合格的上述物品，不得使用。施工单位必须在建设单位或监理工程师的监督下按有关施工技术标准留取试件、试块及材料取样。施工单位对施工中出现质量问题的建设工程或竣工验收不合格的工程，应负责返修。

（4）总包单位与分包单位之间的质量责任。建设工程实行总承包，总承包单位应对全部建设工程质量负责；实行勘察、设计、施工、设备采购的一项或多项总承包，总承包单位应对其承包工程或采购设备的质量负责。总承包单位依法进行分包，分包单位应按分包合同的约定对其分包工程的质量向总承包单位负责，总承包单位与分包单位对分包工程的质量承担连带责任。

施工单位未尽到上述质量责任时，根据其违法行为的严重程度，将受到责令改正、罚款、降低资质等级、责令停业整顿、吊销资质证书等处罚。对不符合质量标准的工程，要负责返工、修理，并赔偿因此造成的损失；对降低工程质量标准，造成重大安全事故，构成犯罪的，要追究直接责任人的刑事责任。

4. 工程建设监理单位的质量责任与义务

（1）遵守执业资质等级制度的责任。工程监理单位应在其资质等级许可的范围内承担工程监理业务，不得超越本单位资质等级许可的范围或以其他工程监理单位的名义承担工程监理业务。禁止工程监理单位允许其他单位或个人以本单位的名义承担工程监理业务。工程监理单位也不得将自己承担的工程监理业务进行转让。

（2）回避责任。工程监理单位与被监理工程的施工承包单位以及建筑材料、建筑构配件和设备供应单位有隶属关系或其他利害关系的，不得承担该项建设工程的监理业务，以保证监理活动的公平、公正。

（3）坚持质量标准，依法进行现场监理的责任。工程监理单位应选派具有相应资格的总监理工程师进驻施工现场。监理工程师应依据有关技术标准、设计文件和建设工程承包合同及工程监理规范的要求，采取旁站、巡视和平行检验等形式，对建设工程实施监理，对违反有关规范及技术标准的行为进行制止，责令改正；对工程使用的建筑材料、建筑构配件和设备的质量进行检验，不合格者不准使用。工程监理单位不得与建设单位或施工单位串通一气，弄虚作假，降低工程质量。

工程监理单位未尽上述责任影响工程质量的，将根据其违法行为的严重程度，给予责令改正、没收非法所得、罚款、降低资质等级、吊销资质证书等处罚。造成重大安全事故、构成犯罪的，要追究直接责任人员的刑事责任。

5. 材料、设备供应单位的质量责任与义务

建筑材料、构配件生产及设备供应单位必须具备相应的生产条件、技术装备和质量保证体系，具备必要的检测人员和设备，并应把好产品看样、订货、

存储、运输和核验的质量关，其供应的建筑材料、构配件和设备质量应符合国家或行业现行有关技术标准规定的合格标准和设计要求，并应符合以其产品说明、实物样品等方式表明的质量状况。其产品或其包装上的标识则应符合下述要求：

(1) 有产品质量检验合格证明。

(2) 有中文标明的产品名称、生产厂厂名和厂址。

(3) 产品包装和商标样式符合国家有关规定和标准要求。

(4) 设备应有详细的产品使用说明书，电器设备还应附有线路图。

(5) 获得生产许可证或使用产品质量认证标志的产品，应有生产许可证或质量认证的编号、批准日期和有效期限。

建筑材料、构配件及设备的供需双方均应签订购销合同，并按合同条款进行质量验收。建筑材料、构配件生产及设备供应单位对其生产或供应的产品质量负责。

6.2.5 建设工程返修及损害赔偿

1. 保修期内的返修责任

(1) 质量返修范围。建设工程自办理交工验收手续后，只要在规定的保修期内，则无论是因施工造成的质量缺陷，还是因勘察设计、材料等原因造成的质量缺陷，都应由施工单位负责维修。而此处所称的质量缺陷，是指工程不符合国家或行业的有关技术标准、设计文件及合同中对质量的要求。

(2) 保修期限。保修期从竣工验收交付使用之日算起，具体保修期限由发包方与承包方约定，但其最低保修期限不得低于国务院规定的下述标准：

1) 基础设施工程、房屋建筑的地基基础工程和主体结构工程，为设计文件规定的该工程的合理使用年限。

2) 屋面防水工程，有防水要求的卫生间、房间和外墙面的防渗漏为5年。

3) 供热与供冷系统，为两个采暖期、供冷期。

4) 电器管线、给排水管道、设备安装和装修工程为两年。

(3) 返修程序。施工单位自接到保修通知书之日起，必须在两周内到达现场与建设单位共同明确责任方商议返修内容。属施工单位责任的，施工单位应按约定日期到达现场，如施工单位未能按期到达现场，建设单位应再次通知施工单位，施工单位自接到再次通知书的一周内仍不能到达时，建设单位有权自行返修，所发生的费用由原施工单位承担；不属施工单位责任的，建设单位应与施工单位联系，商议维修的具体期限。

(4) 返修的经济责任。

1) 因施工单位未按国家有关规范、标准和设计要求施工而造成的质量缺陷，由施工单位负责返修并承担经济责任。

2）因设计原因造成的质量缺陷，由设计单位承担经济责任，由施工单位负责维修，其费用按有关规定通过建设单位向设计单位索赔，不足部分由建设单位负责。

3）因建筑材料、构配件和设备质量不合格引起的质量缺陷，属于施工单位采购的或经其验收同意的，由施工单位承担经济责任，属于建设单位采购的，由建设单位承担经济责任。

4）因使用单位使用不当造成的质量问题，由使用单位自行负责。

5）因地震、洪水、台风等不可抗力造成的质量问题，施工单位、设计单位不承担经济责任。

2. 危险房屋的返修责任

（1）新建、扩建、改造后的房屋被鉴定为危险房屋的，其安全隐患如为设计造成的，将依法追究设计单位及直接责任人的责任；如为施工造成的，将依法追究施工单位及其直接责任人的责任；如为使用不当造成时，将追究使用人的责任。

（2）历史遗留房屋被鉴定为危险房屋的，其返修责任由房屋所有人负责，房屋所有人必须按照鉴定机构的处理建议，及时加固或修缮治理。当所有人未按鉴定机构的处理建议处理，或使用人有阻碍行为的，房地产行政主管部门有权指定有关部门代修，或采取其他强制措施，发生的费用由责任人承担。

（3）异产毗连危险房屋的各所有人，应按照国家对异产毗连房屋的有关规定，共同履行治理责任。拒不承担责任的，由房屋所在地行政主管部门调查处理；当事人不服的，可向当地人民法院起诉。

（4）因下列原因造成事故的，房屋所有人应承担民事或行政责任。

1）有险不查或损坏不修。

2）经鉴定机构鉴定为危险房屋而未采取有效的解危措施。

（5）因下列原因造成事故的，使用人、行为人应承担民事责任。

1）使用人擅自改变房屋结构、构件、设备或使用性质。

2）使用人阻碍房屋所有人对危险房屋采取解危措施。

3）行为人由于施工、堆物、碰撞等行为危及房屋。

（6）有下列情况，鉴定机构应承担民事或行政责任。

1）故意把非危险房屋鉴定为危险房屋而造成损失。

2）因过失把危险房屋鉴定为非危险房屋，并在有效时限内发生事故。

3）因拖延鉴定时间而发生事故。

上述行为各当事人给他人造成生命财产损失，已构成犯罪的由司法机关依法追究刑事责任。

3. 异产毗连房屋的返修责任

异产毗连房屋是指结构相连或具有共有、共用设备和附属建筑而为不同所有人所共有的房屋，其返修责任如下：

(1) 当房屋是自然损坏或因不可抗力造成损坏时的返修责任。

①房屋主体结构中的基础、柱、梁、墙的返修，由共有房屋所有人按份额比例分担。

②共有墙体的返修（包括因结构需要而涉及的相邻部位的返修），按两侧均分后，再由每侧房屋所有人按比例分担。

③楼盖的返修，其楼面与顶棚部位，由所在层房屋所有人负责；其结构部位，由毗连层上下房屋所有人按份额比例分担。

④不上人屋盖，由修缮所及范围覆盖下各层的房屋所有人按份额比例分担。可上人屋盖（包括屋面和周边护栏），如为各层所共有，由修缮所及范围覆盖下各层的房屋所有人按份额比例分担；如仅为若干层使用，则使用层的房屋所有人分担一半，其余一半由修缮所及范围覆盖下各层房屋所有人按份额比例分担。

⑤各层共用的楼梯及楼梯间（包括出屋面部分）的返修，由房屋所有人按份额比例分担；为某些层所专用的楼梯及楼梯间（包括出屋面部分），其返修由专用的房屋所有人按份额比例分担。

⑥房屋共有部位必要的装饰，由受益的房屋所有人按份额比例分担。

⑦房屋共有、公用的设备和附属建筑（如电梯、水泵、暖气、水卫、电照、沟管、垃圾道、化粪池等）的修缮，由所有人按份额比例分担。

(2) 当房屋损坏是因使用不当造成的，其返修责任由造成损坏的责任人负责。

(3) 异产毗连房屋经房屋安全鉴定机构鉴定为危险房屋的，房屋所有人必须按有关规定及时返修治理。

(4) 房屋使用人和所有人对房屋的返修，必须符合城市规划、房地产管理、消防和环境保护等部门的要求，并应按照有利使用、共同协商、公平合理的原则，正确处理毗连关系。

(5) 售给个人的异产毗连公有住房，其共有部位和共用设备的返修责任，将依照国家住房制度改革的有关规定执行。

4. 损害赔偿

《消费者权益保护法》规定："使用商品者及接受服务者受到人身、财产损害的，享有依法获得赔偿的权利。"《建设工程质量管理办法》也规定："因建设工程质量缺陷造成人身、缺陷工程以外的其他财产损害的，侵害人应按有关规定，给予受害人赔偿。"

根据《民法通则》和《产品质量法》，因建设工程质量缺陷造成受害人人身伤害的，侵害人应当赔偿医疗费、因误工减少的收入、残废者生活补助费等费用；造成受害人死亡的，并应支付丧葬费、抚恤费、死者生前扶养的人所必要的生活费用等。因建设工程质量缺陷造成受害人财产损失的，侵害人除承担返修责任外，对其其他财产损失，应予赔偿。对于因建设工程质量存在缺陷造成损害、要求赔偿的诉讼时效期限为一年，自当事人知道或应当知道其权益受到损害时起计算。

复习思考题

1. 工程建设安全生产包含哪些内容？工程建设安全生产责任是如何规定的？

2. 企业的安全教育和培训考核制度都包括哪些内容？

3. 女职工和未成年职工应享受哪些特殊劳动保护？

4. 建筑装修工程应遵守哪些规定？

5. 施工现场的安全管理工作有哪些内容？

6. 如何保障施工现场周边环境的安全？

7. 何谓工程建设重大事故？工程建设重大事故发生后的处理程序是如何规定的？

8. 我国现行的《质量管理和质量保证》体系系列标准有哪些？

9. 建筑业企业应如何选择适用的质量保证体系标准？

10. 建设工程质量监督站是什么机构？它的权限与责任是什么？

11. 建设工程质量检测机构是什么性质的机构？

12. 为提高建设工程质量，我国设立了哪些优秀工程奖项？

13. 什么是建材生产许可证制度？

14. 为什么要规定建设单位的质量责任？它的具体责任有哪些？

15. 工程勘察设计单位的质量责任有哪些？

16. 总包单位和分包单位的质量责任是如何规定的？

17. 工程建设监理单位和材料设备供应单位对工程质量都要承担哪些责任？

18. 建设工程的保修期限从何时算起？我国现行规定的保修期限是多长？

19. 施工单位拒绝保修时，建设单位应如何处理？

20. 危险房屋的返修责任是如何认定的？

第 7 章　建设工程合同管理法规

7.1　概述

7.1.1　建设工程合同的概念

合同，又称契约，是当事人之间确立一定权利、义务关系的协议。广义的合同，泛指一切能发生某种权利、义务关系的协议。我国于 1999 年 10 月 1 日开始实施的《中华人民共和国合同法》(以下简称《合同法》) 中，对合同的主体及权利、义务的范围都做了限定，即合同是平等主体之间确立民事权利、义务的协议，采用了狭义的合同概念。

建设工程合同是承包方与发包方之间确立的承包方完成约定的工程项目，发包方支付价款与酬金的协议，它包括工程勘察、设计、施工合同。它是合同法中记名合同的一种，属合同法调整范围。

需要指出的是，除建设工程合同以外，工程建设过程中还会涉及许多其他合同，如设备、材料的购销合同，工程监理的委托合同，货物运输合同，工程建设资金的借贷合同，机械设备的租赁合同，保险合同等等，这些合同同样也是十分重要的。它们分属各个不同的合同种类，分别由《合同法》和相关法规加以调整。

7.1.2　建设工程合同的特征

1. 合同标的的特殊性

建设工程合同的标的涉及建设工程的服务，而建设工程又具有产品固定，不能流动；产品多样，需单个完成；产品耗用材料多，所需资金大；产品使用时间长，对社会影响极大的特点。这些都决定了建设工程合同的重要性，也使得建设工程合同具有了一些有别于一般合同的法律特征。

2. 合同主体的特殊性

工程建设技术含量较高、社会影响很大，所以，法律对建设工程合同主体的资格有严格的限制，只有经国家主管部门审查，具有相应资质等级，并经登记注册，领有营业执照的单位，才具有签约承包的民事权利能力和民事行为能力。任何个人及其他单位都不得承包工程，也不具有签约资格。

3. 合同形式的特殊性

工程建设过程周期长，涉及因素多，专业技术性强。当事人之间的权利、义务关系十分复杂，不是简单的口头约定就能解决问题的，所以，我国法律规定，建设工程合同必须采用书面形式。另外，为使合同内容更为严谨周密，双方当事人的权利、义务更为平等合理，相关国际组织及各国政府或行业协会都组织专家进行研究，制定出了一批合同样本或示范文本，推荐给当事人加以选择使用，如国际咨询工程师联合会（FIDIC）制定的《土木工程施工合同条件》、《设计—建造与交钥匙工程合同条件》，世界银行制定的《土木工程国际竞争性招标文件》，我国建设部、国家工商局制定的《建设工程勘察合同》、《建设工程设计合同》、《建设工程施工合同》等。这些范本对节省当事人的时间和精力，保证当事人权利、义务的平等提供了极大的便利。

4. 合同监督管理的特殊性

正因为建设工程合同具有上述的特殊性，所以，国家对建设合同的监督管理也十分严格。如工程承发包双方的资质要接受有关部门的审查；建设工程合同签订以后，必须报有关建设行政主管部门审查批准后才能生效；合同履行的过程，也要接受有关部门的监督检查；建设工程的拨款、贷款、结算，要接受银行的监督等等。

7.1.3 建设工程合同的约束力

国际有关组织及各国政府所制定的合同样本或示范文本，可给当事人带来很大的便利，但它们不是法律文件，充其量只能算“惯例”，因而不具有强制使用的效力。依据合同自由原则，当事人完全享有选用、修改或完全弃用及另行商订的权利。我国《合同法》也明确规定“当事人可以参照各类合同的示范文本订立合同”。这就给了当事人自由选择、自主协商的权利，任何部门不得做出强制使用某种合同样本的规定和限制。当然，当政府作为建设工程的投资人，以业主的身份要求必须采用某一示范文本时，它是从当事人一方的地位提出双方成交的条件，这是合法的。但对非政府投资的其他工程，它不得做出必须采用某种合同样本的限制。

建设工程合同与其他合同一样，一旦签订，就对当事人有极强的约束力。在西方一些发达国家，有“合同至上”原则，他们认为合同就是“当事人之间的法律”，当事人必须严格遵守。我国合同法律制度中虽还没明确确立这一原则，但这一思想已在相关法律规定中有所体现。《合同法》规定：“依法成立的合同，对当事人具有法律约束力。当事人应当按照约定履行自己的义务，不得擅自变更或者解除合同”，“依法成立的合同，受法律保护”。在国际经济交往中，也有“有约必守”的原则。因此，在合同成立之前，当事人享有“合同自由”的权利，可以充分按照自己的意愿进行协商谈判，任何人都不得将自己的意志强加给他人。但一旦达成协议，当事人就应严格履行合同约定的义务，如若违反合同的约定，就应承担相应的违约责任。这一切，都是由法律作后盾予以保护的。

7.1.4 工程建设合同管理法规立法概况

自党的十一届三中全会以来，我国先后制定了《经济合同法》、《涉外经济合同法》和《技术合同法》，对保护合同当事人的合法权益、维护社会经济秩序、促进经济发展起到了重要作用。但随着改革开放的深入和发展，这三部合同法已不适应社会的需要，为此，全国人民代表大会九届二次会议讨论通过了《中华人民共和国合同法》，并于1999年10月1日起正式施行，原有的三部合同法随之废止。这部合同法既对所有合同都应遵守的签订原则与程序、合同的效力、合同的履行等做了明确的规定，又在分则中将建设工程合同单列出来，针对建设工程合同自身特点做出了更为具体的规定，它已成为建设工程合同管理中效力最高的法律依据。除此以外，国务院及其建设部、国家工商行政管理总局等部委还先后颁行了行政法规和部门规章及规范性文件，这些也是我们在建设工程合同管理中应该遵循的。这些行政法规及部门规章有：国务院颁发的《建设工程勘察设计合同条例》（1983年），《建筑安装工程承包合同条例》（1983年），建设部发布的《建设工程施工合同管理办法》（1993年），建设部、国家工商行政管理总局共同发布的《建设工程勘察设计合同管理办法》（1996年）等。为规范合同格式及内容，建设部还先后制定发布了建设工程勘察合同、建设工程设计合同、建设工程施工合同、建筑装饰工程施工合同、工程建设监理合同等合同示范文本，可供我们在签订有关合同时参考、选用。

7.2 建设工程合同的签订

7.2.1 建设工程合同签订的原则

1. 平等原则

平等原则是指合同的当事人，不论其是自然人，还是法人，也不论其经济实力的强弱或地位的高低，他们在法律上的地位一律平等，任何一方都不得把自己的意志强加给对方。同时，法律也给双方提供平等的法律保护及约束。

2. 合同自由原则

合同自由原则是指合同的当事人在法律允许的范围内享有完全的自由，可按自己的意愿缔结合同，为自己设定权利和义务，任何机关、组织和个人都不得非法干预。合同自由原则是市场经济对法律提出的要求，没有合同自由就没有真正的市场经济。合同自由原则主要表现在当事人有缔结或不缔结合同的自由，选择与谁缔结合同的自由，决定合同内容的自由，选择合同形式的自由，变更和解除合同的自由。当然，上述自由不是自由放任，而是在法律允许范围内所享有的自由。

3. 公平原则

公平原则是指以利益均衡作为价值判断标准，依此来确定合同当事人的民事权利、民事义务及其承担的民事责任。它具体表现为：合同的当事人应有同等的进行交易活动的机会；当事人所享有的权利与其所承担的义务应大致相当，不得显失公平；当事人所承担的违约责任与其违约行为所造成的实际损害应大致相当；当实际情况发生重大变化导致不能维持合同效力时，合同内容应得到相应变更等。

4. 诚实信用原则

诚实信用原则简称诚信原则，是指合同当事人在行使权利、履行义务时，都应本着诚实、善意的态度，恪守信用，不得滥用权利，也不得规避法律或合同规定的义务。它是市场经济活动中的道德准则在法律中的体现，也是维护市场经济秩序的必然要求。诚实信用原则是一切民事行为都应遵循的“黄金原则”，它可平衡当事人之间及当事人与社会之间的利益关系，在法律规定不明确时，法院可据此行使公平裁决权，因此，它还可在一定程度上弥补法律规定之不足。

5. 遵守法律，遵守社会公德，不得损害社会公共利益的原则

《合同法》规定：“当事人订立、履行合同，应当遵守法律、行政法规，遵守社会公德，不得扰乱社会经济秩序，损害社会公共利益”。这就要求当事人在订立合同时，必须按照法律的规定来订立，不得采用欺诈、胁迫等有违社会公德的手段，更不得损害社会经济秩序和社会公共利益，否则，其合同将不具有法律效力。这些都是法律为防止当事人滥用权利进行的约束，也充分体现了法律对社会的保护。

7.2.2 建设工程合同签订的程序

签订经济合同一般要经过要约与承诺两个步骤，而建设工程合同的签订有其特殊性，需要经过要约邀请—要约—承诺三个步骤。

1. 要约邀请

要约邀请是指当事人一方邀请不特定的另一方向自己提出要约的意思表示。在合同法中，要约邀请行为属于事实行为而一般没有法律约束力，只有经过被邀请的一方做出要约并经邀请方承诺后，合同方能成立。

在建设工程合同签订的过程中，发包方发布招标通告或招标邀请书的行为就是一种要约邀请行为，其目的在于邀请承包方投标。在建设工程合同签订程序中有一个显著的特点：受要约人（承诺人）是特定的，而要约人是不特定的。

2. 要约

要约是指当事人一方向另一方提出合同条件，希望另一方订立合同的意思表示。提出要约的一方称为要约人，另一方则称为受要约人。要约是以签订合同为目的的一种意思表示，首先必须符合签订合同的原则，其内容必须具体明

确，并应包括合同应具备的主要条款，而且必须向受要约人提出。要约具有法律约束力，要约生效后，要约人不得擅自撤回或更改。在建设工程合同签订过程中，承包方向发包方递交投标文件的投标行为就是一种要约行为，投标文件中应包含建设工程合同应具备的主要条款，如工程造价、工程质量、工程工期等内容，作为要约的投标对承包方具有法律约束力，表现在承包方在投标生效后无权修改或撤回投标以及一旦中标就必须与发包方签订合同，否则要承担相应责任等。

3. 承诺

承诺是指受要约人完全同意要约的意思表示。它是受要约人愿意按照要约的内容与要约人订立合同的允诺。承诺的内容必须与要约完全一致，不得有任何修改，否则将视为拒绝要约或反要约。承诺必须在要约规定的有效期限内向要约人提出，而承诺生效的时间就是要约人收到承诺的时刻。承诺人（受要约人）做出承诺后，即受到法律的约束，不得任意变更或解除承诺。在招标投标中，发包方经过开标、评标过程，最后发出中标通知书，确立承包方的行为即为承诺。《招标投标法》规定："招标人和中标人应当自中标通知书发出之日起三十日内，按照招标文件和中标人的投标文件订立书面合同"。因此，确定中标单位后，发包方和承包方各自均有权利要求对方签订建设工程合同，也有义务与对方签订建设工程合同。

7.2.3 建设工程合同的主要内容

建设工程合同的主要内容，也就是建设工程合同的主要条款。建设工程合同除了标的、数量和质量、价款或者酬金、履行期限、履行地点和方式、违约责任、合同纠纷解决方法等《合同法》规定一般应包含的条款外，以建设工程施工承包合同为例，还必须约定以下主要条款：

1. 合同文件的组成部分

在这一条款中应明确建设工程合同除合同本身外，还包括洽商、变更、明确双方权利与义务的备忘录、纪要和协议。中标通知书、招标投标文件、工程量清单或确定工程造价的工程预算书和图纸以及有关的技术资料和技术要求，这些都是合同的组成部分。同时还应明确各组成部分的解释顺序。

2. 建设工程项目的概况

这一条款应明确写出工程的名称、详细地址、工程内容、承包范围和方式、建筑面积、建设工期、质量等级等内容。在表述这些内容时应尽可能确切，以建设工程中的开工日期为例，不能出现"大约、左右"之类的词语，如签订合同时确切的开工时间无法确定，则应明确如何确定开工日期，如可表示为"以甲方下达书面开工令载明的日期为正式开工日期"等。同时，明确提前竣工、延误工期的奖惩办法。

3. 建设工程合同当事人的责任

(1) 甲、乙双方驻工地代表的职权范围。这一条款直接关系到在工程建设过程中签证的有效性问题。一般应在合同中明确甲、乙双方驻工地代表的姓名及其职权范围，还可以在合同中明确驻工地代表签证的限额，这样有利于发生问题后能够按双方约定的职权范围及时解决，不至于因权限不明、互相推托影响工程工期。

(2) 甲、乙双方的职责。这一条款应尽量制定得详细，明确划分双方的职责范围，使双方能够各司其职，将建设工程顺利完成。一旦发生任何一方不履行合同规定的义务情况，也可以按合同规定的方式处理。

4. 建设工程合同款与支付

这一条款中应写明约定工程造价的依据、确定工程造价的方式（是按甲、乙双方审定的工程预算还是按招标工程的决标金额等)、约定工程造价的调整方式（是实行固定价格还是可调价格，如为可调价格，还应明确可调因素，如工程量增减、甲方认可的设计变更、材料的价格调整等)。同时应约定调整工程造价的方法、程序和时间。这一点无论对于哪一方都是非常重要的。

5. 竣工与决算

这一条款与承包方的利益有较大的关系，直接影响到承包方工程款的取得。在实践中，因为这一条款约定不明确产生纠纷的情况很多。尤其是在一些边设计、边修改、边施工情况下，由于合同造价的不确定，又没有事先约定确定造价的程序、期限和方式，往往在工程最终结算时引起矛盾，酿成纠纷。因此在本条款中应约定最后决算的涵义，即明确是以经甲方认可的乙方提交的结算报告书为准，还是以审计单位的结果为准。同时还应明确双方对决算价格发生争议后解决的方式、时间，明确由审价单位进行审价的程序和方法以及审价的约束力。

除了上述条款外，建设工程合同还有其他重要的条款，如违约责任条款、变更和解除合同条款、工程保险条款等。

7.2.4 缔约过失责任

1. 缔约过失责任的概念

缔约过失责任是指在合同订立过程中，一方当事人因过错而导致另一方信誉、利益的损失所应承担的民事责任。在合同成立之前，订立合同的当事人之间原本并无权利、义务关系，但自双方相互接触商谈合同起，就会产生诸如相互协助、相互照顾、相互保护、相互通知等义务，双方都应遵循诚实信用的原则，尽量达成协议，以使合同成立。当事人这种基于诚实信用原则而产生的缔约过程中的义务，并不是因合同而产生的义务，它是一种先合同义务（或称合同前义务)。以往，我国只从道德的层面上对这种义务加以肯定， 并未从法律的角度对这种义务加以规范。这次新颁行的《合同法》对此则有明确规定。违反上述义务的当事人，必须对对方的损失承担赔偿责任，这即是缔约过失责任。

2.《合同法》规定如下情况承担缔约过失责任

(1) 假借订立合同，恶意进行磋商。即当事人根本无订立合同的诚意，而是采用欺骗、胁迫等手段，诱使或迫使对方与之谈判，造成对方损失。

(2) 故意隐瞒与订立合同有关的重要事实或提供虚假情况。如有上述行为，造成对方损失的，应予赔偿。

(3) 其他违背诚实信用原则的行为。这些行为包括：擅自变更、撤回要约；违反已签订的意向书；未尽通知义务；未办合同应经过的审批手续等。

(4) 泄露或不正当使用对方的商业秘密。在订立合同过程中，有可能了解到对方的技术信息和经营信息，这些皆为商业秘密，对此，当事人负有保密义务。如因泄密或不正当使用造成对方损失，必须承担赔偿责任。

7.3 建设工程合同的履行

7.3.1 建设工程合同履行的原则

1. 实际履行原则

实际履行原则是指合同当事人按照合同规定的标的履行。除非由于不可抗力，否则签订合同当事人应交付和接受标的，不得任意降低标的物的标准、变更标的物或以货币代替实物。建设工程合同的实际履行就是合同当事人必须依据建设工程合同规定的标的不折不扣地实现其内容的行为。建设工程合同的标的就是建设工程项目的建设行为，这些项目包括：工业、公路、铁路、水利、石油、林业、一般民用建筑项目等。由于建设工程项目是特定的不动产产品，具有不可替代的特点，因此建设工程合同签订后，合同当事人就必须按照合同规定的内容和范围实际履行，承包方应按期保质地交付勘察设计成果和建设工程，发包方则应及时予以接受。

2. 全面履行原则

全面履行原则是指合同当事人必须按照合同规定的标的、质量和数量、履行地点、履行价格、履行时间和履行方式等全面地完成各自应当履行的义务。建设工程合同的全面履行就是合同当事人必须按照合同规定的所有条款完成工程建设任务，包括履行标的——工程项目的建设行为、履行期限——工程工期、履行地点——工程所在地、履行价格——工程造价等。同时，对建设工程合同全面履行的检验，需经过工程竣工、验收和竣工决算。因此，在合同中必须明确履行标的、履行期限、履行价格以及标的质量等内容。如果合同条款对上述主要内容的约定不明，当事人又不能通过协商达成补充协议的，则应按照合同有关条款或交易习惯确定；如仍确定不了，则可根据适当履行的原则，在适当的时间、适当的地点、以适当的方式来履行。

7.3.2 合同履行中的抗辩权

抗辩权是指当事人一方依法对抗对方要求和权利主张的权利。

合同履行中的抗辩权，就是在双务合同中，在满足一定法定条件时，合同当事人一方可以对抗对方当事人的履行要求，暂时拒绝履行合同约定的义务的权利。它是法律为确保双务合同履行而特别设定的法律制度，我国以前的有关合同法对此都没做规定，而1999年新颁行的《合同法》中则有了明确规定，这对合同的履行具有重要的意义。

双务合同履行中的抗辩权可分为同时履行抗辩权和异时履行抗辩权两种。

1. 同时履行抗辩权

同时履行是指合同没有约定双方履行的先后顺序，而是在一定期限内，双方当事人不分先后地履行各自义务的行为。这里的“同时”是指一定的期限，而不能机械地理解为同一时刻。同时履行抗辩权，又称不履行抗辩权，是指同时履行的双务合同当事人在对方未为对待给付之前，有权对抗对方的履行要求，拒绝自己的履行。《合同法》规定：“当事人互负债务，没有先后履行顺序的应当同时履行。一方在对方未履行之前有权拒绝其履行要求。一方在对方履行债务不符合约定时，有权拒绝其相应的履行要求”。

2. 异时履行抗辩权

异时履行是指合同已明确约定双方履行的先后顺序。此时，不论是先履行的一方，还是后履行的一方，都可依法享有抗辩权。

(1) 后履行一方的抗辩权。合同法规定，先履行一方应当先行履行自己的义务，当其未予履行，或虽已履行但不符合合同的约定时，后履行的一方可以行使抗辩权，有权拒绝先履行一方的履行请求。

(2) 先履行一方的抗辩权——不安抗辩权。它是指按合同约定，本应先行履行义务的一方，在有确切证据证明对方的财产明显减少或难以对待给付时，他有拒绝履行的权力。先履行一方的这种抗辩权也可称为拒绝权，这种拒绝履行的行为则可称为中止履行。这是法律对先履行一方合法权益的有力保护。

《合同法》规定，当对方出现下述情形之一时，即可行使不安抗辩权。

经营状况严重恶化；转移财产、抽逃资金，以逃避债务；丧失商业信誉；有丧失或可能丧失履行债务能力的其他情形。为保护对方当事人的合法权益，维护正常的经济秩序，《合同法》对不安抗辩权的行使也做了限制。这种限制主要表现在以下三方面：一是要有确切证据，当事人没有确切证据就中止履行的，应认定为违约，并应承担相应责任；二是依法中止履行时，必须及时通知对方当事人，否则，仍应承担相应责任；三是中止履行后，一旦对方当事人提供了适当担保，就应当恢复履行，否则，将被认定为违约。

在中止履行后，对方当事人如在合理期限内未恢复履行能力，并且未提供适当担保，先履行的一方可解除合同。

7.3.3 建设工程合同履行的担保

合同履行的担保，是保证合同履行的一项法律制度，是合同当事人为全面履行合同及避免因对方违约遭受损失而设定的保证措施。合同履行的担保是通过签订担保合同或是在合同中设立担保条款来实现的。担保合同是从合同，被担保合同是主合同。担保合同将随着被担保合同的履行而消失。而当被担保人不履行其义务且不承担相应责任时，担保人则应承担其担保责任。建设工程合同的担保形式主要有保证、抵押、定金和留置四种。

1. 保证

保证是指保证人与债权人约定，当债务人（被保证人）不履行债务时，由保证人按照约定代为履行或代为承担责任的担保方式。保证人是合同当事人（被保证人与债权人）以外的第三人，一旦担保成立，他就成为被保证人所负债务的从债务人，当被保证人不履行自己的债务时，保证人就有代为履行的义务，而当他代为履行或代为赔偿后，就成为被担保人的债权人，可对被保证人行使追偿权。

我国《担保法》将保证分为一般保证和连带责任保证。一般保证是指被保证人不能履行债务时，才由保证人承担保证责任的保证方式，此时保证人只为违约责任的第二履行人，而被保证人为违约责任的第一履行人。连带责任保证是指在被保证人履行债务之前，债权人就可以要求保证人承担保证责任，即保证人和被保证人对违约行为承担连带责任，他们同为第一履行人。《担保法》还规定：“当事人对保证方式没有约定或者约定不明确的，按照连带责任保证承担保证责任”。

《担保法》还规定，国家机关、事业单位及社会团体不得担当保证人替人担保。

建设工程合同中最常见的银行为工程承包单位开具的履约保函，即是银行充当保证人为承包单位担保的保证方式。

2. 抵押

抵押是指合同当事人一方或者当事人以外的第三人向另一方当事人提供一定的财产作为抵押，以保证合同履行的担保方式。交出财产进行抵押的一方为抵押人，接受财产抵押的一方为抵押权人。当合同当事人一方不履行合同义务时，当事人另一方（抵押权人）就有权依照法律规定以抵押物折价或将抵押物变卖，并从中优先受偿。在国际上抵押是一种非常受欢迎的担保方式，因为它能比较充分地保障债权人的利益。采用抵押担保时，抵押人和抵押权人应以书面形式订立抵押合同。我国《担保法》还规定，抵押物为土地使用权、城市房地产、林木、乡镇企业的厂房、航空器、船舶、车辆、企业的设备和其他动产的，应到相关部门办理抵押物登记手续，否则，抵押合同无效。

3. 定金

定金是合同签订后，但还没有履行前，当事人一方向另一方支付一定数额的金钱或其他有价代替物，以保证合同履行的担保方式。其担保作用体现在：交付定金的一方不履行合同，则无权要求返还定金；收取定金的一方不履行合同，则应双倍返还定金。

应当注意的是，定金与预付款在形式上好像完全一样，但它们的性质是完全不同的，定金起担保作用，而预付款只是起资助作用。当当事人违约时，定金起着制裁违约方、补偿被违约方的作用，而预付款则无此作用，无论哪一方违约，均不得采取扣留预付款或要求双倍返还预付款的行为。

定金也不同于违约金，定金是合同的一种担保方式，而违约金只是对违约的一种制裁手段，违约金并不事先支付，被违约方只能通过事后请求支付的方式才能真正获得。

在建设工程勘察和设计合同中，通常都采用定金这种担保方式。

4. 留置

留置是指合同当事人一方依据合同，事先合法占有对方财产，当对方不履行合同时，可对所占有的财产进行留置，并依法将留置财产折价或变卖并从中优先受偿的担保方式。留置这种担保方式只能用于一方已事先合法占有了对方财产的特定情况，所以，它常用于仓储、保管合同，来料加工、来件装配、加工定做等承揽合同及货物运输合同中。建设工程在竣工验收交付使用前，工程由承包方负责看管，从法律上看，承包方是事先合法掌握了发包方的财产，但由于建设工程对社会影响巨大，长期以来我国法律并未认可承包方的留置权。《合同法》规定："发包人未按照约定支付价款的，承包人可以催告发包人在合理期限内支付价款。发包人逾期不支付的，除按照建设工程的性质不宜折价、拍卖的以外，承包人可以与发包人协议将该工程折价，也可以申请人民法院将该工程依法拍卖。建设工程的价款就该工程折价或者拍卖的价款优先受偿。"这就从法律上充分肯定了建设工程承包方的留置权，当然，建设工程留置权的实际行使还有许多具体问题有待研究。

7.3.4 建设工程合同的保全

合同的保全是指法律为防止合同债务人的财产不当减少，维护其财产状况，允许合同的债权人向债务人行使一定权利的制度。合同的保全也可理解为法律所强制实施的一般担保，即债务人应以其所有的全部财产来保证其合同债务的履行。它可弥补保证、抵押、定金、留置等特殊担保及民事强制执行的不足。《合同法》所设立的合同保全有两种：代位权和撤销权。

1. 代位权

代位权是指因债务人怠于行使其到期债权，对债权人造成损害的，债权人可以向人民法院请求以自己的名义代位行使债务人的债权的权利。但是，按照《合同法》的规定，该债权专属于债务人自身的除外。代位权的行使范围以债权人的债权为限。债权人行使代位权的必要费用，由债务人负担。

2. 撤销权

撤销权是指因债务人放弃其到期债权或者无偿转让财产，对债权人造成损害的，债权人可以请求人民法院撤销债务人的行为。债务人以明显不合理的低价转让财产，对债权人造成损害，并且受让人知道该情形的，债权人也可请求人民法院撤销债务人的行为。

撤销权的行使范围以债权人的债权为限。债权人行使撤销权的必要费用，由债务人负担。撤销权自债权人知道或者应当知道撤销事由之日起一年内行使。自债务人的行为发生之日起五年内没有行使撤销权的，该撤销权消灭。

7.3.5 建设工程合同的变更

合同的变更，广义而言应包括合同内容的变更及合同主体的变更。建设工程合同的承包人是经过选择，基于信任才确定的，所以，履行合同时承包人应坚持亲自履行原则，《合同法》、《建筑法》、《招标投标法》中都明确规定，承包人不得将其承包的全部建设工程转包给第三方。所以，建设工程合同的变更只是狭义的合同变更，即指在合同主体不变的前提下合同内容的修改与补充。

由于建设工程合同履行的期限长，涉及范围广，影响因素多，因此，一份建设工程合同签订得再好，签约时考虑得再全面，履行时也免不了因工程实施条件及环境的变化而需对合同约定的事项进行修正，即对建设工程合同的内容进行变更。应该说，建设工程合同（主要是施工合同）不断进行变更是正常的、司空见惯的，一份合同履行到底，不做任何变更是不多见的。

建设工程合同的变更是通过工程签证来加以确认的，实际上就是工程承发包双方在施工过程中对支付各种费用、顺延工期、赔偿损失等事项所达成的补充协议。经双方书面确认的工程签证，将成为工程结算或工程索赔的依据。

《合同法》规定："当事人协商一致，可以变更合同"。工程签证是双方协商一致的结果，是对原合同进行变更的法律行为，具有与原合同同等的法律效力，并构成整个工程合同的组成部分。工程签证的范围、权限、程序等问题都应在建设工程合同中加以确定，我国建设部、国家工商局颁发的《建设工程施工合同》示范文本及 FIDIC 合同条款中，对此都有相应的规定。

7.4 建设工程合同的索赔

7.4.1 建设工程合同索赔的概念

索赔是当事人依据自己享有的权利向某一方提出的有关资格、财产、金钱及其他方面的赔偿要求。建设工程合同索赔则是指在建设工程合同实施过程中，当事人一方因对方违约或非自身原因而遭到损失时，向对方提出的赔偿要求。在这里有两点要注意。

1. 提出索赔的主体既可是承包方，也可是发包方

发包方对承包方的索赔主要集中在承包方的工程质量和工期未达到合同要求上，而承包方向发包方索赔的范围则广得多，这是因为在合同实施过程中，发包方一直处于主动地位，合同风险主要落在承包方身上。因此在现实生活中，发包方向承包方提出索赔的较少，工程合同索赔主要是由承包方提出的，久而久之，工程界逐步将“索赔”变成了承包方向发包方提出索赔的专用名词，而将发包方向承包方提出的索赔称为“反索赔”。

2. 工程合同索赔的原因与一般商务合同索赔不完全相同

商务合同中，只有在对方违约时才有索赔的问题，而工程建设过程中影响因素多，合同风险大，所以，除了对方违约这种情况外，因工程实施的条件、环境等因素的变化而造成当事人的损失时，也可向对方提出索赔的要求。当然，什么情况下可提出索赔并获得成功，一般都应在合同上约定或依据相关法规来加以判定，不是当事人随意而为的。

建设工程，尤其是规模大、工期长、结构复杂的工程的施工，由于受到水文气象、地质条件变化的影响，以及规划变更和其他一些人为因素的干扰，超出合同约定的条件及相关事项的事情层出不穷，当事人尤其是承包方往往会遭受意外损失，这时，从合同公平原则及诚实信用原则出发，法律应该对其提供保护，允许其通过索赔对合同约定的条件进行公正、适当的调整，以弥补其不应承担的损失。建设工程合同索赔一般都为工期索赔及经济索赔。在国际工程承包中，工程合同索赔是十分正常的现象，一般情况下，工程索赔额往往占到工程总造价的7%左右。在我国，《合同法》、《建筑法》中都对合同工程索赔做出了相应规定，各种合同示范文本中也有相应的索赔条款。

7.4.2 建设工程合同索赔的原因

1. 合同风险分担不均

建设工程合同的风险，理应由双方共同承担，但受“买方市场”规律的制约，合同的风险主要落在承包方一方。作为补偿，法律允许其通过索赔来减少风险，有经验的承包商在签订建设工程合同中事先就会设定自己索赔的权利，一旦条件成熟，就可依据合同约定提出索赔。

2. 施工条件变化

建设工程施工是现场露天作业，现场条件的变化对工程施工影响很大。对于工程地质条件，如地下水、地质断层、熔岩孔洞、地下文物遗址等，业主提供的勘察资料往往是不完全准确的，预料之外的情况经常发生。不利的自然条件及一些人为的障碍导致设计变更、工期延长和工程成本大幅度增加时，即可提出索赔。

3. 工程变更

建设工程施工过程中，业主或监理工程师为确保工程质量及进度，或由于其他原因，往往会发出更换建筑材料、增加新的工作、加快施工进度或暂停施工等相关指令，造成工程不能按原定设计及计划进行，并使工期延长，费用增加，此时，承包方即可提出索赔要求。

4. 工期拖延

工程施工中，由于天气、水文或地基等原因的影响，使施工无法正常进行，从而导致工期延误、费用增加时，即可提出索赔。

5. 业主违约

当业主未按合同约定提供施工条件及未按时支付工程款，监理工程师未按规定时间提交施工图纸、指令及批复意见等违约行为发生时，承包方即可提出索赔。

6. 合同缺陷

由于合同约定不清，或合同文件中出现错误、矛盾、遗漏的情况时，承包方应按业主或监理工程师的解释执行，但可对因此而增加的费用及工期提出索赔。

7. 国家法令的变更

国家有关法律、政策的变更是当事人无法预见和左右、但又必须执行的。当有关法律和政策的变更如法定休息日增加、进口限制、税率提高等造成承包方损失时，承包方都可提出索赔并理应得到赔偿。

8. 其他

其他如不可抗力的发生、因业主原因造成的暂停施工或终止合同等，都可成为索赔的起因。

7.4.3 建设工程合同索赔的依据

在索赔原因发生时，当事人一方应该有充分的依据，才能通过索赔的方式取得赔偿。在实践中，无论是索赔，还是反索赔，基本上都是围绕着索赔事实是否存在、索赔原因是否成立这一前提进行的。索赔的依据包括：

1. 合同和合同文件

工程承包合同是工程承包当事人之间最基本的约定文件。应当指出，不论国内有关部委的合同示范文本，或是国际上权威性组织的合同文件样本，只有为双方所接受并编入有关工程项目合同时，才能作为索赔的依据。

2. 施工文件和有关资料

施工文件中有一部分是属于合同文件的，如图纸、技术规范等。有一些虽然不是正式的合同文件，但它客观地反映了工程施工活动的记录，是证明索赔事实存在的证据，因而也是索赔的重要依据。主要包括：

（1）施工前与施工过程中编制的工程进度表。

（2）每周的施工计划和每日的各项施工记录。

（3）会议记录、会议纪要，应有双方签字。

（4）由承包方提供的各类施工备忘录。

（5）来往信函。

（6）由工程师检查签字批准的各类工程检查记录和竣工验收报告。

（7）工程施工录像和照相资料。

（8）各类财务单据，包括工程单据、发票、收据等。

（9）现场气象记录。

（10）市场信息资料。

（11）其他资料。

从法律上讲，施工文件只有在得到工程师或工程师代表和承包商的确认后，才能构成索赔的依据。

3. 前期索赔文件

前期索赔主要是研究和解决在招标过程中，投标人在投标后至签订承包合同前这一期间所发生的索赔问题。一方面，业主在投标人中标后，可能会提出超出原招标文件范围的要求，或者要求增加不合理的合同条款，致使双方无法签订或迟延签订工程承包合同，给中标方造成经济损失；另一方面，投标人在投标有效期内可能要求撤销投标，或提出严重背离招标文件的要求，拒签合同，给招标单位造成损失。这些事实都会引起前期索赔，而与之有关的招标与投标文件（包括投标保证）以及招标所应遵循的法律是前期索赔的依据。

4. 与工程项目建设有关的公司法、海关法、税法、劳动法、环境保护法等法律及建设法规都会直接影响工程承包活动

当任何一方违背这些法律或法规时，或在某一规定日期之后发生的法律或法规变更，均可能引起索赔。发包方向承包方的索赔往往是直接从承包方应得款项中扣除，而承包方向发包方的索赔则要先提出索赔要求，再报送资料，然后由双方代表协商达成补偿协议后才能获得。如双方对索赔发生争议，一般是先通过双方都可信赖的第三方进行调解解决，如双方分歧严重，调解不成，则可通过仲裁或诉讼的司法程序予以解决。

5．合同的风险与对策

(1) 合同中的风险。随着科学进步和工业技术的发展，建设工程规模越来越大，参加建设的部门及专业也越来越多，而且工期要求越来越短，还有不可摆脱的自然环境、现场条件及社会因素的影响，几乎没有不存在风险因素的工程。这里所说的风险是指建设工程施工中的不确定性经济活动。如果风险发生，并且没有转嫁和减轻的措施，就可能遭受经济损失，甚至导致工程亏本。如果风险很小甚至没发生，该项工程就会得到较高的盈利。但由于风险的不确定性，风险损失与盈利机会同时存在。

1）大量的承包工程合同都有对乙方承担风险的条款。某工程合同协议条款中规定：该工程变更增减费用以××市 1996 年概算定额单项子目划分，每次变更单项子目增减直接费 5000 元（含 5000 元）以上者进行增减调整，低于此额者不予调整。由于实际工程中多数情况是变更需要增加费用，且都是局部变更多，当乙方遇到设计质量不高的施工图时，大量频繁的零星变更就会给乙方带来风险损失。

某工程合同协议条款中规定：当工程变更的费用总额超过合同总价 15% 以上时，甲方对超过的部分应给予补偿。显然，乙方若遇到变更较多的工程，至少要先损失合同总价的 15%。反之，当该工程变更较少时，乙方将会有较高的盈利。

2）合同条文不完整，隐含潜在的风险。某合同中规定每月 20 日支付上个月工程进度款，但因甲方资金筹措受阻，连续三个月拖欠工程款。乙方为了不影响工程进度，垫入了大笔资金。但由于合同中没有具体写入拖欠进度款的处罚规定，导致乙方向甲方对垫支资金利息的索赔失败，蒙受了较大的经济损失。

某合同中只规定了甲方提供施工场地的时间，但没有规定出具体范围和违约（没有按时提供）的处罚赔偿条款；合同中只规定了甲方应提供的钢材、水泥的品种、数量、规格及时间，而没有规定供应材料价款的结算时间及具体办法，结果，甲方要求当即货款两清，乙方则要求在下个月的工程款中扣除；合同中只规定了因甲方原因造成窝工、停工的人工费，而没有明确人工费的计算方法及依据。甲方只承认按人头计工费，乙方则要求计算各种管理费等等。

3）合同中仅对一方规定了约束性条款的不利合同风险。某工程合同中规定，从甲方全部提供施工场地之日起 15 日开工，并按实际开工日计算工期，而后乙方应负延期一切责任。该工程合同开工日为 1998 年 4 月 25 日，由于场地搬迁碰到难题，到 1998 年 6 月 30 日才具备开工条件；基础工程因地下室面积大，正赶雨季施工，投入了大量人力、物力，进度缓慢。因合同签订的条款对乙方十分不利而致使索赔无力。乙方只好自费赴工，避免拖期受罚。

在分包合同中，也常有这样的规定："总包单位同意分包所完成的工程经甲方验收合格签发证单，并在总包取得甲方工程进度款15日内，向分包付款。这样，如果发生甲方拖欠工程款的情况，总包则将拖欠的风险转嫁到了分包方面。如果因总包的其他原因，甲方拒绝付款，则分包商仍得不到工程款。总包则把自身原因引起的麻烦也转嫁到了分包单位身上。

在合同实施中，并非风险都在乙方，甲方也同样存在着风险，只是承担风险的方式不同而已。由于甲方不会因被索赔发生"亏本"，很多人也不认为是风险。但从合同管理角度看，这类风险是常见的。如某合同中规定：为确保××工程按期交付使用，乙方按合同开工日期做施工准备，甲方愈期交不出施工场地，除应承担乙方施工机械、现场人员的损失费用外，还应支付乙方为保证按期交付使用所采取的加速措施费。显然，甲方在处理拆迁、保证施工条件的工作中存在风险。在这一条款中，乙方则占有利的地位，甲方则有极大的合同风险。

(2) 合同风险的对策。合同风险是属于不确定性事件，可能发生，也可能不发生。但由于合同已经签订，即使是对自己非常不利的条文也不能单方面进行修改。因此，合同管理人员在合同实施中，首先是发现合同中的风险，然后是根据工程实际分析风险发生的可能性，采取技术上、经济上和管理上的措施，尽可能避免风险发生，降低风险损失。

1）采取组织措施。对风险较大的工程项目应派遣得力的项目负责人，配备能力较强的工程技术人员及合同管理人员，组建精明强干的项目管理班子。

2）采取技术措施。对工程设计变更及费用调整风险较大的合同款，应以采取技术措施为主的对策。如设计变更较多且费用调整受限制（必须单项而且直接费5000元以上或总变更费用超过合同总价15%以上）的工程，应召集有丰富经验的工程技术人员，全面分析可能变更的各种问题；提出甲方能够接受的，且乙方便于施工、费用少调或不调的合理化建议。从而减少乙方增加施工成本而得不到补偿的变更，或提出的合理建议后甲方能主动提出修改设计，使问题脱离对乙方有风险的合同条款限制。或能找出更多的不合理问题，扩大变更的范围，也可摆脱一般变更的不利条款。

3）采取经济措施。对工程风险较大的某一部分工作，为避免违约承担风险，可相应地采取经济措施减少风险损失。在工程中常见的情况有：在雨季施工前抢施地下室及基础工程；在冬季施工前抢施结构及湿作业工程；在竣工交用前大幅度增加人员，增加工作班次以保证工期。所有采取的这些抢施工程无非就是增加机械设备、增加施工及管理人员、增加工资、奖金或加班费用。但这些支出使乙方保证了施工速度，保持了信誉，避免了风险。从经济观点上说，所采取的经济措施费用比承担风险实际损失发生要合算得多。

4）加强索赔管理。在工程施工中加强索赔管理，用索赔和反索赔来弥补或减少损失，是施工单位广泛采用的风险对策。认真分析合同，详细划清双方责任，注意合同实施中每一事件的详细过程，寻找索赔机会，通过索赔和反索赔提高合同总价；争取总价的调整，达到风险损失索赔的目的。

5）合伙共担风险。在一些大型工程项目中，由于专业技术、工程经验和处理工程风险能力的不同，乙方应注意发挥自己的长处，避免自己的弱项，与其他专业工程单位共同承包工程，共同分担风险。如大型电站的建设，由建筑公司、电力公司、桥梁建设公司等共同承包，要比其中的某一个公司独立承建要有利得多。从总体上来说，各家所要承担的风险也小得多。由于专业公司具有各种情况下的施工经验，一般都具有较强的处理合同风险的能力。

6）分包转嫁风险。总包单位为了不失去承接工程的机会，虽然已看出招标文件或合同条款中的风险，往往答应签订合同，然后将一些风险大的分项工程分包出去。向分包单位转嫁风险，减少自己可能发生的风险损失。

7）争取对风险化解的机会。合同中必然存在的风险条款是合同双方中一方对另一方的制约条件。在合同实施中，当双方都能认真执行合同、履行自己的责任、合作满意时，双方都有可能在不影响总目标的情况下，不甚计较个别条款的严格程度。乙方有时可利用这种友好的气氛，对一些隐含风险的条款进行有利于自己的解释，并作为合同的补充文件形成资料，使一些本来对自己不利的条款得到化解，使风险的分担比较合理。

8）当履约比毁约损失更大时果断毁约。这是极少见的特殊情况，但却是客观存在的事实。采用欺骗手段签订合同，受骗一方往往只有当合同实施到一定程度时才发现自己上当受骗。这时应认真分析履行合同的后果，确定是否有继续履行的必要。当履行后的损失远大于撕毁合同的损失时，主管当事人应采取果断措施——毁约。

采取上述措施的效果取决于每项工程的实际情况，针对某一风险可以同时采用多方面的措施，但关键问题是管理人员的实际工程管理经验和对合同风险的分析能力及应变能力。

6．签订一个有利的合同

(1) 有利合同的评价。对于承包工程施工的乙方来说，对自己有利的合同，可以从下几个方面进行定性的评价。

1）合同的条款、内容要完整全面，对自己比较有利或比较优惠的条款都已明确表达，不会使对方发生误解。

2）合同价格较高，如在正常管理状态下施工，应有较好的盈利。

3）合同双方责权利关系比较平衡，没有苛刻一方的单方面约束性条款。

4）合同内容条理清楚，责权分明，前后一致，概念准确，执行中不易产生争执。

5）合同风险较少，甲方承担的风险较多或对某些风险明确了乙方应承担的责任等。

（2）有利合同的签订。任何承包工程的乙方都愿意签订一个对自己有利的合同，减少工程施工中的风险损失，获得更多的利润。但由于合同是甲乙双方共同协商达成一致的协议，许多自己单方面的意愿在合同谈判中并非都能够实现。所以要签订一个有利的合同，必须从制定投标报价、深入了解工程情况开始，尽可能掌握签订合同的主动权。安排精明强干有经验的人员进行具体谈判，分析合同条款中各种可能情况下的不利因素。采取对特殊问题单独谈判等方法，逐步达到签订对自己有利合同的目标。一般应加强以下几个方面的工作：

1）透彻理解招标文件。

2）仔细进行现场调查。

3）制定报价策略。

4）争取合同拟稿权。

5）选择优秀合同主谈人。

6）掌握好谈判和签订合同的基本原则。

7）具体分析每一合同条款，寻找减少风险的办法，使风险共担。

8）签约前应再一次进行全面审查。

复习思考题

1．什么是建设工程合同？与一般合同相比，它有哪些特征？

2．建设工程合同签订的原则有哪些？

3．什么是要约？什么是承诺？什么行为是合同签订程序中的要约和承诺？

4．建设工程合同应包括哪些主要内容？

5．建设工程合同履行的原则是什么？

6．合同担保的方式有哪几种？它们的担保作用是如何体现的？

7．什么是合同保证金？它有什么作用？《合同法》设立了哪些合同保证金？

8．什么是建设工程索赔？哪些事件可引起索赔？

9．索赔的依据有哪些？

10．如何应对合同中的风险？签订一个有利的合同后，是否还存在合同风险？

第8章 市政建设法规

8.1 概述

8.1.1 市政公用事业的概念及分类

1. 城市市政公用事业的概念

城市市政公用事业是指市政工程、公用事业、园林绿化、市容和环境卫生四大行业。城市市政公用事业包括供水、供气、供热、公共交通、园林绿化、市容和环境卫生、排水、防洪、道路、桥涵、路灯等与城市发展、人民生产、生活密切相关的事业。

2. 城市市政公用事业的分类

(1) 市政工程业。市政工程业是指从事城市的道路、桥涵、排水、污水处理、防洪、路灯等建设的行业。市政工程可划分为：城市道路、城市排水、城市防洪三部分。

(2) 城市公用事业。城市公用事业是指从事城市供水、供热、供气、公共交通（公共汽车、电车、地铁、轮渡、出租汽车及索道缆车）等建设与管理的行业。

(3) 园林和绿化业。园林和绿化业是指从事城市各类园林、苗圃、树木、花草等城市绿化建设与管理的行业。

(4) 市容和环境卫生业。市容和环境卫生业是指从事城市容貌、环境卫生设施、城市生活垃圾及卫生埋填、城市公共厕所等建设与管理的行业。

8.1.2 市政公用事业法规

1. 市政公用事业立法现状

我国目前还没有颁布规范城市市政公用事业的法典，但是已经颁布了一系列有关城市市政公用事业的法律、法规及规范性文件。

(1) 关于城市供水管理，除《中华人民共和国水法》外，于 1994 年 7 月 19 日颁布了《城市供水条例》，于 1988 年颁布了《城市节约用水管理规定》。另外，有关部门还制定了《城市地下水资源管理规定》、《饮用水水源保护区污染防治管理规定》、《城市节约用水奖励暂行办法》等部门规章。

(2) 关于城市供热、供气管理，国务院于 1986 年 2 月 6 日批准了城乡建设环境保护部、国家计委《关于加强城市集中供热管理工作报告》，建设部于 1991 年发布了《城市燃气安全管理规定》。

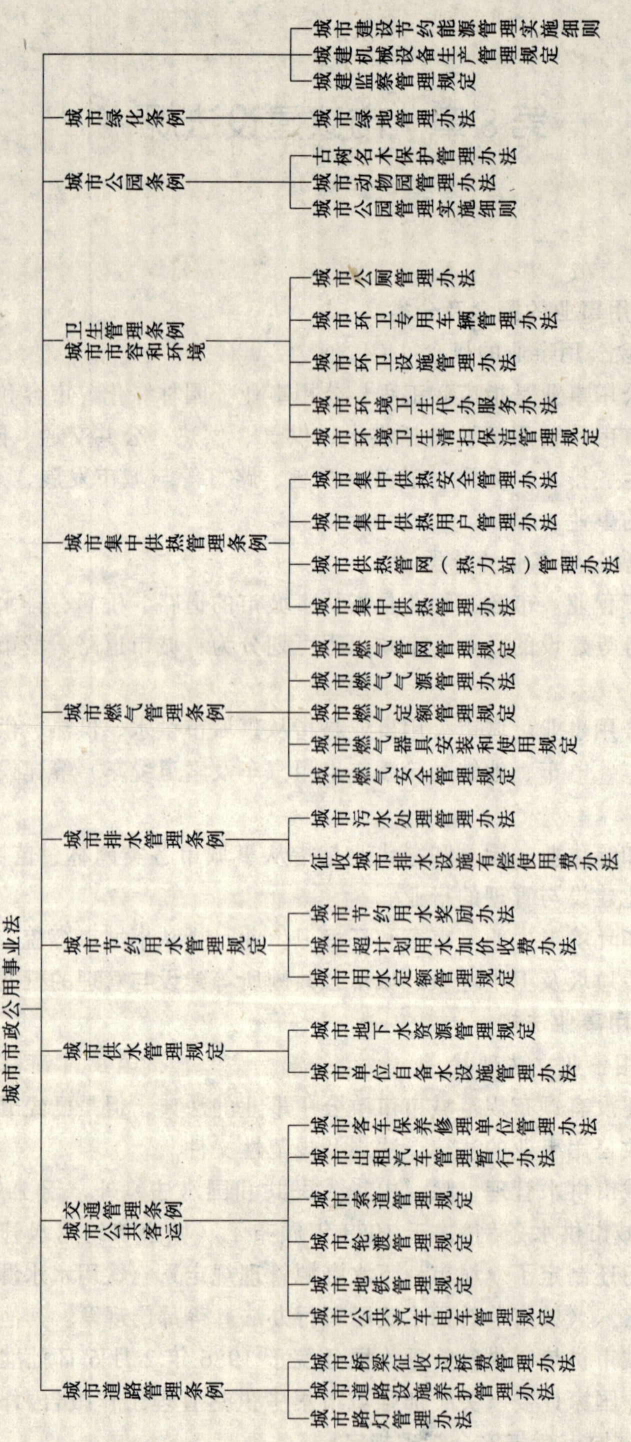

图 8-1　城市市政公用事业法

(3) 关于城市公共交通管理，除了《道路交通管理条例》以外，1983 年 12 月 20 日建设部与公安部联合颁布了《城市公共交通车船乘坐规则》及《城市出租汽车管理暂行办法》，《城市公共交通当前产业政策实施办法》等。

(4) 关于城市园林绿化，1982 年 12 月城乡建设环境保护部颁布了《城市园林绿化管理暂行条例》，国务院于 1992 年 6 月 22 日颁布了《城市绿化条例》。

(5) 关于城市市容和环境卫生，1992 年 6 月 28 日国务院颁发了《城市市容和环境卫生管理条例》。

(6) 关于城市排水和防洪，除《中华人民共和国水污染防治法》外，1982 年 8 月城乡建设环境保护部颁发了《市政工程设施管理条例》。

2. 市政公用事业法规体系详见图 8-1 所示。

8.2 市政工程法规

8.2.1 城市道路（桥涵）交通工程

1. 城市道路的概念及范围

城市道路是城市的骨架，是城市社会、经济活动产生的人流、物流的运输载体，是城市赖以生存和发展的基础，是现代化城市的一个重要构成部分。城市道路包括：

(1) 机动车道、非机动车道、人行道、广场、公共停车场、隔离带、路肩、路坡、路堤、边沟。

(2) 桥梁（立体交叉桥、高架路）、隧道、涵洞、人行地下通道。

(3) 路灯、路标、路牌以及城市道路其他附属设施。

(4) 已征用的道路建设用地。

2. 城市道路建设

(1) 城市道路建设原则

1) 城市人民政府、城市建设行政主管部门应当会同有关部门根据城市总体规划制定城市道路建设、改造规划和年度建设、改造计划，报城市人民政府批准实施。

2) 城市供水、排水、燃气、热力、供电、通信、消防、交通标志、交通信号、道路绿化等依附于城市道路建设的各种管线、标线和其他设施的建设改造规划和年度建设、改造规划，与城市道路的建设、改造规划和建设计划相协调，并坚持先地下，后地上的施工原则，与城市道路同步建设。其他在城市道路范围内的设施，必须符合城市道路技术要求。

(2) 城市道路建设资金采取中央和地方投资、社会集资、国内外贷款、国有土地使用权有偿出让、发行债券、股票等多种渠道筹措解决。

(3) 城市道路建设的设计和施工应符合下列规定：

1）承担城市道路设计和施工的单位，必须具备与所承担工程规模相应的资格（质）等级，必须取得有关行政主管部门颁发的资格（质）证书，并按规定的资格（质）等级承担设计和施工任务。

2）城市道路的设计和施工，必须严格执行国家和地方规定的城市道路设计和施工技术标准、规范和规程，城市道路的工程质量必须接受城市人民政府指定的工程质量监督机构的监督检查。

3）城市道路竣工必须由城市建设行政主管部门或有关部门组织验收。未经验收或者验收不合格的工程不得交付使用。城市道路的建设是一个系统工程，它必须在城市规划具体安排下和各种地下管网的布局、道路与地下管网相互衔接，按照国家和地方规定的标准进行建设，形成有机的整体，才能保证建成后正常运转。而且，城市道路设计、施工难度大，情况复杂，必须由取得相应资格（质）的设计、施工单位才能承担其相应的任务。

城市道路的建设实行监督检查和竣工验收制度。其目的就是要促使设计和施工单位，严格按照国家规定的设计、施工技术标准、规范和规程进行设计和施工，以确保城市道路工程质量，防止不合格的工程交付使用。

(4) 过桥收费制度。利用贷款建设的大型桥梁（高架路和立体交叉桥）、隧道等可以采取征收车辆通行费的办法偿还贷款。

3. 城市道路养护维修

(1) 城市道路养护维修原则。城市建设行政主管应当按照管理与养护并重，预防和维修相结合的原则，加强城市道路的养护和维修工作，保证城市道路经常处于完好状态。

(2) 城市道路养护维修职责划分。城市道路养护维修单位负责城市道路的养护维修工作。城市建设行政主管部门建设的广场、停车场，由城市道路养护维修单位负责管理和养护维修，其他部门建设的广场、停车场由建设单位负责管理和维修。经城市人民政府批准做封闭集贸市场的城市道路，由市场管理部门按照城市道路的养护标准负责养护维修，也可委托城市道路养护维修单位负责养护维修。

4. 城市道路的路政管理

(1) 路政管理的任务。城市道路是城市基本的交通设施，在使用过程中受到交通荷载及自然条件的影响，会产生磨耗或损坏，一些人为的因素也会对城市道路的正常运行产生不利影响，如占用、挖掘城市道路和故意损坏城市道路设施等。城市道路路政管理的任务就是：制定城市道路管理规章，负责城市道路的日常管理，制止一切破坏城市道路和妨碍城市道路正常使用的行为。

(2) 违反路政管理的行为。在城市道路范围内禁止下列行为：

1）在人行道上行驶或停放机动车、畜力车。

2）履带车、铁轮车及超重、超高、超长车辆擅自在城市道路上行驶。

3）机动车在桥梁或非指定地点试刹车、停放。

4）擅自建设永久性建筑物、构筑物。

5）在桥梁上架设压力在0.3MPa以上的煤气管道、10kV以上高压电力线和其他易燃易爆管线。

6）擅自侵占桥孔。

7）擅自在桥梁和路灯设施上设置广告牌和其他悬挂物。

8）擅自在城市道路上施工或堆放物料。

9）其他损害、侵占城市道路的行为。

（3）城市道路占用、挖掘管理。

1）城市道路占用管理。任何单位和个人未经城市建设行政主管部门批准，不得占用城市道路，因特殊情况需要临时占用城市道路的单位和个人，必须先到城市建设行政主管部门办理申请和审批手续，缴纳城市道路占用费，并经公安机关审核同意后，方可按规定占用。临时占用城市道路期满，占用单位或者个人应当恢复城市道路原状，损坏城市道路的应予以修复或赔偿。根据城市建设的需要，城市建设行政主管部门有权对临时占用城市道路的单位和个人决定缩小使用面积和减少占用时间，或停止其使用。

城市人民政府应当加强对集贸市场的规划和建设，已批准占用城市道路作为封闭集贸市场的，要限期予以清退，恢复城市道路的功能。

2）城市道路挖掘管理。任何单位和个人未经城市建设行政主管部门批准，不得挖掘城市道路。因特殊情况需要挖掘城市道路的单位和个人应持规划部门签发的批准文件和有关的设计文件到城市建设行政主管部门办理城市道路挖掘申请审批手续，缴纳城市道路挖掘修复费，并经公安机关审批同意方可挖掘。新建、改建的城市道路五年内不准挖掘，大修后的城市道路三年内不准挖掘。经批准挖掘城市道路的单位和个人，应当在施工现场设置标志和安全防围设施，按期完工后应当清理场地，并通知城市建设行政主管部门检查验收。

3）城市道路占用挖掘收费管理。为了加强城市道路的管理，严格控制占用挖掘道路行为，保障城市道路安全畅通和市容环境整洁，建设部、财政部、国家物价局1993年联合颁布了《城市道路占用挖掘收费管理办法》，对城市道路占用挖掘收费管理做了规定。

①县级以上地方人民政府城市建设行政主管部门负责道路占用挖掘收费管理工作。

②因特殊需要必须临时占用道路兴建各种建筑物、构筑物、基建施工、堆物堆料、停放车辆、搭建棚亭、摆设摊点、设置广告标志或者其他临时占道的

单位和个人，必须缴纳占道费。因施工、抢修地下管线或者其他情况需要挖掘道路的单位和个人，必须交纳道路挖掘修复费。

③占道费的收费标准按所占道路的等级、占道类型（经营性、非经营性或者其他占道）及使用性质等因素确定。挖掘修复费的收费标准按道路的结构、使用年限及当年材料费等因素确定。

④占道费由城市建设行政主管部门统一征收，作为预算外资金管理，实行财政专户储存，所收占道费用于道路养护维修和管理，专款专用，并按规定向财政部门报送财务收支报表。

⑤占道费具体收费标准由省级建设行政主管部门提出意见报同级财政、物价部门核定。挖掘修复费标准由各省、自治区建设行政主管部门制定，并报同级财政、物价部门备案。

5. 城市道路照明设施

城市道路照明设施是指用于城市道路、不售票的公园和绿地等处的路灯配电室、变电器、配电箱、灯杆、地上、地下管线、灯具、工作井以及照明附属设备等。

任何单位和个人在进行可能触及、迁移、拆除城市道路照明设施或者影响其安全运行的地上、地下施工时，应当经城市建设行政主管部门审核同意后，由城市道路照明设施管理机构负责其迁移或拆除工作，费用由申报单位承担。

城市道路照明设施附近的树木距带电物体的安全距离不得小于 1.0m。因自然生长而不符合安全距离标准影响照明效果的树木，城市道路照明设施的管理机构应当及时剪修，并同时通知城市园林绿化管理部门。

任何单位和个人在损坏城市道路照明设施后，应当保护事故现场，防止事故扩大，并立即通知城市道路照明设施管理机构及有关单位。

8.2.2 城市防洪设施工程

1. 城市防洪设施的范围

城市防洪设施包括：城市防洪堤岸、侧坝、防洪墙、排涝泵站、排洪道及其附属设施。城市防洪是城市建设的重要组成部分，同时又是河流流域防洪规划的一部分，做好城市防洪工作，对确保城市各项建设的顺利进行和人民生命财产免遭洪水灾害至关重要。

2. 城市防洪设施的规划和建设

城市防洪设施的规划，既要以江河流域规划为依据，又要密切配合城市建设总体规划的实际情况全面规划。市防洪设施的建设要根据轻重缓急、近远期相结合、分期分批建设城市防洪设施，真正充分起到抗御洪水灾害的作用。应当注意城市防洪设施的综合效益，不但要建设防洪堤坝，而且还应当根据需要和可能修建排洪泵站、涵闸，还可以把堤防建设和城市道路建设、园林绿化建设结合起来。

3. 城市防洪设施的维护

(1) 在城市防洪设施防护带内，禁止乱挖、乱填、搭盖、堆放物料，不准进行有损防洪设施的任何活动。任何单位和个人不得擅自利用堤坝进行与防洪无关的活动和修建作业。

(2) 在城市防洪设施保护带内，禁止在非码头区装卸或堆放货物。机械装卸设备需要装设在护岸、防水墙或排洪道上时，需经当地城市建设行政主管部门和防汛部门同意。

(3) 在城市防洪堤和护堤地，禁止建房、放牧、开渠、打井、挖窖、葬坟、晒粮、存放物料以及开展集市贸易活动。

(4) 城市内河的故道、旧堤、原有防洪设施等，未经城市建设行政主管部门批准，不得填堵、占用或者拆毁。

(5) 城市建设行政主管部门应当根据《水法》、《城市规划法》、《河道管理条例》各种管理制度，建立健全管理机构，并根据需要建立执法队伍，依法进行管理。

8.2.3 城市排水工程

1. 城市排水的概念

城市排水是指城市生活污水、工业废水、大气废水回流和其他弃水的收集、输送、净化、利用和排放。城市排水工程包括城市污水和雨水输送管网的管道、暗渠、泵站、出水口、窨井及附属设施、污水处理厂、污泥处理场、调蓄排水的湖和排污河道等。

2. 城市排水的规划与建设

(1) 城市建设行政主管部门应当根据城市规划和城市经济发展计划的需要编制城市排水设施建设规划和年度建设计划，报城市人民政府批准后实施。

(2) 建设单位在城市中进行新建、改建、扩建项目的，应当对需要增加排水设施用量进行评估，编制排水设施用量报告书，并在项目立项前，向项目所在地的城市建设行政主管部门提出增加用量申请，城市建设行政主管部门审查同意后，由建设单位随建设项目计划书一并上报计划部门审批。

(3) 城市排水设施的建设资金，采取国家和地方投资、受益者集资、国内外贷款以及实行排水设施有偿使用等多种渠道筹集，专款专用，任何单位和个人不得挪作他用。

(4) 承担城市排水设施建设任务的设计和施工单位必须具备相应的资格(质) 证书，严禁无证或者越级承担设计和施工任务。城市排水设施建设项目必须严格执行国家和地方技术规范和标准，城市排水设施需经城市建设行政主管部门验收合格后，方可投入使用。

3. 排水设施的维护

（1）排水设施的保护。

1）不准在排水设施的防护区内修建建筑物、构筑物或者设置有碍维护作业的设施。严禁拆动、破坏、堵截、占压、窃取排水设施。

2）严禁其他管道、电缆穿越排水管道和附属设施。城市内各项建设项目在施工时，必须注意保护排水设施。建设工程管线与排水管道交叉或者近距平行时，必须报经城市建设行政主管部门审查同意后，方可施工。因敷设地下管线损坏排水设施时，由建设单位负责修复赔偿。

（2）排水设施有偿使用。凡在城市规划区范围内直接或者间接使用城市排水设施的国有、集体、个体工商企业，服务和经营性事业单位，应当缴纳排水设施有偿使用费，作为城市排水设施维修养护、运行管理和更新改造的专项资金。由城市建设行政主管部门提出使用计划，经审核后安排使用，专款专用。

（3）使用城市排水设施单位的管理。

1）使用城市排水设施的单位（以下简称排水单位）专用排水设施需要与城市排水设施连接的，应当报经城市建设行政主管部门批准，发给排放污水许可证后，方可排放。

2）排水单位应当采取有利于减少污水量和污染物的技术和措施，推行雨污分流体制，发展高效低耗能的污水处理技术，积极发展污水综合治理。在缺水地区发展污水净化再利用和海水利用技术。

3）排水单位排放污水，应当遵照国家规定的水质排放标准，因特殊情况需要超标排放污水的单位，应当报经城市建设行政主管部门批准并限期治理。

4）严禁向城市排水设施内排放腐蚀物质、剧毒物质、易燃易爆物质和有害气体。排水单位因发生事故和意外事件，排放或泄漏有毒有害污水、物料，造成或可能造成影响排水设施正常运行的事故时，应当及时采取治理措施，并向当地城市建设行政主管部门和环境保护部门报告。

8.3 城市公用事业管理规范

城市公用事业包括城市供水、供气、供热、公共交通等行业，它们都是城市的重要基础设施，是城市生产和人民生活不可缺少的物质条件。规范管理好城市公用事业，对于提高社会经济和环境效益，促进国民经济的发展，有着重要意义。

8.3.1 城市供水管理

1. 城市供水的概念

《城市供水条例》第二条规定："本条例所称城市供水是指城市公共供水和自建设施供水。公共供水，是指城市自来水供水企业以公共供水管道及其附属设施向单位和居民的生活、生产和其他各项建设提供用水。自建设施供水，是指城市的用水单位以其自行建设的供水管道及其附属设施主要向本单位的生活、生产和其他各项建设提供用水。”

2. 城市供水工程建设

(1) 城市供水工程的建设，应当按照城市供水发展规划及其年度建设计划进行。要执行国家规定的基本建设程序，建立健全并执行工程立项、设计文件和开工报告审批、施工监督检查及竣工验收制度。

(2) 城市供水工程的设计、施工，应当委托持有相应资质证书的设计、施工单位承担，并遵守国家有关技术标准和规范。禁止无证或超越资质证书规定的经营范围承担城市供水工程的设计、施工任务。

(3) 城市供水工程竣工后，应当按照国家规定组织验收，未经验收或者验收不合格的，不得投入使用。

(4) 城市新建、扩建、改建工程项目需要增加用水的，其工程项目总概算应当包括供水工程建设投资；需要增加城市公共供水量的，应当将其供水工程建设投资交付城市供水行政主管部门，由其统一组织城市公共供水工程建设。

3. 城市供水设施的维护

(1) 城市自来水供水企业和自建设施供水的企业对其管理的城市供水的专用水库、引水渠道、取水口、泵站、井群、输（配）水管网、进户总水表、净（配）水厂、公用水站等设施，应当定期检查维修，确保安全运行。

(2) 用水单位自行建设的与城市公共供水管道连接的户外管道及其附属设施，必须经城市自来水供水企业验收合格并交其统一管理后，方可使用。

(3) 在规定的城市公共供水管道及其附属设施的地面和地下的安全保护范围内，禁止挖坑取土或者修建建筑物、构筑物等危害供水设施安全的活动。

(4) 因工程建设确需改装、拆除或者迁移城市公共供水设施的，建设单位应当报经县级以上人民政府城市规划行政主管部门和城市供水行政主管部门批准，并采取相应的补救措施。

(5) 涉及城市公共供水设施的建设工程开工前，建设单位或者施工单位应当向城市自来水供水企业查明地下水管网情况。施工影响城市公共供水设施安全的，建设单位或者施工单位应当与城市自来水供水企业商定相应的保护措施，由施工企业进行实施。

(6) 禁止擅自将自建设施供水管网系统与城市公共供水管网系统连接，因特殊情况确需连接的，必须经城市供水企业同意，报城市供水行政主管部门和卫生行政主管部门批准，并在管道连接处采取必要的防护措施。

(7) 禁止产生或者使用有毒有害物质的单位将其生产用水管网系统与城市公共供水管网系统直接连接。

8.3.2 城市节约用水

建设部 1988 年发布《城市节水用水管理规定》，主要内容有：

1. 城市人民政府应当在制定城市供水发展规划的同时，制定节约用水发展规划，并根据节约用水发展规划制定节约用水年度计划；各有关行业行政主管部门应当制定本行业的节约用水发展规划和节约用水年度计划；各有关行业行政主管部门应当制定本行业的节约用水发展规划和节约用水年度计划。

2. 工业用水重复利用率低于物 40%（不包括热电厂用水）的城市，新建供水工程时，未经上一级城市建设行政主管部门同意，不得新增工业用水量。

3. 单位自建供水设施取用地下水，必须经城市建设行政主管部门核准后，依照国家规定申请取水许可。

4. 城市的新建、扩建和改建工程项目，应当配套建设节约用水设施，城市建设行政主管部门应当参加节约用水设施的竣工验收。

5. 城市建设主管部门应会同有关行业主管部门制定行业综合用水定额和单项用水定额。

6. 城市用水计划由城市建设行政主管部门根据水资源统筹规划和长期供水计划制定，并下达执行。超计划用水必须缴纳超计划用水加价水费。超计划用水加价水费，应当从税后留利或者预算包干经费中支出，不得纳入成本或者从当年预算中支出。超计划用水加价收费的具体征收办法由省、自治区、直辖市人民政府制定。超计划用水加价水费必须按规定的期限缴纳。逾期不交纳的，城市建设行政主管部门限期缴纳，并按日加收超计划水加价水费 5% 的滞纳金。

7. 生活用水按户计量收费。新建住宅应当安装分户计量水表，现有住户未装分户计量水表的，应当限期安装。拒不安装生活用水分户计量水表的，城市建设行政主管部门应当责令其限期安装，逾期不安装的，由城市建设行政主管部门限制其用水量，可以并处罚款。

8. 各用水单位应当在用水设备上安装计量水表，进行用水单耗考核，降低单位产品用水量。应当采取循环用水，一水多用等措施，在保证用水质量标准的前提下，提高水的重复利用率。

9. 水资源紧缺的城市，应当在保证用水质量的前提下，采取措施提高城市污水利用率。沿海城市应当积极开发利用海水资源。有咸水资源的城市，应当合理开发利用咸水资源。

10. 城市自建供水设施的单位应当加强供水设施的维修管理，减少水的漏损量。

11. 各级统计部门、城市建设行政主管部门应当做好节约用水统计工作。

12. 城市新建、扩建和改建工程项目未按规定配套建设节约用水设施或者节约用水设施经验收不合格的，由城市建设行政主管部门限制其用水量，并责令其限期完善节约用水设施，可以并处罚款。

8.3.3 城市供热管理

1. 城市集中供热的方针

城市供热要因地制宜、广开热源，并且力求技术先进、经济合理。今后，集中供热要根据工业用热和生活用热的需要，采取热电联产，建设集中供热的锅炉房，充分利用工业余热和开发地热等多种方式，在城市总体规划的指导下，有计划、有步骤地分期实施。凡是新建住宅、公用设施和工厂用热，在技术经济合理的条件下，都应采取集中供热，一般不再建分散的供热锅炉房。

2. 城市集中供热的管理体制

生活用热规模较大的城市可以设立热力公司，负责城市热网、集中锅炉房的建设和管理工作。各单位建设各类供热锅炉房，应由计划部门组织规划、环保、供热管理、劳动、煤炭供应等部门审查批准。各城市人民政府要加强对集中供热工作的领导，协调各方面的工作。以工业用热为主的蒸汽供热设施的管理工作可采取企业自管、热力部门管理和地方管理等多种形式。

8.3.4 城市燃气管理

1. 城市燃气的概念

城市燃气是指供给城市中生活、生产等使用的天然气、液化石油气、人工煤气等气体燃料。

2. 城市燃气的生产、储存和输配

(1) 城市燃气生产单位向城市供气的压力和质量应当符合国家规定的标准，无臭燃气应当按照规定进行加臭处理。在使用发生炉、水煤气炉、油制气炉生产燃气及电捕焦油器时，其含氧量必须符合《工业企业煤气安全规程》的规定。

(2) 对于制气和净化使用的原料应当按批进行质量分析，原料品种做必要变更时，应当进行分析试验。凡达不到规定指标的原料，不得投入使用。

(3) 城市燃气生产、储存和输配所采用的各类锅炉、压力容器和气瓶设备，必须符合劳动部门颁布的有关安全管理规定，按要求办理使用登记和建立档案，并定期检验。其安全附件必须齐全、可靠，并定期校验。凡有液化石油气充装单位的城市，必须设置液化石油气瓶定期检验站。气瓶定期检验站和气瓶充装单位应当同时规划、同时建设、同时验收运行。气瓶定期检验工作不落实的充装单位，不得从事气瓶充装业务。气瓶定期检验站需经省、自治区、直辖市人民政府劳动部门审查批准，并取得资格证书后，方可从事气瓶检验工作。

(4) 城市燃气管道和容器在投入运行前，必须进行气密试验和置换。在置换过程中，应当定期巡回检查，加强监护和检漏，确保安全无泄漏。对各类防爆设施和各种安全装置，应当进行定期检查，并配足够的备用设备、备品、备件以及抢修人员和工具，保证其灵敏可靠。

（5）城市燃气生产、储存、输配经营单位应当对燃气管道及设施进行定期检查，发现管道和设施有破损、漏气等情况时，必须及时修理或更换。城市燃气生产、储存、输配系统的动火作业应当建立分级审批制度，由动火作业单位填写动火作业审批报告和动火作业方案，并按级向安全管理部门申报，取得动火证后方可实施。在动火作业时，必须在作业点周围采取保证安全的隔离措施和防范措施。

（6）城市燃气生产、储存、输配单位和管理部门必须制定停气、降压作业的管理制度，包括停气、降压的审批权限、申报程序以及恢复供气的措施等，并指定技术部门负责。涉及用户的停气、降压工程，不宜在夜间恢复供气。除紧急事故外，停气及恢复供气应当事先通知用户。

（7）任何单位和个人严禁在城市燃气管道及设施上修筑建筑物、构筑物和堆放物品。确需在城市燃气管道及设施附近修筑建筑物、构筑物和堆放物品时，必须符合城市燃气设计规范及消防技术规范中的有关规定。凡在城市燃气管道及设施附近进行施工，有可能影响管道及设施安全运营的，施工单位需事先通知城市燃气生产、储存、输配、经营单位，经双方商定保护措施后方可施工。

（8）城市燃气生产、贮存、输配经营单位应当对燃气管道及设施定期进行检查，发现管道和设施有破损、漏气的情况时，必须及时修理或更换。

3. 城市燃气的使用

（1）单位和个人使用城市燃气必须向城市燃气经营单位提出申请，经许可后方可使用。城市燃气经营单位应当建立用户档案，与用户签订供气、使用合同协议。

（2）使用城市燃气的单位和个人需要增加安装供气及使用设施时，必须经城市燃气经营单位批准。

（3）城市燃气经营单位必须制定用户安全使用规定，对居民用户进行安全教育，定期对燃气设施进行检修，并提供咨询等服务。居民用户应当严格遵守安全使用规定。城市燃气经营单位对单位用户要进行安全检查和监督，并负责其操作和维修人员的技术培训。

（4）使用燃气管道设施的单位和个人，不得擅自拆、改、装燃气设施和用具，严禁在卧室安装燃气管道设施和使用燃气，并不得擅自抽取或采用其他不正当手段使用燃气。

（5）用户不得用任何手段加热和摔、砸、倒卧液化石油气钢瓶，不得自行倒罐、排残和拆修瓶阀等附件，不得自行改换检验标记或瓶体漆色。

4. 违反城市燃气管理法规的行为及其处罚

(1) 下列行为属违反城市燃气管理法规的行为：

1) 在城市燃气管道及设施上修筑建筑物、构筑物和堆放物品的。

2) 在城市燃气管道及设施附近进行施工，有可能影响管道及设施安全运营的。

3) 未经批准擅自增加安装供气及使用设施的。

4) 擅自拆、改、迁、装燃气设施和用具的。

5) 擅自加热、摔、砸、倒卧液化石油气钢瓶和自行倒罐、排残、拆修瓶阀等附件、改换检验标记或瓶体漆色的。

6) 破坏、盗窃、哄抢燃气设施，尚不够刑事处罚的。

(2) 违法行为的处罚依据。《城市燃气管理规定》对上述第 1) 种行为，城市燃气生产、储存、输配、经营单位有权加以制止，并限期拆除违章设施和要求违章者赔偿经济损失。对第 2) ～5) 种行为，城市燃气生产、储存、输配、经营单位有权加以制止，责令恢复原状，对于屡教不改或者危及燃气使用安全的，城市燃气生产、储存、输配、经营单位可以报城市人民政府，城市建设行政主管部门批准后，采取暂停供气的措施，以确保安全。对第 6) 种行为，由公安机关依照《中华人民共和国治安管理处罚条例》给予处罚，构成犯罪的，由司法机关依法追究其刑事责任。

8.4 城市市容和环境卫生管理法规

8.4.1 城市市容管理

1. 建筑物和城市设施的市容管理

(1) 建筑物和城市设施应当符合国家规定的城市容貌标准。

1986 年城乡建设环境保护部批准发布的城市容貌标准要求：新建、扩建、改建一切建筑物，应当讲究建筑艺术，注意美观，其造型、装饰应当与周围环境相协调。城市中的市政公用设施应当与周围环境相协调，例如：新建架空管线设施，应当避免跨越道路上空架设，避免因架空管线影响城市的景观。交通信号灯、噪声监测器、照明设施、电信设施等应当标志明显、整洁美观。已经建成的市政公用设施，应当维护和保持设施的完好、整洁。道路应当保持平坦，便于通行；路面出现坑凹、碎裂、隆起、溢水、塌方等情况，应当及时修复；地面设置的各种井盖应当保持齐备完好；给水、排水、排污管道应当保持畅通，自来水、污水、污物不得外溢，雨水积水应当及时排除；交通场、站应当平整、清洁，不得裸露。

(2) 建筑物和城市设施应符合城市规划要求。

1）建筑物和城市设施的市容管理应始于城市规划阶段。《城市规划法》规定：编制城市规划应加强城市绿化建设和市容环境卫生建设。保护历史文化遗产、城市传统风貌、地方特色和自然景观。对外开放城市、风景旅游城市和有条件的其他城市，可以结合本地具体情况，制定严于国家规定的城市容貌标准；建制镇可以参照国家规定的城市容貌标准执行。

2）建设项目竣工验收时，各类建筑物的平面位置、立面造型、装修色调等应符合批准的规划设计要求。城市中的市政公用设施，应当与周围环境相协调，并维护和保持设施完好、整洁。例如：城市道路管理要求：凡在道路上新建或改建管线，埋设各种标志、杆件，搭设棚、亭、画廊、存车处等设施者，应报经市政工程管理部门同意，并由城市规划部门发照后，方准施工；铁路与道路平面交叉道口，应与城市道路接平；各种管线或检查井，应与路面衔接好。城市排水设施管理要求：不得在排水管道上，圈占用地或修建构筑物，不得向排水明沟、检查井、雨水口内倾倒垃圾、粪便、渣土等杂物；排水系统采取分流制的，不准将雨水管和污水管混接。城市中的一切单位和个人都应保持建筑物的整洁、美观。在城市人民政府规定的街道的临街建筑物的阳台和窗外，不得堆放、吊挂有碍市容的物品。搭建或者封闭阳台必须符合城市人民政府市容环境卫生行政主管部门的有关规定。

2. 户外广告等的市容管理

在城市中设置户外广告、标语牌、画廊、橱窗等，应当内容健康、外型美观，并定期维修、油饰或者拆除。所谓内容健康要求：不得进行反动宣传；不得妨碍社会公共秩序和违背社会良好风尚；不得妨碍社会安定和危害人身、财产安全，损害社会公共利益；不得含有淫秽、迷信、恐怖、暴力、丑恶的内容；不得含有民族、种族、宗教、性别歧视的内容；不得出现法律、行政法规禁止的其他情形。

大型户外广告的设置必须征得城市人民政府市容环境卫生行政主管部门同意后，按照有关规定办理审批手续。市容环境卫生主管部门应当对大型广告牌设置的地点、位置、造形等是否影响城市容貌进行审查，以保证大型广告牌的设置不影响城市的容貌。有下列情形之一的，不得设置户外广告。

1）利用交通安全设施、交通标志的。

2）影响市政公共设施、交通安全设施、交通标志使用的。

3）妨碍生产或者人民生活，损害市容市貌的。

4）国家机关、文物保护单位和名胜风景点的建筑控制地带。

5）当地县级以上地方人民政府禁止设置户外广告的区域。

任何单位和个人不得在建筑物、设施以及树木上擅自涂写、刻画或者张贴。如果确要在城市中利用一些建筑物、设施搞一些标语、广告，张贴一些宣传画等，除要经过有关部门和单位的批准外，还必须得到市容和环境卫生行政主管部门的批准。经批准张贴的广告、标语、宣传画等，在污损和破损时应及时清理和更换，以保证不影响城市容貌。

3. 街道两侧和公共场地的市容管理

主要街道两侧的建筑物前，应当根据需要与可能选用透景、半透景的围墙、栅栏或者绿篱、花坛（池）、草坪等作为分界，除特殊情况外，不得设置实体围墙。

临街树木、绿篱、花坛（池）、草坪等，应当保持整洁、美观，栽培、整修或者其他作业留下的渣土、枝叶等，管理单位、个人或者作业者应当及时清除。管理单位、个人与作业者应当在作业开始前即明确清除责任，以免日后发生纠纷。

任何单位和个人都不得在街道两侧和公共场地堆放物料，搭建建筑物、构筑物或者其他设施。因建设等特殊需要，在街道两侧和公共场地临时堆放物料，搭建非永久性建筑物、构筑物或者其他设施的，必须征得城市人民政府市容环境卫生行政主管部门同意后，按照有关规定办理审批手续。

各地人民政府市容和环境卫生行政管理部门应根据法律、法规的要求，加强对临街建筑物的市容管理，对临街建筑物阳台封闭的设计、规格、材料、颜色等做出统一规定。

4. 交通运输工具的市容管理

在市区运行的交通运输工具，应当保持外型完好、整洁。货运车辆运输的液体、散装货物，应当密封、包扎、覆盖，避免泄漏、遗散。各种机动车辆标志不齐全，车体严重破损变形，车容明显不洁的不得在市区内行驶。城郊结合部主要路口应设置车辆冲洗站，净化车容。畜力车应当挂带粪兜，洒落的粪便应及时清理。

5. 工程施工现场的市容管理

工程施工现场的材料、机具应当堆放整齐，渣土应当及时清运；临街工地应当设置护栏或者围布遮挡；施工场地应当及时整理并做必要的覆盖；竣工后，应当及时清理和平整场地。建设部 1991 年 12 月 5 日发布的《建筑工程施工现场管理规定》对此有较为具体的规定：项目经理全面负责施工过程中的现场管理，建立施工现场管理责任制；施工应当在批准的施工场地内组织进行；施工单位应该保证施工现场道路畅通，排水系统处于良好的使用状态；保持场容场貌的整洁，随时清理建筑垃圾；在车辆、行人通行的地方施工，应当设置沟、井、坎、穴覆盖物和施工标志。

8.4.2 城市环境卫生管理

1. 城市环境卫生设施的建设和设置

城市中的环境卫生设施，应当符合国家规定的城市环境卫生标准，环境卫生设施包括楼内垃圾道、楼外化粪池、垃圾站、公共厕所、小区环卫专用车辆停放场地和工人休息室。在城市总体规划中，应当安排环境卫生专用车辆场、废弃物转运设施、无害化处理场和填埋用地。在详细规划中，则应当根据国家规定建设公共厕所、垃圾站、市容环境卫生工作用房。多层和高层建筑应当设置封闭式垃圾通道或者垃圾贮存设施，并修建清运车辆通道，城市街道两侧居住区或者人流密集地区，应当设置封闭式垃圾容器、果皮箱等设施。一切单位和个人都不得擅自拆除环境卫生设施；因建设需要必须拆除的，建设单位必须事先提出拆迁方案，报城市人民政府市容环境卫生行政主管部门批准。

2. 公共厕所的管理

城市公共厕所是指供城市居民和流动人口共同使用的厕所，包括公共建筑（如车站、码头、商店、饭店、影剧院、体育场馆、展览馆、办公楼等）附设的公厕。对公共厕所的管理主要依据《城市市容和环境卫生管理条例》和建设部 1990 年 12 月 31 日发布的《城市公厕管理办法》。

（1）城市公厕的规划。城市公厕应当按照“全面规划、合理布局、改建并重、卫生适用、方便群众、水厕为主、有利排运”的原则，依照《城市公共厕所规划和设计标准》及公共建筑设计规范进行规划建设。下列城市公共场所应当设置公厕，并应当设立明显的标志或指路牌。

1）广场和主要交通干道两侧。

2）车站、码头、展览馆等公共建筑物附近。

城市公厕应当修建在明显易找、便于粪便排放或机器抽运的地段。新修建的公厕外观应当与周围环境相协调。

（2）城市公厕的建设和维修管理。城市人民政府市容环境卫生行政主管部门应按照规定的标准建设、改造或者支持有关单位建设、改造公共厕所。公厕的建设和维修管理，按照下列分工，分别由城市环境卫生单位和有关单位负责。

1）城市主次干道两侧的公厕由城市人民政府环境卫生行政主管部门指定的管理单位负责。

2）城市各类集贸市场的公厕由集贸市场经营管理单位负责。

3）新建、改建居民楼群和住宅小区的公厕由其主管部门或经营管理单位负责。

4）风景名胜、旅游点的公厕由其主管部门或经营管理单位负责。

5）公共建筑附设的公厕由产权单位负责。

（3）城市公厕的保洁和使用管理。城市公厕的保洁，应当逐步逐座规范化、标准化，保持公厕的清洁、卫生和设备设施完好。城市人民政府环境卫生行政主管部门应当对公厕的卫生及设备、设施等进行检查，对于不符合规定的，应当予以纠正。在旅游景点、车站、繁华商业区等公共场所独立设置的较高档次公厕，可以适当收费。

3. 公共场所和主要街道、广场、公共水域的环境卫生管理

依据《城市市容和环境卫生管理条例》以及《城市道路和公共场所清扫保洁管理办法》对其进行管理。

(1) 环境卫生责任制。

1) 按国家行政建制设立的主要街道、广场和公共水域的环境卫生，由环境卫生专业单位负责。

2) 居住区、街巷等地方由街道办事处负责组织专人清扫保洁。

3) 飞机场、火车站、公共汽车始末站、港口、影剧院、博物馆、展览馆、纪念馆、体育馆（场）和公园等公共场所，由本单位负责清扫保洁。

4) 机关、团体、部队、企事业单位，应当按照城市人民政府市容环境卫生行政主管部门划分的卫生责任区负责清扫保洁工作。

5) 城市集贸市场，由主管部门（工商行政管理部门）负责组织专人清扫保洁。

6) 各种摊点，由从业者负责清扫保洁。

7) 城市港口客货码头作业范围内的水面，由港口客货码头经营单位责成作业者清理保洁。

8) 在市区水域行驶或者停泊的各类船舶上的垃圾、粪便，由船上负责人依照规定处理。

(2) 城市道路和公共场所清扫保洁管理办法。

负责清扫、保洁本责任区的道路和公共场所的单位，应当配备足够的垃圾容器和运输工具。城市清扫的垃圾、冰雪，应当运到指定的堆放场地。城市中的所有单位和市民，应按照城市市容环境卫生行政主管部门划分的卫生责任区，承担扫雪等义务劳动。凡从事城市道路和公共场所经营性清扫、保洁和进城车辆冲洗等经营性服务的单位和个人，必须向城市市容环境卫生行政主管部门申请资质审查，经批准后方可从事经营性服务。城市中的单位和个人，必须维护城市道路和公共场所的清洁，并严格遵守相关规定。

4. 生活废弃物的收集、运输和处理

生活废弃物即生活垃圾，是指城市中的单位和居民在日常生活及为生活服务中产生的废弃物，以及建筑施工活动中产生的垃圾。建设部 1993 年 7 月 2 日发布了《城市垃圾管理办法》，加强对生活废弃物的管理。城市人民政府市容环境卫生行政主管部门对城市生活废弃物的收集、运输和处理实施监督管理。

（1）城市生活垃圾的倾倒。城市居民必须按当地规定的地点、时间和其他要求，将生活垃圾倒入垃圾容器或者指定的生活垃圾场所。逐步做到分类收集、运输和处理。在城市生活垃圾实行分类、袋装收集的地区，应当按当地规定的分类要求，投入垃圾容器或者指定场所。废旧家具等大件废弃物应当按规定时间投放在指定的收集场所，不得随意投放。

单位处理产生的生活垃圾，必须向城市市容环境卫生行政主管部门申报，按批准指定地点存放、处理，不得任意倾倒。

单位和个人不得将有害废弃物混入生活垃圾中。

（2）城市生活垃圾的无害化处理和综合利用。对垃圾、粪便应当及时清运，并逐步做到垃圾、粪便的无害化处理和综合利用。

（3）有下列行为之一的，由城市市容环境卫生行政主管部门或者其委托的城市市容环境卫生管理单位分别给予警告，责令其限期改正，赔偿经济损失，并处以罚款。

1）未经城市市容环境卫生行政主管部门批准，从事城市生活垃圾经营性清扫、收集、运输、处理等服务的。

2）将有害废弃物混入生活垃圾中。

3）不按当地规定地点、时间和其他要求任意倾倒垃圾的。

4）影响存放垃圾的设施、容器周围环境整洁的。

5）随意拆除、损坏垃圾收集容器、处理设施的。

6）垃圾运输车辆不加封闭，沿途扬、散、遗漏的。

7）违反城市生活垃圾管理办法的其他行为。

5. 环境卫生管理的社会化服务

环境卫生管理的社会化服务，可以使环境卫生管理职业化、专业化，从而提高管理水平。同时，还可以减轻政府和单位的经济压力。根据不同的情况，可以有以下两个途径：

（1）成立环境卫生专业单位。

（2）由物业管理公司进行环境卫生管理。

8.4.3 违反城市市容和环境卫生管理的法律责任

违反城市市容和环境卫生管理的行为应承担的法律责任，主要是行政责任，如构成犯罪的，则应承担刑事责任。对违反城市市容和环境卫生管理的行为进行行政处罚时，应根据不同的具体情况分别进行处理。

1. 责令纠正违法行为，采取补救措施，并处警告、罚款

有下列行为之一者，城市人民政府市容环境卫生行政主管部门或者其委托的单位除责令其纠正违法行为，采取补救措施外，可以并处警告、罚款。

（1）随地吐痰、便溺，乱扔果皮、纸屑和烟头等废弃物的。

(2) 在城市建筑物、设施以及树木上涂写、刻画或者未经批准张挂、张贴宣传品等的。

(3) 在城市人民政府规定的街道的临街建筑物的阳台和窗外，堆放、吊挂有碍市容物品的。

(4) 不按规定的时间、地点、方式，倾倒垃圾、粪便的。

(5) 不履行卫生责任区清扫保洁义务或者不按规定清运、处理垃圾和粪便的。

(6) 运输液体、散装货物不做密封、包扎、覆盖，造成泄漏、遗散的。

(7) 临街工地不设置护栏或者不做遮挡、停工场地不及时整理并做必要覆盖或者竣工后不及时清理和平整场地，影响市容和环境卫生的。

2. 责令限期处理，可并处罚款

未经批准擅自饲养家畜家禽影响市容和环境卫生的，由城市人民政府市容环境卫生行政主管部门或者其委托的单位，责令其限期处理或者予以没收，并可处以罚款。

3. 下列行为，可责令停止违法行为，限期清理、拆除或者采取其他补救措施，可并处罚款。

(1) 未经同意擅自设置大型户外广告，影响市容的。

(2) 未经城市人民政府市容环境卫生行政主管部门批准，擅自在街道两侧和公共场地堆放物料，搭建建筑物、构筑物或者其他设施，影响市容的。

(3) 未经批准擅自拆除环境卫生设施或者未按批准的拆迁方案进行拆迁的。

4. 责令其恢复原状，可并处罚款

损坏各类环境卫生设施及其附属设施的，城市人民政府市容环境卫生行政主管部门或者其委托的单位除责令其恢复原状外，可以并处罚款。

5. 治安处罚、行政处分和刑事责任

盗窃、损坏各类环境卫生设施及其附属设施，应当给予治安管理处罚的，依照《治安管理处罚条例》的规定处罚；构成犯罪的，依法追究刑事责任。侮辱、殴打市容和环境卫生工作人员或者阻挠其执行公务的，依照《治安管理处罚条例》的规定处罚；构成犯罪的，依法追究刑事责任。城市人民政府市容环境卫生行政主管部门工作人员玩忽职守、滥用职权、徇私舞弊的，由其所在单位或者上级主管机关给予行政处分；构成犯罪的，依法追究刑事责任。

6. 对行政处罚的复议和起诉

当事人对行政处罚决定不服的，可以自接到处罚通知之日起 15 日内，向做出处罚决定机关的上一级机关申请复议，上一级机关应当依法做出复议决定。对复议决定不服的，可以自接到复议决定书之日起 15 日内向人民法院起诉。当事人也可以自接到处罚通知之日起15日内直接向人民法院起诉。此类诉讼为行政诉讼，应依照《行政诉讼法》的有关规定进行。当事人期满不申请复议，也不向人民法院起诉，又不履行处罚决定的，由做出处罚决定的机关申请人民法院强制执行。对治安管理处罚不服的，依照《治安管理处罚条例》的规定办理。

8.5 城市园林绿化管理法规

8.5.1 城市绿化管理

1. 城市绿化管理体制

根据《城市绿化条例》第七条规定，城市绿化管理体制是：

（1）国务院设立全国绿化委员会，统一组织领导全国城乡绿化工作，其办公室设在国务院林业行政主管部门。

（2）国务院城市建设行政主管部门和国务院林业行政主管部门等，按照国务院规定的职权划分，负责全国城市绿化工作。

（3）地方绿化管理体制，由省、自治区、直辖市人民政府根据本地实际情况规定。

（4）城市人民政府城市绿化行政主管部门主管本行政区域内城市规划区的城市绿化工作。

（5）在城市规划区内，有关法律、法规规定由林业主管部门等管理的绿化工作，依照法律、法规执行。

2. 城市绿化的规划与建设

（1）城市人民政府应当组织城市规划行政主管部门和城市绿化行政主管部门等共同编制城市绿化规划，并纳入城市总体规划。

（2）城市绿化规划应当从实际出发，根据城市发展需要，合理安排同城市人口和城市面积相适应的城市绿化用地面积、城市人均公共绿地面积和绿化覆盖率等规划指标，由国务院城市建设行政主管部门根据不同城市的性质、规模和自然条件等实际情况规定。

（3）城市绿化规划，应当根据当地的特点，利用原有的地形、地貌、水体、植被和历史文化遗址等自然、人文条件，以方便群众为原则，合理设置公共绿地、居住区绿地、防护绿地、生产绿地和风景绿地等。

（4）城市绿化工程的设计，应当委托持有相应资格证书的设计单位承担。所谓“相应资格证书的设计单位”是指国家或地方主管部门根据统一标准和业务范围按照一定程序评定合格，并取得相应等级的设计资格证书的设计单位。根据有关规定，城市绿化工程专业设计资格分为甲、乙、丙、丁四级。甲级设计资格评定由国务院建设行政主管部门负责，乙级以下设计资格评定由省、自治区、直辖市建设行政主管部门和下属行政主管部门负责。具有甲级设计资格的设计单位业务范围不受限制；具有乙级设计资格的设计单位可承担中、小型园林绿化工程设计，地区不限；具有丙级设计资格的设计单位可承担单位所在地范围内的中、小型园林绿化工程设计；具有丁级设计资格的设计单位可承担所属地区范围内的小型园林绿化工程设计。

(5) 城市绿化工程的施工，是城市绿化建设的重要实施阶段，对提高城市绿化水平具有举足轻重的作用。因此，《城市绿化条例》第十六条规定：“城市绿化工程的施工，应当委托有相应资格证书的单位承担。绿化工程竣工后，应当经城市人民政府城市绿化行政主管部门或者该工程的主管部门验收合格后交付使用。”

3. 城市绿化的保护和管理

(1) 城市公共绿地、风景林地、防护绿地、行道树及干道绿化带的绿化，由城市人民政府城市绿化行政主管部门管理；各单位管界内的防护绿地的绿化，由该单位按照国家有关规定管理；单位自建的公园和单位附属绿地的绿化，由该单位管理；居住区绿地的绿化，由城市人民政府城市绿化行政主管部门根据实际情况确定的单位管理；城市苗圃、花圃等，由其经营单位管理。

(2) 任何单位和个人都不得擅自改变城市绿化规划用地性质或者破坏绿化规划用地的地形、地貌、水体和植被。任何单位和个人不得擅自占用城市绿化用地，占用的城市绿化用地，应当限期归还。临时占用城市绿化用地，需经城市人民政府城市绿化行政主管部门同意。并按照规定办理临时用地手续。对于未经同意擅自占用城市绿化用地的，由城市绿化行政主管部门责令限期退还、恢复原状，可以并处罚款；造成损失的，应负赔偿责任。

(3) 任何单位和个人都不得损坏城市树木花草和绿化设施。砍伐城市树木，必须经城市人民政府城市绿化行政主管部门批准，并按照国家有关规定补植树木或者采取其他补救措施。城市的绿地管理单位，应当建立健全管理制度，保护树木花草繁茂及绿化设施完好。为保证各类工程管线的安全使用需要修剪树木时，必须经城市绿化行政主管部门批准，按照兼顾工程管线安全使用和树木正常生长的原则进行修剪。因不可抗力至使树木倾斜危及管线安全时，各类工程管线管理单位可以先行修剪、扶正或者砍伐树木，但是，应当及时报告城市绿化行政主管部门和绿地管理单位。对城市古树名木（百年以上树龄的树木，稀、珍贵树木，具有历史价值或者重要纪念意义的树木）实行统一管理，分别养护。城市绿化行政主管部门，应当建立古树名木的档案和标志，划定保护范围，加强养护管理。在单位管界内或者私人庭院内的古树名木，由该单位或者居民负责养护，城市绿化行政主管部门负责监督和技术指导，严禁砍伐或者迁移古树名木。因特殊需要迁移古树名木，必须经城市绿化行政主管部门审查同意，并报同级或者上级人民政府批准。根据《城市绿化条例》第二十七条规定，对损坏城市树木花草的，擅自修剪或者砍伐城市树木的，砍伐、擅自迁移古树名木或者因养护不善致使古树名木受到损伤或者死亡的，损坏城市绿化设施的，由城市绿化行政主管部门或者其授权的单位责令停止侵害，可以并处罚款，造成损失的，应当负赔偿责任；应当给予治安管理处罚的，依照《中华人民共和国治安管理处罚条例》的有关规定处罚；构成犯罪的，依法追究刑事责任。

(4) 根据《城市绿化条例》第二十二条规定，在城市的公共绿地内开设商业、服务摊点的，必须向公共绿地管理单位提出申请，经城市绿化行政主管部门或者其授权的单位同意后，持工商行政管理部门批准的营业执照，在公共绿地管理单位指定的地点从事经营活动，并遵守公共绿地和工商行政管理的规定。

(5) 未经同意擅自在城市公共绿地内开设商业、服务摊点的，由城市绿化行政主管部门或者其授权的单位责令限期迁出或者拆除，可以并处罚款；造成损失的，应负赔偿责任。对不服从公共绿地管理单位管理的商业、服务摊点，由城市绿化行政主管部门或者其授权的单位给予警告，可以并处罚款；情节严重的，由城市绿化行政主管部门取消其设点申请批准文件，并可以提请工商行政管理部门吊销营业执照。

8.5.2 城市园林管理

1. 城市园林及城市园林绿地

(1) 城市园林是指在城市区域内运用工程技术和艺术手段，通过改造地形、种植树木花草、营造建筑和布置园路等途径创造的自然环境和游憩境域。园林包括庭园、宅园、小游园、花园、公园、植物园、动物园等。

(2) 城市绿地包括以下6类：

1) 公共绿地。指供群众游览观赏的各种公园、动物园、植物园、陵园以及小游园、街道广场的绿地。

2) 专用绿地。指工厂、机关、学校、医院、部队等单位和居住区内的绿地。

3) 生产绿地。指为城市园林绿化提供苗木、花草、种子的苗圃、花圃、草圃等。

4) 防护绿地。指城市中用于隔离卫生、安全等防护目的林带和绿地。

5) 风景林地。指具有一定景观价值，对城市整体风貌和环境起作用，但尚未完善游览、休息娱乐等设施的绿地。

6) 居住区绿地。是指居民区内除公园以外的其他绿地。

2. 园林的规划建设

(1) 城市园林的规划

1) 城市园林绿化规划是城市总体规划的组成部分，由城市规划部门会同园林部门共同编制，园林部门组织实施。凡规划确定的绿地，不得改作他用。如确需变动时，应报经原审批部门批准。

2) 城市园林绿化规划要根据当地特点和条件，合理布局，远、近期结合，点线、面结合，构成完整的绿地系统。每个城市都要有与人口相应的绿地面积，不断提高绿化覆盖率。城市中一切可以绿化的地方都要绿化起来，做到“黄土不露天”，公共绿化面积达到每人 7～11m^2。

3) 城市新建区的绿化用地，应不低于总用地面积的 39%；旧城改建区的绿化用地，应不低于总用地面积的 25%。

(2) 城市园林的建设

1) 城市园林绿化建设，必须按规划有计划地进行。

2) 园林建设要继承和发扬我国优秀园林艺术传统，注意吸收国外先进经验，努力创造现代生活的新型园林风格。

3) 动物园的建设要严格控制。

4) 有条件的城市应建设和发展植物园，作为园林植物科学研究和科普教育的基地，也可开放供观赏游览。

5) 要重视城市园林苗圃建设，逐步做到苗木自给。

6) 绿化工程要加强技术管理，严格按技术规程施工，保证栽植质量，提高树木花草成活率和保存率。

复习思考题

1. 市政公用事业包括哪些行业？
2. 什么叫做城市道路占用？发生城市道路占用之前应办理哪些手续？
3. 城市污水排放有哪些具体规定？
4. 在城市天然气管道附近进行工程建设时，应做好哪些方面的工作？
5. 城市对园林绿化用地有什么规定？
6. 在城市进行户外广告建造应遵守哪些规定？
7. 工程施工现场的市容管理包括哪些内容？
8. 违反城市市容和环境卫生管理应承担哪些法律责任？

第9章 房地产法规

9.1 概述

9.1.1 房地产与房地产法的概念

1. 房地产的概念

房地产是房产与地产的合称。房产是指固定于土地上的具有独立使用功能并且有一定经济意义的房屋及其附属建筑物和构筑物。地产是指作为土地所有权或土地使用权客体的，具有一定经济意义的土地及其附属物。

2. 房地产法的概念

(1) 房地产法的概念

房地产法是指确立和调整国家、集体、公民、法人及其他社会组织在城市规划区内进行房地产开发用地、房地产开发、房地产交易、房地产管理以及房地产使用、修缮、服务等活动中的地位以及相互权利义务关系的法律规范的总称。

房地产法有狭义和广义之分。狭义的房地产法是指 1994 年 7 月 5 日第八届全国人民代表大会常务委员会第八次会议通过的《中华人民共和国城市房地产管理法》（以下简称《城市房地产管理法》），该法共 7 章 72 条，规定了总则、房地产开发用地、房地产开发、房地产交易、房地产权属登记等内容，并于 1995 年 1 月 1 日施行。广义的房地产法是指与房地产有关的一切法律、法规、条例、规定和办法等。

(2) 房地产法的适用范围

房地产法的适用范围又称房地产法的效力范围，它是指在什么时间、什么地点，对什么人有效的问题。

1）时间效力，是指房地产法的生效时间。按《城市房地产管理法》的规定，该法于 1995 年 1 月 1 日起生效。

2）空间效力，是指在中华人民共和国城市规划区国有土地范围内取得房地产开发用地的土地使用权，从事房地产开发、房地产交易、实施房地产管理的，均应遵守《城市房地产管理法》。

3）对人的效力，《城市房地产管理法》对人的效力未加以明确规定，但根据适用法律的一般原则，该法所规定的各项权利和义务，均应适用于包括外国人在内的任何单位和个人。

9.1.2 房地产法的调整对象及立法目的

1. 房地产法的调整对象

按照房地产经济活动的范畴，房地产法的调整对象可分为房地产产权、开发、经营、使用、交易、服务、管理及其他与房地产相关的社会关系。按照法律关系所主要涉及的法律部门可分为以下3类：

(1) 房地产民事关系。具体包括房地产权属法律关系（包括物权关系、房地产抵押关系、房屋继承关系、房屋赠与关系等)、房地产转让关系、房屋租赁关系、房地产相邻关系、房屋拆迁关系等。

(2) 房地产行政关系。这类关系中有一部分是纯粹的行政关系，如房地产行政管理体制关系；另一部分也是大部分属于与经济法律关系相交叉而又以行政性为主的关系，如房地产建设项目管理关系、房地产产权和产籍管理关系、房地产行业管理关系等。这类关系的主要特征是不具备财产内容或者不以财产内容为主，主体之间完全是命令与服从、管理与被管理的关系。

(3) 房地产经济法律关系。这是房地产法调整对象数量最大的部分，也正是这类调整对象的存在，才使得房地产法具有相对独立的意义。主要包括：土地管理法律关系、房地产规划管理关系、房地产开发和经营管理关系、房地产税费收缴关系、房地产金融关系、价格质量关系、涉外房地产关系等。

我国房地产经济法律关系中还应包括房地产社会保障关系，具体内容包括：住宅社会保障关系，公有房屋的使用、转让和管理关系，单位与其职工的房屋产权和使用关系，房地产消费保护关系等。

2. 房地产法的立法目的

(1) 加强对城市房地产的管理

1) 房地产法确定了房地产的管理者，并赋予了房地产管理者权利和义务。

2) 房地产法确定了管理者的对象。

3) 房地产法确定了管理的方式，即通过权属证书、价格评估、登记管理等方式对全部房地产活动进行监督管理。

(2) 维护房地产市场秩序

1) 房地产法确定了房地产市场的范围，即土地使用权出让和房地产开发市场、房地产交易市场。

2) 房地产法确定了房地产市场的行为规则。

3) 房地产法确定了市场主体资格。

(3) 保障房地产权利人的合法权益。房地产法不仅规定了参与房地产活动的所有人所享有的权利，同时还在法律责任中规定了侵犯这些权利时所应受到的处罚。

(4) 促进房地产业的健康发展。房地产法正是通过立法的形式，来加强管理制度，实现房地产管理规范化、法制化。通过规范市场，保障国家利益在内的各方面利益，最终实现促进房地产业健康发展的目的。

9.2 房地产开发用地

9.2.1 房地产开发用地的含义

房地产开发用地，是指进行基础设施和房屋建设的用地，有如下特点：

（1）房地产开发用地仅指取得开发用地的使用权，而不是指取得开发用地的所有权。

（2）仅指城镇国有土地，而不包括集体所有的土地。

（3）出让的土地使用权只是一种地上使用权，该土地的地下资源和埋藏物仍属于国家所有。

9.2.2 土地使用权出让制度

1. 土地使用权出让的含义和特征

土地使用权出让是指国家以土地所有者的身份将土地使用权在一定年限内让与土地使用者，并由土地使用者向国家支付使用权出让金的行为。它有如下特征：

（1）土地使用权出让是以土地所有权与土地使用权的分离为基础的。

（2）土地使用权出让是有偿的，以土地使用权受让者支付一定的代价为前提。

（3）土地使用权出让是有期限的。

（4）土地使用者享有权利的效力不及于地下物。

2. 土地使用权出让的原则

（1）国家主权原则。

1）境外的公司、企业、其他经济组织与个人，除法律另有规定外，也可以依照有关规定取得土地使用权，进行土地开发、利用和经营。但对于境外的受让者，在出让土地使用权时，明确规定开发区域的行政管理、司法管理、口岸管理、海关管理等，分别由国家有关主管部门组织实施。

2）作为受让方的土地使用者受中国法律的管辖，其一切活动均应遵守我国的法律、法规，并不得损害社会公共利益。

3）外商投资成片开发土地的，开发企业依法自主经营管理，但在其开发区内没有行政管理权。

4）土地使用的出让年限、区位、用途、数量以及出让金的标准由出让方来确定，并严格按合同执行。

（2）政府垄断原则。土地使用权出让既是国家依法行使土地所有权的行为，又是国家行使土地管理权，对土地资源的使用进行分配的一种方式。

(3) 合理利用土地原则。土地使用权的出让必须坚持合理利用土地资源的原则。如果土地使用权出让后，未按合同规定的期限和条件开发、利用土地的，市、县土地管理部门可以根据情节给予警告、罚款，直至无偿收回土地使用权的处罚。

(4) 自愿、公平、等价有偿和诚实信用原则。国家作为土地所有权人与受让方土地使用者之间的关系，是一种平等主体之间的民事关系，必须遵循民事法律的一般原则，即自愿、公平、等价有偿、诚实信用，保证出让合同约定的各项权利和义务得到全面履行。

3. 土地使用权出让的方式

(1) 协议出让方式。以协议方式出让土地使用权是由市、县人民政府土地管理部门与受让申请人协商用地条件和土地使用权出让金，双方经过协商达成协议后，受让方便依据协议取得土地使用权。

协议出让的一般程序如下：

1) 拟通过出让方式取得土地使用权者，持经政府批准的投资计划及有关文件，向土地所在地的市、县土地管理部门提交协议受让土地使用权的申请。

2) 市、县土地管理部门对受让申请及有关材料进行审查，经审查同意后，通知申请者前来洽谈用地条件及土地使用权出让金，签订土地使用权出让合同。

3) 报批。土地使用权出让合同草案签订后，土地管理部门按照规定权限将土地使用权出让合同草案及其他有关材料报有批准权的人民政府批准。

4) 土地使用权出让合同草案经人民政府批准后，由市、县人民政府土地管理部门与受让人正式签订土地使用权出让合同。受让方按土地使用权出让合同的约定付清土地使用权出让金后，到市、县土地管理部门办理土地使用权登记手续，领取《国有土地使用证》，取得土地使用权。

(2) 招标出让方式。以招标方式出让土地使用权是由市、县土地管理部门向符合规定条件的单位发出招标邀请书或者向社会公众公布招标条件，通过合法的招标程序择优确定中标者，向其出让土地使用权。

以招标方式出让土地使用权的一般程序是：

1) 市、县土地管理部门向符合条件的单位发出招标邀请书或者公开向社会发布招标公告。

2) 有意参加的投标者在规定的时间内，到指定地点领取招标文件。

3) 投标者在投标截止日期前到指定地点将密封的投标书投入标箱，并按土地管理部门的规定交付投标保证金。

4) 土地管理部门组织开标会议，按照招标公告或招标邀请书确定的时间、地点当众开标，宣布不符合规定的标书无效。

5）土地管理部门组织招标机构评标，通过评选确定中标人，并向中标人发出中标通知。

6）中标人在接到中标通知后，按规定的时间与土地管理部门签订土地使用权出让合同。

7）中标人按土地使用权出让合同的规定支付土地使用权出让金，并凭土地管理部门出具的付款凭证，办理土地使用权登记手续，领取《国有土地使用权证》，取得土地使用权。

（3）拍卖出让方式。拍卖方式出让土地使用权，是由市、县土地管理部门或其委托的拍卖机构，在指定的时间、地点，通过拍卖的方式公开叫价竞投，以出价最高者为受让人，出让土地使用权。

以拍卖方式出让土地使用权的一般程序为：

1）土地管理部门将拍卖土地使用权的有关事宜登报公告。

2）有意参加拍卖竞投者按公告要求领取有关文件。

3）拍卖主持人按公告确定的时间、地点主持拍卖会，进行拍卖活动，确定最后应价者为受让人。

4）受让人与土地管理部门签订土地使用权出让合同，并按规定的时间交付土地使用权出让金。不能按规定时间交清土地使用权出让金的，土地管理部门有权解除合同。

5）受让人交付全部土地使用权出让金后，持土地管理部门出具的付款凭证，办理土地使用权登记手续，领取《国有土地使用权证》，取得土地所有权。

协议方式简便易行，程序简单，但不能引入竞争机制，不利于土地使用者公平竞争。招标和拍卖方式透明度高，能够引入市场竞争机制，为土地使用者提供平等竞争机会，并有利于维护国家的合法权益，但程序比较复杂，工作量大，且需要有相应的市场条件。

4. 土地使用权出让合同

土地使用权出让合同是指土地使用权出让人与受让人之间为确定出让土地使用权而产生的权利和义务所签订的合同。

（1）土地使用权出让合同的主要内容有：

1）标的，即出让的土地的使用权。

2）使用期限，即使用人使用土地的年限。

3）价款，即出让金。

4）使用条件，即使用土地的建设规划和设计等。

5）担保方式及违约责任。

6）其他内容。

（2）土地使用权出让合同当事人的权利和义务。土地使用权出让合同的当事人是土地管理部门和土地使用者。双方当事人签订土地使用权出让合同后，彼此间就形成了一定的权利义务关系，相互享有权利和负有义务。

1）出让方的权利和义务

①出让方的权利：要求受让方按法律规定或合同的约定交付出让金，否则出让方有权解除合同，并要求对方承担违约责任；监督土地使用权受让人行使权利的行为和对土地进行开发、利用及经营的活动；在土地使用权出让期限届满时，收回土地使用权及其地上建筑物。

②出让方的义务：按合同规定向受让方提供土地使用权；在遇到不可抗力导致出让合同不能履行或不能完全履行时，应及时通知受让人；保证土地使用权受让人对土地的正常使用。

2）受让方的权利和义务

①受让方的权利：要求出让方按合同的约定按时提供土地使用权，否则受让人可以要求其承担违约责任；受让人对土地的开发利用达到法定要求后，有权对土地所有权及地上建筑物进行转让、出租和抵押；在土地使用权出让期限届满时，遇特殊情况，国家提前收回土地使用权时，受让方有权要求给予适当的损失补偿；在土地使用权出让合同期限届满时，受让方需要继续使用土地的，可以申请续期。

②受让方的义务：按合同约定的时间和方式交付土地使用权出让金；按出让合同确定的用途和要求使用土地，确需改变土地用途的，必须报经出让方和市、县人民政府城市规划行政主管部门同意，经原批准机关批准，签订出让合同变更协议或重新签订出让合同，并依法调整出让金；在土地使用权出让合同期限届满时，应无偿地将土地使用权连同地上建筑物，交还土地使用权出让方。

5. 土地使用权的终止与续期

（1）土地使用权的终止是指因一定的法律事实的出现，使得土地使用人不再享有土地使用权，并由此解除了土地使用人与国家之间在使用土地时存在的权利义务关系。土地使用权终止有如下情形：

1）土地出让合同规定的使用期限届满。

2）国家提前收回，即国家根据社会公共利益的需要，可以依照法定程序提前收回土地使用权，但应根据土地使用者使用的年限和开发、利用土地的实际情况给予相应的补偿。

3）国家强制收回，即土地使用者未按合同规定的期限和条件开发利用土地的，市县人民政府土地管理部门给予纠正，并根据情节可以给予警告、罚款，直至无偿收回土地使用权。

4）因土地灭失而终止。

土地使用权终止的法律后果是：土地使用权终止后，土地使用权及其地上建筑物、附着物的所有权由国家无偿取得。土地使用权终止，土地使用者应当交回使用证，办理注销登记手续。

（2）土地使用权的续期是指土地出让合同规定的土地使用期限届满后，依新的土地出让合同由原土地使用人继续使用该块土地的行为。土地使用权续期有如下条件：

1）该块土地的用途与期满时的城市规划不相矛盾。

2）使用人有继续使用该块土地的必要。

3）继续使用该块土地不影响其他的社会公共利益。

土地使用权续期的时间应当不迟于土地使用权出让合同的使用年限届满前一年申请，除根据社会公共利益需要收回该块土地的，应当予以批准。经批准准予续期的，应当重新签订土地使用权出让合同，依照规定支付土地使用权出让金。

9.2.3 土地使用权划拨制度

1. 土地使用权划拨的含义

划拨土地使用权即通过行政划拨的方式取得的土地使用权。“划拨”是指县级以上人民政府批准，在土地使用者缴纳补偿、安置等费用后将该幅土地交付其使用，或者将土地使用权无偿交付给土地使用者的行为。

2. 土地使用权划拨的特征

（1）没有明确的期限。

（2）无需支付土地使用权出让金。

（3）不能转让、出租和抵押。

3. 土地使用权划拨的形式

（1）县级以上人民政府依法批准，在土地使用者缴纳补偿、安置等费用后，将该幅土地支付其使用的形式。

（2）县级以上人民政府依法批准，将国有土地使用权无偿支付给土地使用者使用的形式。

4. 土地使用权划拨的行使

土地使用者依法取得划拨土地使用权之后，便在法律规定的范围内对划拨的土地享有占有、使用和收益的权利，其权利的行使受国家法律的保护。但土地使用者在行使权利时，也必须遵守国家法律、法规的有关规定。

（1）土地使用权人不得擅自改变土地用途。

（2）土地使用权人在行使权利时，如遇社会公共利益的需要，有义务服从人民政府收回土地使用权的决定。

（3）划拨土地使用权的转移必须遵守有关法律、法规的规定。

5．土地使用权划拨的适用对象

(1) 国家机关用地和军事用地。

(2) 城市基础设施用地和公益事业用地。

(3) 国家重点扶持的能源、交通、水利等项目用地。

(4) 法律、行政法规规定的其他用地。

9.2.4 土地征用

土地征用是指政府或政府授权的机关，依照法律规定将农村集体所有的土地收为国有的行为。

1．土地征用的程序

(1) 申请选址。

(2) 协商征地数量和补偿安置方案。

(3) 核定用地面积。

(4) 出让或划拨土地。

(5) 核发国有土地使用证。

2．土地征用的审批权限

(1) 征用耕地 666666.7m^2（1000 亩）以上，其他土地 1333333.4m^2（2000 亩）以上，由国务院批准。

(2) 征用耕地 2000.1m^2（3 亩）以上 666666.7m^2（1000 亩）以下，其他土地 6666.7m^2（10 亩）以上 1333333.4m^2（2000 亩）以下，由省级人民政府批准。

(3) 征用耕地 2000.1m^2（3 亩）以下，其他土地 6666.7m^2（10 亩）以下，由县级人民政府批准。

3．土地征用的补偿费用

(1) 土地补偿费

1）征用耕地的土地补偿费按该耕地被征用前三年的平均产值的 3～6 倍计算。

2）征用其他土地补偿标准，由省、自治区、直辖市参照征用耕地的补偿标准规定。

(2) 附着物、青苗补偿费

1）被征用土地上的附着物和青苗的补偿标准，由省、自治区、直辖市规定。

2）征用城市郊区菜地，建设单位还应当按照国家的有关规定缴纳新菜地开发基金。

4．安置补助费和剩余劳动力的安置

(1) 安置补助费以征地范围内的人均占有土地数量来计算。一般每一个需要安置的农业人口，其补助标准为该耕地被征用前三年平均每亩年产值的 2～

3 倍，一般不得超过 10 倍。

（2）特殊补偿即土地补偿费和安置补偿费不足以使需要安置的农民保持原有的生活水平的，经省、自治区、直辖市政府批准，可以给予特殊补偿，即增加安置补助费。但土地补偿、安置补助费和特殊补偿三项总和不得超过土地被征用前三年平均年产值的 20 倍。

（3）劳动力安置。

1）对征用土地造成的多余劳动力，由政府组织征地、被征地和其他有关单位，通过发展农副业生产或举办乡镇企业来安置。

2）安置不完的，可以安排符合条件的人员到用地单位或其他单位就业。

3）土地被全部征用的，经省、自治区、直辖市政府审查批准，原有农业户口可转为非农业户口，有关征地补偿费用用于组织生产和就业人员的生活补助，不得私分。

9.3 房屋拆迁

房屋拆迁是指因城市建设发展的需要，拆迁人依法而实施的拆除被拆迁人现有的城市房屋，并由拆迁人对被拆迁人实施补偿与安置，以及被拆迁人应当在搬迁期限内完成搬迁的的法律行为。城市房屋拆迁应按国务院 2001 年 11 月 1 日颁布的《城市房屋拆迁管理条例》执行。

9.3.1 房屋拆迁的基本原则与工作程序

1. 房屋拆迁的基本原则

（1）服从国家利益。

（2）符合城市规划和有利于城市旧区改造生态环境改善、保护文物古迹。

（3）保护拆迁当事人合法权益。

2. 房屋拆迁的工作程序

（1）申报规划用地许可证。

（2）编制拆迁计划与方案。

（3）申领房屋拆迁许可证。申领房屋拆迁许可证时，应当向房屋所在地的市、县人民政府房屋拆迁管理部门提交下列资料：建设项目批准文件；建设用地规划许可证；国有土地使用权批准文件；拆迁计划和拆迁方案；办理存款业务的金融机构出具的拆迁“补偿”安置资金证明。市、县人民政府房屋拆迁管理部门，应当自收到申请之日起 30 日内，对申请事项进行审查；经审查，对符合条件的，颁发房屋拆迁许可证。

（4）发布拆迁公告。房屋拆迁管理部门和拆迁人应及时向被拆迁人做好宣传解释工作，并将拆迁许可证中载明的拆迁人、拆迁范围、拆迁期限等事项，以房屋拆迁公告的形式予以公告。

（5）签订拆迁补偿、安置协议。其主要条款有：补偿形式；补偿金额；安置地点；安置面积；搬迁过渡方式；过渡期限；违约责任；当事人认为需要订立的其他条款。

（6）实施房屋拆迁。拆迁人应当在房屋拆迁许可证的拆迁范围和期限内实施拆迁。需延长时，应在届满15日前，提出申请，并于10日内答复。

9.3.2 房屋拆迁补偿

1. 补偿对象

房屋被拆迁将对被拆除房屋的所有人造成一定的财产损失，因此拆迁补偿的对象应是被拆除房屋及其附属物的所有人。在此，所有人包括产权人、代管人和国家授权的国有房屋及其附属物的管理人。

2. 补偿形式

（1）产权调换。是指拆迁人以原地或异地建设的房屋补偿给被拆迁房屋的所有人，继续保持其对房屋的所有权。

（2）货币补偿。是指拆迁人将拆除房屋的价值，以货币结算的方式补偿给被拆迁房屋的所有人。

（3）产权调换和货币补偿相结合。产权调换和货币补偿相结合是指拆迁人按照被拆除房屋的建筑面积数量，以其中一定面积的房屋补偿被拆迁房屋的所有人，其余面积按照货币补偿折合货币支付给被拆除房屋的所有人。

3. 补偿标准

（1）货币补偿的补偿标准：拆迁人与被拆迁人应当按照被拆除房屋的区位、用途、建筑面积等因素以房地产市场评估价格计算被拆迁房屋的补偿金额作为补偿标准。具体办法由省、市、自治区、直辖市人民政府制定。

（2）产权调换的补偿标准：实行房屋产权调换的，拆迁人与被拆迁人应当依照货币补偿的上述规定，计算被拆迁房屋的补偿金额和所调换房屋的价格；结清产权调换的差价。

4. 补偿的几种特殊情况

（1）拆除出租住宅房屋的，应当实行产权调换，原租赁关系继续保持，因拆迁而引起变动原租赁合同条款的，应当做相应的修改。

（2）拆除有产权纠纷的房屋，在房屋拆迁主管部门公布的规定期限内纠纷未解决的，由拆迁人提出补偿安置方案，报县级以上人民政府房屋拆迁主管部门批准后实施拆迁。拆迁前，拆迁人应就被拆迁房屋有关事项向公证机关办理证据保全。

（3）拆除设有抵押权的房屋。对拆除设有抵押权的房屋实行产权调换的，抵押人在房屋拆迁主管部门公布的规定期限内达不成抵押协议的，由拆迁人参照有产权纠纷房屋的拆迁补偿规定实施拆迁；实行货币补偿的，由抵押权人和抵押人重新设立抵押权或者由抵押人清偿债务后，再给予补偿。

(4) 拆迁公益事业用房的，拆迁人应依当依法予以重建，或者给予货币补偿；拆迁非公益用房的附属物，不做产权调换，由拆迁人给予货币补偿。

9.3.3 房屋拆迁安置

1. 安置对象

拆迁人在拆迁活动中除了对被拆迁房屋的所有人给予补偿外，还应对被拆除房屋的使用人给予安置，以切实保障被拆除房屋使用人的使用权。由此可见，安置的对象是被拆除房屋的使用人，而不是所有人。

2. 安置形式

(1) 一次性安置。是指被拆除房屋的使用人直接迁入安置房，没有周转过渡期，拆迁人与被拆迁安置对象就房屋问题一次处理完毕。

(2) 过渡安置。是指拆迁人不能一次解决安置用房，可以由拆迁人先对被拆迁安置对象进行临时安置，过一段时间后再迁入安置房。临迁房的提供和过渡期的长短在过渡安置中就是重点问题。拆迁人应当支付临时安置补助费；对使用拆迁人提供的周转房的，拆迁人不支付此项费用。

3. 安置标准

(1) 拆除非住宅房屋，按照原建筑面积安置。

(2) 拆除住宅房屋，由省、自治区、直辖市人民政府根据当地实际情况，按照原建筑面积，也可以按照原使用面积或者原居住面积安置。

(3) 对按照原面积安置住房有困难的被拆除房屋使用人，可以适当增加安置面积。

4. 安置费用

(1) 搬家补助费是被拆迁人因原居住房屋被拆除，需移他处居住，在搬家过程中发生的费用，此项费用由拆迁人负担。

(2) 临时安置补助费是对被拆迁人因迁离原居住地而在生活上所增加的一些额外支出费用的补偿，临时安置补助费的补助对象主要是自行安排住处的被拆迁房屋使用人。

(3) 因拆迁非住宅房屋造成停产、停业的，拆迁人应当给予适当补偿。

9.4 房地产开发

9.4.1 房地产开发的概念

房地产开发是指在依法取得土地使用权的国有土地上进行基础设施和房屋建设的行为。它具有如下特点：涉及面广、工程项目多、投资量大、综合成本高、建设周期长。

9.4.2 房地产开发的原则

1. 严格执行城市规划。

2. 实行全面规划、合理布局、综合开发，配套建设。

3. 按照土地使用权出让合同约定的用途、动工开发期限开发土地。

4. 坚持经济效益、社会效益和环境效益相统一。

5. 鼓励开发建设居民住宅。

9.5 房地产交易

9.5.1 房地产交易概念

1. 房地产交易的概念和特征

房地产交易是人们对房地产转让、出租和抵押等活动的总称。在我国现行土地制度下，房地产交易是指以房屋等建筑物、构筑物及其占用范围内的土地使用权为对象而进行的一种商品交换活动，它包括转让、出租和抵押等。它具有如下特征：

(1) 房地产交易的标的价格通常会远远高于一般生活消费品的价格。

(2) 房地产交易标的物具有固定性。

(3) 房地产交易具有较强的社会性。

(4) 房地产交易比一般商品的交易要复杂得多。

2. 房地产交易的原则

房地产交易除遵循自愿、平等、等价有偿、诚实信用等一般原则外，还应遵守房地产法特有的一些原则：房地一体、依法登记、房地产交易价格分别管制。

3. 房地产交易的制度

(1) 房地产价格评估制度。我国《城市房地产管理法》第三十三条规定："国家实行房地产价格评估制度"。房地产价格评估，应遵循公正、公平、公开的原则，按照国家规定的技术标准和评估程序，以基准地价、标定地价和各类房屋的重置价格为基础，参照当地的市场价格进行评估。

(2) 房地产成交价格申报制度。这一制度就是要求房地产交易的当事人或其代理人在买卖、交换房地产时，应当向房屋所在地的房地产管理部门如实申报成交价。

(3) 房地产价格评估人员资格认证制度。由于房地产价格评估关系到国家的税费和当事人的重大权益，同时房地产价格评估又需要有一定的工作经历、经验、专业理论和良好的职业道德，因此要实行此制度。

4. 房地产交易的管理机构

房地产交易的管理机构是指依法有权对房地产交易活动进行指导、监督、协调以及对房地产交易法律关系进行保护的国家机关和社会组织。我国的房地产交易管理机构，是国务院建设行政主管部门和土地管理部门。主要有：

（1）房地产管理机关。房地产管理机关是指国土资源部、建设部及其下属的县级以上地方人民政府的房管部门和土地管理部门。

（2）房地产交易所。房地产交易所是国家根据房地产市场发展的需要而设立的，供人们进行房地产交易的固定场所。

9.5.2 房地产转让

1. 房地产转让的概念和特征

（1）房地产转让的概念。房地产转让是指房地产权利人通过买卖、赠与或者其他合法方式将其房地产转移给他人的行为。

1）房地产转让的主体是房地产权利人，包括房产所有权人和土地使用权人。非房地产权利人不能成为房地产转让法律关系的转让方。

2）房地产转让的客体是城市中被转让房屋的所有权和该房屋占有范围内的土地使用权。由房屋与土地在物质形态上的不可分割性所决定，房屋所有权和房屋占用范围内的土地使用权，通常一起作为同一房地产转让法律关系的客体。

3）房地产转让的形式主要是买卖和赠与，同时，也包括其他合法方式。如以房地产作价入股与他人组成企业法人，以土地使用权与他人合资、合作开发经营房地产，因企业被收购，兼并或合并，以房地产抵债的等也属于房地产转让行为。

4）房地产转让是一种能产生房地产权利转移后果的法律行为，该行为的实施必然导致房地产权利主体的变更。

（2）房地产转让的特征。房地产转让是以房屋所有权及房屋占用范围内的土地使用权为客体，而进行的房地产交易活动，它是房地产交易的主要形式，其法律特征主要表现以下几个方面：

1）房地产转让的标的必须合法。

2）房地产转让时，原土地使用者在土地使用权出让合同中所享有的权利和义务随之转移给受让方。

3）房地产转让属于要式法律行为。

4）以出让方式取得土地使用权的，转让房地产时不得违反原出让合同的约定，受让人确需改变原土地使用权出让合同约定的土地用途的，必须取得原出让方和市、县人民政府规划行政主管部门的同意，签订土地使用权出让合同变更协议或者重新签订土地使用权出让合同，相应调整土地使用权出让金。否则，受让方不得改变原土地用途。

2. 房地产转让的条件

（1）转让、受让双方必须具有合法资格。房地产转让属于民事法律行为，转、受让双方必须具有相应的主体资格和行为能力。自然人作为房地产转让行为主体时，必须具备民事权利能力及民事行为能力。法人或其他社会组织作为房地产转让主体的，应具有法人资格或符合法定条件。否则，其转让房地产的行为不具有法律效力，不受法律保护。

(2) 房地产转让的客体必须符合法定要求。房地产属于特殊财产，由其自身的特殊性及其在人们生产生活中的极端重要性所决定，国家对房地产的转让，尤其是土地使用权的转让，通常有较多的限制和特定的要求。

1) 根据《城市房地产管理法》的规定，以出让方式取得土地使用权的，转让房地产时，应符合下列条件：

①按照出让合同的约定已经支付全部土地使用权出让金，并取得土地使用权证书。

②按照出让合同约定，对土地进行了投资开发，属于房屋建设工程的，完成开发投资总额的25%以上；属于成片开发土地的，形成工业用地或者其他建设用地条件。转让房地产时房屋已建成的，还应持有房屋所有权证。

2) 以划拨方式取得土地使用权的，转让房地产时应符合以下条件：

①按照国务院的规定报有批准权的人民政府批准。

②经人民政府批准转让的，应依法办理土地使用出让手续，并依照国家有关规定缴纳土地使用权出让金。有批准权的人民政府依法决定可以不办理土地使用权出让手续的，转让方应按照有关规定将转让房地产所获收益中的土地收益上缴国家或者做其他处理。

房地产转让必须符合上述法定条件和要求，不符合法定条件和要求的房地产不得转让。

(3) 签订书面转让合同。房地产转让属于要式法律行为，转让、受让双方经协商达成协议后，应形成书面合同，明确载明土地使用权取得的方式，双方确定的权利、义务及其他必要的条款。并在签约后的一定时间内，到房地产有关管理机关办理土地使用权及房屋所有权的变更登记手续，领取房地产权利证书。

3. 房地产转让中的禁止转让情形

房地产转让是一种法律行为，其法律后果是房屋所有权和其占用范围内的土地使用权转移或权利主体变更。因此作为转让客体的房地产必须权属明确，并且无争议。否则，就很可能导致当事人或第三方合法权益的损害，破坏正常的房地产市场秩序和社会秩序。根据《城市房地产管理法》的规定，下列房地产不得转让：

1) 以出让方式取得的土地使用权，但未取得土地使用权证书，未按出让合同约定进行投资开发总额在25%以上的土地。

(2) 未依法登记领取权属证书的房地产。房地产未依法登记领取权属证书，表明该房地产来源不明或尚未依法取得所有权，以其为对象进行房地产转让，就难以保证交易的安全，不利于当事人合法权益的保护和市场秩序的稳定。

(3) 有争议的房地产。房地产存在争议，意味着其权属尚未界定清楚，如允许其转让就会使问题进一步复杂化，最终损害真正权利人或受让方的合法权益。

(4) 未经其他共有人同意的共有房地产。共有房地产的权利主体，通常是两个以上的自然人或法人。数个主体共同享有房产的所有权和相应的土地使用权，未经其他共有人同意而转让共有房地产，是侵犯他人房地产权利的行为。因此，我国法律明确规定，未经其他共有人同意的共有房地产的转让属于禁止之列。同时，要求同意转让共有房地产的其他共有人要以书面形式做出表示。

(5) 已被依法收回的土地使用权。土地使用权被国家依法收回，表明转让方已无权对该土地使用权进行转让。如果允许该种土地使用权转让，就会侵犯国家的土地权益或者给受让方造成损害。

(6) 司法机关和行政机关依法裁定，决定查封或者以其他形式限制房地产权利的房地产。根据财产权流转的一般原则，作为交易客体的房地产应该是权利人能够对其行使处分权的房地产，而被司法机关和行政机关依法裁定，决定查封或以其他形式限制权利的房地产，权利人已无权对其行使处分权，因此，该种房地产不得转让。

(7) 法律、行政法规禁止转让的其他情形。根据我国有关法律的规定，某些具有特殊情况的房地产也是不能转让的。例如，已被国家列入文物保护范围的房产，已被国家列入征用范围的房产等等。

9.5.3 房地产转让的三种方式

1. 买卖

买卖是我国房地产转让的最主要的方式，是指房地产权利人将其房屋所有权连同土地使用权，依法转移给受让人，由受让人向其支付价款的行为。

按房地产买卖法律关系的客体来划分，房屋买卖分为公房买卖和私房买卖，现房买卖和期房买卖，以及商品房买卖和康居房、经济适用住房买卖等等。不论哪种房屋的买卖，其实质都是以取得价款为条件，转移房屋所有权及相应的土地使用权，其结果都是房地产权利转移或房地产权利主体发生变更。

2. 赠与

房地产赠与是指赠与人自愿将其房地产无偿转移给受赠人，受赠人表示接受而达成协议。与房地产买卖相比，其主要特征是房地产权的转移具有无偿性。与传统民法中的一般财产赠与不同的是，房地产赠与不一定都是无偿的单务合同关系。

3. 其他合法方式

除了买卖、赠与这两种典型的房地产转让行为之外，房地产权利人还可以采取其他法律允许的方式转让其房地产。随着我国土地有偿使用制度的实行和经济体制、企业制度改革的不断深入，房地产转让的形式也发生了很大的变化，呈多样化趋势。根据《城市房地产转让管理规定》，下列行为属于房地产转让行为：

(1) 以房地产作价入股，与他人成立企业法人，使房地产权属发生变更。

(2) 一方提供土地使用权，另一方或者多方提供资金，合资、合作开发经营房地产，而使房地产权属发生变更。

(3) 因企业被收购、兼并或合并，房地产权属随之转移。

(4) 以房地产抵债。

这些行为从形式上看并非房地产转让，但实质上均具有房地产转让的性质，无论是以何种方式进行，其结果的实质，都是房地产权利有偿转移或房地产权利主体发生变更。

9.5.4 关于已购公有住房和经济适用住房的上市出售

1. 已购公有住房和经济适用住房的概念

已购公有住房是指城镇职工根据国家和县级以上地方人民政府有关城镇住房制度改革政策的规定，按照成本价（或标准价）购买的公有住房，此种住房一般是购买人原承租的公有住房。

经济适用住房是指城镇职工根据政府的有关规定按照成本价或地方人民政府指导价购买的住房，其中包括安居工程住房和集资合作建设的住房。经济适用住房政策是与住房分配货币化相联系的。一般情况下，中低收入职工家庭在获得住房补贴的条件下，才能买得起经济适用住房，就此而言，职工购买的经济适用住房和按房改成本价购买单位出售的公房，在经济上的负担基本相当。

2. 已购公房和经济适用住房上市出售的条件

根据《已购公有住房和经济适用住房上市出售管理暂行办法》的规定，已取得合法产权证的已购公房和经济适用住房可以上市出售，但有下列情形之一的不得上市出售：

(1) 以低于房改政策规定的价格购买且没有按照有关规定补足房价款的。

(2) 住房面积超过省、自治区、直辖市人民政府规定的控制标准，或违反规定利用公款超标准装修，且超标部分未按照规定退回或补足房价款及装修费用的。

(3) 已购公房或经济适用住房处于户籍冻结地区并已列入拆迁公告范围内的。

（4）产权共有的房屋其他共有人不同意出售的。

（5）已经抵押而未经抵押权人书面同意转让的。

（6）上市出售后会形成新的住房困难的。

（7）擅自改变房屋使用性质的。

（8）法律、法规以及县级以上人民政府规定其他不宜出售的。

3. 已购公房和经济适用住房出售后的收益分配

因为已购公有住房情况比较复杂，有的是以成本价购买的，有的是以标准价购买的。以标准价购买公房者享有的是房屋的部分产权，因而，在已购公房上市时，应区别不同情况来处理房屋转让收益的分配问题。根据规定，已购公房出售收益的分配主要分为两种情况，一是以成本价购买的产权归个人所有的公有住房和经济适用住房上市出售的，其收入在按照规定缴纳有关税费和土地收益后，归出售者个人所有。二是以标准价购买，职工拥有部分产权的已购公房和经济适用住房上市出售的，其收益分配有两种办法：一种是由出售人先按照成本价补足房价款及利息将原购住房全部产权归个人所有后再出售，其收入在按规定缴纳有关税费和土地收益后，归出售人所有；另一种办法是将房屋直接上市出售，其收入在按有关规定缴纳税费和土地收益后，由出售住房的职工与原产权单位按照产权比例分配。

9.5.5 商品房销售

1. 商品房和商品房销售

（1）商品房的概念。商品房是指由房地产开发公司建造，作为商品在市场上出售的房屋。为了自用而自建或委托其他单位建设的房屋及其他建筑物，不属于商品房的范围。商品房可以按不同的标准进行分类，现实生活中使用最多的分类有：高档商品房和普通商品房，期房商品房和现房商品房等。商品房销售包括商品房现售和商品房预售。

（2）商品房预售的概念和特征。商品房预售是指房地产开发经营企业将正在建设中的房屋预先出售给承购人，由承购人支付定金并分期支付房价款的行为。它是商品房转让的一种特殊形式。

商品房预售也常被称为“卖楼花”，它是房地产开发企业筹措开发资金的一种有效手段。众所周知，房地产开发周期长，资金周转慢，所需资金数额巨大，而且开发企业还要承担房屋竣工后销售不畅的风险，采用预售的方式销售商品房，开发商可以通过收取定金或预付款项，获得一定数量的建设资金，减轻银行贷款的压力。对于购房人来讲，“预售”这种购房方式可使其避免一次性支付巨额购房款。同时，由于从“预售”到实际的房屋买卖，要有一个较长的时间段，会形成价格差，从而为那些以投资为目的的购房人进行房地产投资提供了条件。因此，这种商品房转让方式，在我国已被普遍采用，实践中绝大部分的商品房买卖是通过预售的方式进行的。事实证明，商品房预售对于筹措资金，活跃房地产市场，促进居民住宅消费，以及尽快改善广大城市居民的住房条件等都有着积极的意义和作用。

商品房预售作为商品房买卖的一种特殊形式，主要具有以下特征：

1）房屋预售合同法律关系的主体一方是特定的。根据我国现行有关法规的规定，商品房预售法律关系中的预售方，只能是具有房地产开发经营资格，并符合法定条件的房地产开发企业，不是普通的公、私房屋所有者。而预购方却没有特定要求和限制，可以是任何法人、公民个人和其他社会组织。

2）房屋预售合同的标的是尚在建设中的房屋。与现房交易相比，商品房预售合同的标的，实质上是在房屋建成后依约交足房价款并获得其所有权的一种“权利”。在合同约定的期限届满房屋建成后，预购人便可凭这种“权利”，要求预售方依约交付所预购的房屋，并签订正式房屋买卖合同向其转让房屋的所有权。至此，这种期待的房产权才能变为现实的房产权。

3）房地产预售法律关系的产生、变更和终止均要受到国家法律严格的限制。由于在“预售”这种交易方式中，购房人按约定数量交付购房款项，其所得到的只是一种“权利”，而非现实的房屋。期房变成现房需要一段较长的时间，在此期间里发生什么样的变化，购房人难以预料。因此，对购房人来讲，客观上存在着很大的风险，如“楼房烂尾”。为了保护广大购房者的合法权益，国家对商品房预售法律关系的产生、变更和消灭，都给予严格的管理和监督，对商品房预售的条件、程序，以及预售款的用途等都有明确的规定。

2. 商品房预售的条件

(1) 房地产开发企业已交付全部土地使用权出让金，并取得土地使用权证书。根据有关法律规定，房地产开发用地应以出让的方式取得土地使用权，而交付土地使用权出让金是取得土地使用权的前提；取得土地使用权证书是合法使用土地的标志和保证。只有具备此条件的开发企业开发出的商品房，才能进入市场流通。

(2) 房地产开发企业持有建设工程规划许可证。根据我国有关法律的规定，任何土地的开发、利用都必须符合土地利用规划的要求。为了加强规划管理，保证房地产开发项目用地符合规划的要求，房地产开发企业在取得土地使用权后，还必须按有关规定申请并领取建设工程规划许可证。否则，不能开工建设。

(3) 按提供预售的商品房计算，投入开发建设的资金达到工程建设总投资的25%以上，并已确定了施工进度和竣工交付日期。这是国家为了防止和抑制投机行为，保护购房人的合法权益而规定的法定投资要求。房地产开发企业对土地的开发达不到此要求的，不得进行商品房预售。

（4）办理预售登记，取得商品房预售许可证。由商品房预售的特点所决定，“预售”这种交易方式比一般的房屋买卖时间长，程序复杂。为了保护预售双方的合法权益，我国《城市房地产管理法》规定：在具备上述三个条件的前提下，开发企业预售商品房，要向县级以上人民政府房地产管理部门办理预售登记，取得预售许可证。预售许可证的获得意味着预售行为合法。因此，未取得商品房预售许可证的房地产开发企业，不得进行商品房预售活动。

只有符合上述条件的商品房预售，才具有法律效力，受法律保护。违反法定条件预售商品房的，由县级人民政府房产管理部门责令停止预售活动，没收违法所得，可以并处罚款。

3. 商品房预售的程序

房地产开发经营企业预售商品房，首先应向商品房预售行政主管部门申请办理商品房预售许可证，然后才能向社会预售商品房。预售商品房一般按下列程序进行。

（1）售前宣传。房地产开发经营企业在预售商品房之前，要通过各种方式进行广告宣传，展示自己拟预售的房屋，供购房人选择。这是商品房预售所必须的准备工作。宣传的方式和途径可以是多种多样的，但以广告的形式作宣传的，广告中必须载明以下事项：开发企业名称，由中介服务机构代理销售的，载明该机构的名称，销售或者预售许可证书号。广告的内容应真实、合法、科学、准确，不得欺骗和误导公众，不得含有风水、占卜等封建迷信的内容。

（2）签订商品房预售合同。目前我国的商品房预售一般是采用标准合同。合同中包括了房屋的坐落位置、土地使用面积、房屋建筑面积、单位面积价格、房价款交付方式、定金、房屋交付使用时间，以及违约责任等内容。预售购双方就合同的主要内容达成协议后，即可签约。签约时，双方还可以根据需要对合同中的某些条款进行修改和补充。

（3）登记备案。商品房预售合同签订后，预售人应按照国家有关规定，将预售合同报县级以上人民政府房产管理部门和土地管理部门备案。

（4）签订正式的房屋买卖合同。预售合同签订后，购房人要依照合同约定的方式、时间和数量向预售方交付购房款，预售方要按合同约定的时间向购房人交付房屋。在房屋竣工验收并获通过后，双方当事人要签订正式的房屋买卖合同。

（5）办理房屋产权转移登记手续。正式的房屋买卖合同签订后，双方当事人要在规定的期限内，到房产管理机关办理房屋产权转移登记手续，领取房屋所有权证。购房人领取房屋所有权证后，还应持有关证件到土地管理局办理房屋占用范围内土地使用权的变更登记手续，领取国有土地使用权证。

9.5.6 房屋租赁

房租赁。住宅用房租赁是以生活居住为目的房屋租赁。租赁的客体可以是公房，也可以是私房。非住宅用房租赁主要是指住宅用房以外的房屋租赁，包括以营利为目的生产用房租赁和经营用房租赁，以及其他非住宅性质的房屋租赁。

根据《城市房地产管理法》的规定，住宅用房的租赁要执行国家和房屋所在地城市人民政府规定的租赁政策，租用房屋从事生产、经营活动的，由租赁双方协商议定租金标准和其他租赁条款。可见，国家对两类不同的房屋租赁适用不同的管理政策，采用不同的管理方式。但不论是住宅用房租赁，还是非住宅用房租赁，只要是房屋所有人以营利为目的，并以划拨方式取得使用权的国有土地上建成的房屋出租的，出租人在出租房屋时，应将房屋租金中所含的土地收益上缴国家。

(3) 城镇廉租住房租赁。城镇廉租住房是指政府和单位在住房领域实施社会保障职能，向具有城镇常住居民户口的最低收入家庭提供的租金相对低廉的普通住房。廉租住房的租赁是政府为建立和完善多层次的住房供应体系，解决城镇最低收入家庭的住房问题而采取的一种社会保障性质的房屋租赁方式，根据 1999 年 5 月 1 日起施行的《城镇廉租住房管理办法》，廉租住房的来源主要有以下几种：

1）腾退的并符合当地人民政府规定的廉租住房标准的原有公房。

2）最低收入家庭承租的符合当地人民政府规定的建筑面积或者使用面积和装修标准的现公有住房。

3）政府和单位出资兴建或出资购置的用于廉租的住房。

4）市、县人民政府根据当地情况采用其他方式筹集的符合廉租住房标准的住房。

5）社会捐赠的符合廉租住房标准的住房。

廉租住房的承租实行申请批准制度，首先要由申请人持最低家庭收入证明、住房情况证明及其他规定的证明文件向市、县级房地产行政主管部门提出申请；房地产主管部门对申请人的证明文件进行审核，并在适当的范围内公告，对于无异议的，予以登记；被登记者按照住房困难程度和登记顺序等条件，经综合平衡后等候配租。

廉租住房的租金标准实行政府定价。承租廉租住房的家庭其收入超过当年最低收入标准时，应当及时报告，并按时腾退已承租的廉租房。

3. 房屋租赁当事人的权利和义务

(1) 出租方的权利和义务

1）依据我国有关法律的规定，房屋租赁中出租方享有的权利主要有以下几个方面：

①依照合同约定向承租人收取租金；

②在租赁合同有效期间，有权对承租人使用房屋的情况进行监督和检查；

③在租赁合同期满时收回出租的房屋。

2）出租人在行使上述权利的同时，负有以下义务：

①按照租赁合同约定的期限将房屋交付给承租人占有、使用。不能按期交付使用的，应当支付违约金，给承租人造成损失的，应承担赔偿责任。

②保证出租房屋的安全使用。出租住房的自然损坏，合同约定由出租人修缮的，出租人负有及时修复的义务；出租人不及时修复，致使房屋发生破坏性事故，造成承租人财产损失或者人身伤害的，应承担赔偿责任。生产经营用房的租赁，修缮责任由双方当事人在合同中约定。

③不得损害承租人的利益。出租人在租赁期限内，转让房屋所有权的，房屋受让人应继续履行原租赁的规定，出租方有义务向房屋受让人讲明房屋已出租的情况。

④依法缴纳有关税费。

(2) 承租人的权利和义务

1）根据有关法规定，房屋租赁的承租人享有以下权利：

①合同约定的期限内占有、使用房屋的权利。

②在租赁合同有效期内，房屋发生自然损坏时，有要求出租人及时修复的权利。

③在租赁合同有效期内，出租人将出租房屋转让时，承租人在同等条件下有优先购买权。

④在租赁合同期限届满时，出租人继续出租房屋的，承租人在同等条件下有优先承租权。

2）承租人在享有上述权利的同时，负有以下义务：

①按房屋租赁合同约定的方式和时间交付租金，违反约定的，应承担违约责任。

②爱护并合理使用所承租的房屋及附属设施，不得擅自拆建或增添。确需对承租房屋进行改动或增添的，必须征得出租人的同意，并签订书面合同。

③因承租人的过错造成房屋损坏的，承租人负有修复或赔偿的义务。

④承租人在使用房屋期间，不得将承租的房屋擅自转租、转让、转借他人或擅自调换使用。

⑤承租廉租住房的家庭负有如实申报家庭收入的义务。当家庭收入超过当年最低收入标准时，应及时报告房地产主管部门，并按期腾退已承租的廉租住房。

房屋租赁的双方当事人，应正确行使权利，认真履行义务，否则都应承担法律责任。

4. 房屋租赁合同的内容

（1）当事人的姓名或者名称及住所。

（2）标的物。包括房屋的坐落位置、面积、装修及设施状况。标的物明确具体，才便于合同的履行。

（3）租赁用途。承租人租赁房屋是作住宅用，还是作生产、经营之用，应在合同中写清楚，以便承租人按租赁房屋的性能正确合理地使用房屋。

（4）租赁期限。租赁期限的确定，是房屋租赁与房屋转让的重要区别之一，也是确定双方权利义务关系开始和终止的主要依据，因此应在合同中明确约定。

（5）租金及交付方式。支付租金是承租人占有使用出租人房屋的前提，也是承租人的主要义务，因此，租赁合同中必须明确约定计租标准和租金数额，以及租金的支付方式。按年交，按季交，还是按月交，何时交，都应在合同中明确约定，以保证合同的顺利履行。

（6）修缮责任。关于房屋的修缮责任，双方当事人可以在合同中约定，双方没有约定的，修缮责任由出租方承担。修缮范围包括房屋自身及其附属设施，以及其他保证房屋正常使用的设备。

（7）转租的约定。根据我国有关法律的规定，承租人经出租人同意可将所承租的房屋再转租他人，但转租会引起转租收益的重新分配，因此合同中应明确约定转租的条件，转租收益的分配，转租期限，转租的用途，违约责任，以及转租房屋损坏赔偿责任的承担。

（8）变更和解除合同的条件。房屋租赁合同的期限一般比较长，在此期间可能发生的情况是当事人在签约时难以预料的，双方当事人应根据实际情况，在合同中明确约定变更或解除合同的具体条件。

（9）违约责任。违约责任也是房屋租赁合同的主要内容，双方当事人对违约责任做出明确约定，一方面可以预防违约行为的发生，另一方面也可以为今后解决租赁合同纠纷确定各自的责任提供依据。

（10）当事人约定的其他条款。除上述内容外，当事人认为有必要的其他条款，也应在合同中明确约定。

5. 关于房屋的转租

房屋转租是房屋承租人将承租的房屋再出租的行为。根据《城市房屋租赁管理办法》的规定，承租人在租赁期限内，征得出租人同意，可以将承租房屋的部分或全部转租他人，房屋转租法律关系在现实生活中也是一种比较普遍的现象。一般具有以下几个特点：

（1）房屋转租的标的可以是承租房屋的一部分，也可以是承租房屋的全部。

(2) 房屋转租关系确立之后，原房屋租赁关系并不终止，接受转租的人并不直接与原出租人发生关系。

(3) 房屋转租应签订书面合同，转租合同必须经原出租人书面同意，并按照有关规定到房地产管理机关办理登记备案手续。

(4) 转租期间，原租赁合同变更、解除或终止的，转租合同也随之相应地变更，解除或者终止。

(5) 转租合同生效后，转租人享有并承担转租合同规定的出租人的权利和义务，并且要继续履行原租赁合同中规定的承租人的义务，除非其与出租人另有约定。

(6) 除双方另有约定外，房屋转租合同的期限不得超过原房屋租赁合同规定的期限。

允许房屋转租可以更充分、合理地利用现有房源，避免房屋的闲置和浪费。但如果转租行为不规范，缺乏必要的管理，房屋转租也会扰乱正常的房地产交易秩序，侵犯房屋所有人的合法权益。因此，对转租行为应依法进行规范，并在适用范围上给予一定的限制。目前，我国的房屋转租主要发生在私房租赁和生产、经营用房租赁中，公房转租长期以来是被国家法律所禁止的，这是因为，公房租赁带有社会福利的性质，允许公房转租会助长以公房牟私利的势头，对于那些无条件租用公房的住房困难户来讲是不公平的，在我国住房制度改革尚未完成之前，对公房转租予以限制或禁止，有其必要性及合理性。

9.5.7 房地产抵押

1. 房地产抵押的概念和法律特征

房地产抵押是伴随着我国土地使用制度改革和房地产业的发展而产生的一种房地产利用方式，也是融资风险的一种防范措施。随着我国各项经济建设的发展，尤其是房地产业的发展，近10年来，房地产抵押已被银行广泛采用。

(1) 房地产抵押的概念。根据我国《城市房地产管理法》的规定，房地产抵押，是指抵押人用其合法的房地产以不转移占有的方式向抵押权人提供债务履行担保的行为。基于该行为而形成的房地产抵押法律关系，是抵押人和抵押权人之间的权利义务关系。在房地产抵押法律关系中，提供房地产作担保的债务人或第三人是房地产抵押人，接受房地产抵押以担保自己债权实现的债权人或第三人是房地产抵押权人。房地产抵押法律关系成立后，债务人到期不能清偿债务时，债权人依法有权从抵押的房地产折价或拍卖所得中优先受偿。债权人依法享有的这种权利即房地产抵押权。

(2) 房地产抵押的特征。房地产抵押作为物权担保的一种形式，就其法律关系的性质来讲，它同样具有从属性、特定性和不可分性等特征。但房地产抵押属于不动产抵押，由抵押标的的特殊性所决定，具有以下几个法律特征：

1）房地产抵押法律关系比较复杂。根据我国现行法律的规定，房地产抵押的标的可以是房屋及其占用范围内的土地使用权，也可以是单独的土地使用权，而土地使用权又有出让土地使用权和划拨土地使用权之分。因此，以房地产设定抵押权的，抵押法律关系比一般财产抵押法律关系复杂。

2）房地产抵押不转移抵押财产的占有。根据我国《担保法》的规定，抵押标的可以是不动产，也可以是动产。动产抵押与不动产抵押的一个重要区别就在于，不动产抵押不转移抵押财产的占用，房地产抵押属于不动产抵押，抵押人不必转移房地产的占有。抵押法律关系成立后，抵押人对已设定抵押权的房地产可以继续开发、利用和经营。

3）房地产抵押属于要式法律行为。依照我国有关法律的规定，房地产抵押，抵押人要与抵押权人签订书面合同。虽然实践中的房地产抵押，可以由抵押人与抵押权人单独签订合同，也可以在债权文书中写明抵押事项，这只是书面合同的不同形式，其实质都是书面合同。除了签订书面合同外，还要依法进行抵押登记。我国《城镇国有土地使用权出让和转让暂行条例》第三十五条规定“土地使用权和地上建筑物、其他附着物抵押，应当依照规定办理抵押登记。”《城市房地产管理法》第六十一条也明确规定：“房地产抵押时，应当向县级以上地方人民政府规定的部门办理抵押登记。”抵押登记是房地产抵押的法定生效要件。

2. 房地产抵押权设定的条件

(1) 房地产抵押的有效设定，必须以合法为前提，并符合下列条件：

1）抵押人对其用以抵押的房地产依法享有处分权。如以房地产设定抵押权的，抵押人应对抵押的房屋享有所有权或经营管理权。享有经营管理权的主要是指全民所有制企业，其经国家授权对国有的财产享有一定的处分权。国有企业对国家授权其经营管理的房地产设立抵押权时，需经县以上人民政府国有资产管理部门或财政部门批准。抵押人以共有房产设定抵押权时，需经全体共有人书面同意。抵押人对其无权处分的房地产设立抵押权的，其抵押行为无效。

2）抵押权人通常是国家法律允许从事贷款业务的金融机构。在我国，具有发放贷款资格的金融机构，主要有政策性银行（如开发银行、农业银行）、商业银行和信托投资公司、信用社等。抵押人以房地产设定抵押权时应根据抵押物的种类及贷款的类别选择不同的开户银行，进行抵押贷款。无论哪种银行作为抵押权人，其必须具备合法的资格。

3）用以设定抵押权的房地产必须是符合法定范围和法定要求的。根据我国《担保法》和《城市房地产抵押管理办法》的规定，可以设定抵押权的房地产主要包括：

①抵押人所有的房屋和其他地上附着物。这里的房屋包括供人们生活用的住房和非生活用的生产、经营和服务用房。就所有权性质而言其可以是集体所有的房产，私人所有的房产，也可以是国家所有授权给企业经营管理的房产。其他地上附着物主要是指属于抵押人所有的树木和经人工投资形成的构筑物。

②抵押人依法享有处分权的国有土地使用权。这里的国有土地使用权主要是指以出让方式取得的国有土地使用权。根据《城镇国有土地使用权出让和转让暂行条例》的规定，以出让方式取得的土地使用权可以转让、出租和抵押。《城市房地产管理法》也明确规定，“以出让的方式取得的土地使用权，可设定抵押权。”该法同时还规定“设定房地产抵押权的土地使用权是以划拨方式取得的，依法拍卖该房地产后，应当从拍卖所得的价款中缴纳相当于应缴纳的土地使用权出让金的款额后，抵押权人方可优先受偿。”可见，以划拨土地使用权设定抵押权是附加条件的，债权人不接受这个条件的，划拨土地使用权不能设定抵押权。

③抵押人依法承包并经发包方同意抵押的荒山、荒沟、荒丘、荒滩等荒地的土地使用权。经依法承包取得的荒山、荒沟、荒丘、荒滩等荒地的使用权，属于用益物权。

④乡（镇）村企业的厂房等建筑物。根据我国《担保法》的规定，乡（镇）村企业的厂房等建筑物可以设定抵押权。以乡（镇）村企业的厂房等建筑物抵押的，其占用范围内的土地使用权同时抵押。乡（镇）村企业的土地使用权不得单独设定抵押权。

（2）根据现行法律的规定不得设定抵押权的房地产有以下几种：

1）土地所有权。

2）耕地、宅基地、自留地、自留山等集体土地的使用权（法律允许的除外）。

3）学校、幼儿园、医院等以公益为目的事业单位、社会团体及其他社会公益性的房产。

4）所有权、使用权不明或有争议的房地产。

5）依法被查封、扣押、监管的房产。

6）依法不得抵押的其他房地产。

3. 房地产抵押登记

房地产抵押属于要式法律行为，抵押双方当事人经协商确定的相互权利、义务关系，应该形成书面合同，并依法进行抵押登记。我国的《城镇国有土地使用权出让和转让暂行条例》第三十五条规定，“土地使用权和地上建筑物、其他附着物抵押，应依照规定办理抵押登记。”1994 年制定的《城市房地产管理法》第六十一条规定，“房地产抵押时，应当向县级以上地方人民政府规定的部门办理抵押登记。”《担保法》第四十一条也明确规定，“当事人以本法第四十三条规定的财产抵押的，应当办理抵押物登记，抵押合同自登记之日起生效。”

抵押以登记为生效要件是房地产抵押与其他财产抵押的一个重要区别。当事人以其他财产抵押的，可以自愿办理抵押物登记，抵押合同自签订之日起生效。而房地产抵押是必须登记，当事人未依法办理抵押登记的，不得对抗第三人。房地产抵押登记的具体程序如下：

(1) 申请。房地产抵押登记，双方当事人要共同到房地产管理部门填写房地产各项权利登记申请书，同时，还应向登记机关提交房地产抵押合同副本，并交验房地产抵押合同正本，登记申请者的身份证明，土地使用权来源证明，地上建筑物及其他附着物的权属证明，以及登记机关要求提供的其他资料。

(2) 受理。登记机关接受抵押当事人双方提交的抵押登记申请及有关证明文件后，经审查认为符合要求的，在收件簿上载明名称、页数、件数，并给申请者开出收据。

(3) 发证。登记机关对申请书和有关证明事件逐项进行审核，经审核无误后，填写审批表。对土地使用权之抵押权人填发《土地他项权证》，对房产抵押权人填发《房屋他项权证》。

房地产抵押以登记为生效要件。双方当事人订立的房地产抵押合同经过依法登记后即具有法律效力，抵押登记之日即为房地产抵押权设定之日。房地产抵押权一经设立即具有法律效力，受法律保护。

4. 房地产抵押权担保的范围

(1) 主债权。主债权是房地产抵押权所担保的主要内容。

(2) 利息。这里的利息是指由主债权产生的孳息，其自然属于抵押权所担保之债权的范围。

(3) 违约金。抵押权所担保的主合同中，约定了违约金的，违约金也属于担保的范围。

(4) 损害赔偿金。损害赔偿金是指债务人在履行主合同中，给债权人造成损害而应给予债权人的赔偿。

(5) 实现抵押权的费用。它是指抵押权人为实现抵押权而支付的费用，一般包括申请费、拍卖费、评估费、保全费等。

5. 房地产抵押权的实现

房地产抵押权的实现是指当债务人不能履行到期债务时，房地产抵押权人依法处分抵押的房地产，并就处分抵押房地产的所得优先受偿的过程，它是特定条件下债权实现的一种方式。房地产抵押权因实现而归于消灭。

(1) 房地产抵押权实现的条件。房地产抵押权实现的条件是房产抵押权依法设定后，债务人于债务履行期限届满后未依约清偿债务，或抵押合同期间宣告解散、破产。我国《城镇国有土地使用权出让和转让暂行条例》第三十六条规定："抵押人到期未能履行债务或者在抵押合同期间宣告解散、破产的，抵押权人有权依照国家法律、法规和抵押合同的规定处分抵押财产。"我国《担保法》第五十三条规定，债务履行期届满抵押权人未受偿的，可以与抵押人协议以抵押物折价或者拍卖、变卖该抵押房地产所得的价款受偿；协议不成的，抵押权人可以向人民法院提起诉讼。依据上述规定，当债务人不能清偿到期债务或在抵押合同期间宣告解散、破产时，抵押权人即可依法实现抵押权。

(2) 房地产抵押权实现的方式。一般财产抵押，抵押权实现的方式有折价、变卖和拍卖三种方式。而根据我国房地产法的有关规定，房地产抵押权实现的方式主要是拍卖。

(3) 房地产抵押权实现中的特殊要求。由土地资源的特殊性和我国土地使用制度的特殊性所决定，房地产抵押权的实现，有一些特殊的要求。根据《担保法》和《城市房地产管理法》的规定，房地产抵押权的实现必须符合下列要求：

1) 依照担保法的规定，抵押人以承包的荒地使用权抵押的，或者以乡(镇)、村企业的厂房等建筑物及其占用范围内的土地使用权抵押的，在实现抵押权后，未经法定程序不得改变土地集体所有的性质和土地用途。

2) 设定抵押权的土地使用权是以划拨方式取得的，依法拍卖该房地产后，抵押权人应先从拍卖所得的价款中缴纳相当于应缴纳的土地使用权出让金的款额，然后才能优先受偿。

3) 在实现抵押权时，抵押房地产上设有租赁权的，区别不同情况做出处理。租赁权先于抵押权成立的，抵押权实现后，租赁关系继续有效，也即通过拍卖方式取得抵押房地产的权利人，要继续维持与原承租人的租赁关系；租赁权后于房地产抵押权成立的，抵押权实现后，租赁关系应解除；当事人另有约定的除外。

9.6 房地产税费法律制度

9.6.1 房地产税概述

房地产税是指直接或间接以房地产为对象而征收的税。在我国现行土地制度下，房地产一词有特殊含义。由于历史的原因，我国对房屋和土地基本上是分别征税，而且是以土地税为主。所以，这里所讲的房地产税，实际上就是房产税和土地税的总称。目前，我国的房产税包括固定资产投资方向调节税、房产税、契税、印花税和销售不动产营业税。土地税主要包括土地使用税、土地增值税等。房产税和土地税有不同的征税对象与征税目的，并适用不同的税率。但有一点是共同的，即征税的基础都是不动产，纳税环节都发生在房地产的占用、使用和经营活动中，因此，两者又具有如下一些共同的特征和作用：

1. 税源充足，税收稳定。在一些发达国家和地区，来自房地产的税收收入通常占年度财政收入的1/3或1/4。

2. 平衡负担，缩小差距。如房产税征税的主要依据是房产的价值，征收结果是占有的房产越多负担越重，占有的房产越少负担越轻，从而起到调节纳税人的财产占有量，缩小贫富差距的作用。

3. 引导土地利用方向，促进土地合理利用。合理的土地税收是促进土地合理利用的有效手段，通过土地税的征收，对需要限制的土地利用课以重税，对需要鼓励的土地利用课以轻税或适当减免税，就可以引导和调整土地的利用方向，优化土地利用结构，提高土地的利用率。

4. 房地产税尤其是土地税可以促进土地级差收益的合理分配，抑制土地投机行为。

9.6.2 计税依据和方法

1. 计税依据

土地是一种特殊的财产，具有许多一般财产所不具有的特性，受其影响，作为土地附着物或定着物的房屋也产生了许多固有的特征，如地域性、固定性、自然增值性等，其计税依据具有如下特殊性：

(1) 以土地的面积为计税依据。即以土地的单位面积为征税标准确定征税数额，这种以土地面积为计税依据的计税方法简便、易行，已被普遍采用。

(2) 以房地产的价值为计税依据。即以土地或房屋的价值为计税标准，确定征收数额。

(3) 以房地产收益为计税依据。即以房地产的经营收益为计税标准确定征税数额，它主要适用于所得性质的房地产税。作为计税依据的房地产收益包括房地产转让收益、租金收益等。

2. 房地产税的计税方法

根据房地产税的征税时间和征税依据的不同，房地产税的计税方法大体上可分以下几种：

(1) 逐年定期征税。对房地产实行逐年定期征税的税种主要有地价税、不动产税，也有一些国家实行财产税制，土地税包括在财产税之中，也是逐年定期征收。在我国逐年定期征收的房地产税主要有土地使用税和房产税。

(2) 在房地产转移时征税。在实行土地私有制的国家，土地买卖是土地所有权取得的主要方式，是一种经常性的行为，也是土地权利人实现土地增值收益的主要途径。不少国家在土地因买卖、继承和赠与等而发生权利转移时，要根据转移土地的价值征税，如美国、法国、意大利等国家征收的遗产税和赠与税等。我国的土地增值税也是在土地使用权转移时征收的。

(3) 其他计税方法。除上述两种征税方法外，还有许多特别的征税方法，其中具有借鉴意义的主要有定期不动产增值税和工程受益税。前者是定期对不动产增值部分征税，征税期限有5年和10年两种；工程受益税是政府在进行土地投资时，对周围受益的土地所有者根据其受益程度的大小一次性征收的一种税。

9.6.3 土地税法律制度

现阶段，我国土地税是房地产税的主要内容。但受篇幅所限，这里主要介绍几个重要的税种。

1. 耕地占用税

(1) 征税的目的和意义。耕地占用税是国家对占用耕地建房和从事非农业建设的单位和个人征收的一种税。国家征此税的主要目的是控制非农业建设对耕地的占用，稳定耕地面积，保障农业的发展。

(2) 征税对象和纳税人。耕地占用税的征税对象是占用耕地建房或从事其他非农业建设的行为。列入征税范围的耕地包括：

1) 种植粮食作物、经济作物的土地。

2) 菜地，包括城市郊区种植蔬菜的土地。国家建设征用城市郊区菜地用的，用地单位除按照当地政府的规定缴纳新菜地开发建设基金以外，还要按照《耕地占用税暂行条例》的规定，缴纳耕地占用税。

3) 园地，包括苗圃、花园、果园、茶园、桑园和其他种植经济林的土地。

4) 鱼塘。

5) 其他农用土地。

耕地占用税的纳税人即占用耕地建房或进行其他非农业建设的单位和个人。无论任何单位和个人，只要他占用耕地进行非农业建设或建房，就依法负有纳税义务。一切纳税人，都必须在被批准占用耕地之日起30日内，向有关主管机关缴纳耕地占用税。外商投资企业不适用《中华人民共和国耕地占用税暂行条例》。

(3) 税率。我国耕地占用税采用的是地区差别定额税率，即区别不同地区按征税对象的数量直接确定征税数额。这样，我国耕地占用税税率就分为以下几种：

1) 以县为单位（以下同），人均耕地在666.7m^2（1亩）以下（含1亩）的地区，占用每平方米耕地的纳税额为2.00～10.00元。

2) 人均耕地在666.7～1333.4m^2（1～2亩）（含2亩）的地区，占用每平方米耕地的纳税额为1.60～8.00元。

3）人均耕地在1333.4～2000.1m^2（2～3亩）（含3亩）的地区，占用每平方米耕地的纳税额为1.30～6.50元。

4）人均耕地在2000.1m^2（3亩）以上的地区，占用每平方米耕地的纳税额为1.00～5.00元；经济特区、经济技术开发区和经济发达人均耕地特别少的地区，耕地占用税税率还可以适当提高，但提高额度最高不能超过上述规定的50%。

（4）耕地占用税的减免。根据《耕地占用税暂行条例》的规定，免税对象主要有以下几种：

1）部队军事设施占用耕地。

2）铁路、公路、飞机场跑道和停机坪占用耕地。

3）炸药库用地。

4）学校、幼儿园、敬老院和医院用地。农村居民经批准占用耕地新建住宅的，按照国家规定的税率减半征收耕地占用税。

耕地占用税，以纳税人实际占用的耕地面积计算纳税额，按法定税率一次性征收。一切纳税人，都必须在规定的期限内，依法缴纳耕地占用税。

耕地占用税由财政机关负责征收，在人民政府批准单位或个人占用耕地后，土地管理机关应及时通知所在地同级财政机关。获准占用耕地的单位和个人，应在批准占用耕地之日起30日内，持批准文件向财政机关申报纳税。

2. 土地使用税

城镇土地使用税，是国家按使用土地的等级和数量，对城镇范围内的土地使用者征收的一种税。

（1）征税对象和纳税人。城镇土地使用税的征税对象，是城镇范围内的土地使用者使用的土地，包括城市、县城、建制镇和工矿区范围内的一切生产用地和生活用地。

城镇土地使用税的纳税人，是依法负有纳税义务的土地使用者。根据《中华人民共和国城镇土地使用税暂行条例》的规定，凡是在城市、县城、建制镇和工矿区范围内使用土地的单位和个人，都是纳税人，都负有依法缴纳土地使用税的义务。除依照法律规定享受减免税待遇者外，任何纳税人义务，均要承担法律责任。

（2）税率及征税方式。

1）根据《城镇土地使用税暂行条例》的规定，我国的城镇土地使用税实行的是定额税率。其税率依城市的大小分为以下四种：

①大城市，使用每平方米土地的纳税额为0.50～10.00元。

②中等城市，使用每平方米土地的纳税额为0.40～8.00元。

③小城市，使用每平方米土地的纳税额为0.30～6.00元。

④县城、建制镇、工矿区，使用每平方米土地的纳税额为0.20～4.00元。

考虑到全国各地经济发展的不平衡，为了促进经济落后地区的发展，《城镇土地使用税暂行条例》规定，经省、自治区、直辖市人民政府批准，经济落后地区的土地使用税税额标准可以适当降低，但降低额不得超过国家规定的最低税额的30%。经济发达地区土地使用税的税额标准，也可以适当提高，但必须报经财政部批准。

2）城镇土地使用税以纳税人实际占用的土地面积为计税依据，依照当地规定的税额标准计算征收，分期缴纳，具体纳税时间，依各省、自治区、直辖市人民政府的规定。对新征用的土地，征收城镇土地使用税的时间分为两种：

①新征用的土地是耕地的，因使用者在征地时已缴纳了耕地占用税，其应缴纳的土地使用税，自批准征用之日起满一年时开始征收。

②新征用的土地是非耕地的，土地使用税自批准征用的次月起开始征收。

（3）税的减免。减、免税是根据国家政策，对某些征税对象或纳税人给予鼓励或照顾的一种特殊规定，是税收的严肃性与必要的灵活性相结合的具体体现。根据《城镇土地使用税暂行条例》的规定，我国城镇土地使用税的减免范围如下：

1）国家机关、人民团体和军队自用的土地。

2）宗教、寺庙、公园、名胜古迹自用的土地。

3）市政街道、广场、绿化地带等公共用地。

4）直接用于农、林、牧、渔业生产的土地。

5）经批准填海开山整治的土地和开发的废弃地，这种用地免税是有期限的，即从使用月份起，免缴土地使用税5～10年。

6）由财政部另行规定的能源、交通、水利设施用地和其他用地。

除上述享受减免税待遇者外，纳税人缴纳土地使用税确有困难，需要定期减免的，经省、自治区、直辖市税务机关审核，报国家税务局批准后，也可以给予减免税照顾。

3. 土地增值税

国家于1993年12月13日颁布了《中华人民共和国土地增值税暂行条例》，并于1994年1月1日开始实施，这是完善我国土地税收法律制度的又一个重要的方面。

（1）土地增值税的概念。根据《中华人民共和国土地增值税暂行条例》的规定，土地增值税是以土地增值额为课税标准，对土地使用者因转让土地使用权所获收益征的税。

（2）土地增值税的征税对象。土地增值税的征税对象是土地使用者转让房地产所取得的增值额。土地增值额即纳税人转让房地产取得的收入，减去法定扣除项目金额后的余额。纳税人转让房地产所得的收入，包括货币收入、实物收入和其他收入。法定扣除项目金额包括：

1）纳税人取得土地使用权所支付的金额。

2）开发土地的成本费用。

3）新建房及配套设施的成本费用，或者旧房及建筑物的评估价格。

4）与转让房地产有关的税金。

5）财政部规定的其他扣除项目。

(3) 土地增值税的纳税人。土地增值税的纳税人，是指转让国有土地使用权、地上建筑物及其他附着物，并取得收入的单位和个人。一切转让国有土地使用权和地上建筑物及其他附着物，并取得收入者，无论其为全民所有制单位，还是集体所有制单位，无论其为单位还是个人，均为纳税人。除依法准予免税者外，纳税人必须依法向国家缴纳土地增值税。

(4) 土地增值税的税率。我国的土地增值税实行的是超额累进税率。所谓超累进税率，即将纳税人的计税收入，按规定的级距分段，各级段都根据其超过上一级收入数的部分，按各该级适用的税率分别计税的一种税率。该税率由级距、级率和速算扣除数三部分组成。

我国的土地增值税实行四级超额累进税率。增值额未超过扣除项目金额50%的部分，税率为30%；增值额超过扣除项目金额50%，未超过扣除项目金额100%的部分，税率为40%；增值额超过扣除项目金额100%，未超过扣除项目金额200%的部分，税率为50%；增值额超过扣除项目金额200%的部分，税率为60%。最低税率为30%，最高税率为60%。

(5) 土地增值税的减免及惩罚。

1）为了支持某些微利房地产项目的发展，鼓励普通标准住宅的建造，尽快改善我国人民的居住状况，《土地增值税暂行条例》规定以下两种情形免征土地增值税：

①纳税人建造普通标准住宅出售，增值部分少于项目金额10%的。

②因国家建设需要，依法征收、收回的房地产。

除这两种情况外，其他房地产转让均不享受免税待遇。

2）为防止纳税人弄虚作假，偷、漏土地增值税，《土地增值税暂行条例》还规定纳税人有下列情形之一的，将依法受到惩罚：

①隐瞒、虚报房地产成交价格的。

②提供扣除项目金额不实的。

③转让房地产的成交价格低于房地产的评估价格，又无正当理由的。

在上述情况下，国家将对纳税人转让的房地产进行评估，按评估价格计算土地增值税的征收数额。

9.6.4 房产税法律制度

1. 房产税

房产税是以房屋的价值为征税对象，按房屋的余值或房屋租金向房屋所有权人征收的一种税。1986年，国务院发布了《中华人民共和国房产税暂行条例》，并于同年10月1日起重新开征了房产税。

（1）房产税的征税对象和征税范围。房产税的征税对象是房屋的价值和房屋的租金。房产税的征税范围是城市、县城、建制镇和工矿区。其中城市的征税范围包括市区、郊区、市辖县县城、建制镇人民政府所在地，不包括所辖的行政村。工矿区是指工商业比较发达，人口比较集中，符合国务院规定的建制镇标准，但尚未设立镇建制的大型工矿企业所在地。

（2）房产税的计税依据。房产税的计税依据分为两种，即房价和房租。

以房价为计税依据实际上是以房产的余值为计税依据，因为按照《房产税暂行条例》的规定，“房产税依照房产原值一次减除10%～30%后的余值计算。”具体减除幅度由省、自治区、直辖市人民政府规定。没有房产值作为依据的，由房产所在地税务机关参考同类房产核定。

以房租为计税依据主要适用于出租的房产。《房产税暂行条例》规定：“房产出租的以房产租金收入为房产税的计税依据。”房产租金收入是指房屋所有权人出租房屋的使用权所得到的租金收入。

（3）纳税主体。房产税的纳税人是房屋所有权人。其中房屋产权属于全民所有的，纳税人为房屋的经营管理者；房屋出典的，纳税人为承典人；房屋所有权人、承典人不在房屋所有地的，或者产权未确定以及租典纠纷未解决的，房产税由房产代管人或者使用人缴纳。可见，房屋所有权人、经营管理单位、承典人、房产代管人或使用人，在一定条件下，均可以成为纳税人。

（4）房产税的税率。我国的房产税实行比例税率，因计税依据不同而分为两种，依照房产余值计征的，税率为1.2%，依照房屋租金收入计征的，税率为12%。

（5）房产税的缴纳。我国的房产税按年计征，分期缴纳，具体的纳税时间由省、自治区和直辖市人民政府规定。纳税人应根据有关规定在房产所在地纳税。

（6）房产税的减免。根据《房产税暂行条例》的规定，房产税的免税范围包括以下几种情况：

1）国家机关、人民团体、军队自用的房产。

2）宗教、寺庙、公园、名胜古迹自用的房产。

3）由国家财政部门拨付事业经费的单位自用的房产。

4）个人所有非营业用房产。

5）经财政部批准免税的其他房产，包括危险房屋、大修停用期间的房屋、微利企业和亏损企业的房屋等。除此以外，纳税人缴纳房产税确实有困难的，还可以由省、自治区和直辖市人民政府确定给予定期减征或免征。

2. 固定资产投资方向调节税

固定资产投资方向调节税，是为了贯彻执行国家的产业政策，引导投资方向，对在我国境内进行固定资产投资的单位和个人征收的一种税。其主要依据是1991年4月16日国务院发布的《固定资产投资方向调节税暂行条例》。因商品房建设投资属于固定资产投资，所以，将固定资产投资方向调节税视为房产税的一种。

(1) 征税对象和征税范围。固定资产投资方向调节税的征税对象是固定资产投资行为。通过对固定资产投资行为征税，可以控制基本建设规模和投资结构。征税范围包括使用各种资金进行的固定资产投资，如国家预算资金、国内外贷款、赠款以及纳税人的自有资金、自筹资金和其他资金。固定资产投资包括基本建设投资、更新改造投资、商品房投资和其他固定资产投资。

(2) 纳税人。固定资产投资方向调节税的纳税人是在我国境内进行固定资产投资的单位和个人，包括用各种资金进行固定资产投资的各级政府、机关团体、部队、国营企事业单位、集体企业事业单位、私营企业、个体工商户及其他单位和个人。外商投资的固定资产投资不征固定资产投资方向调节税。

(3) 计税依据。固定资产投资方向调节税的计税依据是纳税人年度固定资产投资项目实际完成的投资额，按投资项目的性质分为以下几种：基本建设项目的计税依据是实际完成的投资总额；更新改造投资项目的计税依据是建设工程实际完成的投资额；其他固定资产投资项目的计税依据是实际完成的投资总额。

(4) 税率。固定资产投资方向调节税实行比例税率，根据国家产业政策和投资项目规模，实行差别税率，包括五个档次：

1) 对于国家急需发展的投资项目，适用零税率给予扶持。

2) 对于国家鼓励发展，但受能源、交通等制约的项目，投资实行5%的低税率。

3) 对于楼堂馆所以及国家严格限制发展的某些长线产品项目的投资，课以重税，税率为30%。

4) 对于税目表中没有列明的项目，投资实行15%的税率（属于中等负担）。

5) 对职工住宅建设投资实行区别对待的政策。为支持城乡居民尽快改善居住条件，国家对城乡个人建、买住房的投资实行零税率；对单位修建一般性住宅投资实行5%的低税率；对于公费修建超标准独门独院别墅式住宅投资，实行30%的重税。

(5) 征收。固定资产投资方向调节税实行计划管理与投资许可证相结合的源泉控制办法，即纳税人在使用项目年度投资前，到项目所在地税务机关办理税务登记，银行和其他金融机构凭税务机关填发的专用缴款书划拨税款，计划部门凭纳税凭证发放投资许可证，银行和其他金融机构凭投资许可证办理固定资产项目的拨贷款手续。

3. 契税

契税是在土地使用权和房屋所有权发生转移时，由承受人缴纳的一种税。在我国房地产权利发生转移的方式有：土地使用权出让、土地使用权转让（包括出售、赠与、交换）、房屋赠与和房屋交换。此外，房地产权利以下列方式转移的，视同土地使用权转让、房屋买卖或者房屋赠与，征收契税：

1）以房地产作价投资人股的。

2）以房地产抵债的。

3）以获奖方式承受房地产的。

4）以预购方式或者预付集资建房款方式承受房地产的。

(1) 契税的纳税主体。契税的纳税人是房地产权利转移的承受人，包括：土地使用权出让、转让的受让人；房屋的购买人、受赠人；以交换的形式转移土地使用权或房屋所有权，交换价格不相等的，多交付货币、实物、无形资产或者其他经济利益的一方为纳税人；以划拨方式取得土地使用权的，经批准转让房地产时应由房地产转让者补缴契税，其计税依据为补缴的土地使用权出让金或者土地收益。

(2) 契税的计税依据。契税的计税依据依房地产权属转移的方式不同，分为以下几种：

1）房地产成交价格，包括土地使用权出让价格、土地使用权转让价格和房屋的买卖价格。

2）核定价，以土地使用权赠与、房屋赠与的方式转移房地产权利的，由征税机关参照土地使用权转让和房屋买卖的市场价格核定，以核定价作为计税依据。

3）房地产交换的价差，当双方当事人以土地使用权交换、房屋交换的形式转移房地产权利的，以房屋、土地使用权交换价格的差额为计税依据。为了防止纳税人偷漏税，《契税暂行条例》明确规定，成交价格明显低于市场价格并且无正当理由的，或者所交换的房屋、土地使用权的价格的差额明显不合理，且无正当理由的，由征税机关参照市场价格核定。

(3) 契税的税率。我国的契税实行比例税率，现为3%～5%，实际适用的税率由省、自治区、直辖市人民政府在此幅度内结合本地区的实际情况确定。

（4）契税的减免。根据《契税暂行条例》第六条的规定，减征、免征契税的项目主要有以下几项：

1）土地、房屋被人民政府征用、占用后重新承受土地使用权、房屋所有权的，这种情况是否减免契税，由省、自治区、直辖市人民政府确定。

2）纳税人承受荒山、荒沟、荒丘、荒滩的土地使用权，用于农、林、牧、渔业生产的，免征契税。

3）依照我国有关法律规定，以及我国缔结或参加的双边或多边条约或协定的规定，应当予以免税的外国驻华使馆、领事馆、联合国驻华机构及其外交代表、领事官员和其他外交人员承受房地产权利的，经外交部确认，可以免征契税。

4）城镇职工按规定第一次购买公房享受免契税优惠，但仅限于第一次购买公有住房，并且是在国家规定标准面积以内购买公有住房。超过国家规定标准面积的部分，仍应按照规定缴纳契税。

纳税人符合减征或免征契税规定的，应当在签订房地产权利转移合同后10日内，向土地房屋所在地的契税征收机关办理减征或免征契税手续。

纳税人改变土地、房屋用途的，应当补缴已经减征、免征的契税。

4．印花税

印花税是国家对在经济活动中或经济交往中书立或领受特定凭证的单位和个人征收的一种税。根据1988年发布的《中华人民共和国印花税暂行条例》（以下简称《印花税暂行条例》）的规定，凡是在中华人民共和国境内书立、领受《印花税暂行条例》所列举的凭证者，均应按规定缴纳印花税。

（1）印花税的征税对象。印花税的征税对象是书立或领受特定凭证的行为，主要包括以下几种：

1）书立应税的合同或具有合同性质的凭证。

2）书立产权转移书据。

3）领受权利、许可证照。

4）书立经财政部确定征税的其他凭证。

（2）纳税主体。房地产印花税的纳税人是在我国境内书立、领受应税房地产凭证的单位和个人。具体而言，房地产转让合同的纳税人是合同订立人，房屋租赁合同的纳税人是合同订立人，房地产权利许可证照（包括房屋所有权证和土地使用权证）的纳税人是领受人。

（3）计税依据。印花税的计税依据是应税凭证所记载的价款数额。房地产产权转移书据印花税的计税依据是书据所载明的金额，房地产权利证书的印花税是按件计收，房屋买卖合同的计税依据是买卖价款金额，房屋租赁合同印花税的计税依据是房屋租金数额。

（4）税率。我国的印花税实行比例税率和定额税率两种税率。比例税率适用于房地产产权转移书据，税率为5%，房屋租赁合同税率为0.1%。定额税率适用于房地产权利证书，包括房屋所有权证和土地使用证，其税率均为每件5元人民币。

（5）印花税的缴纳。印花税实行由纳税人根据规定自行计算应纳税额，购买并一次贴足印花税票的缴纳办法，即纳税人按照应税凭证的类别和适用的税率自行计算应纳税额，自行购花，自行贴花。应纳税额较大或者贴花次数频繁的，纳税人可以向税务机关提出申请，采取以缴款书代替贴花或者按期汇总缴纳的方法。

印花税票应粘贴在应纳税凭证上，并由纳税人在每枚税票的骑缝处盖戳注销或者画销。应纳税凭证应于书立或领受时贴花。

5. 销售不动产营业税

营业税是在土地使用权转让和建筑物出售时，国家向土地使用权转让者和建筑物出售者征收的一种税。1993年12月13日公布的新《营业税暂行条例》正式将销售不动产纳入营业税的征税范围。

（1）纳税主体。销售不动产营业税的纳税主体是在中国境内转让土地使用权或销售建筑物及其他土地附着物的单位和个人。转让不动产有限产权或者永久使用权，以及单位将不动产无偿赠与他人的，视同销售不动产，转让人和赠与人也是纳税人。

（2）征税对象和计税依据。销售不动产营业税的征税对象是销售不动产的收入金额，包括纳税人向对方收取的全部价款和一切价外费用，计税依据是法定收入额，分为两种：一种是营业收入额，包括纳税人向对方收取的全部价款和价外费用，不得从中扣除任何成本和费用；二是税务机关核定的营业额，当纳税人转让不动产价格明显偏低而又无正当理由时，或单位将不动产无偿赠与他人时，税务机关应依法核定其营业额，并以其作为计税依据。

（3）税率。销售不动产、转让土地使用权的营业税实行比例税率，税率为5%。

（4）营业税的缴纳。转让土地使用权和销售不动产营业税，纳税义务发生的时间是纳税人收取营业收入款或者取得索取营业收入款凭据的当天。纳税人销售不动产采用预收款方式的，其纳税义务发生的时间是收到预收款的当天。纳税人销售不动产应当向不动产所在地主管税务机关申报纳税；纳税人转让土地使用权的，应当向土地所在地主管税务机关申报纳税。

9.6.5 房地产费

这里的房地产费是指在房地产的开发、经营活动中发生的税以外的其他收费项目的总称。在房地产开发、经营过程中，除发生法定的税收外，还会发生一些合法的收费项目，包括行政事业性收费、服务性收费和补偿性收费等。“费”的名目较多，情况也比较复杂，现按房地产经济活动过程的不同阶段，概述如下：

1. 房地产开发活动中的“费”

（1）市政公用设施建设费。市政公用设施建设费主要包括：综合开发市政费、分散建设市政费和分散建设生活服务设施配套建设费。

（2）四源费。四源费是用来兴建自来水、污水、煤气、供热四项服务设施的费用。

（3）其他费用项目。在房地产开发过程中，还会发生多种较小的收费项目，如城建综合开发项目管理费、房屋拆迁管理费、建设工程许可执照费、绿化补偿费等。

2. 房地产交易费

房地产交易费是指在房地产交易过程中发生的收费项目。在房地产交易过程中，交易双方除了向国家缴纳契税和印花税外，还需交以下几种费：

（1）登记费。登记费分为房屋登记费和房地产权登记费。

（2）手续费。在进行房地产交易时，交易双方办理房地产权属登记，应向房地产管理部门交纳手续费。办理房地产继承、分割、赠与等手续的，房屋的承受人应按房屋评估价格的1%交手续费。

（3）权证费。在房地产交易中，领取房屋所有权证的，房屋所有权人应按件交权证费，领取房屋共有权证的也要按件交权证费。

以上收费项目主要是行政管理性的收费，即房地产行政管理机关或其授权机构在对房地产业或房地产市场行使管理权的过程中所收取的费。此种收费对于加强市场管理，规范房地产交易行为，促进房地产市场健康发展有着重要的意义和作用。

3. 房地产中介服务费

中介服务费是一种重要的经营性服务费，主要发生在房地产交易活动中。目前我国的中介服务性收费主要有以下几种：

（1）房地产咨询费。房地产咨询收费标准按服务形式分为两种：口头咨询按咨询服务所需时间结合提供咨询者的专业技术等级，由双方协商议定收费标准；书面咨询费按咨询报告的技术难度、工作繁简结合标的额大小计收。普通咨询报告每件收费300～1000元，技术难度大、情况复杂、耗用人员和时间较多的咨询报告，可适当提高收费标准，收费标准一般不超过咨询标的额的0.5%。以上收费标准属于指导性参考价，实际成交的收费标准，由委托方与中介服务机构协商议定。

（2）房地产经纪费。房地产经纪费用是房地产专业经纪人接受委托，进行房屋代理所收取的佣金。房地产经纪费根据代理项目的不同实行不同的收费标准。房屋买卖代理收费，按成交价格总额的0.5%～2.5%计收；实行独家代理的，收费标准由委托人与房地产中介机构协商，可以适当提高，但最高不超过成交价的3%；房屋租赁代理的收费，以半个月至一个月的成交租金额为标准，由双方协商议定一次性计收。房地产经纪费由房地产经纪机构向委托人收取。

(3) 房地产价格评估费。房地产价格评估费是房地产估价机构接受委托进行土地和房屋财产的价格评估而收取的报酬。其收费标准分为两种情况：土地价格评估的收费标准，按国家计委、国家土地局《关于土地价格评估收费的通知》的有关规定执行；以房产为主的房地产价格评估费，区别不同情况，按照房地产的价格总额采取差额定率分档累进计收，具体收费标准见表9-1。

表9-1　以房产为主的房地产价格评估收费标准计算表

档　次	房地产价格总额/万元	累进计费率（‰）
1	100以下（含100）	5
2	101以上～1000	2.5
3	1001以上～2000	1.5
4	2001以上～5000	0.8
5	5001以上～8000	0.4
6	8001以上～10000	0.2
7	10000以上	0.1

房地产价格评估收费，由具备房地估价资格并经房地产行政主管部门、物价主管部门确认的机构按规定的收费标准计收。

9.7　物业管理法规

9.7.1　物业管理的概念和特征

物业管理是指专业机构受物业产权人的委托，依照物业管理委托合同对物业以经营的方式进行管理，并向业主和住户提供多方面综合服务的行为，它包括常规公共服务、针对性的专项服务和委托性的特约服务三部分内容。

物业管理是一种新型的管理模式，与传统房屋管理的根本区别是以经济手段代替行政手段，以有偿服务代替无偿服务，并具有以下几个特点：

1. 社会化

物业管理的社会化主要指它将分散的社会服务统一起来，不同程度或以不同方式，承担着某些职能，如消防、绿化、保安、环卫、水电等，业主只需根据物业管理部门批准的收费标准按时交纳管理和服务费，就可获得相应的服务，从而提高了整个城市管理的社会化程度。

2. 专业化

物业管理是由专业的物业管理企业，一般是物业管理公司，对一定范围内的物业进行统一管理。物业公司通过设置专门的管理机构，配备专业人员，从事相应的管理业务。

3. 经营化

物业管理公司提供的服务是有偿的，对所提供的各项服务要收取合理的费用，以维持正常的经营活动。但物业管理经营的目标是保本微利，量入为出，不以牟取高额利润为目的。

9.7.2 物业管理法律关系主体及其权利和义务

物业管理法律关系是物业管理企业与物业的产权人、使用人之间依法律规定或合同约定而确立的一种权利义务关系，关系主体主要有物业管理企业、业主和业主委员会。

1. 物业管理公司及其权利和义务

物业管理公司是指具有法人资格，根据合同接受业主或者业主管理委员会的委托，依照有关法律、法规的规定或合同的约定，对特定区域内的物业实行专业化管理以获取相应报酬的经济实体。

根据1994年3月建设部发布的《城市新建住宅小区管理办法》和目前的实际情况，物业管理公司在如下几方面享有权利并负有义务：

(1) 物业管理公司的权利包括：

1) 可以根据有关规定，结合实际情况，制定小区管理办法，并报房地产行政主管部门备案。

2) 依照物业管理办法和物业管理合同对住宅小区实施管理。

3) 依照物业管理合同和有关规定收取管理费。

4) 制止违反规章制度的行为。

5) 有权选聘专营公司，如保险公司、保安公司等承担专业管理业务。

6) 有权要求管委会协助管理。

7) 可以实行多种经营，以其收益补充小区管理经费。

(2) 物业管理公司的义务包括：

1) 严格履行物业管理合同，依法从事经营活动。

2) 接受管委会和业主的监督。

3) 对重大的管理措施要提交管委会审议，并经管委会认可。

4) 接受房地产主管部门、有关行政主管部门及所在地人民政府的指导和监督。

(3) 物业管理公司违反有关规定，做出下列行为之一的，房地产产权人和使用人有权投诉，管委会有权制止并要求限期改正，房地产行政主管部门可对其予以警告、责令限期改正、赔偿损失，并可处以罚款。

1) 房屋及公共设施、设备修缮不及时的。

2) 管理制度不健全，管理混乱的。

3）擅自扩大收费范围，擅自提高收费标准的。

4）私搭乱建，改变房地产和公共设施用途的。

5）不履行物业管理合同及管理办法规定的义务的。

2. 业主和业主代表大会及其权利与义务

“业主”通常是指一定物业的主人（自然人、法人）。

（1）业主在物业管理中所享有的权利。

1）表决权。

2）选举和罢免管理机构人员的权利。

3）参与制定规约权。

4）请求权。

5）监督权。

（2）业主代表大会的权利。

1）选举、罢免业主委员会成员。

2）监督业主委员会的工作。

3）审议、修改、通过业主公约和业主管理委员会章程。

4）决定辖区内有关业主利益的重大事项以及其他需要讨论的重大问题。

5）听取并审议业主委员会的工作报告，改变或撤销业主管理委员会的不当决定。

（3）业主委员会的权利。

1）召集、主持业主代表大会。

2）制定业主管理委员会章程，代表住宅小区内的物业产权人和使用人，维护其合法权益。

3）决定选聘或解聘物业管理公司，并代业主签订委托管理合同。

4）审议物业管理公司制定的年度管理计划和管理服务的重大措施等。

9.7.3 物业管理费

物业管理服务收费是指物业单位接受物业产权人、使用人的委托，对城市住宅小区内的房屋建筑及其设备、公用设施、绿化、卫生、交通、治安和环境容貌等项目，开展日常维护、修缮、整治服务，及提供其他与居民生活相关的服务所收取的费用。住宅小区公共性服务收费的费用有：

①管理服务人员的工资和按规定提取的福利费；

②公共设施、设备日常运行、维修及保养费；

③绿化管理费；

④清洁卫生费；

⑤保安费；

⑥办公费；

⑦物业管理单位固定资产折旧费；

⑧法定税费。

其中第②项～第⑥项费用支出是指工资及福利费以外的物资消耗补偿和其他费用开支。

物业管理单位进行物业管理服务收费，应当遵循合理、公开及与物业产权人、使用人的承受能力相适应的原则。

1. 物业管理服务收费的管理

国家对物业管理服务收费实行以下几种定价方式：

(1) 政府定价。政府定价主要适用于两种情况，一是为物业产权人、使用人提供的公共卫生清洁、公共设施的维修保养和保安、绿化等具有公共性的服务；二是以代收代缴水电费、煤气费、有线电视费、电话费等公众代办性质的服务收费。

(2) 政府指导价。政府指导价主要适用于对高级公寓、别墅区等高标准住宅小区的公共性和公众代办性服务收费。

(3) 经营者定价。经营者定价主要适用于物业管理公司为物业产权人、使用人的个别需求提供的特约服务。

2. 物业管理费的收交

根据《城市住宅小区物业管理服务收费暂行办法》规定，物业管理单位有权依法向物业管理的委托人收取物业管理服务费，同时，物业管理单位也依法负有以下义务：

(1) 物业管理单位应将经物价部门核定的，或由物业管理单位与小区管理委员会或物业产权人代表、使用人代表协商议定的收费项目、收费标准和收费办法，明文约定在物业管理合同中。

(2) 物业管理服务收费实行明码标价。

(3) 物业管理单位应定期向住户公布收费的收入和支出账目，公布物业管理年度计划和小区管理的重大措施。

(4) 物业管理单位应当严格遵守国家的价格法规和政策，执行规定的收费办法和收费标准，不得只收费不服务或多收费少服务。

物业管理单位违反有关法规的规定，越权定价，擅自提高收费标准的，擅自设立收费项目乱收费的，不按规定实行明码标价的，提供服务质价不符的，以及只收费不服务、多收费少服务的，都应承担法律责任。

9.8 涉外房地产法规

9.8.1 涉外房地产交易

1. 涉外房地产交易的概念和原则

涉外房地产交易是指涉外房地产企业对已经开发的土地、基础设施和房屋进行销售、抵押或者租赁等经营活动。涉外房地产交易应遵循以下原则：

（1）涉外房地产企业应以出让方式取得国有土地使用权，方可按出让合同规定进行交易行为，以行政划拨方式取得国有土地使用权开发建设的房地产，需按规定办理国有土地使用权出让手续，补交土地使用权出让金后方可销售、抵押或出租。

（2）土地使用权和房屋所有权同时转移。

（3）预售、出售或出租房屋的期限与土地使用权出让合同规定的土地使用权期限一致，土地使用权依合同规定的期限届满时，由国家收回。

2. 涉外房地产销售

（1）依我国有关规定，不准销售的涉外房产有：

1）未持有房屋所有权证的。

2）虽持有房屋所有权证，但涉外房地产企业对该房屋改建、扩建后未办理房屋变更登记手续的。

3）涉外房屋所有权的争议尚未解决，或涉外房屋抵押合同尚未注销的。

4）尚欠国家房地产税费的。

5）已被批准列为城市建设规划用地范围内的。

6）经人民法院裁定或我国仲裁机关决定，或城市房地产管理部门决定限制产权转移的。

7）因其他特殊原因，城市房地产管理部门认为不得进行销售的。

（2）涉外房屋销售合同包括：

1）房屋买卖双方的国籍、姓名、地址和身份。

2）房屋的位置、编号、建筑面积及图纸。

3）随之转移的土地使用权的比例或范围。

4）房屋价款及支付方式。

5）房屋的使用性质、权属转移的内容。

6）房屋产权人必须遵守的《房屋使用、管理、维修公约》。

7）违约责任。

8）双方约定的其他内容。

3. 涉外房地产的预售

涉外房地产经营者可以预售商品房，但必须遵守严格的法律规定。任何需要向我国境外销售商品房的经营者，必须向当地政府房产管理部门申请，经批准发给《商品房外销许可证》和《商品房预售许可证》两证后方可进行商品房预售。申请两证必须具备以下条件：

（1）已取得国有土地使用权证和建设工程许可证。

（2）有经审批的工程设计图纸。

(3) 除缴付土地使用权出让金外，实际投资已达该建设项目总投资的25%以上。

(4) 工程施工进度和竣工交付日期已确定。

(5) 销售计划和销售对象符合有关规定。

(6) 已落实预收款的收取和使用监督方案。

4. 涉外房地产租赁

涉外房地产租赁主要指涉外房屋出租。租赁双方应签订房屋租赁合同，并在合同签订之日起30日内向房地产管理部门办理租赁登记。租赁合同的内容应包括：

(1) 租赁双方的姓名或名称、国籍或身份、住所。

(2) 房屋的位置、编号、建筑面积及平面图纸。

(3) 使用性质。

(4) 租金及支付方式。

(5) 租赁期限。

(6) 提前解除合同的条件和应负责任。

(7) 违约责任。

(8) 其他双方约定的事项。

涉外房屋租赁期限不得超过该房屋的土地使用权出让期限。涉外房屋的租金由折旧费、维修费、管理费、投资利息、税金、利润、保险费和地租等费用构成。

5. 涉外房地产抵押

涉外房地产抵押必须依照我国的《担保法》等有关规定，由抵押人与抵押权人签订抵押合同，主要内容包括：

(1) 抵押人和抵押权人的姓名或名称、国籍或身份、住所。

(2) 被担保的主债权种类、数额。

(3) 债务人履行债务的期限。

(4) 抵押房地产的名称、数量、质量、所在地、所有权权属或使用权权属状况。

(5) 担保的范围。

(6) 双方约定的其他内容。

抵押合同签订后30日内，双方应办理抵押登记。抵押期限内土地上新增的房屋不属于抵押财产。需要拍卖被抵押的房地产时，可以依法将土地新增的房屋一同拍卖，但对拍卖新增房屋所得，抵押权人无权优先受偿。

9.8.2 外商投资企业用地

外商投资企业用地是指兴办非房地产开发的外商投资企业，为开展生产经营活动，依照我国法规的规定，取得我国境内的国有土地使用权作为其生产经营场所。外商投资企业用地取得的途径主要有以下四种：

1. 通过出让方式取得国有土地使用权

外商投资企业通过出让方式取得土地使用权，是指国家以土地所有者的身份，按照规定的条件、年限和用途，与外商签订国有土地使用权出让合同，将土地使用权在一定年限内让与外商投资企业，外商投资企业依法向国家支付土地使用权出让金的行为。出让方式包括协议、招标和拍卖三种，而尤以后两方式为主，只有在不具备这两种方式的情况下才可以采用第一种方式。

2. 通过划拨方式取得土地使用权

外商投资企业通过划拨方式取得土地使用权主要有以下三种途径：一是由土地管理部门从国有土地资源中划拨特定的范围，作为外商投资企业用地，由外商投资企业向原用地单位支付补偿费；二是由土地管理部门把集体土地征用为国有土地，然后划拨给外商投资企业使用，并由外商投资企业支付土地补偿费、安置补助费等费用；三是中方合资者或合作者将其已有的土地使用权作为投资折价入股，或作为合作条件组建中外合资经营企业或中外合作经营企业，由于中方合资者或合作者提供的土地使用权是以划拨方式取得，因此外商投资企业随之取得了划拨土地使用权。

3. 通过转让方式取得土地使用权

外商投资企业通过转让方式取得土地使用权是指已取得出让土地使用权的一方将其土地使用权转让给外商投资企业的行为，包括出售、交换和赠与。

4. 通过出租方式取得土地使用权

外商投资企业通过出租方式取得土地使用权是指土地使用者作为出租人将土地使用权单独或者随同地上建筑物、其他附着物租赁给外商投资企业使用，并由外商投资企业向出租人支付租金的行为。

外商投资企业用地的限制如下：

(1) 只有使用权，没有所有权。

(2) 用地年限与所批准的企业经营期限相同。

(3) 不准擅自改变土地的用途。

(4) 必须严格遵守土地利用的总体规划和城市整体规划，符合国民经济建设的总体要求。

9.8.3 境外房地产开发

境外房地产开发是指一个国家或地区境内的企业向境外的房地产业投资开发的经营活动。

1. 境外房地产开发产生和发展的原因

(1) 境外房地产业发展强劲，投资开发房地产业有较高的获利。

(2) 境外有较好的投资环境，尤其是有健全的法制和稳定的政治经济制度。

(3) 境内有较充足的游资，有较强实力的房地产开发商。

2. 鉴于境外房地产开发的上述特殊性，实践中必须注意以下几个问题：

(1) 要慎重选择房地产开发的投资场所。

(2) 正确选择投资项目的方向。

(3) 选择可靠的合作伙伴。

(4) 熟悉投资开发所在地的法律。

(5) 全面提高企业派出人员的素质。

3. 境外房地产开发的一般程序是：

(1) 确定项目。

(2) 项目审批。

(3) 项目实施。

(4) 项目终结。

9.9 违反《城市房地产管理法》的法律责任

9.9.1 行政责任

1. 擅自批准出让或擅自出让土地使用权用于房地产开发的，由上级机关或所在单位给予有关责任人员行政处分。

2. 未取得营业执照擅自从事房地产开发业务的，由县级以上人民政府工商行政管理部门责令停止房地产开发业务活动，没收违法所得，可以并处罚款。

3. 违反本法第三十八条第一款的规定转让土地使用权的，由县级以上人民政府土地管理部门没收违法所得，可以并处罚款。

4. 违反本法第三十九条第一款的规定转让房地产的，由县级以上人民政府土地管理部门责令缴纳土地使用权出让金，没收违法所得，可以并处罚款。

5. 违反本法第四十一条第一款的规定预售商品房的，由县级以上人民政府房地产管理部门责令停止预售活动，没收违法所得，可以并处罚款。

6. 未取得营业执照擅自从事房地产中介服务业务的，由县级以上人民政府工商行政管理部门责令停止房地产中介服务业务活动，没收违法所得，可以并处罚款。

7. 房产管理部门、土地管理部门工作人员玩忽职守、滥用职权，未构成犯罪的，给予行政处分。

8. 房产管理部门、土地管理部门工作人员利用职务便利，索取他人财物，或者非法收受他人财物，为他人牟取利益，未构成犯罪的，给予行政处分。

9. 没有法律、法规的依据，向房地产开发企业收费的，上级机关应责令退回所收取的钱款，情节严重的，由上级机关或者所在单位给予直接责任人员行政处分。

9.9.2 刑事责任

1. 房产管理部门、土地管理部门工作人员玩忽职守，滥用职权，徇私舞弊，构成犯罪的，依法追究刑事责任。

2. 房产管理部门、土地管理部门工作人员利用职务便利，索取他人财物，或者非法收受他人财物，为他人牟取利益，构成犯罪的，依法追究刑事责任。

3. 土地使用人，以牟利为目的，违反土地管理法规，非法转让、倒卖土地使用权，情节严重的，依《刑法》第二百二十八条的规定，追究其非法转让、倒卖土地使用权犯罪的刑事责任。

4. 违反土地管理法规，非法占用耕地改作他用，数量较大，造成耕地大量毁坏的，依《刑法》第三百四十二条追究其非法占用耕地罪的刑事责任。

5. 国家机关工作人员徇私舞弊，违反土地管理法规，滥用职权，非法批准征用、占用土地，或者非法低价出让国有土地使用权，情节严重的，依《刑法》第四百一十条的规定，追究土地管理滥用职权罪的刑事责任。

复习思考题

1. 房地产法的调整对象是什么？

2. 房地产开发用地的含义是指什么？土地使用权出让的含义及特征是什么？

3. 土地使用权出让有哪几种方式？

4. 土地使用权划拨的特征是什么？

5. 土地征用的审批权限和补偿费用有哪些规定？

6. 简述房屋拆迁的程序及拆迁补偿的内容。

7. 房地产开发的含义及特点是什么？

8. 工程建设项目管理的主要内容是什么？

9. 房地产转让的含义及特征是什么？

10. 已购公房和经济适用房、商品房的含义及特征是什么？

11. 商品房的预售条件是什么？

12. 房屋租赁的概念和特征是什么？租赁合同应如何签订？

13. 什么叫房地产抵押？抵押登记的条件是什么？抵押权担保的范围是什么？

14. 房地产计税依据和计税方法是什么？

15. 耕地占用税减免的对象是什么？

16. 何谓土地增值税？其征税对象有哪些？

17. 房产税征税的对象和范围是什么？

18. 什么叫印花税？征收对象有哪些？

19. 物业管理的特点是什么？如何收取物业服务管理费？

20. 涉外房地产应遵循哪些原则？

21. 外商投资企业用地取得的途径主要有哪些？

22. 外商投资企业用地有哪些限制？

23. 违反《城市房地产管理法》的法律责任有哪些内容？

第10章 建设项目环境保护法规

10.1 建设项目环境保护概述

10.1.1 建设项目环境保护的概念

环境是影响人类生存和发展的各种天然的和经过人工改造的自然因素的总体，它为人类提供生存和发展的空间，包括大气、水、海洋、土地、矿藏、森林、草原、野生生物、自然遗迹、人文遗迹、自然保护区、风景名胜区、城市和乡村等。

保护和改善环境是关系到人类生存和发展的百年大计，对经济建设、社会发展和人民健康具有全局性、长期性和决定性的影响，因此，人们已经普遍认识到环境问题的重要性，世界各国已开始高度重视环境保护工作，我国也把环境保护确定为基本国策。

工程项目建设既要消耗大量的自然资源，又要向自然界排放大量的废水、废气、废渣，并产生噪声等，是造成环境问题的主要根源之一，因此，加强工程项目建设的环境保护管理，是整个环境保护工作的基础之一。

10.1.2 建设项目环境保护原则

1. 凡从事对环境有影响的建设项目都必须执行环境影响报告书的审批制度；执行防治污染及其他公害的设施与主体工程同时设计、同时施工、同时投产使用的“三同时”制度。

2. 凡改建、扩建和进行技术改造的工程，都必须对与建设项目有关的原有污染，在经济合理的条件下同时进行治理。

3. 建设项目建成后，其污染物的排放必须达到国家或地方规定的标准，符合环境保护的有关法规。

10.1.3 政府部门的环境保护职责与任务

1. 各级人民政府的环境保护部门对建设项目的环境保护实施统一的监督管理。

(1) 负责设计任务书（可行性研究报告）和经济合同中有关环境保护内容的审查。

(2) 负责环境影响报告书或环境影响报告表的审批。

(3) 负责初步设计中环境保护篇章的审查及建设施工的检查。

(4) 负责环境保护设施的竣工验收。

(5) 负责环境保护设施运转和使用情况的检查和监督。

2. 各级计划、土地管理、基建、技改、银行、物资、工商行政管理部门，都应将建设项目的环境保护管理纳入工作计划。

(1) 对未经批准环境影响报告书或环境影响报告表的建设项目，计划部门不办理可行性研究的审批手续，土地管理部门不办理征地手续，银行不予贷款。

(2) 凡环境保护设计篇章未经环境保护部门审查的建设项目，有关部门不办理施工许可，物资部门不供应材料、设备。

(3) 凡没有取得“环境保护设施验收合格证”的建设项目，工商行政管理部门不办理营业执照。

10.1.4 建设项目各阶段环境管理

1. 项目建议书阶段环境管理

(1) 建设单位结合选址，对建设项目组成投产后可能造成的环境影响，进行简要说明或初步分析。

(2) 环保部门参加厂址现场踏勘。

(3) 省级环境保护部门签署意见，纳入项目建议书，作为立项依据。

2. 可行性研究（设计任务书）阶段的环境管理

(1) 国家环保局及行业主管部门根据国家计委及有关部门立项批复，督促建设单位执行环境影响报告书（表）审查制度。

(2) 建设单位征求国家环保局意见，确定作报告书或报告表。委托持相应资格评价证书的单位，编制环境影响报告表或评价大纲（环评实施方案）。

(3) 建设单位向国家环保局申报环境影响评价大纲（环评实施方案），抄送行业主管部门，同时附立项文件及环评经费概算，国家环保局根据情况确定审查方式（组织专家评审会，专家现场考察及征求有关部门意见），提出审查意见。

(4) 根据国家环保局对“大纲”审查的意见和要求（主要包括评价范围、选用的标准、确定的保护目标、环境要素的取舍和评价经费等）及确定的大纲内容，评价单位与建设单位签订合同，开展评价工作，编制环境影响报告书。

(5) 建设项目如有重大变动，建设单位及评价单位应及时向环保部门报告。

(6) 建设单位将编制完成的“报告书（表）”，按审批权限上报主管部门的环保机构，抄报国家环保局和项目所在地省、市环保部门。

(7) 主管部门组织报告书（表）预审，将预审意见和修改确定的两套环评报告书报国家环保局审批。省级环保部门应同时向国家环保局报送审查意见。国家环保局在接到预审意见之日起两个月内批复或签署意见。逾期不批复或未签署意见，可视其上报方案已被确认。

(8) 国家环保局可委托省级环保部门审查“大纲”或审批“报告书”。

(9) 国家环保局参加对环境有重大影响的项目可行性研究报告评估。

3. 设计阶段的环境管理

(1) 初步设计阶段的环境管理

1) 建设项目初步设计必须按照（87）国环字第002号文《建设项目环境保护设计规定》编制环境保护篇章，具体落实环境影响报告书（表）及其审批意见所确定的各项环境保护措施和投资概算。

2) 建设单位在设计会审前向政府环保部门报送设计文件。

3) 特大型建设项目按审查权限由国家环保局或由国家环保局委托省级政府环保部门参加设计审查，一般建设项目由省级政府环保部门参加设计审查。必要时环保部门可单独审查环保篇章。

(2) 施工图设计阶段的环境管理

1) 根据初步设计审查的审批意见，建设单位会同设计单位，在施工图中落实有关环保工程的设计及其环保投资。

2) 环保部门组织监督检查。

3) 建设单位报批开工报告。批准后，建设项目列入年度计划，其中，应包括相应环保投资。

4. 施工阶段的环境管理

(1) 建设单位会同施工单位做好环保工作设施的施工建设、资金使用情况等资料、文件的整理建档工作备查，以季报的形式将环保工程进度情况上报政府环保部门。

(2) 环保部门检查环保报批手续是否完备，环保工程是否纳入施工计划及建设进度和资金落实情况，提出意见。

(3) 建设单位与施工单位负责落实环保部门对施工阶段的环保要求以及施工过程中的环保措施。主要是保护施工现场周围的环境，防止对自然环境造成不应有的破坏；防止和减轻粉尘、噪声、震动等对周围生活居住区的污染和危害。建设项目竣工后，施工单位应当修整和恢复在建设过程中受到破坏的环境。

5. 试生产和竣工验收阶段的环境管理

(1) 建设单位向主管部门和政府环保部门提交试运转申请报告。

(2) 经批准后，环保工程与主体工程同时投入试运行。做好试运转记录，并应由当地环保监测机构进行监测。

(3) 建设单位向行业主管部门和政府环保部门提交环保工程预验收申请报告，附试运转监测报告。

(4) 省级政府环保部门组织环保工程的预验收。

(5) 建设单位根据环保部门在预验收中提出的要求，认真组织实施，预验收合格后，方可进行正式竣工验收。

(6) 对特大型（重点）建设项目，国家环保局参加或委托省级政府环保部门参加正式竣工验收并办理建设项目环保工程验收合格证。

10.2 建设项目环境影响评价制度

10.2.1 环境影响评价的概念

环境影响评价是指人类进行某项重大活动之前，采用评价手段预测该项活动可能给环境造成的影响。对建设项目而言，就是预测该项目在建设过程中和建成后对环境的影响，同时，提出防治对策，为决策部门提供科学依据，也为设计部门提供设计依据。

1. 环境评价

环境评价包括环境质量评价和环境影响评价两部分。环境质量评价是对该地域的环境的现状和历史进行调研评价，旨在为本地域的规划和整治服务。环境影响评价是关于建设项目对环境影响的预测和防治，是为项目的决策和设计服务的。建设项目的环境影响评价是建立在环境质量评价的基础之上的。

2. 建设项目环境影响报告书

建设项目环境影响报告书主要包括以下内容：

(1) 总论：说明编制概况、依据、采用标准、控制污染和保护环境的主要目标。

(2) 建设项目概况：项目的名称、地点、建设性质、规模、占地面积、职工人数、生活区布局、土地利用、发展规模，产品方案、工艺流程；主要原料、燃料、水的来源和用量、原材料中的有毒物质及其运行规律，废水、废气、废渣、粉尘、放射性废物等的种类、排放量、排放规律、排放方式，噪声、振动、光辐射、电磁辐射，污染物回收利用、综合治理，交通运输、场地开发等。

(3) 建设项目周围地区环境质量调查：地理位置（附图）、地形、地貌、地质、土质，江、河、湖、海、水库的水文，气候与气象，矿藏、森林、草原、水产、野生动物、植物、果树、农作物，大气、地面水、地下水、土壤，自然风景区、风景游览区、名胜古迹、温泉、疗养地、政治文化设施，现有工矿企业、生活区分布、人口密度、农业概况、土地利用、交通运输、人群健康、地方病，现有环境污染和环境破坏情况。

(4) 建设项目环境影响评价：建设项目环境影响特征，包括污染影响、环境破坏、长期与短期影响、可逆与不可逆影响等，环境影响的范围、大小程度与途径，减轻环境影响的各种措施述评。

(5) 环境保护投资估算与环境影响经济损益分析。

(6) 环境监测制度的建立。

(7) 结论与建议：建设地址环境质量现状，项目污染范围，选址、规模、产品结构是否符合环保要求，防治措施在技术上是否可行，在经济上是否合理，存在的主要问题与解决问题的对策及建议。

(8) 附图：项目地理位置图（标明排污口和渣场）、总平面图、工艺污染流程图、评价区域和测点图、断面设置和监测范围图、预测成果图（包括大气、水、噪声等多种条件下的贡献值和叠加值分布图、等浓度和等噪音值图等）。

10.2.2 环境保护的分类管理

国家根据建设项目对环境的影响程度，按照下列规定对建设项目的环境保护实行分类管理：

1. 建设项目对环境可能造成重大影响的，应当编制环境影响报告书，对建设项目产生的污染和对环境的影响进行全面、详细的评价。

2. 建设项目对环境可能造成轻度影响的，应当编制环境影响报告表，对建设项目产生的污染和对环境的影响进行分析或者专项评价。

3. 建设项目对环境影响很小，不需要进行环境影响评价的，应当填报环境影响登记表。

《建设项目环境保护分类管理名录》（试行）由国家环境保护总局制订，并已于1999年4月19日实施。

10.2.3 环境影响评价的审批权限

《建设项目环境保护管理条例》规定对建设项目实行分级审批。国家环境保护总局负责审批以下四种类型的建设项目环境影响报告书、报告表、登记表：

1. 核设施、绝密工程等特殊性质的建设项目。

2. 跨省、自治区、直辖市行政区域的建设项目。

3. 国务院审批或国务院授权国务院有关主管部门审批的建设项目，在现阶段是指总投资在2亿元人民币及以上，由国家计委、国家经贸委、外经贸部、国家工商行政管理局等部门审批或企业注册、申领执照的建设项目。

4. 建设项目造成跨省级行政区域影响，有关行政主管部门有争议的建设项目。

上述四种类型以外的建设项目环境影响报告书、报告表或登记表的审批权限，由省、自治区、直辖市人民政府自行规定。

10.2.4 环境影响评价管理程序

1. 项目建议书批准后，建设单位应根据《建设项目环境影响分类管理名录》(以下简称《名录》) 确定建设项目环境影响评价类别，以委托或招标方式确定评价单位，开展环境影响评价工作。对《名录》中没有列出的建设项目类型，建设单位应向有审批权的环境保护行政主管部门申报，由环境保护行政主管部门根据分类管理原则，确定该建设项目的评价类型并书面通知建设单位，建设单位按上述要求开展环评工作。

2. 应编制环境影响报告书的项目，需要编写环境影响评价大纲，应编制环境影响报告表的项目不编写评价大纲。环境影响评价大纲由建设单位上报有审批权的环境保护行政主管部门，同时抄报有关部门。有审批权的环境保护行政主管部门负责组织对评价大纲的审查，审查批准后的评价大纲作为环境影响评价的工作和收费依据。

3. 建设单位根据环境保护行政主管部门对评价大纲的意见和要求，与评价单位签订合同开展工作。

4. 环境影响报告书、报告表编制完成后，由建设单位报有审批权的环境保护行政主管部门审批，同时抄报有关部门。建设项目有行业主管部门的，由行业主管部门组织环境影响报告书、报告表的预审，有审批权的环境保护行政主管部门参加预审；建设项目无行业主管部门的，其环境影响报告书、报告表由有审批权的环境保护行政主管部门组织审批。

5. 有水土保持方案的建设项目，其水土保持方案必须纳入环境影响报告书。水行政主管部门应在报告书预审时完成对水土保持方案的审查。

6. 海洋工程、海岸工程的环境影响报告书，海洋行政主管部门应会同负责预审的行业主管部门，在预审时完成涉及海洋环境影响部分的审核，并签署意见；建设项目无行业主管部门的，涉及海洋环境影响部分的审核工作可在有审批权的环境保护行政主管部门审查环境影响报告书时同时完成。

7. 建设项目的环境影响报告书、报告表必须由持有国家环境保护总局颁发的《环境影响评价资格证书》的单位编写。对填写环境影响登记表的单位无资格要求。评价单位《环境影响评价资格证书》规定工作范围内有水土保持的，可编制水土保持的方案，不另设水土保持环境影响评价资格证书。

8. 国家重大建设项目应采用招标的方式确定评价单位。

9. 建设项目环境影响报告书、报告表或登记表经批准后，建设项目的性质、规模、地点或者采用的生产工艺发生重大变化的，建设单位应当按上述管理程序重新报批建设项目环境影响报告书、报告表或登记表。

10. 建设项目环境影响报告书、报告表或登记表自批准之日起满五年，建设项目方开工建设的，其环境影响报告书、报告表或登记表应当报原审批机关重新复核。原审批机关应当自收到建设项目环境影响报告书、报告表或登记表之日起10日内，将审核意见书面通知建设单位；逾期未通知的，视为审核同意。

11. 报告书、报告表预审后一个月内，行业主管部门应报送预审意见，有审批权的环境保护行政主管部门的下一级环境保护行政主管部门应报送审查意见。涉及水土保持方案和海洋工程、海岸工程建设项目，有关部门审核意见可纳入行业主管部门的预审意见中，也可在上述时间内单独报送有审批权的环境保护行政主管部门。逾期未报送审核意见的，视为同意环境影响报告书、报告表中水土保持方案或海洋环境影响部分的结论意见，环境保护行政主管部门可直接审批。

10.3 建设项目环境保护设计规定

10.3.1 各设计阶段的环境保护要求

环境保护设计需按国家规定的设计程度进行，执行环境影响报告书（表）的编审制度，执行防治污染及其他公害的设施与主体工程同时设计、同时施工、同时投产的“三同时”制度。

1. 项目建议书阶段

项目建议书中应根据建设项目的性质、规模、建设地区的环境现状等有关资料，对建设项目建成投产后可能造成的环境影响进行简要说明如下：

(1) 所在地区的环境现状。

(2) 可能造成的环境影响分析。

(3) 当地环保部门的意见和要求。

(4) 存在的问题。

2. 可行性研究（设计任务书）阶段

在可行性研究报告书中，应有环境保护的专门论述，其主要内容如下：

(1) 建设地区的环境现状。

(2) 主要污染源和主要污染物。

(3) 资源开发可能引起的生态变化。

(4) 设计采用的环境保护标准。

(5) 控制污染和生态变化的初步方案。

(6) 环境保护投资估算。

(7) 环境影响评价的结论或环境影响分析。

(8) 存在的问题及建议。

3. 初步设计阶段

建设项目的初步设计必须有环境保护篇（章），具体落实环境影响报告书（表）及其审批意见所确定的各项环境保护措施。环境保护篇（章）包含下列主要内容：

(1) 环境保护设计依据。

(2) 主要污染源和主要污染物的种类、名称、数量、浓度和强度及排放方式。

(3) 规划采用的环境保护标准。

(4) 环境保护工程设施及其简要处理工艺流程、预期效果。

(5) 对建设项目引起的生态变化所采取的防范措施。

(6) 绿化设计。

(7) 环境管理机构及定员。

(8) 环境监测机构。

(9) 环境保护投资概算。

(10) 存在的问题及建议。

4. 施工图设计阶段

建设项目环境保护设施的施工图设计，必须按已批准的初步设计文件及其环境保护篇（章）所确定的各种措施和要求进行。

10.3.2 选址与总图布置

1. 建设项目的选址

(1) 必须全面考虑建设地区的自然环境和社会环境，对选址地区的地理、地形、地质、水文、气象、名胜古迹、城乡规划、土地利用、工农业布局、自然保护区现状及其发展规划等因素进行调查研究，并在收集建设地区的大气、水体、土壤等基本环境要素背景资料的基础上进行综合分析论证，制定最佳的规划设计方案。

(2) 凡排放有毒有害的废水、废气、废渣（液）、恶臭、噪声、放射性元素等物质或因素的建设项目，选址应遵循以下原则：

1) 严禁在城市规划确定的生活居住区、文教区、水源保护区、名胜古迹、风景游览区、温泉、疗养区和自然保护区等界内选址。

2) 应与生活居住区之间保持必要的卫生防护距离，并采取绿化措施。

3) 排放有毒有害气体的建设项目应布置在生活居住区污染系数最小方位的下风侧。

4) 排放有毒有害废水的建设项目应布置在当地生活饮用水水源的下游。

5) 废渣堆置场地应与生活居住区及自然水体保持规定的距离。

6) 铁路公路等的选线，应尽量减轻对沿途自然生态的破坏和污染。

(3) 环境保护设施用地应与主体工程用地同时选定。

2. 建设项目的总图布置

(1) 在满足主体工程需要的前提下，宜将污染危害最大的设施布置在远离非污染设施的地段，然后合理地确定其余设施的相应位置，尽可能避免互相影响和污染。

(2) 新建项目的行政管理和生活设施，应布置在靠近生活居住区的一侧，并作为建设项目的非扩建端。

(3) 建设项目的主要烟囱（排气筒）、火炬设施、有害有毒原料、成品的贮存设施、装卸站等，宜布置在厂区常年主导风向的下风侧。

(4) 新建项目应有绿化设计，其绿化覆盖率可根据建设项目的种类不同而异。城市内的建设项目应按当地有关绿化规划的要求执行。

3. 污染防治原则及措施

(1) 设置专用容器或其他设施，用以回收采样、溢流、事故或检修时排出的物料或废弃物。

(2) 设备、管道等必须采取有效的密封措施，防止物料跑、冒、滴、漏。

(3) 粉状或散装物料的贮存、装卸、筛分、运输等过程应设置抑制粉尘飞扬的设施。

(4) 废弃物的输送及排放装置宜装置计量、采样及分析设施。

(5) 废弃物在处理或综合利用过程中，如有二次污染物产生，还应采取防止二次污染的措施。

(6) 贮存、运输、使用放射性物质及放射性废弃物的处理，必须符合《放射性防护规定》和《放射性同位素工作卫生防护管理办法》等要求。

(7) 建设项目的供热、供电及供煤气的规划设计应根据条件尽量采用热电结合，集中供热或联片供热，集中供应民用煤气的建设方案。

4. 环境保护设计管理

各设计单位应有一名领导主管环境保护设计工作，对本单位所承担的建设项目的环境保护设计负全面领导责任。同时，根据工作需要设置环境保护设计机构或专业人员，负责编制建设项目各阶段综合环境保护设计文件。

设计单位必须严格按国家有关环境保护规定做好以下工作：

(1) 承担或参与建设项目的环境影响评价。

(2) 接受设计任务书后，必须按环境影响报告书（表）及其审批意见所确定的各种措施开展初步设计，认真编制环境保护篇（章）。

(3) 严格执行“三同时”制度，做到防治污染及其他公害的设施与主体工程同时设计。

(4) 未经批准环境影响报告书（表）的建设项目，不得进行设计。

建设单位向外委托设计项目时，应同时向设计单位提出环境保护要求。设计单位对没有污染防治方法或虽有方法但其工艺基础数据不全的建设项目不得开展设计；对有污染而没有防治措施的工程设计不得向外提供；对虽有治理措施，但不能满足国家或省、自治区、直辖市规定的排放标准的生产方法、工艺流程，不得用于设计。因工程设计需要而开发研制的环境保护科研成果，必须通过技术鉴定，确认取得了工程放大的条件和设计数据才能用于设计。

10.4 建设项目环境保护设施建设管理

10.4.1 “三同时”制度

建设项目环境保护设施可按以下原则划分：

1. 凡属污染治理和保护环境所需的装置、设备、监测手段和工程设施等均属环境保护设施。

2. 生产需要又为环境保护服务的设施。

3. 外排废弃物的运载设施、回收及综合利用设施、堆存场地的建设和征地费用列入生产投资；但为了保护环境所采取的防粉尘飞扬、防渗漏措施以及绿化设施所需的资金属环境保护投资。

建设对环境有影响的一切建设项目，必须依法执行环境保护设施与主体工程同时设计、同时施工、同时投产使用的“三同时”制度。

10.4.2 施工现场的环境保护

1. 施工现场环境保护组织措施

(1) 实行环保目标责任制。

(2) 加强检查和监控工作。

(3) 保护和改善施工现场的环境，并做综合治理。

2. 施工环境保护技术措施

(1) 防止大气污染。

(2) 防止水源污染。

(3) 防止噪声污染。

10.4.3 环境保护设施竣工验收管理

1. 环境保护设施竣工验收方式

国务院环境保护行政主管部门可直接组织建设项目环境保护设施的竣工验收，也可委托下一级环境保护行政主管部门组织验收。接受委托的环境保护行政主管部门需将竣工验收材料报国务院环境保护行政主管部门备案。对委托验收结论有异议，由国务院环境保护行政主管部门裁定。

对分期建设、分期受益的建设项目应根据实际情况对其相应的环境保护设施进行分期验收。

2. 建设项目试运行期间环境保护设施的检查

建设项目试生产前，建设单位应会同施工单位、设计单位检查其环境保护设施是否符合“三同时”要求，并将检查结果和建设项目准备试生产的开始时间报告当地地、市级、省级环境保护行政主管部门和国务院环境保护行政主管部门、行业主管部门，经当地地、市级环境保护行政主管部门检查同意后，建设项目方可进行试生产。

各级环境保护行政主管部门有权在试运行期间对环境保护设施运行情况进行检查，如发现不符合“三同时”要求，可由国务院环境保护行政主管部门责令停止试运行。

试运行期间，建设单位应委托环境保护行政主管部门所属的地、市级以上（含地、市级）环境保护监测站，对建设项目排污情况及清洁生产工艺和环境保护设施运转效果进行监测。受委托的环境监测站可组织进入环境监测网的当地行业环境监测站参加监测。受委托的环境监测站应向建设单位提交《监测报告》。

3．环境保护设施竣工验收申请

建设项目在正式投入生产或使用之前，建设单位必须向国务院环境保护行政主管部门提出环境保护设施竣工验收申请。申请验收需具备下列条件：

（1）自检建设项目环境保护设施已具备规定的竣工验收合格的条件。

（2）按试车的有关规定组织环境保护设施联动试车，有试运转记录。

（3）完成《建设项目环境保护设施竣工验收申请报告》的编写，并提交《监测报告》。

建设单位向国务院环境保护行政主管部门提交《验收申请报告》，并抄送行业主管部门所在地各级环境保护行政主管部门。国务院环境保护行政主管部门自接到报告之日起一个月内组织审查验收。

4．环境保护设施竣工验收合格条件

（1）建设项目建设前期环境保护审查、审批手续完备，技术资料齐全，环境保护设施按批准的环境影响报告书（表）和设计要求建成。

（2）环境保护设施安装质量符合国家和有关部门颁发的专业工程验收规范、规程和检验评定标准。

（3）环境保护设施与主体工程建成后经负荷试车合格，其防治污染能力适应主体工程的需要。

（4）外排污染物符合经批准的设计文件和环境影响报告书（表）中提出的要求。

（5）建设过程中受到破坏并且可恢复的环境已经得到修整。

（6）环境保护设施能正常运转，符合交付使用的要求，并具备正常运行的条件，包括经培训的环境保护设施岗位操作人员的到位、管理制度的建立、原材料与动力的落实等。

（7）环境保护管理和监测机构，包括人员、监测仪器、设备、监测制度、管理制度等符合环境影响报告书（表）和有关规定的要求。

国务院环境保护行政主管部门在建设项目环境保护设施验收合格后，批准由建设单位提交的《验收申请报告》。经批准的《验收申请报告》是建设项目总体验收的主要依据之一。《验收申请报告》未经批准的建设项目，不能正式投入生产或使用。

5. 环境保护设施竣工验收管理和监督

建设项目试运行期间，污染物排放达不到规定排放标准的，负责验收的环境保护行政主管部门可根据建设项目的具体情况，要求建设单位限期达到规定的污染物排放标准；在实行污染物总量控制的地方，还应达到当地污染物排放总量控制的要求。试运行期间和限期达标期间内排放污染物的，应按规定缴纳排污费。

环境保护设施没有建成或经竣工验收不合格并经限期整改仍不合格的建设项目，擅自投入生产或使用的，由国务院环境保护行政主管部门依法责令建设单位停止生产或使用，可以并处罚款。

环境保护设施未按规定申报竣工验收的建设项目，擅自投入生产或使用的，由国务院环境保护行政主管部门依法责令建设单位限期补办环境保护设施竣工验收申请手续，并处罚款。

复习思考题

1. 建设项目环境保护的意义及遵循的原则是什么？
2. 建设项目环境管理各阶段的内容要点是什么？
3. 建设项目环境影响报告书的主要内容是什么？
4. 简述环境影响评价管理的程序。
5. 简述建设项目各设计阶段的环境保护要求。
6. 试说明施工现场环境保护的技术措施。
7. 简述环境保护设计峻工验收合格的条件。

附录 1

中华人民共和国城市规划法

1989 年 12 月 26 日主席令第 23 号

（1989 年 12 月 26 日第七届全国人民代表大会常务委员会第十一次会议通过）

第一章　总　　则

第一条　为了确定城市的规模和发展方向，实现城市的经济和社会发展目标，合理地制定城市规划和进行城市建设，适应社会主义现代化建设的需要，制定本法。

第二条　制定和实施城市规划，在城市规划区内进行建设，必须遵守本法。

第三条　本法所称城市，是指国家按行政建制设立的直辖市、市、镇。

本法所称城市规划区，是指城市市区、近郊区以及城市行政区域内因城市建设和发展需要实行规划控制的区域。城市规划区的具体范围，由城市人民政府在编制的城市总体规划中划定。

第四条　国家实行严格控制大城市规模、合理发展中等城市和小城市的方针，促进生产力和人口的合理布局。

大城市是指市区和近郊区非农业人口五十万以上的城市。

中等城市是指市区和近郊区非农业人口二十万以上、不满五十万的城市。

小城市是指市区和近郊区非农业人口不满二十万的城市。

第五条　城市规划必须符合我国国情，正确处理近期建设和远景发展的关系。

在城市规划区内进行建设，必须坚持适用、经济的原则，贯彻勤俭建国的方针。

第六条　城市规划的编制应当依据国民经济和社会发展规划以及当地的自然环境、资源条件、历史情况、现状特点，统筹兼顾，综合部署。

城市规划确定的城市基础设施建设项目，应当按照国家基本建设程序的规定纳入国民经济和社会发展计划，按计划分步实施。

第七条　城市总体规划应当和国土规划、区域规划、江河流域规划、土地利用总体规划相协调。

第八条　国家鼓励城市规划科学技术研究，推广先进技术，提高城市规划科学技术水平。

第九条　国务院城市规划行政主管部门主管全国的城市规划工作。

县级以上地方人民政府城市规划行政主管部门主管本行政区域内的城市规划工作。

第十条　任何单位和个人都有遵守城市规划的义务，并有权对违反城市规划的行为进行检举和控告。

第二章　城市规划的制定

第十一条　国务院城市规划行政主管部门和省、自治区、直辖市人民政府应当分别组织编制全国和省、自治区、直辖市的城镇体系规划，用以指导城市规划的编制。

第十二条 城市人民政府负责组织编制城市规划。县级人民政府所在地镇的城市规划，由县级人民政府负责组织编制。

第十三条 编制城市规划必须从实际出发，科学预测城市远景发展的需要；应当使城市的发展规模、各项建设标准、定额指标、开发程序同国家和地方的经济技术发展水平相适应。

第十四条 编制城市规划应当注意保护和改善城市生态环境，防止污染和其他公害，加强城市绿化建设和市容环境卫生建设，保护历史文化遗产、城市传统风貌、地方特色和自然景观。

编制民族自治地方的城市规划，应当注意保持民族传统和地方特色。

第十五条 编制城市规划应当贯彻有利生产、方便生活、促进流通、繁荣经济、促进科学技术文化教育事业的原则。

编制城市规划应当符合城市防火、防爆、抗震、防洪、防泥石流和治安、交通管理、人民防空建设等要求；在可能发生强烈地震和严重洪水灾害的地区，必须在规划中采取相应的抗震、防洪措施。

第十六条 编制城市规划应当贯彻合理用地、节约用地的原则。

第十七条 编制城市规划应当具备勘察、测量及其他必要的基础资料。

第十八条 编制城市规划一般分总体规划和详细规划两个阶段进行。大城市、中等城市为了进一步控制和确定不同地段的土地用途、范围和容量，协调各项基础和公共设施的建设，在总体规划基础上，可以编制分区规划。

第十九条 城市总体规划应当包括：城市的性质、发展目标和发展规模，城市主要建设标准和定额指标，城市建设用地布局、功能分区和各项建设的总体部署，城市综合交通体系和河湖、绿地系统，各项专业规划，近期建设规划。

设市城市和县级人民政府所在地镇的总体规划，应当包括市或者县的行政区域的城镇体系规划。

第二十条 城市详细规划应当在城市总体规划或者分区规划的基础上，对城市近期建设区域内各项建设做出具体规划。

城市详细规划应当包括：规划地段各项建设的具体用地范围，建筑密度和高度等控制指标，总平面布置、工程管线综合规划和竖向规划。

第二十一条 城市规划实行分级审批。

直辖市的城市总体规划，由直辖市人民政府报国务院审批。

省和自治区人民政府所在地城市、城市人口在一百万以上的城市及国务院指定的其他城市的总体规划，由省、自治区人民政府审查同意后，报国务院审批。

本条第二款和第三款规定以外的设市城市和县级人民政府所在地镇的总体规划，报省、自治区、直辖市人民政府审批，其中市管辖的县级人民政府所在地镇的总体规划，报市人民政府审批。

前款规定以外的其他建制镇的总体规划，报县级人民政府审批。

城市人民政府和县级人民政府在向上级人民政府报请审批城市总体规划前，需经同级人民代表大会或者其常务委员会审查同意。

城市分区规划由城市人民政府审批。

城市详细规划由城市人民政府审批；编制分区规划的城市的详细规划，除重要的详细规划由城市人民政府审批外，由城市人民政府城市规划行政主管部门审批。

第二十二条 城市人民政府可以根据城市经济和社会发展需要，对城市总体规划进行局部调整，报同级人民代表大会常务委员会和原批准机关备案；但涉及城市性质、规模、发展方向和总体布局重大变更的，需经同级人民代表大会或者其常务委员会审查同意后报原批准机关审批。

第三章 城市新区开发和旧区改建

第二十三条 城市新区开发和旧区改建必须坚持统一规划、合理布局、因地制宜、综合开发、配套建设的原则。各项建设工程的选址、定点，不得妨碍城市的发展，危害城市的安全，污染和破坏城市环境，影响城市各项功能的协调。

第二十四条 新建铁路编组站、铁路货运干线、过境公路、机场和重要军事设施等应当避开市区。

港口建设应当兼顾城市岸线的合理分配和利用，保障城市生活岸线用地。

第二十五条 城市新区开发应当具备水资源、能源、交通、防灾等建设条件，并应当避开地下矿藏、地下文物古迹。

第二十六条 城市新区开发应当合理利用城市现有设施。

第二十七条 城市旧区改建应当遵循加强维护、合理利用、调整布局、逐步改善的原则，统一规划，分期实施，并逐步改善居住和交通运输条件，加强基础设施和公共设施建设，提高城市的综合功能。

第四章 城市规划的实施

第二十八条 城市规划经批准后，城市人民政府应当公布。

第二十九条 城市规划区内的土地利用和各项建设必须符合城市规划，服从规划管理。

第三十条 城市规划区内的建设工程的选址和布局必须符合城市规划。设计任务书报请批准时，必须附有城市规划行政主管部门的选址意见书。

第三十一条 在城市规划区内进行建设需要申请用地的，必须持国家批准建设项目的有关文件，向城市规划行政主管部门申请定点，由城市规划行政主管部门核定其用地位置和界限，提供规划设计条件，核发建设用地规划许可证。建设单位或者个人在取得建设用地规划许可证后，方可向县级以上地方人民政府土地管理部门申请用地，经县级以上人民政府审查批准后，由土地管理部门划拨土地。

第三十二条 在城市规划区内新建、扩建和改建建筑物、构筑物、道路、管线和其他工程设施，必须持有关批准文件向城市规划行政主管部门提出申请，由城市规划行政主管部门根据城市规划提出的规划设计要求，核发建设工程规划许可证件。建设单位或者个人在取得建设工程规划许可证件和其他有关批准文件后，方可申请办理开工手续。

第三十三条 在城市规划区内进行临时建设，必须在批准的使用期限内拆除。临时建设和临时用地的具体规划管理办法由省、自治区、直辖市人民政府制定。

禁止在批准临时使用的土地上建设永久性建筑物、构筑物和其他设施。

第三十四条 任何单位和个人必须服从城市人民政府根据城市规划做出的调整用地决定。

第三十五条 任何单位和个人不得占用道路、广场、绿地、高压供电走廊和压占地下管线进行建设。

第三十六条 在城市规划区内进行挖取砂石、土方等活动，需经有关主管部门批准，不得破坏城市环境，影响城市规划的实施。

第三十七条 城市规划行政主管部门有权对城市规划区内的建设工程是否符合规划要求进行检查。被检查者应当如实提供情况和必要的资料，检查者有责任为被检查者保守技术秘密和业务秘密。

第三十八条 城市规划行政主管部门可以参加城市规划区内重要建设工程的竣工验收。城市规划区内的建设工程，建设单位应当在竣工验收后六个月内向城市规划行政主管部门报送有关竣工资料。

第五章 法 律 责 任

第三十九条 在城市规划区内，未取得建设用地规划许可证而取得建设用地批准文件、占用土地的，批准文件无效，占用的土地由县级以上人民政府责令退回。

第四十条 在城市规划区内，未取得建设工程规划许可证件或者违反建设工程规划许可证件的规定进行建设，严重影响城市规划的，由县级以上地方人民政府城市规划行政主管部门责令停止建设，限期拆除或者没收违法建筑物、构筑物或者其他设施；影响城市规划，尚可采取改正措施的，由县级以上地方人民政府城市规划行政主管部门责令限期改正，并处罚款。

第四十一条 对未取得建设工程规划许可证件或者违反建设工程规划许可证件的规定进行建设的单位的有关责任人员，可以由其所在单位或者上级主管机关给予行政处分。

第四十二条 当事人对行政处罚决定不服的，可以在接到处罚通知之日起十五日内，向做出处罚决定的机关的上一级机关申请复议；对复议决定不服的，可以在接到复议决定之日起十五日内，向人民法院起诉。当事人逾期不申请复议、也不向人民法院起诉、又不履行处罚决定的，由做出处罚决定的机关申请人民法院强制执行。

第四十三条 城市规划行政主管部门工作人员玩忽职守、滥用职权、徇私舞弊的，由其所在单位或者上级主管机关给予行政处分；构成犯罪的，依法追究刑事责任。

第六章 附 则

第四十四条 未设镇建制的工矿区的居民点，参照本法执行。

第四十五条 国务院城市规划行政主管部门根据本法制定实施条例，报国务院批准后施行。

省、自治区、直辖市人民代表大会常务委员会可以根据本法制定实施办法。

第四十六条 本法自1990年4月1日起施行。国务院发布的《城市规划条例》同时废止。

附录2

中华人民共和国建筑法

1997年11月1日主席令第91号

（1997年11月1日第八届全国人民代表大会常务委员会第二十八次会议通过）

第一章 总 则

第一条 为了加强对建筑活动的监督管理，维护建筑市场秩序，保证建筑工程的质量和安全，促进建筑业健康发展，制定本法。

第二条 在中华人民共和国境内从事建筑活动，实施对建筑活动的监督管理，应当遵守本法。

本法所称建筑活动，是指各类房屋建筑及其附属设施的建造和与其配套的线路、管道、设备的安装活动。

第三条 建筑活动应当确保建筑工程质量和安全，符合国家的建筑工程安全标准。

第四条 国家扶持建筑业的发展，支持建筑科学技术研究，提高房屋建筑设计水平，鼓励节约能源和保护环境，提倡采用先进技术、先进设备、先进工艺、新型建筑材料和现代管理方式。

第五条 从事建筑活动应当遵守法律、法规，不得损害社会公共利益和他人的合法权益。

任何单位和个人都不得妨碍和阻挠依法进行的建筑活动。

第六条 国务院建设行政主管部门对全国的建筑活动实施统一监督管理。

第二章 建 筑 许 可

第一节 建筑工程施工许可

第七条 建筑工程开工前，建设单位应当按照国家有关规定向工程所在地县级以上人民政府建设行政主管部门申请领取施工许可证；但是，国务院建设行政主管部门确定的限额以下的小型工程除外。

按照国务院规定的权限和程序批准开工报告的建筑工程，不再领取施工许可证。

第八条 申请领取施工许可证，应当具备下列条件：

（一）已经办理建筑工程用地批准手续；

（二）在城市规划区的建筑工程，已经取得规划许可证；

（三）需要拆迁的，其拆迁进度符合施工要求；

（四）已经确定建筑施工企业；

（五）有满足施工需要的施工图纸及技术资料；

（六）有保证工程质量和安全的具体措施；

（七）建设资金已经落实；

（八）法律、行政法规规定的其他条件。

建设行政主管部门应当自收到申请之日起十五日内，对符合条件的申请颁发施工许可证。

第九条 建设单位应当自领取施工许可证之日起三个月内开工。因故不能按期开工的，应当向发证机关申请延期；延期以两次为限，每次不超过三个月。既不开工又不申请延期或者超过延期时限的，施工许可证自行废止。

第十条 在建的建筑工程因故中止施工的，建设单位应当自中止施工之日起一个月内，向发证机关报告，并按照规定做好建筑工程的维护管理工作。

建筑工程恢复施工时，应当向发证机关报告；中止施工满一年的工程恢复施工前，建设单位应当报发证机关核验施工许可证。

第十一条 按照国务院有关规定批准开工报告的建筑工程，因故不能按期开工或者中止施工的，应当及时向批准机关报告情况，因故不能按期开工超过六个月的，应当重新办理开工报告的批准手续。

第二节 从业资格

第十二条 从事建筑活动的建筑施工企业、勘察单位、设计单位和工程监理单位，应当具备下列条件：

（一）有符合国家规定的注册资本；

（二）有与其从事的建筑活动相适应的具有法定执业资格的专业技术人员；

（三）有从事相关建筑活动所应有的技术装备；

（四）法律、行政法规规定的其他条件。

第十三条 从事建筑活动的建筑施工企业、勘察单位、设计单位和工程监理单位，按照其拥有的注册资本、专业技术人员、技术装备和已完成的建筑工程业绩等资质条件，划分为不同的资质等级，经资质审查合格，取得相应等级的资质证书后，方可在其资质等级许可的范围内从事建筑活动。

第十四条 从事建筑活动的专业技术人员，应当依法取得相应的执业资格证书，并在执业资格证书许可的范围内从事建筑活动。

第三章 建筑工程发包与承包

第一节 一般规定

第十五条 建筑工程的发包单位与承包单位应当依法订立书面合同，明确双方的权利和义务。

发包单位和承包单位应当全面履行合同约定的义务。不按照合同约定履行义务的，依法承担违约责任。

第十六条 建筑工程发包与承包的招标投标活动，应当遵循公开、公正、平等竞争的原则，择优选择承包单位。

建筑工程的招标投标，本法没有规定的，适用有关招标投标法律的规定。

第十七条 发包单位及其工作人员在建筑工程发包中不得收受贿赂、回扣或者索取其他好处。

承包单位及其工作人员不得利用向发包单位及其工作人员行贿、提供回扣或者给予其他好处等不正当手段承揽工程。

第十八条 建筑工程造价应当按照国家有关规定，由发包单位与承包单位在合同中约定。公开招标发包的，其造价的约定，需遵守招标投标法律的规定。

发包单位应当按照合同的约定，及时拨付工程款项。

第二节 发包

第十九条 建筑工程依法实行招标发包，对不适于招标发包的可以直接发包。

第二十条 建筑工程实行公开招标的，发包单位应当依照法定程序和方式，发布招标公告，提供载有招标工程的主要技术要求、主要的合同条款、评标的标准和方法以及开标、评标、定标的程序等内容的招标文件。

开标应当在招标文件规定的时间、地点公开进行。开标后应当按照招标文件规定的评标标准和程序对标书进行评价、比较，在具备相应资质条件的投标者中，择优选定中标者。

第二十一条 建筑工程招标的开标、评标、定标由建设单位依法组织实施，并接受有关行政主管部门的监督。

第二十二条 建筑工程实行招标发包的，发包单位应当将建筑工程发包给依法中标的承包单位。建筑工程实行直接发包的，发包单位应当将建筑工程发包给具有相应资质条件的承包单位。

第二十三条 政府及其所属部门不得滥用行政权力，限定发包单位将招标发包的建筑工程发包给指定的承包单位。

第二十四条 提倡对建筑工程实行总承包，禁止将建筑工程肢解发包。

建筑工程的发包单位可以将建筑工程的勘察、设计、施工、设备采购一并发包给一个工程总承包单位；也可以将建筑工程勘察、设计、施工、设备采购的一项或者多项发包给一个工程总承包单位；但是，不得将应当由一个承包单位完成的建筑工程肢解成若干部分发包给几个承包单位。

第二十五条 按照合同约定，建筑材料、建筑构配件和设备由工程承包单位采购的，发包单位不得指定承包单位购入用于工程的建筑材料、建筑构配件和设备或者指定生产厂、供应商。

第三节 承包

第二十六条 承包建筑工程的单位应当持有依法取得的资质证书，并在其资质等级许可的业务范围内承揽工程。

禁止建筑施工企业超越本企业资质等级许可的业务范围或者以任何形式用其他建筑施工企业的名义承揽工程。禁止建筑施工企业以任何形式允许其他单位或者个人使用本企业的资质证书、营业执照，以本企业的名义承揽工程。

第二十七条 大型建筑工程或者结构复杂的建筑工程，可以由两个以上的承包单位联合共同承包。共同承包的各方对承包合同的履行承担连带责任。

两个以上不同资质等级的单位实行联合共同承包的，应当按照资质等级低的单位的业务许可范围承揽工程。

第二十八条 禁止承包单位将其承包的全部建筑工程转包给他人，禁止承包单位将其承包的全部建筑工程肢解以后以分包的名义分别转包给他人。

第二十九条 建筑工程总承包单位可以将承包工程中的部分工程发包给具有相应资质条件的分包单位；但是，除总承包合同中约定的分包外，必须经建设单位认可。施工总承包的，建筑工程主体结构的施工必须由总承包单位自行完成。

建筑工程总承包单位按照总承包合同的约定对建设单位负责；分包单位按照分包合同的约定对总承包单位负责。总承包单位和分包单位就分包工程对建设单位承担连带责任。

禁止总承包单位将工程分包给不具备相应资质条件的单位。禁止分包单位将其承包的工程再分包。

第四章 建筑工程监理

第三十条 国家推行建筑工程监理制度。

国务院可以规定实行强制监理的建筑工程的范围。

第三十一条 实行监理的建筑工程，由建设单位委托具有相应资质条件的工程监理单位监理。建设单位与其委托的工程监理单位应当订立书面委托监理合同。

第三十二条 建筑工程监理应当依照法律、行政法规及有关的技术标准、设计文件和建筑工程承包合同，对承包单位在施工质量、建设工期和建设资金使用等方面，代表建设单位实施监督。

工程监理人员认为工程施工不符合工程设计要求、施工技术标准和合同约定的，有权要求建筑施工企业改正。

工程监理人员发现工程设计不符合建筑工程质量标准或者合同约定的质量要求的，应当报告建设单位要求设计单位改正。

第三十三条 实施建筑工程监理前，建设单位应当将委托的工程监理单位、监理的内容及监理权限，书面通知被监理的建筑施工企业。

第三十四条 工程监理单位应当在其资质等级许可的监理范围内，承担工程监理业务。

工程监理单位应当根据建设单位的委托，客观、公正地执行监理任务。

工程监理单位与被监理工程的承包单位以及建筑材料、建筑构配件和设备供应单位不得有隶属关系或者其他利害关系。

工程监理单位不得转让工程监理业务。

第三十五条 工程监理单位不按照委托监理合同的约定履行监理义务，对应当监督检查的项目不检查或者不按照规定检查，给建设单位造成损失的，应当承担相应的赔偿责任。

工程监理单位与承包单位串通，为承包单位谋取非法利益，给建设单位造成损失的，应当与承包单位承担连带赔偿责任。

第五章 建筑安全生产管理

第三十六条 建筑工程安全生产管理必须坚持安全第一、预防为主的方针，建立健全安全生产的责任制度和群防群治制度。

第三十七条 建筑工程设计应当符合按照国家规定制定的建筑安全规程和技术规范，保证工程的安全性能。

第三十八条 建筑施工企业在编制施工组织设计时，应当根据建筑工程的特点制定相应的安全技术措施；对专业性较强的工程项目，应当编制专项安全施工组织设计，并采取安全技术措施。

第三十九条 建筑施工企业应当在施工现场采取维护安全、防范危险、预防火灾等措施；有条件的，应当对施工现场实行封闭管理。

施工现场对毗邻的建筑物、构筑物和特殊作业环境可能造成损害的，建筑施工企业应当采取安全防护措施。

第四十条 建设单位应当向建筑施工企业提供与施工现场相关的地下管线资料，建筑施工企业应当采取措施加以保护。

第四十一条 建筑施工企业应当遵守有关环境保护和安全生产方面的法律、法规的规定，采取控制和处理施工现场的各种粉尘、废气、废水、固体废物以及噪声、振动对环境的污染和危害的措施。

第四十二条 有下列情形之一的，建设单位应当按照国家有关规定办理申请批准手续：

（一）需要临时占用规划批准范围以外场地的；

（二）可能损坏道路、管线、电力、邮电通讯等公共设施的；

（三）需要临时停水、停电、中断道路交通的；

（四）需要进行爆破作业的；

（五）法律、法规规定需要办理报批手续的其他情况。

第四十三条 建设行政主管部门负责建筑安全生产的管理，并依法接受劳动行政主管部门对建筑安全生产的指导和监督。

第四十四条 建筑施工企业必须依法加强对建筑安全生产的管理，执行安全生产责任制度，采取有效措施，防止伤亡和其他安全生产事故的发生。

建筑施工企业的法定代表人对本企业的安全生产负责。

第四十五条 施工现场安全由建筑施工企业负责。实行施工总承包的，由总承包单位负责。分包单位向总承包单位负责，服从总承包单位对施工现场的安全生产管理。

第四十六条 建筑施工企业应当建立健全劳动安全生产教育培训制度，加强对职工安全生产的教育和培训；未经安全生产教育培训的人员，不得上岗作业。

第四十七条 建筑施工企业和作业人员在施工过程中，应当遵守有关安全生产的法律、法规和建筑行业安全规章、规程，不得违章指挥或者违章作业。作业人员有权对影响人身健康的作业程序和作业条件提出改进意见，有权获得安全生产所需的防护用品。作业人员对危及生命安全和人身健康的行为有权提出批评、检举和控告。

第四十八条 建筑施工企业必须为从事危险作业的职工办理意外伤害保险，支付保险费。

第四十九条 涉及建筑主体和承重结构变动的装修工程，建设单位应当在施工前委托原设计单位或者具有相应资质条件的设计单位提出设计方案；没有设计方案的，不得施工。

第五十条 房屋拆除应当由具备保证安全条件的建筑施工单位承担，由建筑施工单位负责人对安全负责。

第五十一条 施工中发生事故时，建筑施工企业应当采取紧急措施减少人员伤亡和事故损失，并按照国家有关规定及时向有关部门报告。

第六章 建筑工程质量管理

第五十二条 建筑工程勘察、设计、施工的质量必须符合国家有关建筑工程安全标准的要求，具体管理办法由国务院规定。

有关建筑工程安全的国家标准不能适应确保建筑安全的要求时，应当及时修订。

第五十三条 国家对从事建筑活动的单位推行质量体系认证制度。从事建筑活动的单位根据自愿原则可以向国务院产品质量监督管理部门或者国务院产品质量监督管理部门授权的部门认可的认证机构申请质量体系认证。经认证合格的，由认证机构颁发质量体系认证证书。

第五十四条 建设单位不得以任何理由，要求建筑设计单位或者建筑施工企业在工程设计或者施工作业中，违反法律、行政法规和建筑工程质量、安全标准，降低工程质量。

建筑设计单位和建筑施工企业对建设单位违反前款规定提出的降低工程质量的要求，应当予以拒绝。

第五十五条 建筑工程实行总承包的，工程质量由工程总承包单位负责，总承包单位将建筑工程分包给其他单位的，应当对分包工程的质量与分包单位承担连带责任。分包单位应当接受总承包单位的质量管理。

第五十六条 建筑工程的勘察、设计单位必须对其勘察、设计的质量负责。勘察、设计文件应当符合有关法律、行政法规的规定和建筑工程质量、安全标准、建筑工程勘察、设计技术规范以及合同的约定。设计文件选用的建筑材料、建筑构配件和设备，应当注明其规格、型号、性能等技术指标，其质量要求必须符合国家规定的标准。

第五十七条 建筑设计单位对设计文件选用的建筑材料、建筑构配件和设备，不得指定生产厂、供应商。

第五十八条 建筑施工企业对工程的施工质量负责。

建筑施工企业必须按照工程设计图纸和施工技术标准施工，不得偷工减料。工程设计的修改由原设计单位负责，建筑施工企业不得擅自修改工程设计。

第五十九条 建筑施工企业必须按照工程设计要求、施工技术标准和合同的约定，对建筑材料、建筑构配件和设备进行检验，不合格的不得使用。

第六十条 建筑物在合理使用寿命内，必须确保地基基础工程和主体结构的质量。

建筑工程竣工时，屋顶、墙面不得留有渗漏、开裂等质量缺陷；对已发现的质量缺陷，建筑施工企业应当修复。

第六十一条 交付竣工验收的建筑工程，必须符合规定的建筑工程质量标准，有完整的工程技术经济资料和经签署的工程保修书，并具备国家规定的其他竣工条件。

建筑工程竣工经验收合格后，方可交付使用；未经验收或者验收不合格的，不得交付使用。

第六十二条 建筑工程实行质量保修制度。

建筑工程的保修范围应当包括地基基础工程、主体结构工程、屋面防水工程和其他土建工程，以及电气管线、上下水管线的安装工程，供热、供冷系统工程等项目；保修的期限应当按照保证建筑物合理寿命年限内正常使用，维护使用者合法权益的原则确定。具体的保修范围和最低保修期限由国务院规定。

第六十三条 任何单位和个人对建筑工程的质量事故、质量缺陷都有权向建设行政主管部门或者其他有关部门进行检举、控告、投诉。

第七章 法律责任

第六十四条 违反本法规定，未取得施工许可证或者开工报告未经批准擅自施工的，责令改正。对不符合开工条件的责令停止施工，可以处以罚款。

第六十五条 发包单位将工程发包给不具有相应资质条件的承包单位的，或者违反本法规定将建筑工程肢解发包的，责令改正，处以罚款。

超越本单位资质等级承揽工程的，责令停止违法行为，处以罚款，可以责令停业整顿，降低资质等级；情节严重的，吊销资质证书；有违法所得的，予以没收。

未取得资质证书承揽工程的，予以取缔，并处罚款；有违法所得的，予以没收。

以欺骗手段取得资质证书的，吊销资质证书，处以罚款；构成犯罪的，依法追究刑事责任。

第六十六条 建筑施工企业转让、出借资质证书或者以其他方式允许他人以本企业的名义承揽工程的，责令改正，没收违法所得，并处罚款，可以责令停业整顿，降低资质等级；情节严重的，吊销资质证书。对因该项承揽工程不符合规定的质量标准造成的损失，建筑施工企业与使用本企业名义的单位或者个人承担连带赔偿责任。

第六十七条 承包单位将承包的工程转包的，或者违反本法规定进行分包的，责令改正，没收违法所得，并处罚款，可以责令停业整顿，降低资质等级；情节严重的，吊销资质证书。

承包单位有前款规定的违法行为的，对因转包工程或者违法分包的工程不符合规定的质量标准造成的损失，与接受转包或者分包的单位承担连带赔偿责任。

第六十八条 在工程发包与承包中索贿、受贿、行贿，构成犯罪的，依法追究刑事责任；不构成犯罪的，分别处以罚款，没收贿赂的财物，对直接负责的主管人员和其他直接责任人员给予处分。

对在工程承包中行贿的承包单位，除依照前款规定处罚外，可以责令停业整顿，降低资质等级或者吊销资质证书。

第六十九条 工程监理单位与建设单位或者建筑施工企业串通，弄虚作假、降低工程质量的，责令改正，处以罚款，降低资质等级或者吊销资质证书；有违法所得的，予以没收；造成损失的，承担连带赔偿责任；构成犯罪的，依法追究刑事责任。

工程监理单位转让监理业务的，责令改正，没收违法所得，可以责令停业整顿，降低资质等级；情节严重的，吊销资质证书。

第七十条 违反本法规定，涉及建筑主体或者承重结构变动的装修工程擅自施工的，责令改正，处以罚款；造成损失的，承担赔偿责任；构成犯罪的，依法追究刑事责任。

第七十一条 建筑施工企业违反本法规定，对建筑安全事故隐患不采取措施予以消除的，责令改正，可以处以罚款；情节严重的，责令停业整顿，降低资质等级或者吊销资质证书；构成犯罪的，依法追究刑事责任。

建筑施工企业的管理人员违章指挥、强令职工冒险作业，因而发生重大伤亡事故或者造成其他严重后果的，依法追究刑事责任。

第七十二条 建设单位违反本法规定，要求建筑设计单位或者建筑施工企业违反建筑工程质量、安全标准，降低工程质量的，责令改正，可以处以罚款；构成犯罪的，依法追究刑事责任。

第七十三条 建筑设计单位不按照建筑工程质量、安全标准进行设计的，责令改正，处以罚款，造成工程质量事故的，责令停业整顿，降低资质等级或者吊销资质证书，没收违法所得，并处罚款；造成损失的，承担赔偿责任；构成犯罪的，依法追究刑事责任。

第七十四条 建筑施工企业在施工中偷工减料的，使用不合格的建筑材料、建筑构配件和设备的，或者有其他不按照工程设计图纸或者施工技术标准施工的行为的，责令改正，处以罚款；情节严重的，责令停业整顿，降低资质等级或者吊销资质证书；造成建筑工程质量不符合规定的质量标准的，负责返工、修理，并赔偿因此造成的损失；构成犯罪的，依法追究刑事责任。

第七十五条 建筑施工企业违反本法规定，不履行保修义务或者拖延履行保修义务的，责令改正，可以处以罚款，并对在保修期内因屋顶、墙面渗漏、开裂等质量缺陷造成的损失，承担赔偿责任。

第七十六条 本法规定的责令停业整顿、降低资质等级和吊销资质证书的行政处罚，由颁发资质证书的机关决定；其他行政处罚，由建设行政主管部门或者有关部门依照法律和国务院规定的职权范围决定。

依照本法规定被吊销资质证书的，由工商行政管理部门吊销其营业执照。

第七十七条 违反本法规定，对不具备相应资质等级条件的单位颁发该等级资质证书的，由其上级机关责令收回所发的资质证书，对直接负责的主管人员和其他直接责任人员给予行政处分；构成犯罪的，依法追究刑事责任。

第七十八条 政府及其所属部门的工作人员违反本法规定，限定发包单位将招标发包的工程发包给指定的承包单位的，由上级机关责令改正；构成犯罪的，依法追究刑事责任。

第七十九条 负责颁发建筑工程施工许可证的部门及其工作人员对不符合施工条件的建筑工程颁发施工许可证的，负责工程质量监督检查或者竣工验收的部门及其工作人员对不合格的建筑工程出具质量合格文件或者按合格工程验收的，由上级机关责令改正，对责任人员给予行政处分；构成犯罪的，依法追究刑事责任；造成损失的，由该部门承担相应的赔偿责任。

第八十条 在建筑物的合理使用寿命内，因建筑工程质量不合格受到损害的，有权向责任者要求赔偿。

第八章 附 则

第八十一条 本法关于施工许可、建筑施工企业资质审查和建筑工程发包、承包、禁止转包，以及建筑工程监理、建筑工程安全和质量管理的规定，适用于其他专业建筑工程的建筑活动，具体办法由国务院规定。

第八十二条 建设行政主管部门和其他有关部门在对建筑活动实施监督管理中，除按照国务院有关规定收取费用外，不得收取其他费用。

第八十三条 省、自治区、直辖市人民政府确定的小型房屋建筑工程的建筑活动，参照本法执行。

依法核定作为文物保护的纪念建筑物和古建筑等的修缮，依照文物保护的有关法律规定执行。

抢险救灾及其他临时性房屋建筑和农民自建低层住宅的建筑活动，不适用本法。

第八十四条 军用房屋建筑工程建筑活动的具体管理办法，由国务院、中央军事委员会依据本法制定。

第八十五条 本法自1998年3月1日起施行。

附录3

中华人民共和国合同法

1999年3月15日主席令第15号

（1999年3月15日第九届全国人民代表大会常务委员会第二次会议通过）

总　则

第一章　一　般　规　定

第一条 为了保护合同当事人的合法权益，维护社会经济秩序，促进社会主义现代化建设，制定本法。

第二条 本法所称合同是平等主体的自然人、法人、其他组织之间设立、变更、终止民事权利义务关系的协议。

婚姻、收养、监护等有关身份关系的协议，适用其他法律的规定。

第三条 合同当事人的法律地位平等，一方不得将自己的意志强加给另一方。

第四条 当事人依法享有自愿订立合同的权利，任何单位和个人不得非法干预。

第五条 当事人应当遵循公平原则确定各方的权利和义务。

第六条 当事人行使权利、履行义务应当遵循诚实信用原则。

第七条 当事人订立、履行合同，应当遵守法律、行政法规，尊重社会公德，不得扰乱社会经济秩序，损害社会公共利益。

第八条 依法成立的合同，对当事人具有法律约束力。当事人应当按照约定履行自己的义务，不得擅自变更或者解除合同。

依法成立的合同，受法律保护。

第二章 合同的订立

第九条 当事人订立合同，应当具有相应的民事权利能力和民事行为能力。当事人依法可以委托代理人订立合同。

第十条 当事人订立合同，有书面形式、口头形式和其他形式。法律、行政法规规定采用书面形式的，应当采用书面形式。当事人约定采用书面形式的，应当采用书面形式。

第十一条 书面形式是指合同书、信件和数据电文（包括电报、电传、传真、电子数据交换和电子邮件）等可以有形地表现所载内容的形式。

第十二条 合同的内容由当事人约定，一般包括以下条款：

（一）当事人的名称或者姓名和住所；

（二）标的；

（三）数量；

（四）质量；

（五）价款或者报酬；

（六）履行期限、地点和方式；

（七）违约责任；

（八）解决争议的方法。

当事人可以参照各类合同的示范文本订立合同。

第十三条 当事人订立合同，采取要约、承诺方式。

第十四条 要约是希望和他人订立合同的意思表示，该意思表示应当符合下列规定：

（一）内容具体确定；

（二）表明经受要约人承诺，要约人即受该意思表示约束。

第十五条 要约邀请是希望他人向自己发出要约的意思表示。寄送的价目表、拍卖公告、招标公告、招股说明书、商业广告等为要约邀请。

商业广告的内容符合要约规定的，视为要约。

第十六条 要约到达受要约人时生效。

采用数据电文形式订立合同，收件人指定特定系统接收数据电文的，该数据电文进入该特定系统的时间，视为到达时间；未指定特定系统的，该数据电文进入收件人的任何系统的首次时间，视为到达时间。

第十七条 要约可以撤回。撤回要约的通知应当在要约到达受要约人之前或者与要约同时到达受要约人。

第十八条 要约可以撤销。撤销要约的通知应当在受要约人发出承诺通知之前到达受要约人。

第十九条 有下列情形之一的，要约不得撤销：

（一）要约人确定了承诺期限或者以其他形式明示要约不可撤销；

（二）受要约人有理由认为要约是不可撤销的，并已经为履行合同做了准备工作。

第二十条 有下列情形之一的，要约失效：

（一）拒绝要约的通知到达要约人；

（二）要约人依法撤销要约；

（三）承诺期限届满，受要约人未做出承诺；

（四）受要约人对要约的内容做出实质性变更。

第二十一条 承诺是受要约人同意要约的意思表示。

第二十二条 承诺应当以通知的方式做出，但根据交易习惯或者要约表明可以通过行为做出承诺的除外。

第二十三条 承诺应当在要约确定的期限内到达要约人。

要约没有确定承诺期限的，承诺应依照下列规定到达：

（一）要约以对话方式做出的，应当即时做出承诺，但当事人另有约定的除外；

（二）要约以非对话方式做出的，承诺应当在合理期限内到达。

第二十四条 要约以信件或者电报做出的，承诺期限自信件载明的日期或者电报交发之日开始计算。信件未载明日期的，自投寄该信件的邮戳日期开始计算。要约以电话、传真等快速通讯方式做出的，承诺期限自要约到达受要约人时开始计算。

第二十五条 承诺生效时合同成立。

第二十六条 承诺通知到达要约人时生效。承诺不需要通知的，根据交易习惯或者要约的要求做出承诺的行为时生效。

采用数据电文形式订立合同的，承诺到达的时间适用本法第十六条第二款的规定。

第二十七条 承诺可以撤回。撤回承诺的通知应当在承诺通知到达要约人之前或者与承诺通知同时到达要约人。

第二十八条 受要约人超过承诺期限发出承诺的，除要约人及时通知受要约人该承诺有效的以外，为新要约。

第二十九条 受要约人在承诺期限内发出承诺，按照通常情形能够及时到达要约人，但因其他原因承诺到达要约人时超过承诺期限的，除要约人及时通知受要约人因承诺超过期限不接受该承诺的以外，该承诺有效。

第三十条 承诺的内容应当与要约的内容一致。受要约人对要约的内容做出实质性变更的，为新要约。有关合同标的、数量、质量、价款或者报酬、履行期限、履行地点和方式、违约责任和解决争议方法等的变更，是对要约内容的实质性变更。

第三十一条 承诺对要约的内容做出非实质性变更的，除要约人及时表示反对或者要约表明承诺不得对要约的内容做出任何变更的以外，该承诺有效，合同的内容以承诺的内容为准。

第三十二条 当事人采用合同书面形式订立合同的，自双方当事人签字或者盖章时合同成立。

第三十三条 当事人采用信件、数据电文等形式订立合同的，可以在合同成立之前要求签订确认书。签订确认书时合同成立。

第三十四条 承诺生效的地点为合同成立的地点。

采用数据电文形式订立合同的，收件人的主营业地为合同成立的地点；没有主营业地的，其经常居住地为合同成立的地点。当事人另有约定的，按照其约定。

第三十五条 当事人采用合同书形式订立合同的，双方当事人签字或者盖章的地点为合同成立的地点。

第三十六条 法律、行政法规规定或者当事人约定采用书面形式订立合同，当事人未采用书面形式但一方已经履行主要义务，对方接受的，该合同成立。

第三十七条 采用合同书形式订立合同，在签字或者盖章之前，当事人一方已经履行义务，对方接受的，该合同成立。

第三十八条 国家根据需要下达指令性任务或者国家订货任务的，有关法人、其他组织之间应当依照有关法律、行政法规规定的权利和义务订立合同。

第三十九条 采用格式条款订立合同的，提供格式条款的一方应当遵循公平原则确定当事人之间的权利和义务，并采取合理的方式提请对方注意免除或者限制其责任的条款，按照对方的要求，对该条款予以说明。

格式条款是当事人为了重复使用而预先拟定，并在订立合同时未与对方协商的条款。

第四十条 格式条款具有本法第五十二条和第五十三条规定情形的，或者提供格式条款一方免除其责任、加重对方责任、排除对方主要权利的，该条款无效。

第四十一条 对格式条款的理解发生争议的，应当按照通常理解予以解释。对格式条款有两种以上解释的，应当做出不利于提供格式条款一方的解释。格式条款和非格式条款不一致的，应当采用非格式条款。

第四十二条 当事人在订立合同过程中有下列情形之一，给对方造成损失的，应当承担损害赔偿责任：

（一）假借订立合同，恶意进行磋商；

（二）故意隐瞒与订立合同有关的重要事实或者提供虚假情况；

（三）有其他违背诚实信用原则的行为。

第四十三条 当事人在订立合同过程中知悉的商业秘密，无论合同是否成立，不得泄露或者不正当地使用。泄露或者不正当地使用该商业秘密结对方造成损失的，应当承担损害赔偿责任。

第三章 合同的效力

第四十四条 依法成立的合同，自成立时生效。

法律、行政法规规定应当办理批准、登记等手续生效的，依照其规定。

第四十五条 当事人对合同的效力可以约定附条件。附生效条件的合同，自条件成就时生效。附解除条件的合同，自条件成就时失效。

当事人为自己的利益不正当地阻止条件成就的，视为条件已成就；不正当地促成条件成就的，视为条件不成就。

第四十六条 当事人对合同的效力可以约定附期限。附生效期限的合同，自期限届至时生效。附终止期限的合同，自期限届满时失效。

第四十六条 限制民事行为能力人订立的合同，经法定代理人追认后，该合同有效，但纯获利益的合同或者与其年龄、智力、精神健康状况相适应而订立的合同，不必经法定代理人追认。

相对人可以催告法定代理人在一个月内予以追认。法定代理人未作表示的，视为拒绝追认。合同被追认之前，善意相对人有撤销的权利。撤销应当以通知的方式做出。

第四十八条 行为人没有代理权、超越代理权或者代理权终止后以被代理人名义订立的合同，未经被代理人追认，对被代理人不发生效力，由行为人承担责任。

相对人可以催告被代理人在一个月内予以追认。被代理人未做表示的，视为拒绝追认。合同被追认之前，善意相对人有撤销的权利。撤销应当以通知的方式做出。

第四十九条 行为人没有代理权、超越代理权或者代理权终止后以被代理人名义订立合同，相对人有理由相信行为人有代理权的，该代理行为有效。

第五十条 法人或者其他组织的法定代表人、负责人超越权限订立的合同，除相对人知道或者应当知道其超越权限的以外，该代表行为有效。

第五十一条 无处分权的人处分他人财产，经权利人追认或者无处分权的人订立合同后取得处分权的，该合同有效。

第五十二条 有下列情形之一的，合同无效：

（一）一方以欺诈、胁迫的手段订立合同，损害国家利益；

（二）恶意串通，损害国家、集体或者第三人利益；

（三）以合法形式掩盖非法目的；

（四）损害社会公共利益；

（五）违反法律、行政法规的强制性规定。

第五十三条 合同中的下列免责条款无效：

（一）造成对方人身伤害的；

（二）因故意或者重大过失造成对方财产损失的。

第五十四条 下列合同，当事人一方有权请求人民法院或者仲裁机构变更或者撤销：

（一）因重大误解订立的；

（二）在订立合同时显失公平的。

一方以欺诈、胁迫的手段或者乘人之危，使对方在违背真实意思的情况下订立的合同，受损害方有权请求人民法院或者仲裁机构变更或者撤销。

当事人请求变更的，人民法院或者仲裁机构不得撤销。

第五十五条 有下列情形之一的，撤销权消灭：

（一）具有撤销权的当事人自知道或者应当知道撤销事由之日起一年内没有行使撤销权；

（二）具有撤销权的当事人知道撤销事由后明确表示或者以自己的行为放弃撤销权。

第五十六条 无效的合同或者被撤销的合同自始没有法律约束力。合同部分无效，不影响其他部分效力的，其他部分仍然有效。

第五十七条 合同无效、被撤销或者终止的，不影响合同中独立存在的有关解决争议方法的条款的效力。

第五十八条 合同无效或者被撤销后，因该合同取得的财产，应当予以返还；不能返还或者没有必要返还的，应当折价补偿。有过错的一方应当赔偿对方因此所受到的损失，双方都有过错的，应当各自承担相应的责任。

第五十九条 当事人恶意串通，损害国家、集体或者第三人利益的，因此取得的财产收归国家所有或者返还集体、第三人。

第四章 合同的履行

第六十条 当事人应当按照约定全面履行自己的义务。

当事人应当遵循诚实信用原则，根据合同的性质、目的和交易习惯履行通知、协助、保密等义务。

第六十一条 合同生效后，当事人就质量、价款或者报酬、履行地点等内容没有约定或者约定不明确的，可以协议补充；不能达成补充协议的，按照合同有关条款或者交易习惯确定。

第六十二条 当事人就有关合同内容约定不明确，依照本法第六十一条的规定仍不能确定的，适用下列规定：

（一）质量要求不明确的，按照国家标准、行业标准履行；没有国家标准、行业标准的，按照通常标准或者符合合同目的的特定标准履行。

（二）价款或者报酬不明确的，按照订立合同时履行地的市场价格履行；依法应当执行政府定价或者政府指导价的，按照规定履行。

（三）履行地点不明确，给付货币的，在接受货币一方所在地履行；交付不动产的，在不动产所在地履行；其他标的，在履行义务一方所在地履行。

（四）履行期限不明确的，债务人可以随时履行，债权人也可以随时要求履行，但应当给对方必要的准备时间。

（五）履行方式不明确的，按照有利于实现合同目的的方式履行。

（六）履行费用的负担不明确的，由履行义务一方负担。

第六十三条 执行政府定价或者政府指导价的，在合同约定的交付期限内政府价格调整时，按照交付时的价格计价。逾期交付标的物的，遇价格上涨时，按照原价格执行；价格下降时，按照新价格执行。逾期提取标的物或者逾期付款的，遇价格上涨时，按照新价格执行；价格下降时，按照原价格执行。

第六十四条 当事人约定由债务人向第三人履行债务的，债务人未向第三人履行债务或者履行债务不符合约定，应当向债权人承担违约责任。

第六十五条 当事人约定由第三人向债权人履行债务的，第三人不履行债务或者履行债务不符合约定，债务人应当向债权人承担违约责任。

第六十六条 当事人互负债务，没有先后履行顺序的，应当同时履行。一方在对方履行之前有权拒绝其履行要求。一方在对方履行债务不符合约定时，有权拒绝其相应的履行要求。

第六十七条 当事人互负债务，有先后履行顺序，先履行一方未履行的，后履行一方有权拒绝其履行要求。先履行一方履行债务不符合约定的，后履行一方有权拒绝其相应的履行要求。

第六十八条 应当先履行债务的当事人，有确切证据证明对方有下列情形之一的，可以中止履行：

（一）经营状况严重恶化；

（二）转移财产、抽逃资金，以逃避债务；

（三）丧失商业信誉；

（四）有丧失或者可能丧失履行债务能力的其他情形。

当事人没有确切证据中止履行的，应当承担违约责任。

第六十九条 当事人依照本法第六十八条的规定中止履行的，应当及时通知对方。对方提供适当担保时，应当恢复履行。中止履行后，对方在合理期限内未恢复履行能力并且未提供适当担保的，中止履行的一方可以解除合同。

第七十条 债权人分立、合并或者变更住所没有通知债务人，致使履行债务发生困难的，债务人可以中止履行或者将标的物提存。

第七十一条 债权人可以拒绝债务人提前履行债务，但提前履行不损害债权人利益的除外。

债务人提前履行债务给债权人增加的费用，由债务人负担。

第七十二条 债权人可以拒绝债务人部分履行债务，但部分履行不损害债权人利益的除外。

债务人部分履行债务给债权人增加的费用，由债务人负担。

第七十三条 因债务人怠于行使其到期债权，对债权人造成损害的，债权人可以向人民法院请求以自己的名义代位行使债务人的债权，但该债权专属于债务人自身的除外。

代位权的行使范围以债权人的债权为限。债权人行使代位权的必要费用，由债务人负担。

第七十四条 因债务人放弃其到期债权或者无偿转让财产，对债权人造成损害的，债权人可以请求人民法院撤销债务人的行为。债务人以明显不合理的低价转让财产，对债权人造成损害，并且受让人知道该情形的，债权人也可以请求人民法院撤销债务人的行为。

撤销权的行使范围以债权人的债权为限。债权人行使撤销权的必要费用，由债务人负担。

第七十五条 撤销权自债权人知道或者应当知道撤销事由之日起一年内行使。自债务人的行为发生之日起五年内没有行使撤销权的，该撤销权消灭。

第七十六条 合同生效后，当事人不得因姓名、名称的变更或者法定代表人、负责人、承办人的变动而不履行合同义务。

第五章 合同的变更和转让

第七十七条 当事人协商一致，可以变更合同。

法律、行政法规规定变更合同应当办理批准、登记等手续的，依照其规定。

第七十八条 当事人对合同变更的内容约定不明确的，推定为未变更。

第七十九条 债权人可以将合同的权利全部或者部分转让给第三人，但有下列情形之一的除外：

（一）根据合同性质不得转让；

（二）按照当事人约定不得转让；

（三）依照法律规定不得转让。

第八十条 债权人转让权利的，应当通知债务人。未经通知，该转让对债务人不发生效力。

债权人转让权利的通知不得撤销，但经受让人同意的除外。

第八十一条 债权人转让权利的，受让人取得与债权有关的从权利，但该从权利专属于债权人自身的除外。

第八十二条 债务人接到债权转让通知后，债务人对让与人的抗辩，可以向受让人主张。

第八十三条 债务人接到债权转让通知时，债务人对让与人享有债权，并且债务人的债权先于转让的债权到期或者同时到期的，债务人可以向受让人主张抵销。

第八十四条 债务人将合同的义务全部或者部分转移给第三人的，应当经债权人同意。

第八十五条 债务人转移义务的，新债务人可以主张原债务人对债权人的抗辩。

第八十六条 债务人转移义务的，新债务人应当承担与主债务有关的从债务，但该从债务属于原债务人自身的除外。

第八十七条 法律、行政法规规定转让权利或者转移义务应当办理批准、登记等手续的，依照其规定。

第八十八条 当事人一方经对方同意，可以将自己在合同中的权利和义务一并转让给第三人。

第八十九条 权利和义务一并转让的，适用本法第七十九条、第八十一条至第八十三条、第八十五条至第八十七条的规定。

第九十条 当事人订立合同后合并的，由合并后的法人或者其他组织行使合同权利，履行合同义务。当事人订立合同后分立的，除债权人和债务人另有约定的以外，由分立的法人或者其他组织对合同的权利和义务享有连带债权，承担连带债务。

第六章 合同的权利义务终止

第九十一条 有下列情形之一的，合同的权利义务终止：

（一）债务已经按照约定履行；

（二）合同解除；

（三）债务相互抵销；

（四）债务人依法将标的物提存；

（五）债权人免除债务；

（六）债权债务同归于一人；

（七）法律规定或者当事人约定终止的其他情形。

第九十二条 合同的权利义务终止后，当事人应当遵循诚实信用原则，根据交易习惯履行通知、协助、保密等义务。

第九十三条 当事人协商一致，可以解除合同。

当事人可以约定一方解除合同的条件。解除合同的条件成立时，解除受权人可以解除合同。

第九十四条 有下列情形之一的，当事人可以解除合同：

（一）因不可抗力致使不能实现合同目的；

（二）在履行期限届满之前，当事人一方明确表示或者以自己的行为表明不履行主要债务；

（三）当事人一方迟延履行主要债务，经催告后在合理期限内仍未履行；

（四）当事人一方迟延履行债务或者有其他违约行为致使不能实现合同目的；

（五）法律规定的其他情形。

第九十五条 法律规定或者当事人约定解除权行使期限，期限届满当事人不行使的，该权利消灭。

法律没有规定或者当事人没有约定解除权行使期限，经对方催告后在合理期限内不行使的，该权利消灭。

第九十六条 当事人一方依照本法第九十三条第二款、第九十四条的规定主张解除合同的，应当通知对方。合同自通知到达对方时解除。对方有异议的，可以请求人民法院或者仲裁机构确认解除合同的效力。

法律、行政法规规定解除合同应当办理批准、登记等手续的，依照其规定。

第九十七条 合同解除后，尚未履行的，终止履行；已经履行的，根据履行情况和合同性质，当事人可以要求恢复原状、采取其他补救措施，并有权要求赔偿损失。

第九十八条 合同的权利义务终止，不影响合同中结算和清理条款的效力。

第九十九条 当事人互负到期债务，该债务的标的物种类、品质相同的，任何一方可以将自己的债务与对方的债务抵销，但依照法律规定或者按照合同性质不得抵销的除外。

当事人主张抵销的，应当通知对方。通知自到达对方时生效。抵销不得附条件或者附期限。

第一百条 当事人互负债务，标的物种类、品质不相同的，经双方协商一致，也可以抵销。

第一百零一条 有下列情形之一，难以履行债务的，债务人可以将标的物提存：

（一）债权人无正当理由拒绝受领；

（二）债权人下落不明；

（三）债权人死亡未确定继承人或者丧失民事行为能力未确定监护人；

（四）法律规定的其他情形。

标的物不适于提存或者提存费用过高的，债务人依法可以拍卖或者变卖标的物，提存所得的价款。

第一百零二条 标的物提存后，除债权人下落不明的以外，债务人应当及时通知债权人或者债权人的继承人、监护人。

第一百零三条 标的物提存后，毁损、灭失的风险由债权人承担。提存期间，标的物的孳息归债权人所有。提存费用由债权人负担。

第一百零四条 债权人可以随时领取提存物，但债权人对债务人负有到期债务的，在债权人未履行债务或者提供担保之前，提存部门根据债务人的要求应当拒绝其领取提存物。

债权人领取提存物的权利，自提存之日起五年内不行使而消灭，提存物扣除提存费用后归国家所有。

第一百零五条 债权人免除债务人部分或者全部债务的，合同的权利义务部分或者全部终止。

第一百零六条 债权和债务同归于一人的，合同的权利义务终止，但涉及第三人利益的除外。

第七章 违 约 责 任

第一百零六条 当事人一方不履行合同义务或者履行合同义务不符合约定的，应当承担继续履行、采取补救措施或者赔偿损失等违约责任。

第一百零八条 当事人一方明确表示或者以自己的行为表明不履行合同义务的，对方可以在履行期限届满之前要求其承担违约责任。

第一百事九条 当事人一方未支付价款或者报酬的，对方可以要求其支付价款或者报酬。

第一百一十条 当事人一方不履行非金钱债务或者履行非金钱债务不符合约定的，对方可以要求履行，但有下列情形之一的除外：

（一）法律上或者事实上不能履行；

（二）债务的标的不适于强制履行或者履行费用过高；

（三）债权人在合理期限内未要求履行。

第一百一十一条 质量不符合约定的，应当按照当事人的约定承担违约责任。对违约责任没有约定或者约定不明确，依照本法第六十一条的规定仍不能确定的，受损害方根据标的的性质以及损失的大小，可以合理选择要求对方承担修理、更换、重作、退货、减少价款或者报酬等违约责任。

第一百一十二条 当事人一方不履行合同义务或者履行合同义务不符合约定的，在履行义务或者采取补救措施后，对方还有其他损失的，应当赔偿损失。

第一百一十三条 当事人一方不履行合同义务或者履行合同义务不符合约定，给对方造成损失的，损失赔偿额应当相当于违约所造成的损失，包括合同履行后可以获得的利益，但不得超过违反合同一方订立合同时预见到或者应当预见到的因违反合同可能造成的损失。

经营者对消费者提供商品或者服务有欺诈行为的，依照《中华人民共和国消费者权益保护法》的规定承担损害赔偿责任。

第一百一十四条 当事人可以约定一方违约时应当根据违约情况向对方支付一定数额的违约金，也可以约定因违约产生的损失赔偿额的计算方法。

约定的违约金低于造成的损失的，当事人可以请求人民法院或者仲裁机构予以增加；约定的违约金过分高于造成的损失的，当事人可以请求人民法院或者仲裁机构予以适当减少。

当事人就迟延履行约定违约金的，违约方支付违约金后，还应当履行债务。

第一百一十五条 当事人可以依照《中华人民共和国担保法》约定一方向对方给付定金作为债权的担保。债务人履行债务后，定金应当抵作价款或者收回。给付定金的一方不履行约定的债务的，无权要求返还定金；收受定金的一方不履行约定的债务的，应当双倍返还定金。

第一百一十六条 当事人既约定违约金，又约定定金的，一方违约时，对方可以选择适用违约金或者定金条款。

第一百一十七条 因不可抗力不能履行合同的，根据不可抗力的影响，部分或者全部免除责任，但法律另有规定的除外。当事人迟延履行后发生不可抗力的，不能免除责任。

本法所称不可抗力，是指不能预见、不能避免并不能克服的客观情况。

第一百一十八条 当事人一方因不可抗力不能履行合同的，应当及时通知对方，以减轻可能给对方造成的损失，并应当在合理期限内提供证明。

第一百一十九条 当事人一方违约后，对方应当采取适当措施防止损失的扩大；没有采取适当措施致使损失扩大的，不得就扩大的损失要求赔偿。

当事人因防止损失扩大而支出的合理费用，由违约方承担。

第一百二十条 当事人双方都违反合同的，应当各自承担相应的责任。

第一百二十一条 当事人一方因第三人的原因造成违约的，应当向对方承担违约责任。当事人一方和第三人之间的纠纷，依照法律规定或者按照约定解决。

第一百二十二条 因当事人一方的违约行为，侵害对方人身、财产权益的，受损害方有权选择依照本法要求其承担违约责任或者依照其他法律要求其承担侵权责任。

第八章 其 他 规 定

第一百二十三条 其他法律对合同另有规定的，依照其规定。

第一百二十四条 本法分则或者其他法律没有明文规定的合同，适用本法总则的规定，并可以参照本法分则或者其他法律最相类似的规定。

第一百二十五条 当事人对合同条款的理解有争议的，应当按照合同所使用的词句、合同的有关条款、合同的目的、交易习惯以及诚实信用原则，确定该条款的真实意思。

合同文本采用两种以上文字订立并约定具有同等效力的，对各文本使用的词句推定具有相同含义。各文本使用的词句不一致的，应当根据合同的目的予以解释。

第一百二十六条 涉外合同的当事人可以选择处理合同争议所适用的法律，但法律另有规定的除外。涉外合同的当事人没有选择的，适用与合同有最密切联系的国家的法律。

在中华人民共和国境内履行的中外合资经营企业合同、中外合作经营企业合同、中外合作勘探开发自然资源合同，适用中华人民共和国法律。

第一百二十七条 工商行政管理部门和其他有关行政主管部门在各自的职权范围内，依照法律、行政法规的规定，对利用合同危害国家利益、社会公共利益的违法行为，负责监督处理；构成犯罪的，依法追究刑事责任。

第一百二十八条 当事人可以通过和解或者调解解决合同争议。

当事人不愿和解、调解或者和解、调解不成的，可以根据仲裁协议向仲裁机构申请仲裁。涉外合同的当事人可以根据仲裁协议向中国仲裁机构或者其他仲裁机构申请仲裁。当事人没有订立仲裁协议或者仲裁协议无效的，可以向人民法院起诉。当事人应当履行发生法律效力的判决、仲裁裁决、调解书；拒不履行的，对方可以请求人民法院执行。

第一百二十九条 因国际货物买卖合同和技术进出口合同争议提起诉讼或者申请仲裁的期限为四年，自当事人知道或者应当知道其权利受到侵害之日起计算。因其他合同争议提起诉讼或者申请仲裁的期限，依照有关法律的规定。

分　　则

第九章　买　卖　合　同

第一百三十条　买卖合同是出卖人转移标的物的所有权于买受人，买受人支付价款的合同。

第一百三十一条　买卖合同的内容除依照本法第十二条的规定以外，还可以包括包装方式、检验标准和方法、结算方式、合同使用的文字及其效力等条款。

第一百三十二条　出卖的标的物，应当属于出卖人所有或者出卖人有权处分。

法律、行政法规禁止或者限制转让的标的物，依照其规定。

第一百三十三条　标的物的所有权目标的物交付时起转移，但法律另有规定或者当事人另有约定的除外。

第一百三十四条　当事人可以在买卖合同中约定买受人未履行支付价款或者其他义务的，标的物的所有权属于出卖人。

第一百三十五条　出卖人应当履行向买受人交付标的物或者交付提取标的物的单证，并转移标的物所有权的义务。

第一百三十六条　出卖人应当按照约定或者交易习惯向买受人交付提取标的物单证以外的有关单证和资料。

第一百三十七条　出卖具有知识产权的计算机软件等标的物的，除法律另有规定或者当事人另有约定的以外，该标的物的知识产权不属于买受人。

第一百三十八条　出卖人应当按照约定的期限交付标的物。约定交付期间的，出卖人可以在该交付期间内的任何时间交付。

第一百三十九条　当事人没有约定标的物的交付期限或者约定不明确的，适用本法第六十一条、第六十二条第四项的规定。

第一百四十条　标的物在订立合同之前已为买受人占有的，合同生效的时间为交付时间。

第一百四十一条　出卖人应当按照约定的地点交付标的物。

当事人没有约定交付地点或者约定不明确，依照本法第六十一条的规定仍不能确定的，适用下列规定：

（一）标的物需要运输的，出卖人应当将标的物交付给第一承运人以运交给买受人；

（二）标的物不需要运输，出卖人和买受人订立合同时知道标的物在某一地点的，出卖人应当在该地点交付标的物；不知道标的物在某一地点的，应当在出卖人订立合同时的营业地交付标的物。

第一百四十二条　标的物毁损、灭失的风险，在标的物交付之前由出卖人承担，交付之后由买受人承担，但法律另有规定或者当事人另有约定的除外。

第一百四十三条　因买受人的原因致使标的物不能按照约定的期限交付的，买受人应当自违反约定之日起承担标的物毁损、灭失的风险。

第一百四十四条 出卖人出卖交由承运人运输的在途标的物，除当事人另有约定的以外，毁损，灭失的风险自合同成立时起由买受人承担。

第一百四十五条 当事人没有约定交付地点或者约定不明确，依照本法第一百四十一条第二款第一项的规定标的物需要运输的，出卖人将标的物交付给第一承运人后，标的物毁损、灭失的风险由买受人承担。

第一百四十六条 出卖人按照约定或者依照本法第一百四十一条第二款第二项的规定将标的物置于交付地点，买受人违反约定没有收取的，标的物毁损、灭失的风险自违反约定之日起由买受人承担。

第一百四十七条 出卖人按照约定未交付有关标的物的单证和资料的，不影响标的物毁损、灭失风险的转移。

第一百四十八条 因标的物质量不符合质量要求，致使不能实现合同目的的，买受人可以拒绝接受标的物或者解除合同。买受人拒绝接受标的物或者解除合同的，标的物毁损、灭失的风险由出卖人承担。

第一百四十九条 标的物毁损、灭失的风险由买受人承担的，不影响因出卖人履行债务不符合约定，买受人要求其承担违约责任的权利。

第一百五十条 出卖人就交付的标的物，负有保证第三人不得向买受人主张任何权利的义务，但法律另有规定的除外。

第一百五十一条 买受人订立合同时知道或者应当知道第三人对买卖的标的物享有权利的，出卖人不承担本法第一百五十条规定的义务。

第一百五十二条 买受人有确切证据证明第三人可能就标的物主张权利的，可以中止支付相应的价款，但出卖人提供适当担保的除外。

第一百五十三条 出卖人应当按照约定的质量要求交付标的物。出卖人提供有关标的物质量说明的，交付的标的物应当符合该说明的质量要求。

第一百五十四条 当事人对标的物的质量要求没有约定或者约定不明确，依照本法第六十一条的规定仍不能确定的，适用本法第六十二条第一项的规定。

第一百五十五条 出卖人交付的标的物不符合质量要求的，买受人可以依照本法第一百一十一条的规定要求承担违约责任。

第一百五十六条 出卖人应当按照约定的包装方式交付标的物。对包装方式没有约定或者约定不明确，依照本法第六十一条的规定仍不能确定的，应当按照通用的方式包装，没有通用方式的，应当采取足以保护标的物的包装方式。

第一百五十七条 买受人收到标的物时应当在约定的检验期间内检验。没有约定检验期间的，应当及时检验。

第一百五十八条 当事人约定检验期间的，买受人应当在检验期间内将标的物的数量或者质量不符合约定的情形通知出卖人。买受人怠于通知的，视为标的物的数量或者质量符合约定。

当事人没有约定检验期间的，买受人应当在发现或者应当发现标的物的数量或者质量不符合约定的合理期间内通知出卖人。买受人在合理期间内未通知或者自标的物收到之日起两年内未通知出卖人的，视为标的物的数量或者质量符合约定，但对标的物有质量保证期的，适用质量保证期，不适用该两年的规定。

出卖人知道或者应当知道提供的标的物不符合约定的，买受人不受前两款规定的通知时间的限制。

第一百五十九条 买受人应当按照约定的数额支付价款。对价款没有约定或者约定不明确的，适用本法第六十一条、第六十二条第二项的规定。

第一百六十条 买受人应当按照约定的地点支付价款。对支付地点没有约定或者约定不明确，依照本法第六十一条的规定仍不能确定的，买受人应当在出卖人的营业地支付。但约定支付价款以交付标的物或者交付提取标的物单证的所在地支付。

第一百六十一条 买受人应当按照约定的时间支付价款。对支付时间没有约定或者约定不明确，依照本法第六十一条的规定仍不能确定的，买受人应当在收到标的物或者提取标的物单证的同时支付。

第一百六十二条 出卖人多交标的物的，买受人可以接收或者拒绝接收多交的部分。买受人接收多效部分的，按照合同的价格支付价款；买受人拒绝接收多交部分的，应当及时通知出卖人。

第一百六十三条 标的物在交付之前产生的孳息，归出卖人所有，交付之后产生的孳息，归买受人所有。

第一百六十四条 因标的物的主物不符合约定而解除合同的，解除合同的效力及于从物。因标的物的从物不符合约定被解除的，解除的效力不及于主物。

第一百六十五条 标的物为数物，其中一物不符合约定的，买受人可以就该物解除，但该物与他物分离使标的物的价值显受损害的，当事人可以就数物解除合同。

第一百六十六条 出卖人分批交付标的物的，出卖人对其中一批标的物不交付或者交付不符合约定，致使该指标的物不能实现合同目的的，买受人可以就该批标的物解除。

出卖人不交付其中一批标的物或者交付不符合约定，致使今后其他各批标的物的交付不能实现合同目的的，买受人可以就该批以及今后其他各批标的物解除。

买受人如果就其中一批标的物解除，该批标的物与其他各批标的物相互依存的，可以就已经交付和未交付的各批标的物解除。

第一百六十七条 分期付款的买受人未支付到期价款的金额达到全部价款的五分之一的，出卖人可以要求买受人支付全部价款或者解除合同。

出卖人解除合同的，可以向买受人要求支付该标的物的使用费。

第一百六十八条 凭样品买卖的当事人应当封存样品，并可以对样品质量予以说明。已出卖人交付的标的物应当与样品及其说明的质量相同。

第一百六十九条 凭样品买卖的买受人不知道样品有隐蔽瑕疵的，即使交付的标的物与样品相同，出卖人交付的标的物的质量仍然应当符合同种物的通常标准。

第一百七十条 试用买卖的当事人可以约定标的物的试用期间。对试用期间没有约定或者约定不明确，依照本法第六十一条的规定仍不能确定的，由出卖人确定。

第一百七十一条 试用买卖的买受人在试用期内可以购买标的物，也可以拒绝购买。试用期间届满，买受人对是否购买标的物未作表示的，视为购买。

第一百七十二条 招标投标买卖的当事人的权利和义务以及招标投标程序等，依照有关法律、行政法规的规定。

第一百七十三条 拍卖的当事人的权利和义务以及拍卖程序等，依照有关法律、行政法规的规定。

第一百七十四条 法律对其他有偿合同有规定的，依照其规定；没有规定的，参照买卖合同的有关规定。

第一百七十五条 当事人约定易货交易，转移标的物的所有权的，参照买卖合同的有关规定。

第十章 供用电、水、气、热力合同

第一百七十六条 供用电合同是供电人向用电人供电，用电人支付电费的合同。

第一百七十七条 供用电合同的内容包括供电的方式、质量、时间，用电容量、地址、性质，计量方式，电价、电费的结算方式，供用电设施的维护责任等条款。

第一百七十八条 供用电合同的履行地点，按照当事人约定；当事人没有约定或者约定不明确的，供电设施的产权分界处为履行地点。

第一百七十九条 供电人应当按照国家规定的供电质量标准和约定安全供电。供电人未按照国家规定的供电质量标准和约定安全供电，造成用电人损失的：应当承担损害赔偿责任。

第一百八十条 供电人因供电设施计划检修，临时检修、依法限电或者用电人违法用电等原因，需要中断供电时，应当按照国家有关规定事先通知用电人。未事先通知用电人中断供电，造成用电人损失的，应当承担损害赔偿责任。

第一百八十一条 因自然灾害等原因断电，供电人应当按照国家有关规定及时抢修。未及时抢修，造成用电人损失的，应当承担损害赔偿责任。

第一百八十二条 用电人应当按照国家有关规定和当事人的约定及时交付电费。用电人逾期不交付电费的，应当按照约定支付违约金。经催告用电人在合理期限内仍不交付电费和违约金的，供电人可以按照国家规定的程序中止供电。

第一百八十三条 用电人应当按照国家有关规定和当事人的约定安全用电。用电人未按照国家有关规定和当事人的约定安全用电，造成供电人损失的，应当承担损害赔偿责任。

第一百八十四条 供用水、供用气、供用热力合同，参照供用电合同的有关规定。

第十一章 赠与合同

第一百八十五条 赠与合同是赠与人将自己的财产无偿给予受赠人，受赠人表示接受赠与合同。

第一百八十六条 赠与人在赠与财产的权利转移之前可以撤销赠与。

具有救灾、扶贫等社会公益、道德义务性质的赠与合同或者经过公证的赠与合同，不适用前款规定。

第一百八十七条 赠与的财产依法需要办理登记等手续的，应当办理有关手续。

第一百八十八条 具有救灾、扶贫等社会公益、道德义务性质的赠与合同或者经过公证的赠与合同，赠与人不交付赠与的财产的，受赠人可以要求交付。

第一百八十九条 因赠与人故意或者重大过失致使赠与的财产毁损、灭失的，赠与人应当承担损害赔偿责任。

第一百九十条 赠与可以附义务。

赠与附义务的，受赠人应当按约定履行义务。

第一百九十一条 赠与的财产有瑕疵的，赠与人不承担责任。附义务的赠与，赠与的财产有瑕疵的，赠与人在附义务的限度内承担与出卖人相同的责任。

赠与人故意不告知瑕疵或者保证无瑕疵，造成受赠人损失的，应当承担损害赔偿责任。

第一百九十二条 受赠人有下列情形之一的，赠与人可以撤销赠与：

（一）严重侵害赠与人或者赠与人的近亲属；

（二）对赠与人有扶养义务而不履行；

（三）不履行赠与合同约定的义务。

赠与人的撤销权，自知道或者应当知道撤销原因之日起一年内行使。

第一百九十三条 因受赠人的违法行为致使赠与人死亡或者丧失民事行为能力的，赠与人的继承人或者法定代表人可以撤销赠与。

赠与人的继承人或者法定代理人的撤销权，自知道或者应当知道撤销原因之日起六个月内行使。

第一百九十四条 撤销权人撤销赠与的，可以向受赠人要求返还赠与的财产。

第一百九十五条 赠与人的经济状况显著恶化，严重影响其生产经营或者家庭生活的，可以不再履行赠与义务。

第十二章 借款合同

第一百九十六条 借款合同是借款人向贷款人借款，到期返还借款并支付利息的合同。

第一百九十七条 借款合同采用书面形式，但自然人之间借款另有约定的除外。

借款合同的内容包括借款种类、币种、用途、数额、利率、期限和还款方式等条款。

第一百九十八条 订立借款合同，贷款人可以要求借款人提供担保。担保依照《中华人民共和国担保法》的规定。

第一百九十九条 订立借款合同，借款人应当按照贷款人的要求提供与借款有关的业务活动和财务状况的真实情况。

第二百条 借款的利息不得预先在本金中扣除。利息预先在本金中扣除的，应当按照实际借款数额返还借款并计算利息。

第二百零一条 贷款人未按照约定的日期、数额提供借款，造成借款人损失的，应当赔偿损失。

借款人未按照约定的日期、数额收取借款的，应当按照约定的日期、数额支付利息。

第二百零二条 贷款人按照约定可以检查、监督借款的使用情况。借款人应当按照约定向贷款人定期提供有关财务会计报表等资料。

第二百零三条 借款人未按照约定的借款用途使用借款的，贷款人可以停止发放借款、提前收回借款或者解除合同。

第二百零四条 办理贷款业务的金融机构贷款的利率，应当按照中国人民银行规定的贷款利率的上下限确定。

第二百零五条 借款人应当按照约定的期限支付利息。对支付利息的期限没有约定或者约定不明确，依照本法第六十一条的规定仍不能确定，借款期间不满一年的，应当在返还借款时一并支付；借款期间一年以上的，应当在每届满一年时支付，剩余期间不满一年的，应当在返还借款时一并支付。

第二百零六条 借款人应当按照约定的期限返还借款。对借款期限没有约定或者约定不明确，依照本法第六十一条的规定仍不能确定的，借款人可以随时返还；贷款人可以催告借款人在合理期限内返还。

第二百零七条 借款人未按照约定的期限返还借款的，应当按照约定或者国家有关规定支付逾期利息。

第二百零八条 借款人提前偿还借款的，除当事人另有约定的以外，应当按照实际借款的期间计算利息。

第二百零九条 借款人可以在还款期限届满之前向贷款人申请展期。贷款人同意的，可以展期。

第二百一十条 自然人之间的借款合同，自贷款人提供借款时生效。

第二百一十一条 自然人之间的借款合同对支付利息没有约定或者约定不明确的，视为不支付利息。自然人之间的借款合同约定支付利息的，借款的利率不得违反国家有关限制借款利率的规定。

第十三章 租 赁 合 同

第二百一十二条 租赁合同是出租人将租赁物交付承租人使用、收益，承租人支付租金的合同。

第二百一十三条 租赁合同的内容包括租赁物的名称、数量、用途、租赁期限、租金及其支付期限和方式、租赁物维修等条款。

第二百一十四条 租赁期限不得超过二十年。超过二十年的，超过部分无效。

租赁期间届满，当事人可以续订租赁合同，但约定的租赁期限自续订之日起不得超过二十年。

第二百一十五条 租赁期限六个月以上的，应当采用书面形式。当事人未采用书面形式的，视为不定期租赁。

第二百一十六条 出租人应当按照约定将租赁物交付承租人，并在租赁期间保持租赁物符合约定的用途。

第二百一十七条 承租人应当按照约定的方法使用租赁物。对租赁物的使用方法没有约定或者约定不明确，依照本法第六十一条的规定仍不能确定的，应当按照租赁物的性质使用。

第二百一十八条 承租人按照约定的方法或者租赁物性质使用租赁物，致使租赁物受到损耗的，不承担损害赔偿责任。

第二百一十九条 承租人未按照约定的方法或者租赁物的性质使用租赁物，致使租赁物受到损失的，出租人可以解除合同并要求赔偿损失。

第二百二十条 出租人应当履行租赁物的维修义务，但当事人另有约定的除外。

第二百二十一条 承租人在租赁物需要维修时可以要求出租人在合理期限内维修。出租人未履行维修义务的，承租人可以自行维修，维修费用由出租人负担。因维修租赁物影响承租人使用的，应当相应减少租金或者延长租期。

第二百二十二条 承租人应当妥善保管租赁物，因保管不善造成租赁物毁损、灭失的，应当承担损害赔偿责任。

第二百二十三条 承租人经出租人同意，可以对租赁物进行改善或者增设他物。

承租人未经出租人同意，对租赁物进行改善或者增设他物的，出租人可以要求承租人恢复原状或者赔偿损失。

第二百二十四条 承租人经出租人同意，可以将租赁物转租给第三人。承租人转租的，承租人与出租人之间的租赁合同继续有效，第三人对租赁物造成损失的承租人应当赔偿损失。

承租人未经出租人同意转租的，出租人可以解除合同。

第二百二十五条 在租赁期间因占有、使用租赁物获得的收益，归承租人所有，但当事人另有约定的除外。

第二百二十六条 承租人应当按照约定的期限支付租金。对支付期限没有约定或者约定不明确，依照本法第六十一条的规定仍不能确定，租赁期间不满一年的，应当在租赁期间届满时支付。租赁期间一年以上的，应当在每届满一年时支付，剩余期间不满一年的，应当在租赁期间届满时支付。

第二百二十七条 承租人无正当理由未支付或者迟延支付租金的，出租人可以要求承租人在合理期限内支付。承租人逾期不支付的，出租人可以解除合同。

第二百二十八条 因第三人主张权利，致使承租人不能对租赁物使用、收益的，承租人可以要求减少租金或者不付租金。

第三人主张权利的，承租人应当及时通知出租人。

第二百二十九条 租赁物在租赁期间发生所有权变动的，不影响租赁合同的效力。

第二百三十条 出租人出卖租赁房屋的，应当在出卖之前的合理期限内通知承租人，承租人享有以同等条件优先购买的权利。

第二百三十一条 因不可归责于承租人的事由，致使租赁物部分或者全部毁损、灭失的，承租人可以要求减少租金或者不支付租金；因租赁物部分或者全部毁损、灭失，致使不能实现合同目的的，承租人可以解除合同。

第二百三十二条 当事人对租赁期限没有约定或者约定不明确，依照本法第六十一条的规定仍不能确定的，视为不定期租赁。当事人可以随时解除合同，但出租人解除合同应当在合理期限之前通知承租人。

第二百三十三条 租赁物危及承租人的安全或者健康的，即使承租人订立合同时明知该租赁物质量不合格，承租人仍然可以随时解除合同。

第二百三十四条 承租人在房屋租赁期间死亡的，与其生前共同居住的人可以按照原租赁合同租赁该房屋。

第二百三十五条 租赁期间届满，承租人应当返还租赁物。返还的租赁物应当符合按照约定或者租赁物的性质使用后的状态。

第二百三十六条 租赁期间届满，承租人继续使用租赁物，出租人没有提出异议的，原租赁合同继续有效，但租赁期限为不定期。

第十四章 融资租赁合同

第二百三十七条 融资租赁合同是出租人根据承租人对出卖人、租赁物的选择，向出卖人购买租赁物，提供给承租人使用，承租人支付租金的合同。

第二百三十八条 融资租赁合同的内容包括租赁物名称、数量、规格、技术性能、检验方法、租赁期限、租金构成及其支付期限和方式、币种、租赁期间届满租赁物的归属等条款。

融资租赁合同应当采用书面形式。

第二百三十九条 出租人根据承租人对出卖人、租赁物的选择订立的买卖合同，出卖人应当按照约定向承租人交付标的物，承租人享有与受领标的物有关的买受人的权利。

第二百四十条 出租人、出卖人、承租人可以约定，出卖人不履行买卖合同义务的，由承租人行使索赔的权利。承租人行使索赔权利的，出租人应当协助。

第二百四十一条 出租人根据承租人对出卖人、租赁物的选择订立的买卖合同，未经承租人同意，出租人不得变更与承租人有关的合同内容。

第二百四十二条 出租人享有租赁物的所有权。承租人破产的，租赁物不属于破产财产。

第二百四十三条 融资租赁合同的租金，除当事人另有约定的以外，应当根据购买租赁物的大部分或者全部成本以及出租人的合理利润确定。

第二百四十四条 租赁物不符合约定或者不符合使用目的的，出租人不承担责任，但承租人依赖出租人的技能确定租赁物或者出租人干预选择租赁物的除外。

第二百四十五条 出租人应当保证承租人对租赁物的占有和使用。

第二百四十六条 承租人占有租赁物期间，租赁物造成第三人的人身伤害或者财产损害的，出租人不承担责任。

第二百四十七条 承租人应当妥善保管、使用租赁物。

承租人应当履行占有租赁物期间的维修义务。

第二百四十八条 承租人应当按照约定支付租金。承租人经催告后在合理期限内仍不支付租金的，出租人可以要求支付全部租金；也可以解除合同，收回租赁物。

第二百四十九条 当事人约定租赁期间届满租赁物归承租人所有，承租人已经支付大部分租金，但无力支付剩余租金，出租人因此解除合同收回租赁物的，收回的租赁物的价值超过承租人欠付的租金以及其他费用的，承租人可以要求部分返还。

第二百五十条 出租人和承租人可以约定租赁期间届满租赁物的归属。对租赁物的归属没有约定或者约定不明确，依照本法第六十一条的规定仍不能确定的，租赁物的所有权归出租人。

第十五章 承揽合同

第二百五十一条 承揽合同是承揽人按照定作人的要求完成工作，交付工作成果，定作人给付报酬的合同。

承揽包括加工、定作、修理、复制、测试、检验等工作。

第二百五十二条 承揽合同的内容包括承揽的标的、数量、质量、报酬、承揽方式、材料的提供、履行期限、验收标准和方法等条款。

第二百五十三条 承揽人应当以自己的设备、技术和劳力，完成主要工作，但当事人另有约定的除外。承揽人将其承揽的主要工作交由第三人完成的，应当就该第三人完成的工作成果向定作人负责；未经定作人同意的，定作人也可以解除合同。

第二百五十四条 承揽人可以将其承揽的辅助工作交由第三人完成。承揽人将其承揽的辅助工作交由第三人完成的，应当就该第三人完成的工作成果向定作人负责。

第二百五十五条 承揽人提供材料的，承揽人应当按照约定选用材料，并接受定作人检验。

第二百五十六条 定作人提供材料的，定作人应当按照约定提供材料。承揽人对定作人提供的材料，应当及时检验，发现不符合约定时，应当及时通知定作人更换、补齐或者采取其他补救措施。

承揽人不得擅自更换定作人提供的材料，不得更换不需要修理的零部件。

第二百五十七条 承揽人发现定作人提供的图纸或者技术要求不合理的，应当及时通知定作人。因定作人怠于答复等原因造成承揽人损失的，应当赔偿损失。

第二百五十八条 定作人中途变更承揽工作的要求，造成承揽人损失的，应当赔偿损失。

第二百五十九条 承揽工作需要定作人协助的，定作人有协助的义务。定作人不履行协助义务致使承揽工作不能完成的，承揽人可以催告定作人在合理期限内履行义务，并可以顺延履行期限；定作人逾期不履行的，承揽人可以解除合同。

第二百六十条 承揽人在工作期间，应当接受定作人必要的监督检验。定作人不得因监督检验妨碍承揽人的正常工作。

第二百六十一条 承揽人完成工作的，应当向定作人交付工作成果，并提交必要的技术资料和有关质量证明。定作人应当验收该工作成果。

第二百六十二条 承揽人交付的工作成果不符合质量要求的，定作人可以要求承揽人承担修理、重作、减少报酬、赔偿损失等违约责任。

第二百六十三条 定作人应当按照约定的期限支付报酬。对支付报酬的期限没有约定或者约定不明确，依照本法第六十一条的规定仍不能确定的，定作人应当在承揽人交付工作成果时支付；工作成果部分交付的，定作人应当相应支付。

第二百六十四条 定作人未向承揽人支付报酬或者材料费等价款的，承揽人对完成的工作成果享有留置权，但当事人另有约定的除外。

第二百六十五条 承揽人应当妥善保管定作人提供的材料以及完成的工作成果，因保管不善造成毁损、灭失的，应当承担损害赔偿责任。

第二百六十六条 承揽人应当按照定作人的要求保守秘密，未经定作人许可，不得留存复制品或者技术资料。

第二百六十七条 共同承揽人对定作人承担连带责任，但当事人另有约定的除外。

第二百六十八条 定作人可以随时解除承揽合同，造成承揽人损失的，应当赔偿损失。

第十六章 建设工程合同

第二百六十九条 建设工程合同是承包人进行工程建设，发包人支付价款的合同。

建设工程合同包括工程勘察、设计、施工合同。

第二百七十条 建设工程合同应当采用书面形式。

第二百七十一条 建设工程的招标投标活动，应当依照有关法律的规定公开、公平、公正进行。

第二百七十二条 发包人可以与总承包人订立建设工程合同，也可以分别与勘察人、设计人、施工人订立勘察、设计、施工承包合同。发包人不得将应当由一个承包人完成的建设工程肢解成若干部分发包给几个承包人。

总承包人或者勘察、设计、施工承包人经发包人同意，可以将自己承包的部分工作交由第三人完成。第三人就其完成的工作成果与总承包人或者勘察、设计、施工承包人向发包人承担连带责任。承包人不得将其承包的全部建设工程转包给第三人或者将其承包的全部建设工程肢解以后以分包的名义分别转包给第三人。

禁止承包人将工程分包给不具备相应资质条件的单位。禁止分包单位将其承包的工程再分包。建设工程主体结构的施工必须由承包人自行完成。

第二百七十三条 国家重大建设工程合同应当按照国家规定的程序和国家批准的投资计划、可行性研究报告等文件订立。

第二百七十四条 勘察、设计合同的内容包括提交有关基础资料和文件（包括概预算）的期限、质量要求、费用以及其他协作条件等条款。

第二百七十五条 施工合同的内容包括工程范围、建设工期、中间交工工程的开工和竣工时间、工程质量、工程造价、技术资料交付时间、材料和设备供应责任、拨款和结算、竣工验收、质量保修范围和质量保证期、双方相互协作等条款。

第二百七十六条 建设工程实行监理的，发包人应当与监理人采用书面形式订立委托监理合同。发包人与监理人的权利和义务以及法律责任，应当依照本法委托合同以及其他有关法律、行政法规的规定。

第二百七十七条 发包人在不妨碍承包人正常作业的情况下，可以随时对作业进度、质量进行检查。

第二百七十八条 隐蔽工程在隐蔽以前，承包人应当通知发包人检查。发包人没有及时检查的，承包人可以顺延工程日期，并有权要求赔偿停工、窝工等损失。

第二百七十九条 建设工程竣工后，发包人应当根据施工图纸及说明书、国家颁发的施工验收规范和质量检验标准及时进行验收。验收合格的，发包人应当按照约定支付价款，并接收该建设工程。建设工程竣工经验收合格后，方可交付使用；未经验收或者验收不合格的，不得交付使用。

第二百八十条 勘察、设计的质量不符合要求或者未按照期限提交勘察、设计文件拖延工期，造成发包人损失的，勘察人、设计人应当继续完善勘察、设计，减收或者免收勘察、设计费并赔偿损失。

第二百八十一条 因施工人的原因致使建设工程质量不符合约定的，发包人有权要求施工人在合理期限内无偿修理或者返工、改建。经过修理或者返工、改建后，造成逾期交付的，施工人应当承担违约责任。

第二百八十二条 因承包人的原因致使建设工程在合理使用期限内造成人身和财产损害的，承包人应当承担损害赔偿责任。

第二百八十三条 发包人未按照约定的时间和要求提供原材料、设备、场地、资金、技术资料的，承包人可以顺延工程日期，并有权要求赔偿停工、窝工等损失。

第二百八十四条 因发包人的原因致使工程中途停建、缓建的，发包人应当采取措施弥补或者减少损失，赔偿承包人因此造成的停工、窝工、倒运、机械设备调迁、材料和构件积压等损失和实际费用。

第二百八十五条 因发包人变更计划，提供的资料不准确，或者未按照期限提供必需的勘察、设计工作条件而造成勘察、设计的返工、停工或者修改设计，发包人应当按照勘察人、设计人实际消耗的工作量增付费用。

第二百八十六条 发包人未按照约定支付价款的，承包人可以催告发包人在合理期限内支付价款。发包人逾期不支付的，除按照建设工程的性质不宜折价、拍卖的以外，承包人可以与发包人协议将该工程折价，也可以申请人民法院将该工程依法拍卖。建设工程的价款就该工程折价或者拍卖的价款优先受偿。

第二百八十七条 本章没有规定的，适用承揽合同的有关规定。

第十七章 运 输 合 同

第一节 一 般 规 定

第二百八十八条 运输合同是承运人将旅客或者货物从起运地点运输到约定地点，旅客、托运人或者收货人支付票款或者运输费用的合同。

第二百八十九条 从事公共运输的承运人不得拒绝旅客、托运人通常、合理的运输要求。

第二百九十条 承运人应当在约定期间或者合理期间内将旅客、货物安全运输到约定地点。

第二百九十一条 承运人应当按照约定的或者通常的运输路线将旅客、货物运输到约定地点。

第二百九十二条 旅客、托运人或者收货人应当支付票款或者运输费用。承运人未按照约定路线或者通常路线运输增加票款或者运输费用的，旅客、托运人或者收货人可以拒绝支付增加部分的票款或者运输费用。

第二节 客 运 合 同

第二百九十三条 客运合同自承运人向旅客交付客票时成立，但当事人另有约定或者另有交易习惯的除外。

第二百九十四条 旅客应当持有效客票乘运。旅客无票乘运、超程乘运、越级乘运或者持失效客票乘运的，应当补交票款，承运人可以按照规定加收票款。旅客不交付票款的，承运人可以拒绝运输。

第二百九十五条 旅客因自己的原因不能按照客票记载的时间乘坐的，应当在约定的时间内办理退票或者变更手续。逾期办理的，承运人可以不退票款，并不再承担运输义务。

第二百九十六条 旅客在运输中应当按照约定的限量携带行李。

超过限量携带行李的，应当办理托运手续。

第二百九十七条 旅客不得随身携带或者在行李中夹带易燃、易爆、有毒、有腐蚀性、有放射性以及有可能危及运输工具上人身和财产安全的危险物品或者其他违禁物品。

旅客违反前款规定的，承运人可以将违禁物品卸下、销毁或者送交有关部门。旅客坚持携带或者夹带违禁物品的，承运人应当拒绝运输。

第二百九十八条 承运人应当向旅客及时告知有关不能正常运输的重要事由和安全运输应当注意的事项。

第二百九十九条 承运人应当按照客票载明的时间和班次运输旅客。承运人迟延运输的，应当根据旅客的要求安排改乘其他班次或者退票。

第三百条 承运人擅自变更运输工具而降低服务标准的，应当根据旅客的要求退票或者减收票款；提高服务标准的，不应当加收票款。

第三百零一条 承运人在运输过程中，应当尽力救助患有急病、分娩、遇险的旅客。

第三百零二条 承运人应当对运输过程中旅客的伤亡承担损害赔偿责任，但伤亡是旅客自身健康原因造成的或者承运人证明伤亡是旅客故意、重大过失造成的除外。

前款规定适用于按照规定免票、持优待票或者经承运人许可搭乘的无票旅客。

第三百零三条 在运输过程中旅客自带物品毁损、灭失，承运人有过错的，应当承担损害赔偿责任。

旅客托运的行李毁损、灭失的，适用货物运输的有关规定。

第三节 货 运 合 同

第三百零四条 托运人办理货物运输，应当向承运人准确表明收货人的名称或者姓名或者凭指示的收货人，货物的名称、性质、重量、数量，收货地点等有关货物运输的必要情况。

因托运人申报不实或者遗漏重要情况，造成承运人损失的，托运人应当承担损害赔偿责任。

第三百零五条 货物运输需要办理审批、检验等手续的，托运人应当将办理完有关手续的文件提交承运人。

第三百零六条 托运人应当按照约定的方式包装货物。对包装方式没有约定或者约定不明确的，适用本法第一百五十六条的规定。

托运人违反前款规定的，承运人可以拒绝运输。

第三百零七条 托运人托运易燃、易爆、有毒、有腐蚀性、有放射性等危险物品的，应当按照国家有关危险物品运输的规定对危险物品妥善包装，做出危险物标志和标签，并将有关危险物品的名称、性质和防范措施的书面材料提交承运人。

托运人违反前款规定的，承运人可以拒绝运输，也可以采取相应措施以避免损失的发生，因此产生的费用由托运人承担。

第三百零八条 在承运人将货物交付收货人之前，托运人可以要求承运人中止运输、返还货物、变更到达地或者将货物交给其他收货人，但应当赔偿承运人因此受到的损失。

第三百零九条 货物运输到达后，承运人知道收货人的，应当及时通知收货人，收货人应当及时提货。收货人逾期提货的，应当向承运人支付保管费等费用。

第三百一十条 收货人提货时应当按照约定的期限检验货物。对检验货物的期限没有约定或者约定不明确，依照本法第六十一条的规定仍不能确定的，应当在合理期限内检验货物。收货人在约定的期限或者合理期限内对货物的数量、毁损等未提出异议的，视为承运人已经按照运输单证的记载交付的初步证据。

第三百一十一条 承运人对运输过程中货物的毁损、灭失承担损害赔偿责任，但承运人证明货物的毁损、灭失是因不可抗力、货物本身的自然性质或者合理损耗以及托运人、收货人的过错造成的，不承担损害赔偿责任。

第三百一十二条 货物的毁损、灭失的赔偿额，当事人有约定的，按照其约定；没有约定或者约定不明确，依照本法第六十一条的规定仍不能确定的，按照交付或者应当交付时货物到达地的市场价格计算。法律、行政法规对赔偿额的计算方法和赔偿限额另有规定的，依照其规定。

第三百一十三条 两个以上承运人以同一运输方式联运的，与托运人订立合同的承运人应当对全程运输承担责任。损失发生在某一运输区段的，与托运人订立合同的承运人和该区段的承运人承担连带责任。

第三百一十四条 货物在运输过程中因不可抗力灭失，未收取运费的，承运人不得要求支付运费；已收取运费的，托运人可以要求返还。

第三百一十五条 托运人或者收货人不支付运费、保管费以及其他运输费用的，承运人对相应的运输货物享有留置权，但当事人另有约定的除外。

第三百一十六条 收货人不明或者收货人无正当理由拒绝受领货物的，依照本法第一百零一条的规定，承运人可以提存货物。

第四节 多式联运合同

第三百一十七条 多式联运经营人负责履行或者组织履行多式联运合同，对全程运输享有承运人的权利，承担承运人的义务。

第三百一十八条 多式联运经营人可以与参加多式联运的各区段承运人就多式联运合同的各区段运输约定相互之间的责任，但该约定不影响多式联运经营人对全程运输承担的义务。

第三百一十九条 多式联运经营人收到托运人交付的货物时，应当签发多式联运单据。按照托运人的要求，多式联运单据可以是可转让单据，也可以是不可转让单据。

第三百二十条 因托运人托运货物时的过错造成多式联运经营人损失的，即使托运人已经转让多式联运单据，托运人仍然应当承担损害赔偿责任。

第三百二十一条 货物的毁损、灭失发生于多式联运的某一运输区段的，多式联运经营人的赔偿责任和责任限额，适用调整该区段运输方式的有关法律规定。货物毁损、灭失发生的运输区段不能确定的，依照本章规定承担损害赔偿责任。

第十八章　技　术　合　同

第一节　一　般　规　定

第三百二十二条　技术合同是当事人就技术开发、转让、咨询或者服务订立的确立相互之间权利和义务的合同。

第三百二十三条　订立技术合同，应当有利于科学技术的进步，加速科学技术成果的转化、应用和推广。

第三百二十四条　技术合同的内容由当事人约定，一般包括以下条款：

（一）项目名称；

（二）标的的内容、范围和要求；

（三）履行的计划、进度、期限、地点、地域和方式；

（四）技术情报和资料的保密；

（五）风险责任的承担；

（六）技术成果的归属和收益的分成办法；

（七）验收标准和方法；

（八）价款、报酬或者使用费及其支付方式；

（九）违约金或者损失赔偿的计算方法；

（十）解决争议的方法；

（十一）名词和术语的解释。

与履行合同有关的技术背景资料、可行性论证和技术评价报告、项目任务书和计划书、技术标准、技术规范、原始设计和工艺文件，以及其他技术文档，按照当事人的约定可以作为合同的组成部分。

技术合同涉及专利的，应当注明发明创造的名称、专利申请人和专利权人、申请日期、申请号、专利号以及专利权的有效期限。

第三百二十五条　技术合同价款、报酬或者使用费的支付方式由当事人约定，可以采取一次总算、一次总付或者一次总算、分期支付，也可以采取提成支付或者提成支付附加预付入门费的方式。

约定提成支付的，可以按照产品价格、实施专利和使用技术秘密后新增的产值、利润或者产品销售额的一定比例提成，也可以按照约定的其他方式计算。提成支付的比例可以采取固定比例、逐年递增比例或者逐年递减比例。

约定提成支付的，当事人应当在合同中约定查阅有关会计账目的办法。

第三百二十六条　职务技术成果的使用权、转让权属于法人或者其他组织的，法人或者其他组织可以就该项职务技术成果订立技术合同。法人或者其他组织应当从使用和转让该项职务技术成果所取得的收益中提取一定比例，对完成该项职务技术成果的个人给予奖励或者报酬。法人或者其他组织订立技术合同转让职务技术成果时，职务技术成果的完成人享有以同等条件优先受让的权利。

职务技术成果是执行法人或者其他组织的工作任务，或者主要是利用法人或者其他组织的物质技术条件所完成的技术成果。

第三百二十七条 非职务技术成果的使用权、转让权属于完成技术成果的个人，完成技术成果的个人可以就该项非职务技术成果订立技术合同。

第三百二十八条 完成技术成果的个人有在有关技术成果文件上写明自己是技术成果完成者的权利和取得荣誉证书、奖励的权利。

第三百二十九条 非法垄断技术、妨碍技术进步或者侵害他人技术成果的技术合同无效。

第二节 技术开发合同

第三百三十条 技术开发合同是指当事人之间就新技术、新产品、新工艺或者新材料及其系统的研究开发所订立的合同。

技术开发合同包括委托开发合同和合作开发合同。

技术开发合同应当采用书面形式。

当事人之间就具有产业应用价值的科技成果实施转化订立的合同，参照技术开发合同的规定。

第三百三十一条 委托开发合同的委托人应当按照约定支付研究开发经费和报酬；提供技术资料、原始数据；完成协作事项；接受研究开发成果。

第三百三十二条 委托开发合同的研究开发人应当按照约定制定和实施研究开发计划；合理使用研究开发经费；按期完成研究开发工作，交付研究开发成果，提供有关的技术资料和必要的技术指导，帮助委托人掌握研究开发成果。

第三百三十三条 委托人违反约定造成研究开发工作停滞、延误或者失败的，应当承担违约责任。

第三百三十四条 研究开发人违反约定造成研究开发工作停滞、延误或者失败的，应当承担违约责任。

第三百三十五条 合作开发合同的当事人应当按照约定进行投资，包括以技术进行投资；分工参与研究开发工作；协作配合研究开发工作。

第三百三十六条 合作开发合同的当事人违反约定造成研究开发工作停滞、延迟或者失败的，应当承担违约责任。

第三百三十七条 因作为技术开发合同标的的技术已经由他人公开，致使技术开发合同的履行没有意义的，当事人可以解除合同。

第三百三十八条 在技术开发合同履行过程中，因出现无法克服的技术困难，致使研究开发失败或者部分失败的，该风险责任由当事人约定。没有约定或者约定不明确，依照本法第六十一条的规定仍不能确定的，风险责任由当事人合理分担。

当事人一方发现前款规定的可能致使研究开发失败或者部分失败的情形时，应当及时通知另一方并采取适当措施减少损失。没有及时通知并采取适当措施，致使损失扩大的，应当就扩大的损失承担责任。

第三百三十九条 委托开发完成的发明创造，除当事人另有约定的以外，申请专利的权利属于研究开发人。研究开发人取得专利权的，委托人可以免费实施该专利。

研究开发人转让专利的，委托人享有以同等条件优先受让的权利。

第三百四十条 合作开发完成的发明创造，除当事人另有约定的以外，申请专利的权利属于合作开发的当事人共有。当事人一方转让其共有的专利申请权的，其他各方享有以同等条件优先受让的权利。

合作开发的当事人一方声明放弃其共有的专利申请权的，可以由另一方单独申请或者由其他各方共同申请。申请人取得专利权的，放弃专利申请权的一方可以免费实施该专利。

合作开发的当事人一方不同意申请专利的，另一方或者其他各方不得申请专利。

第三百四十一条 委托开发或者合作开发完成的技术秘密成果的使用权、转让权以及利益的分配办法，由当事人约定。没有约定或者约定不明确，依照本法第六十一条的规定仍不能确定的，当事人均有使用和转让的权利，但委托开发的研究开发人不得在向委托人交付研究开发成果之前，将研究开发成果转让给第三人。

第三节 技术转让合同

第三百四十二条 技术转让合同包括专利权转让、专利申请权转让、技术秘密转让、专利实施许可合同。

技术转让合同应当采用书面形式。

第三百四十三条 技术转让合同可以约定让与人和受让人实施专利或者使用技术秘密的范围，但不得限制技术竞争和技术发展。

第三百四十四条 专利实施许可合同只在该专利权的存续期间内有效。专利权有效期限届满或者专利权被宣布无效的，专利权人不得就该专利与他人订立专利实施许可合同。

第三百四十五条 专利实施许可合同的让与人应当按照约定许可受让人实施专利，交付实施专利有关的技术资料，提供必要的技术指导。

第三百四十六条 专利实施许可合同的受让人应当按照约定实施专利，不得许可约定以外的第三人实施该专利；并按照约定支付使用费。

第三百四十七条 技术秘密转让合同的让与人应当按照约定提供技术资料，进行技术指导，保证技术的实用性、可靠性，承担保密义务。

第三百四十八条 技术秘密转让合同的受让人应当按照约定使用技术，支付使用费，承担保密义务。

第三百四十九条 技术转让合同的让与人应当保证自己是所提供的技术的合法拥有者，并保证所提供的技术完整、无误、有效，能够达到约定的目标。

第三百五十条 技术转让合同的受让人按照应当按照约定的范围和期限，对让与人提供的技术中尚未公开的秘密部分，承担保密义务。

第三百五十一条 让与人未按照约定转让技术的，应当返还部分或者全部使用费，并应当承担违约责任；实施专利或者使用技术秘密超越约定的范围的，违反约定擅自许可第三人实施该项专利或者使用该项技术秘密的，应当停止违约行为，承担违约责任；违反约定的保密义务的，应当承担违约责任。

第三百五十二条 受让人未按照约定支付使用费的，应当补交使用费并按照约定支付违约金；不补交使用费或者支付违约金的，应当停止实施专利或者使用技术秘密，交还技术资料，承担违约责任；实施专利或者使用技术秘密超越约定的范围的，未经让与人同意擅自许可第三人实施该专利或者使用该技术秘密的，应当停止违约行为，承担违约责任；违反约定的保密义务的，应当承担违约责任。

第三百五十三条 受让人按照约定实施专利、使用技术秘密侵害他人合法权益的，由让与人承担责任，但当事人另有约定的除外。

第三百五十四条 当事人可以按照互利的原则，在技术转让合同中约定实施专利、使用技术秘密后续改进的技术成果的分享办法。没有约定或者约定不明确，依照本法第六十一条的规定仍不能确定的，一方后续改进的技术成果，其他各方无权分享。

第三百五十五条 法律、行政法规对技术进出口合同或者专利、专利申请合同另有规定的，依照其规定。

第四节 技术咨询合同和技术服务合同

第三百五十六条 技术咨询合同包括就特定技术项目提供可行性论证、技术预测、专题技术调查、分析评价报告等合同。

技术服务合同是指当事人一方以技术知识为另一方解决特定技术问题所订立的合同，不包括建设工程合同和承揽合同。

第三百五十七条 技术咨询合同的委托人应当按照约定阐明咨询的问题，提供技术背景材料及有关技术资料、数据；接受受托人的工作成果，支付报酬。

第三百五十八条 技术咨询合同的受托人应当按照约定的期限完成咨询报告或者解答问题；提出的咨询报告应当达到约定的要求。

第三百五十九条 技术咨询合同的委托人未按照约定提供必要的资料和数据，影响工作进度和质量，不接受或者逾期接受工作成果的，支付的报酬不得追回，未支付的报酬应当支付。

技术咨询合同的受托人未按期提出咨询报告或者提出的咨询报告不符合约定的，应当承担减收或者免收报酬等违约责任。

技术咨询合同的委托人按照受托人符合约定要求的咨询报告和意见做出决策所造成的损失，由委托人承担，但当事人另有约定的除外。

第三百六十条 技术服务合同的委托人应当按照约定提供工作条件，完成配合事项；接受工作成果并支付报酬。

第三百六十一条 技术服务合同的受托人应当按照约定完成服务项目，解决技术问题，保证工作质量，并传授解决技术问题的知识。

第三百六十二条 技术服务合同的委托人不履行合同义务或者履行合同义务不符合约定，影响工作进度和质量，不接受或者逾期接受工作成果的，支付的报酬不得追回，未支付的报酬应当支付。

技术服务合同的受托人未按照合同约定完成服务工作的，应当承担免收报酬等违约责任。

第三百六十三条 在技术咨询合同、技术服务合同履行过程中，受托人利用委托人提供的技术资料和工作条件完成的新的技术成果，属于受托人。委托人利用受托人的工作成果完成的新技术成果，属于委托人。当事人另有约定的，按照其约定。

第三百六十四条 法律、行政法规对技术中介合同、技术培训合同另有规定的，依照其规定。

第十九章 保 管 合 同

第三百六十五条 保管合同是保管人保管寄存人交付的保管物，并返还该物的合同。

第三百六十六条 寄存人应当按照约定向保管人支付保管费。

当事人对保管费没有约定或者约定不明确，依照本法第六十一条的规定仍不能确定的，保管是无偿的。

第三百六十七条 保管合同自保管物交付时成立，但当事人另有约定的除外。

第三百六十八条 寄存人向保管人交付保管物的，保管人应当给付保管凭证，但另有交易习惯的除外。

第三百六十九条 保管人应当妥善保管保管物。

当事人可以约定保管场所或者方法。除紧急情况或者为了维护寄存人利益的以外，不得擅自改变保管场所或者方法。

第三百七十条 寄存人交付的保管物有瑕疵或者按照保管物的性质需要采取特殊保管措施的，寄存人应当将有关情况告知保管人。寄存人未告知，致使保管物受损失的，保管人不承担损害赔偿责任；保管人因此受损失的，除保管人知道或者应当知道并且未采取补救措施的以外，寄存人应当承担损害赔偿责任。

第三百七十一条 保管人不得将保管物转交第三人保管，但当事人另有约定的除外。

保管人违反前款规定，将保管物转交第三人保管，对保管物造成损失的，应当承担损害赔偿责任。

第三百七十二条 保管人不得使用或者许可第三人使用保管物，但当事人另有约定的除外。

第三百七十三条 第三人对保管物主张权利的，除依法对保管物采取保全或者执行的以外，保管人应当履行向寄存人返还保管物的义务。

第三人对保管人提起诉讼或者对保管物申请扣押的，保管人应当及时通知寄存人。

第三百七十四条 保管期间，因保管人保管不善造成保管物毁损、灭失的，保管人应当承担损害赔偿责任，但保管是无偿的，保管人证明自己没有重大过失的，不承担损害赔偿责任。

第三百七十五条 寄存人寄存货币、有价证券或者其他贵重物品的，应当向保管人声明，由保管人验收或者封存。寄存人未声明的，该物品毁损、灭失后，保管人可以按照一般物品予以赔偿。

第三百七十六条 寄存人可以随时领取保管物。

当事人对保管期间没有约定或者约定不明确的，保管人可以随时要求寄存人领取保管物；约定保管期间的，保管人无特别事由，不得要求寄存人提前领取保管物。

第三百七十七条 保管期间届满或者寄存人提前领取保管物的，保管人应当将原物及其孳息归还寄存人。

第三百七十八条 保管人保管货币的，可以返还相同种类、数量的货币。保管其他可替代物的，可以按照约定返还相同种类、品质、数量的物品。

第三百七十九条 有偿的保管合同，寄存人应当按照约定的期限向保管人支付保管费。

当事人对支付期限没有约定或者约定不明确，依照本法第六十一条的规定仍不能确定的，应当在领取保管物的同时支付。

第三百八十条 寄存人未按照约定支付保管费以及其他费用的，保管人对保管物享有留置权，但当事人另有约定的除外。

第二十章 仓储合同

第三百八十一条 仓储合同是保管人储存存货人交付的仓储物，存货人支付仓储费的合同。

第三百八十二条 仓储合同自成立时生效。

第三百八十三条 储存易燃、易爆、有毒、有腐蚀性、有放射性等危险物品或者易变质物品，存货人应当说明物品的性质，提供有关资料。

存货人违反前款规定的，保管人可以拒收仓储物，也可以采取相应措施以避免损失的发生，因此产生的费用由存货人承担。

保管人储存易燃、易爆、有毒、有腐蚀性、有放射性等危险物品的，应当具备相应的保管条件。

第三百八十四条 保管人应当按照约定对入库仓储物进行验收。保管人验收时发现入库仓储物与约定不符合的，应当及时通知存货人。保管人验收后，发现仓储物的品种、数量、质量不符合约定的，保管人应当承担损害赔偿责任。

第三百八十五条 存货人交付仓储物的，保管人应当给付仓单。

第三百八十六条 保管人应当在仓单上签字或者盖章。仓单包括下列事项：

（一）存货人的名称或者姓名和住所；

（二）仓储的品种、数量、质量、包装、件数标记；

（三）仓储物的损耗标准；

（四）储存场所；

（五）储存期间；

（六）仓储费；

（七）仓储物已经办理保险的，其保险金额、期间以及保险人的名称；

（八）填发人、填发地和填发日期。

第三百八十七条 仓单是提取仓储物的凭证。存货人或者仓单持有人在仓单上背书并经保管人签字或者盖章的，可以转让提取仓储物的权利。

第三百八十八条 保管人根据存货人或者仓单持有人的要求，应当同意其检查仓储物或者提取样品。

第三百八十九条 保管人对入库仓储物发现有变质或者其他损坏的，应当及时通知存货人或者仓单持有人。

第三百九十条 保管人对入库仓储物发现有变质或者其他损坏，危及其他仓储物的安全和正常保管的，应当催告存货人或仓单持有人做出必要的处置。因情况紧急，保管人可以做出必要的处置，但事后应当将该情况及时通知存货人或者仓单持有人。

第三百九十一条 当事人对储存期间没有约定或者约定不明确的，存货人或者仓单持有人可以随时提取仓储物，保管人也可以随时要求存货人或者仓单持有人提取仓储物，但应当给予必要的准备时间。

第三百九十二条 储存期间届满，存货人或者仓单持有人应当凭仓单提取仓储物。存货人或者仓单持有人逾期提取的，应当加收仓储费；提前提取的，不减收仓储费。

第三百九十三条 储存期间届满，存货人或者仓单持有人不提取仓储物的，保管人可以催告其在合理期限内提取，逾期不提取的，保管人可以提存仓储物。

第三百九十四条 储存期间，因保管人保管不善造成仓储物毁损、灭失的，保管人应当承担损害赔偿责任。因仓储物的性质、包装不符合约定或者超过有效储存期造成仓储物变质、损坏的，保管人不承担损害赔偿责任。

第三百九十五条 本章没有规定的，适用保管合同的有关规定。

第二十一章 委 托 合 同

第三百九十六条 委托合同是委托人和受托人约定，由受托人处理委托人事务的合同。

第三百九十七条 委托人可以特别委托受托人处理一项或者数项事务，也可以概括委托受托人处理一切事务。

第三百九十八条 委托人应当预付处理委托事务的费用。受托人为处理委托事务垫付的必要费用，委托人应当偿还该费用及其利息。

第三百九十九条 受托人应当按照委托人的指示处理委托事务。需要变更委托人指示的，应当经委托人同意；因情况紧急，难以和委托人取得联系的，受托人应当妥善处理委托事务，但事后应当将该情况及时报告委托人。

第四百条 受托人应当亲自处理委托事务。经委托人同意，受托人可以转委托。转委托经同意的，委托人可以就委托事务直接指示转委托的第三人，受托人仅就第三人的选任及其对第三人的指示承担责任。转委托未经同意的，受托人应当对转委托的第三人的行为承担责任，但在紧急情况下受托人为维护委托人的利益需要转委托的除外。

第四百零一条 受托人应当按照委托人的要求，报告委托事务的处理情况。委托合同终止时，受托人应当报告委托事务的结果。

第四百零二条 受托人以自己的名义，在委托人的授权范围内与第三人订立的合同，第三人在订立合同时知道受托人与委托人之间的代理关系的，该合同直接约束委托人和第三人，但有确切证据证明该合同只约束受托人和第三人的除外。

第四百零三条 受托人以自己的名义与第三人订立合同时，第三人不知道受托人与委托人之间的代理关系的，受托人因第三人的原因对委托人不履行义务，受托人应当向委托人披露第三人，委托人因此可以行使受托人对第三人的权利，但第三人与受托人订立合同时如果知道该委托人就不会订立合同的除外。

受托人因委托人的原因对第三人不履行义务，受托人应当向第三人披露委托人，第三人因此可以选择受托人或者委托人作为相对人主张其权利，但第三人不得变更选定的相对人。

委托人行使受托人对第三人的权利的，第三人可以向委托人主张其对受托人的抗辩。第三人选定委托人作为其相对人的，委托人可以向第三人主张其对受托人的抗辩以及受托人对第三人的抗辩。

第四百零四条 受托人处理委托事务取得的财产，应当转交给委托人。

第四百零五条 受托人完成委托事务的，委托人应当向其支付报酬。因不可归责于受托人的事由，委托合同解除或者委托事务不能完成的，委托人应当向受托人支付相应的报酬。当事人另有约定的，按照其约定。

第四百零六条 有偿的委托合同，因受托人的过错给委托人造成损失的，委托人可以要求赔偿损失，无偿的委托合同，因受托人的故意或者重大过失给委托人造成损失的，委托人可以要求赔偿损失。

受托人超越权限给委托人造成损失的，应当赔偿损失。

第四百零七条 受托人处理委托事务时，因不可归责于自己的事由受到损失的，可以向委托人要求赔偿损失。

第四百零八条 委托人经受托人同意，可以在受托人之外委托第三人处理委托事务。因此给受托人造成损失的，受托人可以向委托人要求赔偿损失。

第四百零九条 两个以上的受托人共同处理委托事务的对委托人承担连带责任。

第四百一十条 委托人或者受托人可以随时解除委托合同。因解除合同给对方造成损失的，除不可归责于该当事人的事由以外，应当赔偿损失。

第四百一十一条 委托人或者受托人死亡、丧失民事行为能力或者破产的，委托合同终止，但当事人另有约定或者根据委托事务的性质不宜终止的除外。

第四百一十二条 因委托人死亡、丧失民事行为能力或者破产，致使委托合同终止将损害委托人利益的，在委托人的继承人、法定代理人或者清算组织承受委托事务之前，受托人应当继续处理委托事务。

第四百一十三条 因受托人死亡、丧失民事行为能力或者破产，致使委托合同终止的，受托人的继承人、法定代理人或者清算组织应当及时通知委托人。因委托合同终止将损害委托人利益的，在委托人做出善后处理之前，受托人的继承人、法定代理人或者清算组织应当采取必要措施。

第二十二章 行 纪 合 同

第四百一十四条 行纪合同是行纪人以自己的名义为委托人从事贸易活动，委托人支付报酬的合同。

第四百一十五条 行纪人处理委托事务支出的费用，由行纪人负责，但当事人另有约定的除外。

第四百一十六条 行纪人占有委托物的，应当妥善保管委托物。

第四百一十七条 委托物交付给行纪人时有瑕疵或者容易腐烂、变质的，经委托人同意，行纪人可以处分该物；和委托人不能及时取得联系的，行纪人可以合理处分。

第四百一十八条 行纪人低于委托人指定的价格卖出或者高于委托人指定的价格买入的，应当经委托人同意。未经委托人同意，行纪人补偿其差额的，该买卖对委托人发生效力。

行纪人高于委托人指定的价格卖出或者低于委托人指定的价格买入的，可以按照约定增加报酬。没有约定或者约定不明确，依照本法第六十一条的规定仍不能确定的，该利益属于委托人。

委托人对价格有特别指示的，行纪人不得违背该指示卖出或者买入。

第四百一十九条 行纪人卖出或者买入具有市场定价的商品，除委托人有相反的意思表示的以外，行纪人自己可以作为买受人或者出卖人。

行纪人有前款规定情形的，仍然可以要求委托人支付报酬。

第四百二十条 行纪人按照约定买入委托物，委托人应当及时受领。经行纪人催告，委托人无正当理由拒绝受领的，行纪人依照本法第一百零一条的规定可以提存委托物。

委托物不能卖出或者委托人撤回出卖，经行纪人催告，委托人不取回或者不处分该物的，行纪人依照本法第一百零一条的规定可以提存委托物。

第四百二十一条 行纪人与第三人订立合同时，行纪人对该合同直接享有权利、承担义务。

第三人不履行义务致使委托人受到损害的，行纪人应当承担损害赔偿责任，但行纪人与委托人另有约定的除外。

第四百二十二条 行纪人完成或者部分完成委托事务的，委托人应当向其支付相应的报酬。委托人逾期不支付报酬的，行纪人对委托物享有留置权，但当事人另有约定的除外。

第四百二十三条 本章没有规定的，适用委托合同的有关规定。

第二十三章 居间合同

第四百二十四条 居间合同是居间人向委托人报告订立合同的机会或者提供订立合同的媒介服务，委托人支付报酬的合同。

第四百二十五条 居间人应当就有关订立合同的事项向委托人如实报告。

居间人故意隐瞒与订立合同有关的重要事实或者提供虚假情况，损害委托人利益的，不得要求支付报酬并应当承担损害赔偿责任。

第四百二十六条 居间人促成合同成立的，委托人应当按照约定支付报酬。对居间人的报酬没有约定或者约定不明确，依照本法第六十一条的规定仍不能确定的，根据居间人的劳务合理确定。因居间人提供订立合同的媒介服务而促成合同成立的，由该合同的当事人平均负担居间人的报酬。

居间人促成合同成立的，居间活动的费用，由居间人负担。

第四百二十七条 居间人未促成合同成立的，不得要求支付报酬，但可以要求委托人支付从事居间活动支出的必要费用。

附则

第四百二十八条 本法自1999年10月1日起施行，《中华人民共和国经济合同法》、《中华人民共和国涉外经济合同法》、《中华人民共和国技术合同法》同时废止。

附录4

中华人民共和国招标投标法

1999年8月30日主席令第21号

（1999年8月30日第九届全国人民代表大会常务委员会第十一次会议通过）

第一章 总 则

第一条 为了规范招标投标活动，保护国家利益、社会公共利益和招标投标活动当事人的合法权益，提高经济效益，保证项目质量，制定本法。

第二条 在中华人民共和国境内进行招标投标活动，适用本法。

第三条 在中华人民共和国境内进行下列工程建设项目，包括项目的勘察、设计、施工、监理以及与工程建设有关的重要设备、材料等的采购，必须进行招标：

（一）大型基础设施、公用事业等关系社会公共利益、公众安全的项目；

（二）全部或者部分使用国有资金投资或者国家融资的项目；

（三）使用国际组织或者外国政府贷款、援助资金的项目。

前款所列项目的具体范围和规模标准，由国务院发展计划部门会同国务院有关部门制订，报国务院批准。

法律或者国务院对必须进行招标的其他项目的范围有规定的，依照其规定。

第四条 任何单位和个人不得将依法必须进行招标的项目化整为零或者以其他任何方式规避招标。

第五条 招标投标活动应当遵循公开、公平、公正和诚实信用的原则。

第六条 依法必须进行招标的项目，其招标投标活动不受地区或者部门的限制。任何单位和个人不得违法限制或者排斥本地区、本系统以外的法人或者其他组织参加投标，不得以任何方式非法干涉招标投标活动。

第七条 招标投标活动及其当事人应当接受依法实施的监督。

有关行政监督部门依法对招标投标活动实施监督，依法查处招标投标活动中的违法行为。

对招标投标活动的行政监督及有关部门的具体职权划分，由国务院规定。

第二章 招 标

第八条 招标人是依照本法规定提出招标项目、进行招标的法人或者其他组织。

第九条 招标项目按照国家有关规定需要履行项目审批手续的，应当先履行审批手续，取得批准。

招标人应当有进行招标项目的相应资金或者资金来源已经落实，并应当在招标文件中如实载明。

第十条 招标分为公开招标和邀请招标。

公开招标，是指招标人以招标公告的方式邀请不特定的法人或者其他组织投标。

邀请招标，是指招标人以投标邀请书的方式邀请特定的法人或者其他组织投标。

第十一条 国务院发展计划部门确定的国家重点项目和省、自治区、直辖市人民政府确定的地方重点项目不适宜公开招标的，经国务院发展计划部门或者自治区、直辖市人民政府批准，可以进行邀请招标。

第十二条 招标人有权自行选择招标代理机构，委托其办理招标事宜。任何单位和个人不得以任何方式为招标人指定招标代理机构。

招标人具有编制招标文件和组织评标能力的，可以自行办理招标事宜。任何单位和个人不得强制其委托招标代理机构办理招标事宜。

依法必须进行招标的项目，招标人自行办理招标事宜的，应当向有关行政监督部门备案。

第十三条 招标代理机构是依法设立、从事招标代理业务并提供相关服务的社会中介组织。

招标代理机构应当具备下列条件：

（一）有从事招标代理业务的营业场所和相应资金；

（二）有能够编制招标文件和组织评标的相应专业力量；

（三）有符合本法第三十七条第三款规定条件、可以作为评标委员会成员人选的技术、经济等方面的专家库。

第十四条 从事工程建设项目招标代理业务的招标代理机构，其资格由国务院或者省、自治区、直辖市人民政府的建设行政主管部门认定。具体办法由国务院建设行政主管部门会同国务院有关部门制定。从事其他招标代理业务的招标代理机构，其资格认定的主管部门由国务院规定。

招标代理机构与行政机关和其他国家机关不得存在隶属关系或者其他利益关系。

第十五条 招标代理机构应当在招标人委托的范围内办理招标事宜，并遵守本法关于招标人的规定。

第十六条 招标人采用公开招标方式的，应当发布招标公告。依法必须进行招标的项目的招标公告，应当通过国家指定的报刊、信息网络或者其他媒介发布。

招标公告应当载明招标人的名称和地址、招标项目的性质、数量、实施地点和时间以及获取招标文件的办法等事项。

第十七条 招标人采用邀请招标方式的，应当向三个以上具备承担招标项目的能力、资信良好的特定的法人或者其他组织发出投标邀请书。

投标邀请书应当载明本法第十六条第二款规定的事项。

第十八条 招标人可以根据招标项目本身的要求，在招标公告或者投标邀请书中，要求潜在投标人提供有关资质证明文件和业绩情况，并对潜在投标人进行资格审查；国家对投标人的资格条件有规定的，依照其规定。

招标人不得以不合理的条件限制或者排斥潜在投标人，不得对潜在投标人实行歧视待遇。

第十九条 招标人应当根据招标项目的特点和需要编制招标文件。招标文件应当包括招标项目的技术要求、对投标人资格审查的标准、投标报价要求和评标标准等所有实质性要求和条件以及拟签订合同的主要条款。

国家对招标项目的技术、标准有规定的，招标人应当按照其规定在招标文件中提出相应要求。

招标项目需要划分标段、确定工期的，招标人应当合理划分标段、确定工期，并在招标文件中载明。

第二十条 招标文件不得要求或者标明特定的生产供应者以及含有倾向或者排斥潜在投标人的其他内容。

第二十一条 招标人根据招标项目的具体情况，可以组织潜在投标人踏勘项目现场。

第二十二条 招标人不得向他人透露已获取招标文件的潜在投标人的名称、数量以及可能影响公平竞争的有关招标投标的其他情况。

招标人设有标底的，标底必须保密。

第二十三条 招标人对已发出的招标文件进行必要的澄清或者修改的，应当在招标文件要求提交投标文件截止时间至少十五日前，以书面形式通知所有招标文件收受人。该澄清或者修改的内容为招标文件的组成部分。

第二十四条 招标人应当确定投标人编制投标文件所需要的合理时间；但是，依法必须进行招标的项目，自招标文件开始发出之日起至投标人提交投标文件截止之日止，最短不得少于二十日。

第三章 投　　标

第二十五条 投标人是响应招标、参加投标竞争的法人或者其他组织。

依法招标的科研项目允许个人参加投标的，投标的个人适用本法有关投标人的规定。

第二十六条 投标人应当具备承担招标项目的能力；国家有关规定对投标人资格条件或者招标文件对投标人资格条件有规定的，投标人应当具备规定的资格条件。

第二十七条 投标人应当按照招标文件的要求编制投标文件。投标文件应当对招标文件提出的实质性要求和条件做出响应。

招标项目属于建设施工的，投标文件的内容应当包括拟派出的项目负责人与主要技术人员的简历、业绩和拟用于完成招标项目的机械设备等。

第二十八条 投标人应当在招标文件要求提交投标文件的截止时间前，将投标文件送达投标地点。招标人收到投标文件后，应当签收保存，不得开启。投标人少于三个的，招标人应当依照本法重新招标。

在招标文件要求提交投标文件的截止时间后送达的投标文件，招标人应当拒收。

第二十九条 投标人在招标文件要求提交投标文件的截止时间前，可以补充、修改或者撤回已提交的投标文件，并书面通知招标人。补充、修改的内容为投标文件的组成部分。

第三十条 投标人根据招标文件载明的项目实际情况，拟在中标后将中标项目的部分非主体、非关键性工作进行分包的，应当在投标文件中载明。

第三十一条 两个以上法人或者其他组织可以组成一个联合体，以一个投标人的身份共同投标。

联合体各方均应当具备承担招标项目的相应能力；国家有关规定或者招标文件对投标人资格条件有规定的，联合体各方均应当具备规定的相应资格条件。由同一专业的单位组成的联合体，按照资质等级较低的单位确定资质等级。

联合体各方应当签订共同投标协议，明确约定各方拟承担的工作和责任，并将共同投标协议连同投标文件一并提交招标人。联合体中标的，联合体各方应当共同与招标人签订合同，就中标项目向招标人承担连带责任。

招标人不得强制投标人组成联合体共同投标，不得限制投标人之间的竞争。

第三十二条 投标人不得相互串通投标报价，不得排挤其他投标人的公平竞争，损害招标人或者其他投标人的合法权益。

投标人不得与招标人串通投标，损害国家利益、社会公共利益或者他人的合法权益。

禁止投标人以向招标人或者评标委员会成员行贿的手段谋取中标。

第三十三条 投标人不得以低于成本的报价竞标，也不得以他人名义投标或者以其他方式弄虚作假，骗取中标。

第四章 开标、评标和中标

第三十四条 开标应当在招标文件确定的提交投标文件截止时间的同一时间公开进行；开标地点应当为招标文件中预先确定的地点。

第三十五条 开标由招标人主持，邀请所有投标人参加。

第三十六条 开标时，由投标人或者其推选的代表检查投标文件的密封情况，也可以由招标人委托的公证机构检查并公证；经确认无误后，由工作人员当众拆封，宣读投标人名称、投标价格和投标文件的其他主要内容。

招标人在招标文件要求提交投标文件的截止时间前收到的所有投标文件，开标时都应当当众予以拆封、宣读。

开标过程应当记录，并存档备查。

第三十七条 评标由招标人依法组建的评标委员会负责。

依法必须进行招标的项目，其评标委员会由招标人的代表和有关技术、经济等方面的专家组成，成员人数为五人以上单数，其中技术、经济等方面的专家不得少于成员总数的三分之二。

前款专家应当从事相关领域工作满八年并具有高级职称或者具有同等专业水平，由招标人从国务院有关部门或者省、自治区、直辖市人民政府有关部门提供的专家名册或者招标代理机构的专家库内的相关专业的专家名单中确定；一般招标项目可以采取随机抽取方式，特殊招标项目可以由招标人直接确定。

与投标人有利害关系的人不得进入相关项目的评标委员会；已经进入的应当更换。

评标委员会成员的名单在中标结果确定前应当保密。

第三十八条 招标人应当采取必要的措施，保证评标在严格保密的情况下进行。

任何单位和个人不得非法干预、影响评标的过程和结果。

第三十九条 评标委员会可以要求投标人对投标文件中含义不明确的内容作必要的澄清或者说明，但是澄清或者说明不得超出投标文件的范围或者改变投标文件的实质性内容。

第四十条　评标委员会应当按照招标文件确定的评标标准和方法，对投标文件进行评审和比较；设有标底的，应当参考标底。评标委员会完成评标后，应当向招标人提出书面评标报告，并推荐合格的中标候选人。

招标人根据评标委员会提出的书面评标报告和推荐的中标候选人确定中标人。招标人也可以授权评标委员会直接确定中标人。

国务院对特定招标项目的评标有特别规定的，从其规定。

第四十一条　中标人的投标应当符合下列条件之一：

（一）能够最大限度地满足招标文件中规定的各项综合评价标准；

（二）能够满足招标文件的实质性要求，并且经评审的投标价格最低；但是投标价格低于成本的除外。

第四十二条　评标委员会经评审，认为所有投标都不符合招标文件要求的，可以否决所有投标。

依法必须进行招标的项目的所有投标被否决的，招标人应当依照本法重新招标。

第四十三条　在确定中标人前，招标人不得与投标人就投标价格、投标方案等实质性内容进行谈判。

第四十四条　评标委员会成员应当客观、公正地履行职务，遵守职业道德，对所提出的评审意见承担个人责任。

评标委员会成员不得私下接触投标人，不得收受投标人的财物或者其他好处。

评标委员会成员和参与评标的有关工作人员不得透露对投标文件的评审和比较、中标候选人的推荐情况以及与评标有关的其他情况。

第四十五条　中标人确定后，招标人应当向中标人发出中标通知书，并同时将中标结果通知所有未中标的投标人。

中标通知书对招标人和中标人具有法律效力。中标通知书发出后，招标人改变中标结果的，或者中标人放弃中标项目的，应当依法承担法律责任。

第四十六条　招标人和中标人应当自中标通知书发出之日起三十日内，按照招标文件和中标人的投标文件订立书面合同。招标人和中标人不得再行订立背离合同实质性内容的其他协议。

招标文件要求中标人提交履约保证金的，中标人应当提交。

第四十七条　依法必须进行招标的项目，招标人应当自确定中标人之日起十五日内，向有关行政监督部门提交招标投标情况的书面报告。

第四十八条　中标人应当按照合同约定履行义务，完成中标项目。中标人不得向他人转让中标项目，也不得将中标项目肢解后分别向他人转让。

中标人按照合同约定或者经招标人同意，可以将中标项目的部分非主体、非关键性工作分包给他人完成。接受分包的人应当具备相应的资格条件，并不得再次分包。

中标人应当就分包项目向招标人负责，接受分包的人就分包项目承担连带责任。

第五章　法律责任

第四十九条　违反本法规定，必须进行招标的项目而不招标的，将必须进行招标的项目化整为零或者以其他任何方式规避招标的，责令限期改正，可以处项目合同金额千分之五以上千分之十以下的罚款；对全部或者部分使用国有资金的项目，可以暂停项目执行或者暂停资金拨付；对单位直接负责的主管人员和其他直接责任人员依法给予处分。

第五十条 招标代理机构违反本法规定，泄露应当保密的与招标投标活动有关的情况和资料的，或者与招标人、投标人串通损害国家利益、社会公共利益或者他人合法权益的，处五万元以上二十五万元以下的罚款，对单位直接负责的主管人员和其他直接责任人员处单位罚款数额百分之五以上百分之十以下的罚款；有违法所得的，并处没收违法所得；情节严重的，暂停直至取消招标代理资格；构成犯罪的，依法追究刑事责任。给他人造成损失的，依法承担赔偿责任。

前款所列行为影响中标结果的，中标无效。

第五十一条 招标人以不合理的条件限制或者排斥潜在投标人的，对潜在投标人实行歧视待遇的，强制要求投标人组成联合体共同投标的，或者限制投标人之间竞争的，责令改正，可以处一万元以上五万元以下的罚款。

第五十二条 依法必须进行招标的项目的招标人向他人透露已获取招标文件的潜在投标人的名称、数量或者可能影响公平竞争的有关招标投标的其他情况的，或者泄露标底的，给予警告，可以并处一万元以上十万元以下的罚款；对单位直接负责的主管人员和其他直接责任人员依法给予处分；构成犯罪的，依法追究刑事责任。

前款所列行为影响中标结果的，中标无效。

第五十三条 投标人相互串通投标或者与招标人串通投标的，投标人以向招标人或者评标委员会成员行贿的手段谋取中标的，中标无效，处中标项目金额千分之五以上千分之十以下的罚款，对单位直接负责的主管人员和其他直接责任人员处单位罚款数额百分之五以上百分之十以下的罚款；有违法所得的，并处没收违法所得；情节严重的，取消其一年至二年内参加依法必须进行招标的项目的投标资格并予以公告，直至由工商行政管理机关吊销营业执照；构成犯罪的，依法追究刑事责任。给他人造成损失的，依法承担赔偿责任。

第五十四条 投标人以他人名义投标或者以其他方式弄虚作假，骗取中标的，中标无效，给招标人造成损失的，依法承担赔偿责任；构成犯罪的，依法追究刑事责任。

依法必须进行招标的项目的投标人有前款所列行为尚未构成犯罪的，处中标项目金额千分之五以上千分之十以下的罚款，对单位直接负责的主管人员和其他直接责任人员处单位罚款数额百分之五以上百分之十以下的罚款；有违法所得的，并处没收违法所得；情节严重的，取消其一年至三年内参加依法必须进行招标的项目的投标资格并予以公告，直至由工商行政管理机关吊销营业执照。

第五十五条 依法必须进行招标的项目，招标人违反本法规定，与投标人就投标价格、投标方案等实质性内容进行谈判的，给予警告，对单位直接负责的主管人员和其他直接责任人员依法给予处分。

前款所列行为影响中标结果的，中标无效。

第五十六条 评标委员会成员收受投标人的财物或者其他好处的，评标委员会成员或者参加评标的有关工作人员向他人透露对投标文件的评审和比较、中标候选人的推荐以及与评标有关的其他情况的，给予警告，没收收受的财物，可以并处三千元以上五万元以下的罚款，对有所列违法行为的评标委员会成员取消担任评标委员会成员的资格，不得再参加任何依法必须进行招标的项目的评标；构成犯罪的，依法追究刑事责任。

第五十七条 招标人在评标委员会依法推荐的中标候选人以外确定中标人的，依法必须进行招标的项目在所有投标被评标委员会否决以后自行确定中标人的，中标无效。责令改正，可以处中标项目金额千分之五以上千分之十以下的罚款；对单位直接负责的主管人员和其他直接责任人员依法给予处分。

第五十八条 中标人将中标项目转让给他人的，将中标项目肢解后分别转让给他人的，违反本法规定将中标项目的部分主体、关键性工作分包给他人的，或者分包人再次分包的，转让、分包无效，处转让、分包项目金额千分之五以上千分之十以下的罚款；有违法所得的，并处没收违法所得；可以责令停业整顿；情节严重的，由工商行政管理机关吊销营业执照。

第五十九条 招标人与中标人不按照招标文件和中标人的投标文件订立合同的，或者招标人、中标人订立背离合同实质性内容的协议的，责令改正；可以处中标项目金额千分之五以上千分之十以下的罚款。

第六十条 中标人不履行与招标人订立的合同的，履约保证金不予退还，给招标人造成损失超过履约保证金数额的，还应当对超过部分予以赔偿；没有提交履约保证金的，应当对招标人的损失承担赔偿责任。

中标人不按照与招标人订立的合同履行义务，情节严重的，取消其二年至五年内参加依法必须进行招标的项目的投标资格并予以公告，直至由工商行政管理机关吊销营业执照。

因不可抗力不能履行合同的，不适用前两款规定。

第六十一条 本章规定的行政处罚，由国务院规定的有关行政监督部门决定。本法已对实施行政处罚的机关做出规定的除外。

第六十二条 任何单位违反本法规定，限制或者排斥本地区、本系统以外的法人或者其他组织参加投标的，为招标人指定招标代理机构的，强制招标人委托招标代理机构办理招标事宜的，或者以其他方式干涉招标投标活动的，责令改正；对单位直接负责的主管人员和其他直接责任人员依法给予警告、记过、记大过的处分，情节较重的，依法给予降级、撤职、开除的处分。

个人利用职权进行前款违法行为的，依照前款规定追究责任。

第六十三条 对招标投标活动依法负有行政监督职责的国家机关工作人员徇私舞弊、滥用职权或者玩忽职守，构成犯罪的，依法追究刑事责任；不构成犯罪的，依法给予行政处分。

第六十四条 依法必须进行招标的项目违反本法规定，中标无效的，应当依照本法规定的中标条件从其余投标人中重新确定中标人或者依照本法重新进行招标。

第六章 附 则

第六十五条 投标人和其他利害关系人认为招标投标活动不符合本法有关规定的，有权向招标人提出异议或者依法向有关行政监督部门投诉。

第六十六条 涉及国家安全、国家秘密、抢险救灾或者属于利用扶贫资金实行以工代赈、需要使用农民工等特殊情况，不适宜进行招标的项目，按照国家有关规定可以不进行招标。

第六十七条 使用国际组织或者外国政府贷款、援助资金的项目进行招标，贷款方、资金提供方对招标投标的具体条件和程序有不同规定的，可以适用其规定，但违背中华人民共和国的社会公共利益的除外。

第六十八条 本法自2000年1月1日起施行。

附录5

建设工程质量管理条例

2000年1月30日中华人民共和国国务院令第279号

（2000年1月10日国务院第25次常务会议通过）

第一章 总 则

第一条 为了加强对建设工程质量的管理，保证建设工程质量，保护人民生命和财产安全，根据《中华人民共和国建筑法》，制定本条例。

第二条 凡在中华人民共和国境内从事建设工程的新建、扩建、改建等有关活动及实施对建设工程质量监督管理的，必须遵守本条例。

本条例所称建设工程，是指土木工程、建设工程、线路管道和设备安装工程及装修工程。

第三条 建设单位、勘察单位、设计单位、施工单位、工程监理单位依法对建设工程质量负责。

第四条 县级以上人民政府建设行政主管部门和其他有关部门应当加强对建设工程质量的监督管理。

第五条 从事建设工程活动，必须严格执行基本建设程序，坚持先勘察、后设计、再施工的原则。

县级以上人民政府及其有关部门不得超越权限审批建设项目或者擅自简化基本建设程序。

第六条 国家鼓励采用先进的科学技术和管理方法，提高建设工程质量。

第二章 建设单位的质量责任和义务

第七条 建设单位应当将工程发包给具有相应资质等级的单位。

建设单位不得将建设工程肢解发包。

第八条 建设单位应当依法对工程建设项目的勘察、设计、施工、监理以及与工程建设有关的重要设备、材料等的采购进行招标。

第九条 建设单位必须向有关的勘察、设计、施工、工程监理等单位提供与建设工程有关的原始资料。

原始资料必须真实、准确、齐全。

第十条 建设工程发包单位不得迫使承包方以低于成本的价格竞标，不得任意压缩合理工期。

建设单位不得明示或者暗示设计单位或者施工单位违反工程建设强制性标准，降低建设工程质量。

第十一条 建设单位应当将施工图设计文件报县级以上人民政府建设行政主管部门或者其他有关部门审查。施工图设计文件审查的具体办法，由国务院建设行政主管部门会同国务院其他有关部门制定。

施工图设计文件未经审查批准的，不得使用。

第十二条 实行监理的建设工程，建设单位应当委托具有工程监理相应资质等级的工程监理单位进行监理。也可以委托具有工程监理相应资质等级并与被监理工程的施工承包单位没有隶属关系或者其他利害关系的该工程的设计单位进行监理。

下列建设工程必须实行监理：

（一）国家重点建设工程；

（二）大中型公用事业工程；

（三）成片开发建设的住宅小区工程；

（四）利用外国政府或者国际组织贷款、援助资金的工程；

（五）国家规定必须实行监理的其他工程。

第十三条 建设单位在领取施工许可证或者开工报告前，应当按照国家有关规定办理工程质量监督手续。

第十四条 按照合同约定，由建设单位采购建筑材料、建筑构配件和设备的，建设单位应当保证建筑材料、建筑构配件和设备符合设计文件和合同要求。

建设单位不得明示或者暗示施工单位使用不合格的建筑材料、建筑构配件和设备。

第十五条 涉及建筑主体和承重结构变动的装修工程，建设单位应当在施工前委托原设计单位或者具有相应资质等级的设计单位提出设计方案；没有设计方案的，不得施工。

第十六条 建设单位收到建设工程竣工报告后，应当组织设计、施工、工程监理等有关单位进行竣工验收。

建设工程竣工验收应当具备下列条件：

（一）完成建设工程设计和合同约定的各项内容；

（二）有完整的技术档案和施工管理资料；

（三）有工程使用的主要建筑材料、建筑构配件和设备的进场试验报告；

（四）有勘察、设计、施工、工程监理等单位分别签署的质量合格文件；

（五）有施工单位签署的工程保修书。

建设工程经验收合格的，方可交付使用。

第十七条 建设单位应当严格按照国家有关档案管理的规定，及时收集、整理建设项目各环节的文件资料，建立、健全建设项目档案，并在建设工程竣工验收后，及时向建设行政主管部门或者其他有关部门移交建设项目档案。

第三章 勘察、设计单位的质量责任和义务

第十八条 从事建设工程勘察、设计的单位应当依法取得相应等级的资质证书，并在

其资质等级许可的范围内承揽工程。

禁止勘察、设计单位超越其资质等级许可的范围或者以其他勘察、设计单位的名义承揽工程。禁止勘察、设计单位允许其他单位或者个人以本单位的名义承揽工程。

勘察、设计单位不得转包或者违法分包所承揽的工程。

第十九条 勘察、设计单位必须按照工程强制性标准进行勘察、设计，并对其勘察、设计的质量负责。

注册建筑师、注册结构工程师等注册执业人员应当在设计文件上签字，对设计文件负责。

第二十条 勘察单位提供的地质、测量、水文等勘察成果必须真实、准确。

第二十一条 设计单位应当根据勘察成果文件进行建设工程设计。

设计文件应当符合国家规定的设计深度要求，注明工程合理使用年限。

第三十二条 设计单位在设计文件中选用的建筑材料、建筑构配件和设备，应当注明规格、型号、性能等技术指标，其质量要求必须符合国家规定的标准。

除有特殊要求的建筑材料、专用设备、工艺生产线等外，设计单位不得指定生产厂、供应商。

第二十三条 设计单位应当就审查合格的施工图设计文件向施工单位做出详细说明。

第二十四条 设计单位应当参与建设工程质量事故分析，并对因设计造成的质量事故，提出相应的技术处理方案。

第四章 施工单位的质量责任和义务

第二十五条 施工单位应当依法取得相应等级的资质证书，并在其资质等级许可的范围内承揽工程。

禁止施工单位超越本单位资质等级许可的业务范围或者以其他施工单位的名义承揽工程。禁止施工单位允许其他单位或者个人以本单位的名义承揽工程。

施工单位不得转包或者违法分包工程。

第二十六条 施工单位对建设工程的施工质量负责。

施工单位应当建立质量责任制，确定工程项目的项目经理、技术负责人和施工管理负责人。

建设工程实行总承包的，总承包单位与分包单位应当对全部建设工程质量负责；建设工程勘察、设计、施工、设备采购的一项或者多项实行总承包的，总承包单位应当对其承包的建设工程或者采购的设备的质量负责。

第二十七条 总承包单位依法将建设工程分包给其他单位的，分包单位应当按照分包合同的约定对其分包工程的质量向总承包单位负责，总承包单位与分包单位对分包工程的质量承担连带责任。

第二十八条 施工单位必须按照工程设计图纸和施工技术标准施工，不得擅自修改工程设计，不得偷工减料。

施工单位在施工过程中发现设计文件和图纸有差错的，应当及时提出意见和建议。

第二十九条 施工单位必须按照工程设计要求、施工技术标准和合同约定，对建筑材料、建筑构配件、设备和商品混凝土进行检验，检验应当有书面记录和专人签字；未经检验或者检验不合格的，不得使用。

第三十条 施工单位必须建立、健全施工质量的检验制度、严格工序管理，做好隐蔽工程的质量检查和记录。隐蔽工程在隐蔽前，施工单位应当通知建设单位和建设工程质量监督机构。

第三十一条 施工人员对涉及结构安全的试块、试件以及有关材料，应当在建设单位或者工程监理单位监督下现场取样，并送具有相应资质等级的质量检测单位进行检测。

第三十二条 施工单位对施工中出现质量问题的建设工程或者竣工验收不合格的建设工程，应当负责返修。

第三十三条 施工单位应当建立、健全教育培训制度，加强对职工的教育培训；未经教育培训或者考核不合格的人员，不得上岗作业。

第五章 工程监理单位的质量责任和义务

第三十四条 工程监理单位应当依法取得相应等级的资质证书，并在其资质等级许可的范围内承担工程监理业务。

禁止工程监理单位超越本单位资质等级许可的范围或者以其他工程监理单位的名义承担工程监理业务。禁止工程监理单位允许其他单位或者个人以本单位的名义承担工程监理业务。

工程监理单位不得转让工程监理业务。

第三十五条 工程监理单位与被监理工程的施工承包单位以及建筑材料、建筑构配件和设备供应单位有隶属关系或者其他利害关系的，不得承担该项建设工程的监理业务。

第三十六条 工程监理单位应当依照法律、法规以及有关技术标准、设计文件和建设工程承包合同，代表建设单位对施工质量实施监理，并对施工质量承担监理责任。

第三十七条 工程监理单位应当选派具备相应资格的总监理工程师和监理工程师进驻施工现场。

未经监理工程师签字，建筑材料、建筑构配件和设备不得在工程上使用或者安装，施工单位不得进行下一道工序的施工。未经总监理工程师签字，建设单位不拨付工程款，不进行竣工验收。

第三十八条 监理工程师应当按照工程监理规范的要求，采取旁站、巡视和平行检验等形式，对建设工程实施监理。

第六章 建设工程质量保修

第三十九条 建设工程实行质量保修制度。

建设工程承包单位在向建设单位提交工程竣工验收报告时，应当向建设单位出具质量保修书。质量保修书中应当明确建设工程的保修范围、保修期限和保修责任等。

第四十条 在正常使用条件下，建设工程的最低保修期限为：

(一) 基础设施工程、房屋建筑的地基基础工程和主体结构工程，为设计文件规定的该工程的合理使用年限；

（二）屋面防水工程、有防水要求的卫生间、房间和外墙面的防渗漏，为五年；

（三）供热与供冷系统，为两个采暖期、供冷期；

（四）电气管线、给排水管道、设备安装和装修工程，为两年。

其他项目的保修期限由发包方与承包方约定。

建设工程的保修期，自竣工验收合格之日起计算。

第四十一条 建设工程在保修范围和保修期限内发生质量问题的，施工单位应当履行保修义务，并对造成的损失承担赔偿责任。

第四十二条 建设工程在超过合理使用年限后需要继续使用的，产权所有人应当委托具有资质等级的勘察、设计单位鉴定，并根据鉴定结果采取加固、维修等措施，重新界定使用期。

第七章 监 督 管 理

第四十三条 国家实行建设工程质量监督管理制度。

国务院建设行政主管部门对全国的建设工程质量实施统一监督管理。国务院铁路、交通、水利等有关部门按照国务院规定的职责分工，负责对全国的有关专业建设工程质量的监督管理。

县级以上地方人民政府建设行政主管部门对本行政区域内的建设工程质量实施监督管理。县级以上地方人民政府交通、水利等有关部门在各自的职责范围内，负责对本行政区域内的专业建设工程质量的监督管理。

第四十四条 国务院建设行政主管部门和国务院铁路、交通、水利等有关部门应当加强对有关建设工程质量的法律、法规和强制性标准执行情况的监督检查。

第四十五条 国务院发展计划部门按照国务院规定的职责，组织稽察特派员，对国家出资的重大建设项目实施监督检查。国务院经济贸易主管部门按照国务院规定的职责，对国家重大技术改造项目实施监督检查。

第四十六条 建设工程质量监督管理，可以由建设行政主管部门或者其他有关部门委托的建设工程质量监督机构具体实施。

从事房屋建筑工程和市政基础设施工程质量监督的机构，必须按照国家有关规定经国务院建设行政主管部门或者省、自治区、直辖市人民政府建设行政主管部门考核；从事专业建设工程质量监督的机构，必须按照国家有关规定经国务院有关部门或者省、自治区、直辖市人民政府有关部门考核。经考核合格后，方可实施质量监督。

第四十七条 县级以上地方人民政府建设行政主管部门和其他有关部门应当加强对有关建设工程质量的法律、法规和强制性标准执行情况的监督检查。

第四十八条 县级以上人民政府建设行政主管部门和其他有关部门履行监督检查职责时，有权采取下列措施：

（一）要求被检查的单位提供有关工程质量的文件和资料；

（二）进入被检查单位的施工现场进行检查；

（三）发现有影响工程质量的问题时，责令改正。

第四十九条 建设单位应当自建设工程竣工验收合格之日起 15 日内，将建设工程竣工验收报告和规划、公安消防、环保等部门出具的认可文件或者准许使用文件报建设行政主管部门或者其他有关部门备案。

建设行政主管部门或者其他有关部门发现建设单位在竣工验收过程中有违反国家有关建设工程质量管理规定行为的，责令停止使用，重新组织竣工验收。

第五十条 有关单位和个人对县级以上人民政府建设行政主管部门和其他有关部门进行的监督检查应当支持与配合，不得拒绝或者阻碍建设工程质量监督检查人员依法执行职务。

第五十一条 供水、供电、供气、公安消防等部门或者单位不得明示或者暗示建设单位、施工单位购买其指定的生产供应单位的建筑材料、建筑构配件和设备。

第五十二条 建设工程发生质量事故，有关单位应当在 24 小时内向当地建设行政主管部门和其他有关部门报告。对重大质量事故，事故发生地的建设行政主管部门和其他有关部门按照事故类别和等级向当地人民政府和上级建设行政主管部门和其他有关部门报告。

特别重大质量事故的调查程序按照国务院有关规定办理。

第五十三条 任何单位和个人对建设工程的质量事故、质量缺陷都有权检举、控告、投诉。

第八章 罚 则

第五十四条 违反本条例规定，建设单位将建设工程发包给不具有相应资质等级的勘察、设计、施工单位或者委托给不具有相应资质等级的工程监理单位的，责令改正，处刘万元以上 100 万元以下的罚款。

第五十五条 违反本条例规定，建设单位将建设工程肢解发包的，责令改正，处工程合同价款百分之零点五以上百分之一以下的罚款；对全部或者部分使用国有资金的项目，并可以暂停项目执行或者暂停资金拨付。

第五十六条 违反本条例规定，建设单位有下列行为之一的，责令改正，处 20 万元以上 50 万元以下的罚款：

（一）迫使承包方以低于成本的价格竞标的；

（二）任意压缩合理工期的；

（三）明示或者暗示设计单位或者施工单位违反工程建设强制性标准，降低工程质量的；

（四）施工图设计文件未经审查或者审查不合格，擅自施工的；

（五）建设项目必须实行工程监理而未实行工程监理的；

（六）未按照国家规定办理工程质量监督手续的；

（七）明示或者暗示施工单位使用不合格的建筑材料、建筑构配件和设备的；

（八）未按照国家规定将竣工验收报告、有关认可文件或者准许使用文件报送备案的。

第五十七条 违反本条例规定，建设单位未取得施工许可证或者开工报告未经批准，擅自施工的，责令停止施工，限期改正，处工程合同价款百分之一以上百分之二以下的罚款。

第五十八条 违反本条例规定，建设单位有下列行为之一的，责令改正，处工程合同价款百分之二以上百分之四以下的罚款；造成损失的，依法承担赔偿责任：

（一）未组织竣工验收，擅自交付使用的；

（二）验收不合格，擅自交付使用的；

（三）对不合格的建设工程按照合格工程竣工验收的。

第五十九条 违反本条例规定，建设工程竣工验收后，建设单位未向建设行政主管部门或者其他有关部门移交建设项目档案的，责令改正，处1万元以上10万元以下的罚款。

第六十条 违反本条例规定，勘察、设计、施工、工程监理单位超越本单位资质等级承揽工程的，责令停止违法行为，对勘察、设计单位或者工程监理单位处合同约定的勘察费、设计费或者监理酬金1倍以上2倍以下的罚款；对施工单位处工程合同价款百分之二以上百分之四以下的罚款，可以责令停业整顿，降低资质等级；情节严重的，吊销资质证书；有违法所得的，予以没收。

未取得资质证书承揽工程的，予以取缔，依照前款规定处以罚款，有违法所得的，予以没收。

以欺骗手段取得资质证书承揽工程的，吊销资质证书，依照本条例第一款规定处以罚款；有违法所得的，予以没收。

第六十一条 违反本条例规定，勘察、设计、施工、工程监理单位允许其他单位或者个人以本单位名义承揽工程的，责令改正，没收违法所得，对勘察、设计单位和工程监理单位处合同约定的勘察费、设计费和监理酬金1倍以上2倍以下的罚款；对施工单位处工程合同价款百分之二以上百分之四以下的罚款；可以责令停业整顿，降低资质等级；情节严重的，吊销资质证书。

第六十二条 违反本条例规定，承包单位将承包的工程转包或者违法分包的，责令改正，没收违法所得，对勘察、设计单位处合同约定的勘察费、设计费百分之二十五以上百分之五十以下的罚款；对施工单位处工程合同价款百分之零点五以上百分之一以下的罚款；可以责令停业整顿，降低资质等级；情节严重的，吊销资质证书。

工程监理单位转让工程监理业务的，责令改正，没收违法所得，处合同约定的监理酬金百分之二十五以上百分之五十以下的罚款；可以责令停业整顿，降低资质等级；情节严重的，吊销资质证书。

第六十三条 违反本条例规定，有下列行为之一的，责令改正，处10万元以上30万元以下的罚款：

（一）勘察单位未按照工程建设强制性标准进行勘察的；

（二）设计单位未根据勘察成果文件进行工程设计的；

（三）设计单位指定建筑材料、建筑构配件的生产厂、供应商的；

（四）设计单位未按照工程建设强制性标准进行设计的。

有前款所列行为，造成工程质量事故的，责令停业整顿，降低资质等级；情节严重的，吊销资质证书；造成损失的，依法承担赔偿责任。

第六十四条 违反本条例规定，施工单位在施工中偷工减料的，使用不合格的建筑材料、建筑构配件和设备的，或者有不按照工程设计图纸或者施工技术标准施工的其他行为的，责令改正，处工程合同价款百分之二以上百分之四以下的罚款；造成建设工程质量不符合规定的质量标准的，负责返工、修理，并赔偿因此造成的损失；情节严重的，责令停业整顿，降低资质等级或者吊销资质证书。

第六十五条 违反本条例规定，施工单位未对建筑材料、建筑构配件、设备和商品混凝土进行检验，或者未对涉及结构安全的试块、试件以及有关材料取样检测的，责令改正，处10万元以上20万元以下的罚款；情节严重的，责令停业整顿，降低资质等级或者吊销资质证书；造成损失的，依法承担赔偿责任。

第六十六条 违反本条例规定，施工单位不履行保修义务或者拖延履行保修义务的，责令改正，处10万元以上20万元以下的罚款，并对在保修期内因质量缺陷造成的损失承担赔偿责任。

第六十七条 工程监理单位有下列行为之一的，责令改正，处50万元以上100万元以下的罚款，降低资质等级或者吊销资质证书；有违法所得的，予以没收；造成损失的，承担连带赔偿责任：

（一）与建设单位或者施工单位串通，弄虚作假、降低工程质量的；

（二）将不合格的建设工程、建筑材料、建筑构配件和设备按照合格签字的。

第六十八条 违反本条例规定，工程监理单位与被监理工程的施工承包单位以及建筑材料、建筑构配件和设备供应单位有隶属关系或者其他利害关系承担该项建设工程的监理业务的，责令改正，处5万元以上10万元以下的罚款，降低资质等级或者吊销资质证书；有违法所得的，予以没收。

第六十九条 违反本条例规定，涉及建筑主体或者承重结构变动的装修工程，没有设计方案擅自施工的，责令改正，处50万元以上100万元以下的罚款；房屋建筑使用者在装修过程中擅自变动房屋建筑主体和承重结构的，责令改正，处5万元以上10万元以下的罚款。有前款所列行为，造成损失的，依法承担赔偿责任。

第七十条 发生重大工程质量事故隐瞒不报、谎报或者拖延报告期限的，对直接负责的主管人员和其他责任人员依法给予行政处分。

第七十一条 违反本条例规定，供水、供电、供气、公安消防等部门或者单位明示或者暗示建设单位或者施工单位购买其指定的生产供应单位的建筑材料、建筑构配件和设备的，责令改正。

第七十二条 违反本条例规定，注册建筑师、注册结构工程师、监理工程师等注册执业人员因过错造成质量事故的，责令停止执业1年；造成重大质量事故的，吊销执业资格证书，5年以内不予注册；情节特别恶劣的，终身不予注册。

第七十三条 依照本条例规定，给予单位罚款处罚的，对单位直接负责的主管人员和其他直接责任人员处单位罚款数额百分之五以上百分之十以下的罚款。

第七十四条 建设单位、设计单位、施工单位、工程监理单位违反国家规定，降低工程质量标准，造成重大安全事故、构成犯罪的，对直接责任人员依法追究刑事责任。

第七十五条 本条例规定的责令停业整顿，降低资质等级和吊销资质证书的行政处罚，由颁发资质证书的机关决定；其他行政处罚，由建设行政主管部门或者其他有关部门依照法定职权决定。

依照本条例规定被吊销资质证书的，由工商行政管理部门吊销其营业执照。

第七十六条　国家机关工作人员在建设工程质量监督管理工作中玩忽职守、滥用职权、徇私舞弊，构成犯罪的，依法追究刑事责任；尚不构成犯罪的，依法给予行政处分。

第七十七条　建设、勘察、设计、施工、工程监理单位的工作人员因调动工作、退休等原因离开该单位后，被发现在该单位工作期间违反国家有关建设工程质量管理规定，造成重大工程质量事故的，仍应当依法追究法律责任。

第九章　附　　则

第七十八条　本条例所称肢解发包，是指建设单位将应当由一个承包单位完成的建设工程分解成若干部分发包给不同的承包单位的行为。

本条例所称违法分包，是指下列行为：

（一）总承包单位将建设工程分包给不具备相应资质条件的单位的；

（二）建设工程总承包合同中未有约定，又未经建设单位认可，承包单位将其承包的部分建设工程交由其他单位完成的；

（三）施工总承包单位将建设工程主体结构的施工分包给其他单位的；

（四）分包单位将其承包的建设工程再分包的。

本条例所称转包，是指承包单位承包建设工程后，不履行合同约定的责任和义务，将其承包的全部建设工程转给他人或者将其承包的全部建设工程肢解以后以分包的名义分别转给其他单位承包的行为。

第七十九条　本条例规定的罚款和没收的违法所得，必须全部上缴国库。

第八十条　抢险救灾及其他临时性房屋建筑和农民自建低层住宅的建设活动，不适用本条例。

第八十一条　军事建设工程的管理，按照中央军事委员会的有关规定执行。

第八十二条　本条例自发布之日起施行。

附刑法有关条款

第一百三十七条　建设单位、设计单位、施工单位、工程监理单位违反国家规定，降低工程质量标准，造成重大安全事故的，对直接责任人员处五年以下有期徒刑或者拘役，并处罚金；造成后果严重的，处五年以上十年以下有期徒刑，并处罚金。

附录 6

中华人民共和国城市房地产管理法

（1994 年 7 月 5 日第八届全国人民代表大会常务委员会第八次会议
通过　1994 年 7 月 5 日中华人民共和国主席令第 29 号公布）

第一章　总　　则

第一条　为了加强对城市房地产的管理，维护房地产市场秩序，保障房地产权利人的合法权益，促进房地产业的健康发展，制定本法。

第二条 在中华人民共和国城市规划区国有土地（以下简称国有土地）范围内取得房地产开发用地的土地使用权，从事房地产开发、房地产交易，实施房地产管理，应当遵守本法。

本法所称房屋，是指土地上的房屋等建筑物及构筑物。

本法所称房地产开发，是指在依据本法取得国有土地使用权的土地上进行基础设施、房屋建设的行为。

本法所称房地产交易，包括房地产转让，房地产抵押和房屋租赁。

第三条 国家依法实行国有土地有偿、有限期使用制度。但是，国家在本法规定的范围内划拨国有土地使用权的除外。

第四条 国家根据社会、经济发展水平，扶持发展居民住宅建设，逐步改善居民的居住条件。

第五条 房地产权利人应当遵守法律和行政法规，依法纳税。房地产权利人的合法权益受法律保护，任何单位和个人不得侵犯。

第六条 国务院建设行政主管部门、土地管理部门依照国务院规定的职权划分，各司其职，密切配合，管理全国房地产工作。

县级以上地方人民政府房产管理、土地管理部门的机构设置及其职权由省、自治区、直辖市人民政府确定。

第二章 房地产开发用地

第一节 土地使用权出让

第七条 土地使用权出让，是指国家将国有土地使用权（以下简称土地使用权）在一定年限内出让给土地使用者，由土地使用者向国家支付土地使用权出让金的行为。

第八条 城市规划区内的集体所有的土地，经依法征用转为国有土地后，该幅国有土地的使用权方可有偿出让。

第九条 土地使用权出让，必须符合土地利用总体规划、城市规划和年度建设用地计划。

第十条 县级以上地方人民政府出让土地使用权用于房地产开发的，需根据省级以上人民政府下达的控制指标拟订年度出让土地使用权总面积方案，按照国务院规定，报国务院或者省级人民政府批准。

第十一条 土地使用权出让，由市、县人民政府有计划、有步骤地进行。出让的每幅地块、用途、年限和其他条件，由市、县人民政府土地管理部门会同城市规划、建设、房产管理部门共同拟定方案，按照国务院规定，报经有批准权的人民政府批准后，由市、县人民政府土地管理部门实施。

直辖市的县人民政府及其有关部门行使前款规定的权限，由直辖市人民政府规定。

第十二条 土地使用权出让，可以采取拍卖、招标或者双方协议的方式。

商业、旅游、娱乐和豪华住宅用地，有条件的，必须采取拍卖、招标方式：没有条件，不能采取拍卖、招标方式的，可以采取双方协议的方式。

采取双方协议方式出让土地使用权的出让金不得低于按国家规定所确定的最低价。

第十三条 土地使用权出让最高年限由国务院规定。

第十四条 土地使用权出让，应当签订书面出让合同。

土地使用权出让合同由市、县人民政府土地管理部门与土地使用者签订。

第十五条 土地使用者必须按照出让合同约定，支付土地使用权出让金；未按照出让合同约定支付土地使用权出让金的，土地管理部门有权解除合同，并可以请求违约赔偿。

第十六条 土地使用者按照出让合同约定支付土地使用权出让金的，市、县人民政府土地管理部门必须按照出让合同约定，提供出让的土地；未按照出让合同约定提供出让的土地的，土地使用者有权解除合同，由土地管理部门返还土地使用权的出让金，土地使用者并可以请求违约赔偿。

第十七条 土地使用者需要改变土地使用权出让合同约定的土地用途的，必须取得出让方和市、县人民政府城市规划行政主管部门的同意，签订土地使用权出让合同变更协议或者重新签订土地使用权出让合同，相应调整土地使用权出让金。

第十八条 土地使用权出让金应当全部上缴财政，列入预算，用于城市基础设施建设和土地开发。土地使用权出让金上缴和使用的具体办法由国务院规定。

第十九条 国家对土地使用者依法取得的土地使用权，在出让合同约定的使用年限届满前不收回；在特殊情况下，根据社会公共利益的需要，可以依照法律程序提前收回，并根据土地使用者使用土地的实际年限和开发土地的实际情况给予相应的赔偿。

第二十条 土地使用权因土地灭失而终止。

第二十一条 土地使用权出让合同约定的使用年限届满，土地使用者需要继续使用土地的，应当至迟于届满前1年申请续期，除根据社会公共利益需要收回该幅土地的，应当予以批准。经批准准予续期的，应当重新签订土地使用权出让合同，依照规定支付土地使用权出让金。

土地使用权出让合同约定的使用年限届满，土地使用者未申请续期或者虽申请续期但依照前款规定未获批准的，土地使用权由国家无偿收回。

第二节 土地使用权划拨

第二十二条 土地使用权划拨，是指县级以上人民政府依法批准，在土地使用者缴纳补偿、安置等费用后将该幅土地交付其使用，或者将土地使用权无偿交付给土地使用者使用的行为。

依照本法规定以划拨方式取得土地使用权的，除法律、行政法规另有规定外，没有使用期限的限制。

第二十三条 下列建设用地的土地使用权，确属必需的，可以由县级以上人民政府依法批准划拨：

（一）国家机关用地和军事用地；

（二）城市基础设施用地和公益事业用地；

（三）国家重点扶持的能源、交通、水利等项目用地；

（四）法律、行政法规规定的其他用地。

第三章 房地产开发

第二十四条 房地产开发必须严格执行城市规划，按照经济效益、社会效益、环境效益相统一的原则，实行全面规划、合理布局、综合开发、配套建设。

第二十五条 以出让方式取得土地使用权进行房地产开发的，必须按照土地使用权出让合同约定的土地用途、动工开发期限开发土地。超过出让合同约定的动工开发日期满 1 年未动工开发的，可以征收相当于土地使用权出让金 20% 以下的土地闲置费；满 2 年未动工开发的，可以无偿收回土地使用权；但是，因不可抗力或者政府、政府有关部门的行为或者动工开发必需的前期工作造成动工开发迟延的除外。

第二十六条 房地产开发项目的设计、施工，必须符合国家的有关标准和规范。

房地产开发项目竣工，经验收合格后，方可交付使用。

第二十七条 依法取得的土地使用权，可以依照本法和有关法律、行政法规的规定，作价入股，合资、合作开发经营房地产。

第二十八条 国家采取税收等方面的优惠措施鼓励和扶持房地产开发企业开发建设居民住宅。

第二十九条 房地产开发企业是以营利为目的，从事房地产开发和经营的企业。设立房地产开发企业，应当具备下列条件：

（一）有自己的名称和组织机构；

（二）有固定的经营场所；

（三）有符合国务院规定的注册资本；

（四）有足够的专业技术人员；

（五）法律、行政法规规定的其他条件。

设立房地产开发企业，应当向工商行政管理部门申请设立登记。工商行政管理部门对符合本法规定条件的，应当予以登记，发给营业执照；对不符合本法规定条件的，不予登记。

设立有限责任公司、股份有限公司，从事房地产开发经营的，还应当执行公司法的有关规定。

房地产开发企业在领取营业执照后的 1 个月内，应当到登记机关所在地的县级以上地方人民政府规定的部门备案。

第三十条 房地产开发企业的注册资本与投资总额的比例应当符合国家有关规定。

房地产开发企业分期开发房地产的，分期投资额应当与项目规模相适应，并按照土地使用权出让合同的约定，按期投入资金，用于项目建设。

第四章 房地产交易

第一节 一般规定

第三十一条 房地产转让、抵押时，房屋的所有权和该房屋占用范围内的土地使用权同时转让、抵押。

第三十二条 基准地价、标定地价和各类房屋的重置价格应当定期确定并公布。具体办法由国务院规定。

第三十三条 国家实行房地产价格评估制度。

房地产价格评估，应当遵循公正、公平、公开的原则，按照国家规定的技术标准和评估程序，以基准地价、标定地价和各类房屋的重置价格为基础，参照当地的市场价格进行评估。

第三十四条 国家实行房地产成交价格申报制度。

房地产权利人转让房地产，应当向县级以上地方人民政府规定的部门如实申报成交价，不得瞒报或者作不实的申报。

第三十五条 房地产转让、抵押，当事人应当依照本法第五章的规定办理权属登记。

第二节 房地产转让

第三十六条 房地产转让，是指房地产权利人通过买卖、赠与或者其他合法方式将其房地产转移给他人的行为。

第三十七条 下列房地产，不得转让：

（一）以出让方式取得土地使用权的，不符合本法第三十八条规定的条件的；

（二）司法机关和行政机关依法裁定、决定查封或者以其他形式限制房地产权利的；

（三）依法收回土地使用权的；

（四）共有房地产，未经其他共有人书面同意的；

（五）权属有争议的；

（六）未依法登记领取权属证书的；

（七）法律、行政法规规定禁止转让的其他情形。

第三十八条 以出让方式取得土地使用权的，转让房地产时，应当符合下列条件：

（一）按照出让合同约定已经支付全部土地使用权出让金，并取得土地使用权证书；

（二）按照出让合同约定进行投资开发，属于房屋建设工程的，完成开发投资总额的25%以上，属于成片开发土地的，形成工业用地或者其他建设用地条件。

转让房地产时房屋已经建成的，还应当持有房屋所有权证书。

第三十九条 以划拨方式取得土地使用权的，转让房地产时，应当按照国务院规定，报有批准权的人民政府审批。有批准权的人民政府准予转让的，应当由受让方办理土地使用权出让手续，并依照国家有关规定缴纳土地使用权出让金。

以划拨方式取得土地使用权的，转让房地产报批时，有批准权的人民政府按照国务院规定决定可以不办理土地使用权出让手续的，转让方应当按照国务院规定将转让房地产所获收益中的土地收益上缴国家或者做其他处理。

第四十条 房地产转让，应当签订书面转让合同，合同中应当载明土地使用权取得的方式。

第四十一条 房地产转让时，土地使用权出让合同载明的权利、义务随之转移。

第四十二条 以出让方式取得土地使用权的，转让房地产后，其土地使用权的使用年限为原土地使用权出让合同约定的使用年限减去原土地使用者已经使用年限后的剩余年限。

第四十三条 以出让方式取得土地使用权的，转让房地产后，受让人改变原土地使用权出让合同约定的土地用途的，必须取得原出让方和市、县人民政府城市规划行政主管部门的同意，签订土地使用权出让合同变更协议或者重新签订土地使用权出让合同，相应调整土地使用权出让金。

第四十四条 商品房预售，应当符合下列条件：

（一）已交付全部土地使用权出让金，取得土地使用权证书；

（二）持有建设工程规划许可证；

（三）按提供预售的商品房计算，投入开发建设的资金达到工程建设总投资的25%以上，并已经确定施工进度和竣工交付日期；

（四）向县级以上人民政府房产管理部门办理预售登记，取得商品房预售许可证明。

商品房预售人应当按照国家有关规定将预售合同报县级以上人民政府房产管理部门和土地管理部门登记备案。

商品房预售所得款项，必须用于有关的工程建设。

第四十五条 商品房预售的，商品房预购人将购买的未竣工的预售商品房再行转让的问题，由国务院规定。

第三节 房地产抵押

第四十六条 房地产抵押，是指抵押人以其合法的房地产以不转移占有的方式向抵押权人提供债务履行担保的行为。债务人不履行债务时，抵押权人有权依法以抵押的房地产拍卖所得的价款优先受偿。

第四十七条 依法取得的房屋所有权连同该房屋占用范围的土地使用权，可以设定抵押权。

以出让方式取得的土地使用权，可以设定抵押权。

第四十八条 房地产抵押，应当凭土地使用权证书、房屋所有权证书办理。

第四十九条 房地产抵押，抵押人和抵押权人应当签订书面抵押合同。

第五十条 设定房地产抵押权的土地使用权是以划拨方式取得的，依法拍卖该房地产后，应当从拍卖所得的价款中缴纳相当于应缴纳的土地使用权出让金的款额后，抵押权人方可优先受偿。

第五十一条 房地产抵押合同签订后，土地上新增的房屋不属于抵押财产。需要拍卖该抵押的房地产时，可以依法将土地上新增的房屋与抵押财产一同拍卖，但对拍卖新增房屋所得，抵押权人无权优先受偿。

第四节 房屋租赁

第五十二条 房屋租赁，是指房屋所有权人作为出租人将其房屋出租给承租人使用，由承租人向出租人支付租金的行为。

第五十三条 房屋租赁，出租人和承租人应当签订书面租赁合同，约定租赁期限、租赁用途、租赁价格、修缮责任等条款，以及双方的其他权利和义务，并向房产管理部门登记备案。

第五十四条 住宅用房的租赁，应当执行国家和房屋所在城市人民政府规定的租赁政策。租用房屋从事生产、经营活动的，由租赁双方协商议定租金和其他租赁条款。

第五十五条 以营利为目的，房屋所有权人将以划拨方式取得使用权的国有土地上建成的房屋出租的，应当将租金中所含土地收益上缴国家。具体办法由国务院规定。

第五节　中 介 服 务 机 构

第五十六条　房地产中介服务机构包括房地产咨询机构、房地产价格评估机构、房地产经纪机构等。

第五十七条　房地产中介服务机构应当具备下列条件：

（一）有自己的名称和组织机构；

（二）有固定的服务场所；

（三）有必要的财产和经费；

（四）有足够数量的专业人员；

（五）法律、行政法规规定的其他条件。

设立房地产中介服务机构，应当向工商行政管理部门申请设立登记，领取营业执照后，方可开业。

第五十八条　国家实行房地产价格评估人员资格认证制度。

第五章　房地产权属登记管理

第五十九条　国家实行土地使用权和房屋所有权登记发证制度。

第六十条　以出让或者划拨方式取得土地使用权，应当向县级以上地方人民政府土地管理部门申请登记，经县级以上地方人民政府土地管理部门核实，由同级人民政府颁发土地使用权证书。

在依法取得的房地产开发用地上建成房屋的，应当凭土地使用权证书向县级以上地方人民政府房产管理部门申请登记，由县级以上地方人民政府房产管理部门核实并颁发房屋所有权证书。

房地产转让或者变更时，应当向县级以上地方人民政府房产管理部门申请房产变更登记，并凭变更后的房屋所有权证书向同级人民政府土地管理部门申请土地使用权变更登记，经同级人民政府土地管理部门核实，由同级人民政府更换或者更改土地使用权证书。

法律另有规定的，依照有关法律的规定办理。

第六十一条　房地产抵押时，应当向县级以上地方人民政府规定的部门办理抵押登记。

因处分抵押房地产而取得土地使用权和房屋所有权的，应当依照本章规定办理过户登记。

第六十二条　经省、自治区、直辖市人民政府确定，县级以上地方人民政府由一个部门统一负责房产管理和土地管理工作的，可以制作、颁发统一的房地产权证书，依照本法第六十条的规定，将房屋的所有权和该房屋占用范围内的土地使用权的确认和变更，分别载入房地产权证书。

第六章　法 律 责 任

第六十三条　违反本法第十条、第十一条的规定，擅自批准出让或者擅自出让土地使用权用于房地产开发的，由上级机关或者所在单位给予有关责任人员行政处分。

第六十四条　违反本法第二十九条的规定，未取得营业执照擅自从事房地产开发业务的，由县级以上人民政府工商行政管理部门责令停止房地产开发业务活动，没收违法所得，可以并处罚款。

第六十五条 违反本法第三十八条第一款的规定转让土地使用权的，由县级以上人民政府土地管理部门没收违法所得，可以并处罚款。

第六十六条 违反本法第三十九条第一款的规定转让房地产的，由县级以上人民政府土地管理部门责令缴纳土地使用权出让金，没收违法所得，可以并处罚款。

第六十七条 违反本法第四十四条第一款的规定预售商品房的，由县级以上人民政府房产管理部门责令停止预售活动，没收违法所得，可以并处罚款。

第六十八条 违反本法第五十七条的规定，未取得营业执照擅自从事房地产中介服务业务的，由县级以上人民政府工商行政管理部门责令停止房地产中介服务业务活动，没收违法所得，可以并处罚款。

第六十九条 没有法律、法规的依据，向房地产开发企业收费的，上级机关应当责令退回所收取的钱款；情节严重的，由上级机关或者所在单位给予直接责任人员行政处分。

第七十条 房产管理部门、土地管理部门工作人员玩忽职守，滥用职权，构成犯罪的，依法追究刑事责任；不构成犯罪的，给予行政处分。

房产管理部门、土地管理部门工作人员利用职务上的便利，索取他人财物，或者非法收受他人财物为他人谋取利益，构成犯罪的，依照惩治贪污罪贿赂罪的补充规定追究刑事责任；不构成犯罪的，给予行政处分。

第七章 附 则

第七十一条 在城市规划区外的国有土地范围内取得房地产开发用地的土地使用权，从事房地产开发交易活动以及实施房地产管理，参照本法执行。

第七十二条 本法自1995年1月1日起施行。

附录7

城市房屋拆迁管理条例

（2001年6月6日国务院通过公布 自2001年11月1日起施行）

第一章 总 则

第一条 为了加强对城市房屋拆迁的管理，维护拆迁当事人的合法权益，保障建设项目顺利进行，制定本条例。

第二条 在城市规划区内国有土地上实施房屋拆迁，并需要对被拆迁人补偿、安置的，适用本条例。

第三条 城市房屋拆迁必须符合城市规划，有利于城市旧区改造和生态环境改善，保护文物古迹。

第四条 拆迁人应当依照本条例的规定，对被拆迁人给予补偿、安置；被拆迁人应当在搬迁期限内完成搬迁。

本条例所称拆迁人，是指取得房屋拆迁许可证的单位。

本条例所称被拆迁人，是指被拆迁房屋的所有人。

第五条 国务院建设行政主管部门对全国城市房屋拆迁工作实施监督管理。

县级以上地方人民政府负责管理房屋拆迁工作的部门（以下简称房屋拆迁管理部门）对本行政区域内的城市房屋拆迁工作实施监督管理。县级以上地方人民政府有关部门应当依照本条例的规定，互相配合，保证房屋拆迁管理工作的顺利进行。

县级以上人民政府土地行政主管部门依照有关法律、行政法规的规定，负责与城市房屋拆迁有关的土地管理工作。

第二章 拆 迁 管 理

第六条 拆迁房屋的单位取得房屋拆迁许可证后，方可实施拆迁。

第七条 申请领取房屋拆迁许可证的，应当向房屋所在地的市、县人民政府房屋拆迁管理部门提交下列资料：

（一）建设项目批准文件；

（二）建设用地规划许可证；

（三）国有土地使用权批准文件；

（四）拆迁计划和拆迁方案；

（五）办理存款业务的金融机构出具的拆迁补偿安置资金证明。

市、县人民政府房屋拆迁管理部门应当自收到申请之日起30日内，对申请事项进行审查；经审查，对符合条件的，颁发房屋拆迁许可证。

第八条 房屋拆迁管理部门在发放房屋拆迁许可证的同时，应当将房屋拆迁许可证中载明的拆迁人、拆迁范围、拆迁期限等事项，以房屋拆迁公告的形式予以公布。

房屋拆迁管理部门和拆迁人应当及时向被拆迁人做好宣传、解释工作。

第九条 拆迁人应当在房屋拆迁许可证确定的拆迁范围和拆迁期限内，实施房屋拆迁。

需要延长拆迁期限的，拆迁人应当在拆迁期限届满15日前，向房屋拆迁管理部门提出延期拆迁申请；房屋拆迁管理部门应当自收到延期拆迁申请之日起10日内给予答复。

第十条 拆迁人可以自行拆迁，也可以委托具有拆迁资格的单位实施拆迁。

房屋拆迁管理部门不得作为拆迁人，不得接受拆迁委托。

第十一条 拆迁人委托拆迁的，应当向被委托的拆迁单位出具委托书，并订立拆迁委托合同。拆迁人应当自拆迁委托合同订立之日起15日内，将拆迁委托合同报房屋拆迁管理部门备案。

被委托的拆迁单位不得转让拆迁业务。

第十二条 拆迁范围确定后，拆迁范围内的单位和个人，不得进行下列活动：

（一）新建、扩建、改建房屋；

（二）改变房屋和土地用途；

（三）租赁房屋。

房屋拆迁管理部门应当就前款所列事项，书面通知有关部门暂停办理相关手续。暂停办理的书面通知应当载明暂停期限。暂停期限最长不得超过1年；拆迁人需要延长暂停期限的，必须经房屋拆迁管理部门批准，延长暂停期限不得超过1年。

第十三条 拆迁人与被拆迁人应当依照本条例的规定,就补偿方式和补偿金额、安置用房面积和安置地点、搬迁期限、搬迁过渡方式和过渡期限等事项,订立拆迁补偿安置协议。

拆迁租赁房屋的，拆迁人应当与被拆迁人、房屋承租人订立拆迁补偿安置协议。

第十四条 房屋拆迁管理部门代管的房屋需要拆迁的，拆迁补偿安置协议必须经公证机关公证，并办理证据保全。

第十五条 拆迁补偿安置协议订立后，被拆迁人或者房屋承租人在搬迁期限内拒绝搬迁的，拆迁人可以依法向仲裁委员会申请仲裁，也可以依法向人民法院起诉。诉讼期间，拆迁人可以依法申请人民法院先予执行。

第十六条 拆迁人与被拆迁人或者拆迁人、被拆迁人与房屋承租人达不成拆迁补偿安置协议的，经当事人申请，由房屋拆迁管理部门裁决。房屋拆迁管理部门是被拆迁人的，由同级人民政府裁决。裁决应当自收到申请之日起30日内作出。

当事人对裁决不服的，可以自裁决书送达之日起3个月内向人民法院起诉。拆迁人依照本条例规定已对被拆迁人给予货币补偿或者提供拆迁安置用房、周转用房的，诉讼期间不停止拆迁的执行。

第十七条 被拆迁人或者房屋承租人在裁决规定的搬迁期限内未搬迁的，由房屋所在地的市、县人民政府责成有关部门强制拆迁，或者由房屋拆迁管理部门依法申请人民法院强制拆迁。

实施强制拆迁前，拆迁人应当就被拆除房屋的有关事项，向公证机关办理证据保全。

第十八条 拆迁中涉及军事设施、教堂、寺庙、文物古迹以及外国驻华使（领）馆房屋的，依照有关法律、法规的规定办理。

第十九条 尚未完成拆迁补偿安置的建设项目转让的，应当经房屋拆迁管理部门同意，原拆迁补偿安置协议中有关权利、义务随之转移给受让人。项目转让人和受让人应当书面通知被拆迁人，并自转让合同签订之日起30日内予以公告。

第二十条 拆迁人实施房屋拆迁的补偿安置资金应当全部用于房屋拆迁的补偿安置，不得挪作他用。

县级以上地方人民政府房屋拆迁管理部门应当加强对拆迁补偿安置资金使用的监督。

第二十一条 房屋拆迁管理部门应当建立、健全拆迁档案管理制度，加强对拆迁档案资料的管理。

第三章 拆迁补偿与安置

第二十二条 拆迁人应当依照本条例规定，对被拆迁人给予补偿。

拆除违章建筑和超过批准期限的临时建筑，不予补偿；拆除未超过批准期限的临时建筑，应当给予适当补偿。

第二十三条 拆迁补偿的方式可以实行货币补偿，也可以实行房屋产权调换。

除本条例第二十五条第二款、第二十七条第二款规定的外，被拆迁人可以选择拆迁补偿方式。

第二十四条 货币补偿的金额，根据被拆迁房屋的区位、用途、建筑面积等因素，以房地产市场评估价格确定。具体办法由省、自治区、直辖市人民政府制定。

第二十五条 实行房屋产权调换的，拆迁人与被拆迁人应当依照本条例第二十四条的规定，计算被拆迁房屋的补偿金额和所调换房屋的价格，结清产权调换的差价。

拆迁非公益事业房屋的附属物，不作产权调换，由拆迁人给予货币补偿。

第二十六条 拆迁公益事业用房的，拆迁人应当依照有关法律、法规的规定和城市规划的要求予以重建，或者给予货币补偿。

第二十七条 拆迁租赁房屋，被拆迁人与房屋承租人解除租赁关系的，或者被拆迁人对房屋承租人进行安置的，拆迁人对被拆迁人给予补偿。

被拆迁人与房屋承租人对解除租赁关系达不成协议的，拆迁人应当对被拆迁人实行房屋产权调换。产权调换的房屋由原房屋承租人承租，被拆迁人应当与原房屋承租人重新订立房屋租赁合同。

第二十八条 拆迁人应当提供符合国家质量安全标准的房屋，用于拆迁安置。

第二十九条 拆迁产权不明确的房屋，拆迁人应当提出补偿安置方案，报房屋拆迁管理部门审核同意后实施拆迁。拆迁前，拆迁人应当就被拆迁房屋的有关事项向公证机关办理证据保全。

第三十条 拆迁设有抵押权的房屋，依照国家有关担保的法律执行。

第三十一条 拆迁人应当对被拆迁人或者房屋承租人支付搬迁补助费。

在过渡期限内，被拆迁人或者房屋承租人自行安排住处的，拆迁人应当支付临时安置补助费；被拆迁人或者房屋承租人使用拆迁人提供的周转房的，拆迁人不支付临时安置补助费。

搬迁补助费和临时安置补助费的标准，由省、自治区、直辖市人民政府规定。

第三十二条 拆迁人不得擅自延长过渡期限，周转房的使用人应当按时腾退周转房。

因拆迁人的责任延长过渡期限的，对自行安排住处的被拆迁人或者房屋承租人，应当自逾期之月起增加临时安置补助费；对周转房的使用人，应当自逾期之月起付给临时安置补助费。

第三十三条 因拆迁非住宅房屋造成停产、停业的，拆迁人应当给予适当补偿。

第四章 罚 则

第三十四条 违反本条例规定，未取得房屋拆迁许可证，擅自实施拆迁的，由房屋拆迁管理部门责令停止拆迁，给予警告，并处已经拆迁房屋建筑面积每平方米20元以上50元以下的罚款。

第三十五条 拆迁人违反本条例的规定，以欺骗手段取得房屋拆迁许可证的，由房屋拆迁管理部门吊销房屋拆迁许可证，并处拆迁补偿安置资金1%以上3%以下的罚款。

第三十六条 拆迁人违反本条例的规定，有下列行为之一的，

由房屋拆迁管理部门责令停止拆迁，给予警告，可以并处拆迁补偿安置资金3%以下的罚款；情节严重的，吊销房屋拆迁许可证：

（一）未按房屋拆迁许可证确定的拆迁范围实施房屋拆迁的；

（二）委托不具有拆迁资格的单位实施拆迁的；

（三）擅自延长拆迁期限的。

第三十七条 接受委托的拆迁单位违反本条例的规定,转让拆迁业务的,由房屋拆迁管理部门责令改正,没收违法所得,并处合同约定的拆迁服务费25%以上50%以下的罚款。

第三十八条 县级以上地方人民政府房屋拆迁管理部门违反本条例规定核发房屋拆迁许可证以及其他批准文件的，核发房屋拆迁许可证以及其他批准文件后不履行监督管理职责的，或者对违法行为不予查处的，对直接负责的主管人员和其他直接责任人员依法给予行政处分；情节严重，致使公共财产、国家和人民利益遭受重大损失，构成犯罪的，依法追究刑事责任。

第五章 附 则

第三十九条 在城市规划区外国有土地上实施房屋拆迁，并需要对被拆迁人补偿、安置的，参照本条例执行。

第四十条 本条例自2001年11月1日起施行。1991年3月22日国务院公布的《城市房屋拆迁管理条例》同时废止。

附录8

城市房地产开发经营管理条例

（1998年7月20日中华人民共和国国务院令第248号发布
自发布之日起施行）

第一章 总 则

第一条 为了规范房地产开发经营行为，加强对城市房地产开发经营活动的监督管理，促进和保障房地产业的健康发展，根据《中华人民共和国城市房地产管理法》的有关规定，制定本条例。

第二条 本条例所称房地产开发经营，是指房地产开发企业在城市规划区内国有土地上进行基础设施建设、房屋建设，并转让房地产开发项目或者销售、出租商品房的行为。

第三条 房地产开发经营应当按照经济效益、社会效益、环境效益相统一的原则，实行全面规划、合理布局、综合开发、配套建设。

第四条 国务院建设行政主管部门负责全国房地产开发经营活动的监督管理工作。

县级以上地方人民政府房地产开发主管部门负责本行政区域内房地产开发经营活动的监督管理工作。

县级以上人民政府负责土地管理工作的部门依照有关法律、行政法规的规定，负责与房地产开发经营有关的土地管理工作。

第二章 房地产开发企业

第五条 设立房地产开发企业，除应当符合有关法律、行政法规规定的企业设立条件外，还应当具备下列条件：

（一）有100万元以上的注册资本；

（二）有4名以上持有资格证书的房地产专业、建筑工程专业的专职技术人员，2名以上持有资格证书的专职会计人员。

省、自治区、直辖市人民政府可以根据本地方的实际情况，对设立房地产开发企业的注册资本和专业技术人员的条件做出高于前款的规定。

第六条 外商投资设立房地产开发企业的，除应当符合本条例第五条的规定外，还应当依照外商投资企业法律、行政法规的规定，办理有关审批手续。

第七条 设立房地产开发企业，应当向县级以上人民政府工商行政管理部门申请登记。工商行政管理部门对符合本条例第五条规定条件的，应当自收到申请之日起30日内予以登记；对不符合条件不予登记的，应当说明理由。

工商行政管理部门在对设立房地产开发企业申请登记进行审查时，应当听取同级房地产开发主管部门的意见。

第八条 房地产开发企业应当自领取营业执照之日起30日内，持下列文件到登记机关所在地的房地产开发主管部门备案：

（一）营业执照复印件；

（二）企业章程；

（三）验资证明；

（四）企业法定代表人的身份证明；

（五）专业技术人员的资格证书和聘用合同。

第九条 房地产开发主管部门应当根据房地产开发企业的资产、专业技术人员和开发经营业绩等，对备案的房地产开发企业核定资质等级。房地产开发企业应当按照核定的资质等级，承担相应的房地产开发项目。具体办法由国务院建设行政主管部门制定。

第三章 房地产开发建设

第十条 确定房地产开发项目，应当符合土地利用总体规划、年度建设用地计划和城市规划、房地产开发年度计划的要求；按照国家有关规定需要经计划主管部门批准的，还应当报计划主管部门批准，并纳入年度固定资产投资计划。

第十一条 确定房地产开发项目，应当坚持旧区改建和新区建设相结合的原则，注重开发基础设施薄弱、交通拥挤、环境污染严重以及危旧房屋集中的区域，保护和改善城市生态环境，保护历史文化遗产。

第十二条 房地产开发用地应当以出让方式取得；但是，法律和国务院规定可以采用划拨方式的除外。

土地使用权出让或者划拨前，县级以上地方人民政府城市规划行政主管部门和房地产开发主管部门应当对下列事项提出书面意见，作为土地使用权出让或者划拨的依据之一：

（一）房地产开发项目的性质、规模和开发期限；

（二）城市规划设计条件；

（三）基础设施和公共设施的建设要求；

（四）基础设施建成后的产权界定；

（五）项目拆迁补偿、安置要求。

第十三条 房地产开发项目应当建立资本金制度，资本金占项目总投资的比例不得低于20%。

第十四条 房地产开发项目的开发建设应当统筹安排配套基础设施，并根据先地下、后地上的原则实施。

第十五条 房地产开发企业应当按照土地使用权出让合同约定的土地用途、动工开发期限进行项目开发建设。出让合同约定的动工开发期限满1年未动工开发的，可以征收相当于土地使用权出让金20%以下的土地闲置费；满2年未动工开发的，可以无偿收回土地使用权。但是，因不可抗力或者政府、政府有关部门的行为或者动工开发必需的前期工作造成动工迟延的除外。

第十六条 房地产开发企业开发建设的房地产项目，应当符合有关法律、法规的规定和建筑工程质量、安全标准、建筑工程勘察、设计、施工的技术规范以及合同的约定。

房地产开发企业应当对其开发建设的房地产开发项目的质量承担责任。

勘察、设计、施工、监理等单位应当依照有关法律、法规的规定或者合同的约定，承担相应的责任。

第十七条 房地产开发项目竣工，经验收合格后，方可交付使用；未经验收或者验收不合格的，不得交付使用。

房地产开发项目竣工后，房地产开发企业应当向项目所在地的县级以上地方人民政府房地产开发主管部门提出竣工验收申请。房地产开发主管部门应当自收到竣工验收申请之日起30日内，对涉及公共安全的内容，组织工程质量监督、规划、消防、人防等有关部门或者单位进行验收。

第十八条 住宅小区等群体房地产开发项目竣工，应当依照本条例第十七条的规定和下列要求进行综合验收：

（一）城市规划设计条件的落实情况；

（二）城市规划要求配套的基础设施和公共设施的建设情况；

（三）单项工程的工程质量验收情况；

（四）拆迁安置方案的落实情况；

（五）物业管理的落实情况。

住宅小区等群体房地产开发项目实行分期开发的，可以分期验收。

第十九条 房地产开发企业应当将房地产开发项目建设过程中的主要事项记录在房地产开发项目手册中，并定期送房地产开发主管部门备案。

第四章 房地产经营

第二十条 转让房地产开发项目，应当符合《中华人民共和国城市房地产管理法》第三十八条、第三十九条规定的条件。

第二十一条 转让房地产开发项目，转让人和受让人应当自土地使用权变更登记手续办理完毕之日起 30 日内，持房地产开发项目转让合同到房地产开发主管部门备案。

第二十二条 房地产开发企业转让房地产开发项目时，尚未完成拆迁补偿安置的，原拆迁补偿安置合同中有关的权利、义务随之转移给受让人。项目转让人应当书面通知被拆迁人。

第二十三条 房地产开发企业预售商品房，应当符合下列条件：

（一）已交付全部土地使用权出让金，取得土地使用权证书；

（二）持有建设工程规划许可证和施工许可证；

（三）按提供的预售商品房计算，投入开发建设的资金达到工程建设总投资的 25% 以上，并已确定施工进度和竣工交付日期；

（四）已办理预售登记，取得商品房预售许可证明。

第二十四条 房地产开发企业申请办理商品房预售登记，应当提交下列文件：

（一）本条例第二十三条第（一）项至第（三）项规定的证明材料；

（二）营业执照和资质等级证书；

（三）工程施工合同；

（四）预售商品房分层平面图；

（五）商品房预售方案。

第二十五条 房地产开发主管部门应当自收到商品房预售申请之日起 10 日内，做出同意预售或者不同意预售的答复。同意预售的，应当核发商品房预售许可证明；不同意预售的，应当说明理由。

第二十六条 房地产开发企业不得进行虚假广告宣传，商品房预售广告中应当载明商品房预售许可证明的文号。

第二十七条 房地产开发企业预售商品房时，应当向预购人出示商品房预售许可证明。

房地产开发企业应当自商品房预售合同签订之日起 30 日内，到商品房所在地的县级以上人民政府房地产开发主管部门和负责土地管理工作的部门备案。

第二十八 商品房销售，当事人双方应当签订书面合同。合同应当载明商品房的建筑面积和使用面积、价格、交付日期、质量要求、物业管理方式以及双方的违约责任。

第二十九条 房地产开发企业委托中介机构代理销售商品房的，应当向中介机构出具委托书。中介机构销售商品房时，应当向商品房购买人出示商品房的有关证明文件和商品房销售委托书。

第三十条 房地产开发项目转让和商品房销售价格，由当事人协商议定；但是，享受国家优惠政策的居民住宅价格，应当实行政府指导价或者政府定价。

第三十一条 房地产开发企业应当在商品房交付使用时，向购买人提供住宅质量保证书和住宅使用说明书。

住宅质量保证书应当列明工程质量监督单位核验的质量等级、保修范围、保修期和保修单位等内容。房地产开发企业应当按照住宅质量保证书的约定，承担商品房保修责任。

保修期内，因房地产开发企业对商品房进行维修，致使房屋原使用功能受到影响，给购买人造成损失的，应当依法承担赔偿责任。

第三十二条 商品房交付使用后，购买人认为主体结构质量不合格的，可以向工程质量监督单位申请重新核验。经核验，确属主体结构质量不合格的，购买人有权退房；给购买人造成损失的，房地产开发企业应当依法承担赔偿责任。

第三十三条 预售商品房的购买人应当自商品房交付使用之日起 90 日内，办理土地使用权变更和房屋所有权登记手续；现售商品房的购买人应当自销售合同签订之日起 90 日内，办理土地使用权变更和房屋所有权登记手续。房地产开发企业应当协助商品房购买人办理土地使用权变更和房屋所有权登记手续，并提供必要的证明文件。

第五章 法律责任

第三十四条 违反本条例规定，未取得营业执照，擅自从事房地产开发经营的，由县级以上人民政府工商行政管理部门责令停止房地产开发经营活动，没收违法所得，可以并处违法所得 5 倍以下的罚款。

第三十五条 违反本条例规定，未取得资质等级证书或者超越资质等级从事房地产开发经营的，由县级以上人民政府房地产开发主管部门责令限期改正，处 5 万元以上 10 万元以下的罚款；逾期不改正的，由工商行政管理部门吊销营业执照。

第三十六条 违反本条例规定，将未经验收的房屋交付使用的，由县级以上人民政府房地产开发主管部门责令限期补办验收手续；逾期不补办验收手续的，由县级以上人民政府房地产开发主管部门组织有关部门和单位进行验收，并处 10 万元以上 30 万元以下的罚款。经验收不合格的，依照本条例第三十七条的规定处理。

第三十七条 违反本条例规定，将验收不合格的房屋交付使用的，由县级以上人民政府房地产开发主管部门责令限期返修，并处交付使用的房屋总造价 2% 以下的罚款；情节严重的，由工商行政管理部门吊销营业执照；给购买人造成损失的，应当依法承担赔偿责任；造成重大伤亡事故或者其他严重后果，构成犯罪的，依法追究刑事责任。

第三十八条 违反本条例规定，擅自转让房地产开发项目的，由县级以上人民政府负责土地管理工作的部门责令停止违法行为，没收违法所得，可以并处违法所得 5 倍以下的罚款。

第三十九条 违反本条例规定，擅自预售商品房的，由县级以上人民政府房地产开发主管部门责令停止违法行为，没收违法所得，可以并处已收取的预付款 1% 以下的罚款。

第四十条 国家机关工作人员在房地产开发经营监督管理工作中玩忽职守、徇私舞弊、滥用职权，构成犯罪的，依法追究刑事责任；尚不构成犯罪的，依法给予行政处分。

第六章 附 则

第四十一条 在城市规划区外国有土地上从事房地产开发经营，实施房地产开发经营监督管理，参照本条例执行。

第四十二条 城市规划区内集体所有的土地，经依法征用转为国有土地后，方可用于房地产开发经营。

第四十三条 本条例自发布之日起施行。

附录 9

案 例 分 析

案例 1　违反规划法，六层大楼被拆除

原告贵州省电子联合康乐公司不服贵州省贵阳市城市规划局做出的对其违法建筑拆除的决定，向贵阳市中级人民法院提起行政诉讼。

原告将修建计划报送被告贵阳市城市规划局审批。原告在被告尚未审批，没有取得建设工程规划许可证的情况下，于 8 月 23 日擅自动工修建儿童乐园大楼。同年 12 月 9 日，被告和市、区城管会的有关负责人到施工现场，责令原告立即停工，并写出书面检查。原告于当日向被告做出书面检查，表示愿意停止施工，接受处理。但是原告并未停止施工。

1993 年 2 月 20 日，被告根据《中华人民共和国城市规划法》第三十二条、第四十条，《贵州省关于中华人民共和国城市规划法实施办法》第二十三条、第二十四条的规定，做出违法建筑拆除决定书，限令原告在 1993 年 3 月 7 日前自行拆除未完工的违法修建的儿童乐园大楼。原告不服，向贵州省城乡建设环境保护厅申请复议。贵州省城乡建设环境保护厅于 1993 年 4 月 7 日做出维护贵阳市城市规划局的违法建筑拆除决定。在复议期间，原告仍继续施工，致使建筑面积为 $1730m^2$ 的六层大楼主体工程基本完工。

上述事实，经庭审调查核实，原、被告双方均无争议。

贵阳市中级人民法院依照《中华人民共和国行政诉讼法》第五十四条第（一）项的规定，该院于 1993 年 5 月 21 日判决：维持贵阳市城市规划局做出的违法建筑拆除决定。

第一审宣判后，原告贵州省电子联合康乐公司不服，向贵州省高级人民法院提出上诉，请求撤销原判，改判为罚款保留房屋，并补办修建手续。

贵州省高级人民法院在庭审期间，上诉人主动提出：“服从和执行贵阳市中级人民法院的一审判决，申请撤回上诉。”贵州省高级人民法院经审查认为，上诉人无证修建儿童乐园大楼属严重违法建筑的事实存在，对上诉人做出拆除该违法房屋建筑的处罚决定合法。上诉人自愿申请撤回上诉，依照行政诉讼法第五十一条的规定，于 1993 年 11 月 1 日做出裁定：准许上诉人贵州省电子联合康乐公司撤回上诉。双方当事人按贵阳市中级人民法院的一审判决执行。到 1994 年 2 月，贵州省电子联合康乐公司违法修建的儿童乐园大楼已全部拆除。

案例 2　超资质承建工程，合同无效，责任难逃

1993 年 10 月，某市帆布厂（以下简称甲方）与某市区修建工程队（以下简称乙方）订立了建筑工程承包工程。合同规定：乙方为甲方建一框架厂房，跨度 12m，总造价为 98.9 万元；承包方式为包工包料；开、竣工日期为 1993 年 11 月 2 日～1995 年 3 月 10 日。自工程开工至 1995 年底，甲方付给乙方工程款、材料垫付款共 101.6 万元。到合同规定的竣工期限，乙方未能完工，而且已完工程质量部分不合格。为此，双方发生纠纷。

经查明：乙方在工商行政管理机关登记的经营范围为维修和承建小型非生产性建筑工程，无资格承包此项工程。经有关部门鉴定：该项工程造价应为 98.9 万元，未完工程折价为 11.7 万元，已完工程的厂房屋面质量不合格，返工费为 5.6 万元。

受诉法院审理认为：工商企业法人应在工商行政管理机关核准的经营范围内进行经营活动，超范围经营的民事行为无效。本案被告乙方承包建筑厂房，超越了自己的技术等级范围。根据及《建设工程施工合同管理办法》第四条的规定，判决如下：

1. 原告所订立的建筑工程承包合同无效；

2. 被告返还原告多付的工程款14.4万元；

3. 被告偿付原告工程质量不合格所需的返工费5.6万元。

建筑企业在进行承建活动时，必须严格遵守核准登记的建筑工程承建技术资质等级范围，禁止超资质等级承建工程。本案被告的经营范围仅能承建小型非生产性建筑工程和维修项目，其技术等级不能承建与原告所订合同规定的生产性厂房。因此被告对合同无效及工程质量问题应负全部责任，承担工程质量的返工费，并偿还给原告多收的工程款。

案例3　目无法规，楼倒人亡，教训惨痛

四川省德阳市棉麻总公司的七层框架办公楼于1994年10月24日破土动工，1995年9月13日完成主体工程，1995年12月8日倒塌，死伤数十人，直接经济损失200余万元，造成特别重大事故。根据调查、取证、鉴定，造成该重大事故的原因主要有以下几方面：

1. 不按标准、规范进行设计和施工是造成该事故的主要原因。该工程的设计单位将承台一律设计成500mm厚，使绝大多数承台受冲切、受剪、受弯，承载力严重不足；大部分柱下桩基的桩数不够，实际桩数与按规范计算的桩数比较相差10%～33%；底层很多柱及二层部分柱轴压比超过抗震设计规范规定；底层许多柱实际配筋小于按规范计算需要值，有的柱配筋少了近一半；七层梁悬挑部分断面过小，梁的计算配筋相差49%。在施工中，工程施工负责人将基础承台减薄100mm左右。

2. 工程施工管理混乱，违反建筑市场管理规定是造成该事故的原因之一。该工程由德阳市建筑公司承包，该公司将工程交由挂靠该公司的三工程处施工，三工程处又聘用持有新能源技术开发公司中级施工员实习证的农民为现场施工员。该工程10月24日开工，同年11月8日才补办了《施工许可证》。上述行为严重违反了《建设工程施工现场管理规定》和《建筑市场管理规定》。

不按标准、规范进行设计和施工造成工程事故，提醒人们：千万不要为了节省一点资金，去委托一些较差的设计、施工单位，那样会付出沉重的代价。

案例4　提供不实地质资料，厂房开裂，责任难逃

某厂新建一车间，分别与市设计院和市建某公司签订设计合同和施工合同。工程竣工后厂房北侧墙壁发生较大裂缝，属工程质量问题。为此，该厂向法院起诉承建公司。经过工程质量鉴定单位勘查后，查明裂缝是由于地基不均匀沉降引起。进一步分析的结论是结构设计图纸所依据的地质资料不准，于是该厂又诉讼市设计院。市设计院称是根据该厂提供的地质资料设计的，不应承担事故责任。经法院查证：该厂提供的地质资料不是新建车间的地质资料，而是与该车间相邻的某厂的地质资料，事故前设计院也不知该情况。

经过法庭辩论查证，结论是该厂车间发生的工程质量问题由该厂自行确定解决办法，不在本案处理范围。诉讼费主要应由该厂负担，市设计院也应承担一小部分。经双方同意，自行协商解决。

该案例中，设计合同的主体是某厂和市设计院，施工合同的主体是某厂和市建某公司。根据案情，由于设计图纸所依据的资料不准，使地基不均匀沉降，最终导致墙壁产生裂缝，所以，事故所涉及的是设计合同中的责权关系，而与施工合同无关，即市建某公司没有责任。在设计合同中，提供准确的资料是委托方的义务之一，而且要对"资料的可靠性负责"(《条例》第八条)，所以委托方提供不实地质资料是事故的根源。委托方是事故的主要责任者，市设计院接收对方提供的资料设计，似乎没有过错，但是直到事故发生前设计院仍不知道资料虚假，说明在整个设计过程中，设计院并未对地质资料进行认真的审查，导致事故，否则，有可能防患于未然。所以，设计院也是责任者之一。由此可知：在此事故中，委托方（某厂）为直接责任者、主要责任者，承担方（设计院）为间接责任者、次要责任者。

案例 5　无照装修门脸，招来市容罚款

坐落在某市整修后的示范街上的市进出口公司××经营部，将原有经营工艺品改为经营家电商品后，于 1996 年 3 月，将其临街商业用房在原有基础上进行外檐装修、更换牌匾。经执法人员核查，该经营部没有办理有关市容审批手续，属于无照施工。

鉴于以上情况，城市建设管理监察河东中队决定对该经营部处以 300 元罚款，并限期将违章状况改正并前往市容管理机构补办手续，写出书面检查。

《城市市容和环境卫生管理条例》规定："一切单位和个人都应当保持建筑物的整洁美观""单位和个人在城市建筑物、设施上张挂、张贴宣传品等，需经城市人民政府市容环境卫生行政主管部或者其他有关部门批准。"《××市市容管理处罚规定》第十二条规定为："对未经批准擅自拆改整修后的街道两侧建筑物、围墙、或改变建筑物、围墙的外檐结构造型、装饰、色调、以及损坏装饰、私开门脸的，责其停止违章行为、恢复原状、赔偿经济损失。并视情节处 500 元以下罚款。"同时还规定：对违反市容环境管理制度的行为，除有关管理部门依法查处外，市容卫生管理委员会可以责成城市建设管理监察队进行处罚。

根据以上规定，××城市建设管理监察河东中队做出了处以 300 元罚款等的处理决定。

案例 6　违法受处，越权执法，责任难免

1986 年，某街道办事处经某绿化办主任黄某同意，在某区绿化带上兴建清扫队办公室及仓库用房。1986 年 11 月 1 日，某街道办事处将建房报告送某区城建局审批，该局在报告上签署了："根据上述情况，经研究同意建 $50m^2$ 用于民办清扫队的临时设施，树木由建方移栽"的意见。1987 年 1 月 20 日，在现场施工的绿化带打了长 14.6m，宽 4.2m，面积为 $61.32m^2$ 的钢筋混凝土基础，并将该地的四棵水杉树移栽到北面绿化带上。由于该位置建房会影响其他单位的通风、安全及垃圾运出，后在市规划办、市政管理处等单位制止下，街道办事处于同年 2 月 25 日停止施工。所移栽的 17 棵树林，成活 10 棵，死亡 7 棵。9 月 3 日，该市绿化办公室认为该街道办事处，一无市规划办的建设许可文件，二无市绿化办移（砍）树木的审批手续，擅自毁坏塘坝绿化带定植的 17 棵水杉树，因此发出《绿化损坏罚款通知书》对该街道办罚款 3600 元，对街道负责人张某罚款 100 元。街道办事处不服，向市某区人民法院提起诉讼。

法院经审理后认为：原告在建房、移栽树木前，虽然取得了某区城建局的同意，但并未办理施工和移栽树木的许可证，在施工中又擅自扩大建房面积，并将临时设施建成永久性用房，因此，对绿化带的损失应负主要责任。该区城建局越权批准建临时设施，无权批准移栽树木，其批示无效，对本案应负一定责任。但当该局主要负责人在知道批示属违章建筑时，及时派人与有关单位制止了施工，又在会议上，主动承担了责任，故不予追究。被告的处罚决定部分事实认定不准，适用法律不当。根据《中华人民共和国森林法》之规定，判决如下：

1. 变更被告某绿办字（87）第11号《绿化损坏罚款通知书》；

2. 由原告（某街道办事处）负责赔偿移栽树木费210元，在被损坏的绿化带上补种胸径5cm以上的水杉树21棵，并保证成活。

判决后，被告不服，遂向中级人民法院上诉。

中院经审理认为，某区城建局同意某街道办事处在绿化带上建50m^{2}的临时设施和移栽树木，是一种越权行为，其批示无效，对所批50m^{2}以内的水杉树被移栽负主要责任，被告将此责任全部裁决由原告承担不妥。但原告未到有关部门办理施工和移栽树木许可证，对50m^{2}内的水杉树受损应负一定责任，对擅自扩大的11.32m^{2}内的绿化带受损应负全部责任。一审法院对原告不予处罚不妥，根据《中华人民共和国森林法》有关规定，判决：

1. 维持区人民法院的1、2项内容；

2. 对原告擅自扩大建筑中移栽的水杉树3棵，罚款96元。

本案二审人民法院的判决认定事实清楚，分清了责任，适用法律恰当，处理较好。

案例7　土地归国家所有，自行转让土地违法

1988年12月，某国防厂因迁厂留有闲置房251间，某县造纸厂了解情况后，经其业务上级主管部门同意，双方达成《有偿房地产协议书》（简称协议），1989年1月经该县公证处公证生效。协议商定：某国防厂将其闲置的251间房地产转让给造纸厂，房地产四界明确，并附有房地产平面图，造纸厂付给某国防厂房地产价款人民币18万元。

协议生效后，造纸厂于1989年6月底付清了房地产价款，并在1989年7月10日起对该房地产行使了管理。1990年1月，该县土地局对上列双方转让房地产做出如下行政处理决定：

1. 宣布“协议”无效；

2. 没收某国防厂非法转让土地价款；

3. 收回“协议”中四界之内土地使用权；

4. 251间房屋所有权归该县人民政府。

某国防厂和造纸厂不服决定，向该县人民法院起诉，因案情重大，政策性强，县人民法院报请地区中级人民法院审理。

地区中级人民法院审理认为企业有权在法律授权的范围内处分其闲置多余的固定资产，遂做出判决：撤销该县土地局（90）84号处理决定。案件受理费980元由该县土地局承担。该县土地局不服原判决，以程序违法、事实不清和运用法律不当向某省高级人民法院提起上诉，请求撤销原判决。

省高级人民法院依法组成合议庭进行了审理，做出终审判决：

1. 撤销丰南地区中级人民法院原审判决；

2. 某国防厂与造纸厂转让土地协议无效，某国防厂收取造纸厂房地产转让款 18 万元，应予退回；

3. 协议中的国有土地交由该县人民政府土地管理部门统一管理，县人民政府土地管理部门负责由新的用地单位给予某国防厂在该土地上的房屋以合理的补偿；

4. 分别对某国防厂和造纸厂罚款人民币 3500 元，诉讼费亦由它们各分担一半。

省高级人民法院的二审判决是正确的，因为自行买卖、租赁土地是严重的违反宪法的行为。《中华人民共和国宪法》规定：任何组织或者个人不得侵占、买卖、出租或者以其他形式非法转让土地。

《中华人民共和国土地管理法》第二条第三款也做了类似的规定，第六条规定一切土地归国家所有，明确了土地的国有性质。第四十七条还规定："买卖或者以其他形式非法转让土地的，没收非法所得，限期拆除或者没收在买卖或者以非法转让的土地上新建的建筑物和其他设施，并可以对当事人处以罚款；对主管人员由其所在单位或者上级机关给予行政处分。"这是执法机关在处理这类案件时的法律依据。

本案中某国防厂转让的土地，所有权属于国家，某国防厂只有使用权，无权转让。造纸厂需要使用国有土地，应当依照法定程序申请取得。某国防厂与造纸厂自行转让国有土地使用权，违反《土地管理法》和《城市房地产管理法》的有关规定。对于这种违法行为，县人民政府土地管理部依法进行管理和处罚，是正确的，法院理应支持。而原审人民法院认定地产属于企业固定资产，可以自行转让，缺乏依据，应当予以撤销。同时，对违法双方给予必要的处罚，承担一定的法律责任，也是正确的。

案例 8　违章犯法，大桥坍塌，锒铛入狱

1995 年 3 月～10 月，上海古华市政建设工程公司和浙江萧山市市政工程公司分别与奉贤县市政工程管理所签订了承建奉贤县南桥镇新建西路贝港桥的合同，两份合同总造价 191 万元。陈某作为两个承包单位在贝港桥工地的负责人，全面负责贝港桥的工程施工。在桥梁施工过程中，陈某对工作严重不负责任，违反《上海市建设工程质量监督管理办法》等有关规定，聘用无证人员上岗，偷工减料，粗制滥造，不按图纸要求施工，使该桥两个桥墩的钻孔灌注桩施工质量严重低劣，桩身长度不足，桩身混凝土没有达到设计持力层，实际承载能力与设计承载能力相比严重不足，致使贝港桥刚竣工尚未通行，便于 1995 年 12 月 26 日下午 4 时 15 分下沉坍塌，造成直接经济损失 75 万余元。

在这期间，奉贤县市政工程管理所指派吴某担任本县南桥镇新建西路贝港桥工程施工管理员，吴某没有正确履行管理职责，在钻孔灌注桩施工过程中，违反市政工程及验收的有关规定，未对钻孔灌注桩的孔径、孔深、混凝土质量、用量等进行检查和计算，并盲目在有关施工质量验收单及施工记录上签字。由于吴某玩忽职守，施工人员偷工减料，使贝港桥施工质量严重低劣。吴某对该桥事故的发生负有直接责任。

1995 年 3 月 7 日，虞某被贝港桥工地的负责人陈某聘为奉贤县南桥镇新建西路贝港桥工地的技术员和质检员。在贝港桥的建造过程中，虞某违反上海市市政工程管理局《市政工程施工及验收技术规程》等规章制度，工作严重失职，未对钻孔灌注桩混凝土抗压强度、孔径、孔深等进行检验，并且伪造了钻孔桩钻孔完成后灌注混凝土前的检查记录、钻孔桩记录（回转钻进）、水下混凝土灌注记录表等原始记录，从而掩盖了桩身混凝土存在的严重质量问题。

上海市奉贤县人民检察院分别于1996年5月29日、6月13日，以玩忽职守罪对陈某吴某立案侦查，6月1日，以重大责任事故罪对虞某立案侦查。经侦查认为，被告人陈某、吴某在贝港桥的施工中有章不循，不正确履行自己的职责，致使国家遭受重大损失，其行为已构成玩忽职守罪；被告人虞某在贝港桥施工中不负责任，违反规章制度，伪造原始记录，致使国家遭受重大损失，其行为已构成重大责任事故罪。奉贤县人民检察院根据《中华人民共和国刑事诉讼法》第一百条的规定，分别于1996年10月24日、11月15日将该案向奉贤县人民法院提起公诉。

1996年12月6日，上海市奉贤县人民法院经公开审理，以玩忽职守罪判处被告人陈某有期徒刑二年，判处被告人吴某有期徒刑一年，缓刑一年；以重大责任事故罪判处虞某有期徒刑一年，缓刑一年。

案例9　超权“苛刻检查”，导致工程损失，承担索赔后果

D外贸公司委派A业主代表对其办公楼工程进行监督管理。乙方（某工程局工程公司）开槽后发现一输气管道影响施工。A代表察看现场后，认为乙方放线有误，提出重新复查定位线。乙方配合复查，没有查出问题。一天后，A代表认为前一天复测时仪器有问题，要求更换测量仪器再次复测。乙方只好停工配合复测，最后证明测量无错误。乙方向D公司提出了合同中未确定输气管道技术处理费及甲方代表反复检查两次的配合费用的索赔要求。

在办公楼施工阶段，A代表对乙方施工的框架梁、柱钢筋工程的隐蔽检查更加“认真”，对主筋表面浮锈要求进行全面除锈（按当时情况，钢筋表面的浮锈无脱皮现象，允许不除锈）。对绑扎箍筋间距误差<0.5cm的规范允许情况都要求返工，不予签办隐检手续。乙方在取得有关证据及证明的情况下，向D公司提出了所委派代表苛刻检查的事实和索赔要求。

经双方多次协商，甲方同意付给乙方因其代表苛刻检查所发生的相关费用。

按照合同规定，甲方代表及其委派人员有权在施工过程中的任何时候对所管工程进行现场检验。乙方应为其提供便利条件，并按照甲方代表及委派人员的要求返工、修改，承担由自身原因导致返工及修改的费用。甲方代表所提出的修改或返工的要求应该依据合同所指定的技术规范，一旦甲方代表的检查超出合同范围，超出技术规范要求即认为是“苛刻检查”。所以，甲方代表对自己的权力职责行为应掌握好合同界限，过分地不恰当地使用自己的权力，将会产生不良后果。

对工程苛刻检查常见的情况有：对同一部位的反复检查，使用与合同规定不符的检查标准进行检查，过分频繁的检查，故意不及时检查等。在实际工作中，有时对“严格检查”与“苛刻检查”的划分难以统一看法，也往往会引起甲、乙双方工作上的不协调，影响主要工作目标的实施。上述情况可按索赔处理。

案例 10　因政府行为单方解除合同，未构成违约

1995 年 7 月，某开发公司与某研究院签了一个联合建房合同。合同约定，某公司负责投入资金，研究院负责取得规划地块上的政府有关批准文件，双方共同建造一座 12 层的大厦。在合同签订前，研究院在批准建房的地块上已做了一些前期开发工作，投入了约 150 万元的资金，合同规定某公司对此 150 万元给予补偿。同时规定在某公司支付此补偿费 150 万元后一星期内，研究院必须将政府有关批准文件交付对方，以便及时展开规划设计与施工工作。合同还规定若发生不可抗力或因政府行为而使合同无法履行，不视为违约。

合同订立后，某公司于 7 月 29 日将 150 万元汇入研究院的帐号。但由于市政府对于批建房的地块的规划一直处于变动之中，到 1995 年 11 月，研究院仍未取得批准文件。某公司一再催促，若得不到批准文件就解除合同，研究院以政府行为并非其本身原因为由拖延，不同意解除合同。1996 年该市的房地产市场不景气，某公司便于 1996 年 5 月 18 日发函给研究院，宣布解除合同关系，要求研究院返还 150 万元并支付违约金。研究院不同意，要求继续履行合同，说他们一直在争取之中。某公司遂起诉研究院，要求解除合同，返还 150 万元，支付违约金。法院受理后，研究院答辩称某公司单方宣布解除合同是于法无据的。150 万元属于支付给研究院的补偿费，不应退还。反要求某公司支付违约金。双方意见完全相反。

在合同中，当事人是否有权单方解除合同？回答是肯定的。除了双方协商一致可以解除合同外，当事人在不可抗力和另一方违约的情况下享有单方解除合同的权力：单方解除合同与合同的协商一致订立原则和合同的全面履行原则是相违背的，这是在特殊情况下不得已而采取的措施，因此一定要慎重行使。当事人单方解除合同的效力应自解除合同的通知到达对方当事人处生效；因此通知应及时送达对方，并应采取书面形式。在此之后，原经济合同就失去了效力。但如果行使单方解除权的当事人因行使不当而给对方当事人造成了损失的，应承担赔偿损失的责任。

本案中，政府行为的变化导致合同的不能履行，不应视为不可抗力。因为如果合同涉及到政府的行为，当事人对此应当是有预见性的。但如果双方当事人同意将政府行为列入不可抗力，这也是允许的。故为避免日后引起纠纷，当事人最好在合同中约定不可抗力的范围。本案的合同规定若因不可抗力或政府行为导致合同不能履行的，不视为违约。

这样，既然研究院一直拿不到批准文件，不能按合同约定交付文件，不视为违约行为，那么可以说发生了不可抗力事件。由于房地产开发与一般的经济合同不一样，具有很强的时间性。房地产市场变化较快，如果不及时开工，损失将会很大。因此，本案研究院在合同订立后 10 个月仍无法得到批准文件，此时房地产的市场已萧条，可以认为已严重影响到了合同订立时所预期的利益。就某公司来说，合同的履行已没有必要，故某公司根据《合同法》的规定，宣布单方解除合同是合理、合法的。法院判决合同应予解除。合同解除后，就要对双方的责任、财产进行处理。

案例 11　工程分包过多，协调困难，既拖工期，又被索赔

某研究单位科研楼工程，甲方决定直接分包给不同性质的四个公司，分别与 T 公司签定了土建施工合同，与 S 公司签定了水电安装合同，与 D 公司签定了电梯安装合同，与 B 公司签订了室内装饰合同。四个合同协议都对甲方提出了一个相同的条款，即"甲方应协调现场其他施工单位为乙方创造如垂直运输等可利用条件。"合同执行后，发生了如下事件。

1. 顶层结构楼板吊装后，T 公司立刻拆除塔吊，改用卷扬机运材料做屋面及外装饰，D 公司原计划由甲方协调使用塔吊将电梯机房设备吊上 9 层楼顶的设想落空后，提出用 T 公司的卷扬机运送，T 公司提出卷扬机吨位不足，不能运送。最后，D 公司只好为机房设备的吊装重新确定方案。

2. 安装单位进入施工现场后，S 公司按照协议条款，把设备的垂直运输方案定在使用新装电梯这一条件上。设备到梯待运时，D 公司提出不准使用的理由，一是虽能运行，仍在调试阶段，二是没有帮其他人运送设备的义务。按合同时间专程从远方进场安装科研设备的人员只好等到电梯验收后才开始工作。

3.B 装饰公司进场后，仍然遇到了大量材料进行垂直运输的难题。

由于甲方没有协调好 T、S、D、B 四个承包单位的协作关系，他们互相之间又没有合同约束，最终引起了 D 公司和 S 公司的索赔要求，理由是"甲方没有能够按协议条款为乙方创造垂直运输条件，使乙方改变方案、推迟进度、增大了开支。"最终，整个工程的竣工期被迫推后 50 天。

实际工作中，有些建设单位喜欢把工程进行肢解分包，理由是能保证质量又能省钱。当在同一个现场多个单位同时施工时，因施工的先后顺序，场地占用，水、电使用及现场交通等方面相互干扰、影响的问题是常见的。如果处理不当，会对整个工程产生严重后果。一般情况下，采取由总承包单位统一负责下的分包方法，这种索赔因素才可能避免。国家在《招标投标法》中已明确指出，不得把工程肢解分包，规避招标。本案根据有关规定，虽然不一定判为肢解工程，但这种分包对工程建设和管理上的问题实在不值得提倡。

从分包合同的条款方面看，即"甲方应协调现场其他施工单位为乙方创造如垂直运输等可利用条件。"建设单位所承担的协调工作，只是乙方单方面的要求，而乙方却没有向别人提供可利用条件的义务。这属于签订合同需要总结经验的问题。

案例 12　合同用语不规范，险些损失 10 多万

某市第三建筑公司（乙方）以议标形式承接了某局技工学校（甲方）教学楼的施工，并于 1993 年 8 月 5 日签订了施工合同。工程概况：教学楼建筑面积 1800m^2，四层混合结构，条形钢筋混凝土基础，工期为 210 天，于 1993 年 9 月 20 日开工。

在甲、乙双方协议条款第 1 条承包范围中写明："设计地基标高以上的土建、给排水、采暖及电气照明工程，广播、电视、通讯管线的预埋工程。"

在甲、乙双方签订的补充条款中写道："设计地基标高以上的工程内容所发生的正常变更均不再调整合同价款。以下的工程按双方签订的洽商实际发生工程调整。"

基槽开挖后，发现了地质资料中没有反映出来的废弃地窑。该地窑是由 0.7m 厚的旧式灰土构成，处理比较费工，且影响进度。乙方代表搞清了这不可预见的情况后，向甲方代表递交的洽商稿中写明：“在基础开挖中发现的地质资料中没有反映出来的地窖（3m宽×5m长×2.2m深）处理费用应由甲方承担。”为此，双方发生了争执。

甲方代表：按合同补充条款中规定，设计地基标高以上的工程变更不再调整工程价款“设计地基标高以上”是指“设计基础垫层标高上皮”。

乙方代表：“地基”是指基础，平常人都是这样理解的，而基础在建筑中的分界是以地面标高为准的，“地基标高以上”应理解为“地面标高以上”的意思。

甲方代表：补充条款起草的意思（是甲方起草）就是指基础垫层上皮。如果是指地面以上，就不用“设计地基标高以上”这句话了。

乙方代表：补充条款中讲的是正常工程变更的情况不得调整工程价款，而现在不是工程变更，而是不可预见的地下障碍。

甲方代表：合同中的工程变更并没有专指是设计图纸的变更，而且也没有规定地质资料的原因可以调整工程价款。

乙方代表：如果工程变更也包括地质资料的差异，都应为正常工程变更。而现在发现的地下障碍是地质资料中所没有的，不属于正常工程变更。“正常”与“不正常”的界限应如何划分？

甲方代表：不是以某人为意愿提出的变更均属于正常变更，“地窖”障碍不是我愿意它存在或不存在的。应是正常的。

经过这个问题的交涉，乙方代表悔恨当时发现“地基”两个字要求修改的态度不够坚决。并进一步感觉到，整个工程施工中所发生的变更都可能被划归正常变更而得不到价款的调整。

基础验槽时，勘探方工程师发现现场暴露土层不是勘探报告中所建议的持力层。经进一步核查发现，是设计人员误把基础深度的数据当成自然地坪（室外设计地坪）至持力层的深度数据造成的。经甲乙双方及设计、勘探人员现场议定，需加深现设计基础深度，下挖0.6m方到持力层，并办理了洽商记录。

洽商中写入：“因设计原因需将原基础底标高下降（加深）0.6m。下降部位的工程及由于下降所引起的上部土方增加工程费用由甲方另行承担。”

乙方按照合同条件的规定就基础加深的设计变更提出索赔报告。

经过双方交涉，乙方得到了全部索赔费用及12天的工期延长补偿。根据甲方测算，如将合同中改动一个字，（将“地基”中的“基”字改成“面”字），可减少索赔6.4万元。

该合同是建设单位临时确定的合同起草人写的初稿，也并非想达到什么确定的目的。乙方审查合同稿时虽向甲方提出“地基标高”一词不够确切，由于未点到关键之处，也没有坚持一定修改。在合同实施中，双方都尝到了含糊合同条件的滋味。乙方在对己不利的条件下，抓住有利机会挽回了不利时的损失，并得到了较多的收益，从合同管理的角度看问题，是一个成功的范例。

案例13　因为不按规划办，刚开工就损失20万

某建筑公司五处（乙方）中标后，承接了某研究所（甲方）4800m^{2}住宅工程。合同签

定后，乙方按甲方提供的施工平面位置（规划部门批准位置）放线后，发现拟建工程北端应拆除的临时建筑（花房），因未拆除影响正常施工。甲方代表察看现场后便做出将总平面位置进行修改的决定，通知乙方将平面位置向南平移2m后开工。正当乙方按平移后的工程位置挖完基槽时，规划监督工作人员进现场检查发现了问题，要求立即停工，向甲方开据5万元人民币罚款单，并要求工程按原批准的位置不得变动。

工程刚刚开工，先送交了5万元罚款。同时，为保证按原平面位置施工甲方不得不接受乙方重新施工的各项费用索赔15万元。

此案是法制观念淡薄在工程建设方面的体现。许多人明明知道政府对建筑工程规划管理的要求，也清楚已经批准的位置不得随意改变。但执行中仍是我行我素，目无规章。本案中，甲方如按报批的平面位置提前拆迁花房，创造施工条件，或按保留花房方案去报规划争取批准，都能避免20万元的损失。现实中，建设工程许可制度不认真执行的情况时有发生。常见的违法现象有，批准施工图后又修改设计的；擅自增加层数的；擅自改变使用性质的；擅自改变平面布局等。

案例14　工程不按建设程序办，还未动工就被索赔40万

甲方某通用机械厂为使本厂的自筹招待所工程尽快发挥效益，1995年3月，在施工图还没有完成的情况下，就和乙方某集团第八分公司签订了施工合同，并拨付了工程备料款，意在早作准备，加快速度，减少物价上涨的影响。乙方按照甲方的要求进场做准备，搭设临时设施，租赁了机械工具，并购进了大批建筑材料等待开工。当甲方拿到设计单位的施工图及设计概算时，出现了以下问题：

甲方原计划自筹项目总投资150万元，设计单位按甲方提出的标准和要求设计完成后，设计概算达到215万元。一旦开工，很可能造成中途停建。但不开工，施工队伍已进场做了大量工作了。经各方面研究决定："方案另议，缓期施工"。甲方将决定通知乙方后，乙方很快送来了合计标的为40.5万元的索赔报告。

甲方认真核实了乙方费用证据及实物，同意乙方退场决定，并给予了实际发生的损失补偿。

此案提醒人们：工程建设要先设计后施工，工程建设中的自筹资金要满足工程需要，工程建设要量力而行，这些都是基本建设工作中的老经验了。不按照基建程序仓促上马，急于取得经济效益，而最终却得到了相反的结果。

案例15　合同变更无手续，工程索赔难成立

乙方某区建筑工程公司承担了某旅游局（甲方）职工住宅施工。受近几年工程装修热的影响，局领导询问乙方："能否只施工结构和初装修，室内的墙面、地面、厨厕间等由住户自行装修。如果能通过验收等手续，工程就这么做。"乙方经过咨询后，给了甲方某旅游局一个肯定的口头答复。双方都没有提及办理变更手续。装饰工程施工期间，甲方工地代表提出乙方施工不符合设计要求时，乙方说是按局领导的意见进行的。甲方代表表示，没有工程变更依据，就应按原设计施工。由于乙方只凭借听了甲方领导的一句话就照办，没有做该工程室内装饰材料的准备。此时，乙方向甲方递交了索赔报告称："由于甲方对室内装饰的修改，推迟了乙方按原设计的备料时间，需延长工期 15 天。”此项索赔引起了双方对合同条款的深入讨论。

甲方代表：工程施工应以施工图或工程洽商为依据，否则是一种违约行为。

乙方代表：是贵方领导提出要这么做的，我方也口头通知贵方可以这样做，是双方一致的意见。只是没有办理工程变更，双方也是可以补办的。补办之后，该项索赔我收回。

甲方代表：工程变更已不用补办，但这份索赔却要您照样收回。

乙方代表：这样做是否太过分了，局领导说的话也不认帐。

甲方代表：请您阅读合同条件第 2 条。合同中写得清楚，只有甲方代表才有权发出口头或书面的指令。局领导不是甲方代表，他的意见只有经过甲方代表的表达才有效。到目前为止，局领导没有指示让我做工程变更，所以这份索赔没有证据，是不能成立的。

乙方代表：从实际效果来说，像现在这样进行初装修，既能节省资金，又能早些竣工，还为用户提供了方便。不少单位已经这么做了，为什么这儿（指甲方单位）行不通呢？

甲方代表：工程变更不能补签，装饰仍按原计划进行。延长工期 15 天的要求无正当理由。

本案所发生的问题，在许多单位也有类似情况。新的合同条件虽全面执行了，但过去那种工作方法和思想意识仍没有全部转变，对合同的重要作用没有真正地认识。本案中，该局领导确实说过改原设计为初装修的话，后来在局内会议上讨论此事时，因意见不一致而没有决定下来，当然也就不会通知本方代表（甲方）去签办工程变更。乙方在没有得到工程变更手续情况下，改变了施工内容是一种违约行为，还有什么理由向对方提出索赔要求呢？

案例 16　单方无理中止合同，制造预期违约陷井

1990 年 2 月，通过招标，中国某工程承包公司（承包方）取得了科威特（发包方）一条长 50km 的高速公路建筑权。合同采用国际通用的合同条件。

合同主要内容是：合同总金额 200 万美元，发包方预付 40 万美元的预付款，工期一半时再付 60 万美元，完工后经验收合格支付剩下的 100 万美元。发包方承担一切原材料的供应，工期为 240 天。若发生争议，提交中国国际贸易仲裁委员会进行仲裁，适用该委员会的仲裁规则，且裁决是终局的。3 月 5 日，承包方进驻科威特，开始施工。6 月，发包方提出在合同总价款不变的情况下，要求承包方将工程期缩短 30 天，即 10 月 6 日竣工。承包方认为工期缩短 30 天不可能，因为施工的路段地质状况较差，地形复杂，不可能加快速度。如果发包方加快原料供应的话，工期缩短半个月是可能的。不过，工期每缩短一天，发包方应额外增加 1 万美元的酬金。发包方不同意，承包方也不让步，双方未达成协议。

7 月 11 日，发包方突然以承包方进展迟缓，不能按期完工为由，宣布中止合同，要求承包方提供充足的履约保证金。承包方认为进展是有些缓慢，但主要是发包方原料供应缓慢所致。不同意提供履约保证金，因为订立合同时已交纳了履约保证金。僵持数天后，承包方让步，以迟延一个月支付 6O 万美元的工程款为代价使发包方恢复合同。但数日的停工给承包方带来了 8 万美元的损失。由于停工的影响，承包方直到 1991 年 1 月 5 月才完成施工任务，双方在验收合格证书上签字。其后，发包方以承包方未按期竣工为由拒付工程款。承包方交涉不成，向中国国际贸易仲裁委员会提出申诉，要求发包方支付工程款100万美元，赔偿停工损失及其利息共10万美元。理由是：工程之所以延期是因为发包方中止合同所致，非我方故意违约。发包方则辩称中止合同是因为承包方进展缓慢，不能按时完工。为避免损失，暂时中止合同，要求承包方提供担保是合理的。

发包方的律师也指出“中国合同法”中也有中止合同的规定。承包方反驳说，进展有点缓慢是因为发包方原料供应不及时。发包方则称原材料供应不及时是因为运输原材料的船只在海上遇到了风暴，并非发包方过错。

本案争论的焦点在于发包方中止合同的行为是否合理合法。中止合同，是指在对方预期违约的情况下，一方当事人为避免损失，而采取的临时停止履行合同，待对方提供了担保时，再恢复履行合同的行为。所谓预期违约，指的是双方当事人在合同成立后，履行过程中，一方当事人所表现出的将来一定会违约的种种情况。

结合国际上的通常做法及我国《合同法》的规定，构成中止合同条件必须是一方当事人有另一方当事人不能履行合同的“确切”证据。在这种情况下，才允许中止合同，以避免将来因对方违约而受到损失。至于何为“确切”的证据，没有一个客观的标准，只有结合具体情况具体分析判定。例如，在国际工程承包合同中，承包方严重拖延工期，承包方或发包方破产或资不抵债等。

当一方当事人掌握了另一方当事人不能履行合同的“确切”证据后，决定中止合同，应当将中止合同的决定立即通知另一方，如果另一方对合同的履行提供了充分的保证，则应当恢复合同的履行。至于通知的时间和答复的时间，则未见有具体的规定。一般而言，所谓立即通知，应在做出决定的同时，答复的时间应在10～15天内合理的时间。逾期不答复可否视为默认则是有争议的，为了防止合同当事人滥用中止权，若当事人一方并没有另一方不能履行合同的确切证据，则应赔偿因此而给另一方造成的损失。因为擅自中止合同构成了违约行为，应承担违约责任。

本案的发包方强调承包方进展迟缓，担心延误工期而中止了合同，那么其证据是否确切呢？仲裁认为是不确切的。

首先，进展缓慢不能成为必然延误工期的理由。工期尚未过半，承包方是严格按照计划来施工的。开始的路基阶段自然不能很快。

其次，进展缓慢的直接原因是原材料供应缓慢。虽然因为不可抗力，发包方没有过错，承包方则更没有过错了。

事实上，若原材料供应正常时，承包方认为工期还可以缩短半个月。只是因为双方在酬金上未谈成而作罢。因此，可以认定发包方中止合同的证据不充分，也就是说，发包方应承担违约责任。至于承包方最终延误了工期，正是由于发包方的违约行为所致。所以，对此承包方是没有过错的。本案的过错全在被诉人发包方，其应承担全部责任。

中止合同不同于终止合同，这一点需要弄清楚。中止合同只是暂停合同义务的履行，而终止合同则是停止合同义务的履行。

案例17　开发商移花接木，购房人受骗起诉

广州市符某于1998年2月在广州光复路看中某花园。该小区共有3幢楼宇，各名为莱茵阁、翠茵阁、蓝茵阁。此前，他很想买房，但又怕购买了集资房、联建房等不合法的房屋。他听人介绍，关键一点就是看开发商是否有销售许可证，如果有，将许可证文号抄下来，到市房产局查一下，查到有这幢楼，就没问题。于是，他和太太一起看了10多个楼盘。每看一个楼盘，除了看户型设计、周围环境外，另一项重要的任务就是看开发商是否有《商品房销售许可证》。经他询问，个别开发商没有，据称卖尾货，所以证已交回公司总部，不在售楼处；有些公司只有《商品房销售许可证》，但没有地形图；多数则证、图兼备，但符某夫妇左看右看就是不懂，即使向售楼小姐请教，也似懂非懂，只好不懂装懂了。当他们选中上述某花园后，即将其预售许可证文号980034抄下来，花了20元钱，在市房地产管理局信息中心的电脑打印了一张纸，内容同预售许可证上的内容相同，因此他们放心地同房地产开发商签约了。

符某同开发商签订的合同规定：开发公司将某花园C栋CI梯501房售给符某，该房建筑面积为94.1m^2，总价款为90万元，一次交纳，符某于同年12月底前入住，每逾期一个月，开发商向符某支付1%的违约金。若有一方终止协议，按总房价款的8%向对方支付违约金。符某入住前交付煤气工程费及其他配套设施集资费8000元。合同签订后，符某如数交纳了购房款，但到年底却未入住，原因是该房尚未完工。据称，开发商资金不足，一直停工。符某几次同开发商交涉，要求退还购房款。后来，符某向市消费者协会投诉。市消委会派员调查，发现该楼宇属于无证销售。符某不信，该员工告诉他，开发商的《商品房预售许可证》的楼宇名称（编号）栏载明允许销售的楼房是“自编A栋、B栋”，而他购买的C栋尚未经批准预售，所以符某和开发商订立的《商品房预售合同》无效，开发商应当退还房款。当时消协工作人员调解，要求开发商退还房款时，开发商加以拒绝。市协建议符某向法院提出起诉。

冒用预售许可证是指房地产开发商把本来用于某商品房的预售许可证，非法用于该商品房以外的预售之中，从而欺骗购房者，使他误认为该商品房以外的房屋也取得预售许可证的行为。开发商惯用的手法是移花接木，瞒天过海，即由他开发的小区通常有几幢房屋，常自编为A栋、B栋、C栋等。他已经申请取得A栋的预售许可证，就将该许可证悬挂于售楼部的墙上，告诉购房者：我们有政府核发的预售许可证，你放心。之后，将A栋的预售许可证用作同时销售A栋、B栋直至C栋的有效凭证。如有内行人看出破绽，就说B栋、C栋的预售许可证在办，几天以后就到，你尽可放心。少数不法商人利用购房者不懂得看地形图的弱点，故意指错位置，把正销售的B栋说成预售许可证上载明的A栋。总之，房地产开发商冒用预售许可证，以无充有，欺骗购房者，严重损害购房者的合法权益。所以，认清地形图上的代表现场买房的编号是否已载入《商品房预售许可证》的楼宇名称（编号）栏，就没有问题了。

参 考 文 献

1 国务院法制局，建设部编著．中华人民共和国建筑法释义．北京：中国建筑工业出版社，1999

2 全国人大常委会法制工作委员会编写，胡康生主编．中华人民共和国合同法释义．北京：法律出版社，1999

3 吴法主编．最新合同法实务全书．北京：改革出版社，1999

4 何伯洲，邹玉萍编著．房地产法律制度．北京：中国建筑工业出版社，1995

5 建筑业与房地产企业工商管理培训教材编审委员会编．建设法律概论．北京：中国建筑工业出版社，1998

6 朱宏亮主编．建设法规．武汉：武汉工业大学出版社，2000

7 徐伟等．土木工程建设法规，上海：同济大学出版社，2002

8 徐占发主编．建设法规与案例分析．北京：机械工业出版社，2001

9 王天翊著．建筑法案例精析．北京：人民法院出版社，1999

10 中国法制出版社编．房地产法及其配套规定．北京：中国法制出版社，2002